JN013879

飛鳥・藤原まるごと博物館検定

公式テキストブック

木下正史 監修
公益財団法人
古都飛鳥保存財団 編

淡交社

飛鳥・藤原まるごと博物館検定公式　テキストブック

目次

巻四 ❖ 『万葉集』をはじめとする文学　251

巻七 ❖ 飛鳥・藤原を歩く　421

付録　453

はじめに

飛鳥・藤原の地は、日本人の「心のふるさと」と呼ばれています。律令制による天皇を中心とした統一国家としての日本国は、六世紀末から八世紀初めにこの地で誕生しました。この時代には、中国（隋・唐）を中心とした東アジア文化圏が形成され、朝鮮半島も含めた国際交流が盛んに行なわれました。飛鳥時代は、わが国の伝統的文化と大陸から伝わった先進文化とを融合・発展させて、日本国の基礎がつくられた時代といえます。美しい飛鳥・藤原の田園風景の中には、数多くの遺跡が良好な状態で残されています。千三百年以上も続いてきた「日本国」誕生の記憶が刻まれており、それらは飛鳥時代のことを記した史書や歌集と相まって、当時の有り様や出来事を現代にまで伝えてくれています。

古都飛鳥保存財団は、この他に類例のない飛鳥・藤原地域の文化遺産と歴史的風土の保存・活用を図るとともに、古都における歴史的風土に関する国民の認識を深めることを目的とする公益法人です。当財団では、飛鳥・藤原地域の価値と魅力をより多くの人に知っていただくとともに、文化観光の振興にも結びつくことを願って、飛鳥・藤原まるごと博物館検定を実施することといたしました。

本テキストは、この検定試験の受験をめざす方々だけでなく、全国の飛鳥・藤原ファンや、この地に関心を持っておられる一般の方々にも、幅広く活用していただけるよう作成いたしました。一人でも多くの方が本テキストを手に取っていただき、実際にこの地を訪れ、この地に親しんでいただくことを期待しています。

公益財団法人　古都飛鳥保存財団

【凡例】

○本書は、公益財団法人古都飛鳥保存財団が主催する「飛鳥・藤原まるごと博物館検定」の公式テキストブックとして、飛鳥・藤原地域の歴史や文化について、その全般をより多くの方に知っていただくことを目的に発行するものです。

○本書で「飛鳥・藤原」とするエリアは、明日香村の全域および、橿原市と桜井市の一部区域を中心とし、歴史、文化財については、高取町の一部区域も対象としています。

○各巻（章）の構成は、原則として分野ごとの概説と項目別解説に分けています。概説として、全体的な理解や通史などを総論的にまとめ、項目別解説としては、飛鳥・藤原地域の歴史・文化の特徴などその全般を理解する上で、必要と思われる基礎的な項目を選定・掲出しました。

○解釈や説、また人名や書名・官職・地名などの読み方が複数存在する時、その内の一つを採用した場合がありますが、採用した以外を否定するものではありません。

○社寺に関する固有名詞などの表記・読み方は原則として各社寺の慣用にあわせました。

○『万葉集』をはじめ『古事記』『日本書紀』『懐風藻』『日本霊異記』など、本書に多く引かれる史料は、原則『新日本古典文学大系』『日本古典文学大系』（ともに岩波書店）を参照しました。

○引用史料は一部、略字・俗字・旧字体などを通用字体に改め、句読点やナカグロを付し、また減じたものもあります。

○記紀に登場する神名は、原則『日本書紀』の表記に統一していますが、文中で出典が明示されている場合、その出典の神名表記に続き（　）で日本書紀の表記を入れております。また各神社の祭神名は、各神社の表記に従っています。

○町村内の区画名である大字（おおあざ）を明日香村では「だいじ」と呼び習わすことが多く、本書中でも「だいじ」と読み仮名を付した箇所があります。

○本書の記載内容は原則として、二〇二三年八月現在のものです。

○祭礼、年中行事の開催日時などは、主催者の事情により変更されることがあります。

飛鳥・藤原地域の概説

1 飛鳥・藤原地域の風土

歴史的風土

奈良県高市郡明日香村・橿原市・桜井市などにまたがる飛鳥・藤原の地は、わが国の律令国家体制がはじめて形成された時代の政治の中心地であり、飛鳥・白鳳の文化が花開いた地域でした。

この地域には、宮跡・寺跡・古墳など重要な遺跡、貴重な壁画や謎の石造物、そして『万葉集』にうたわれた著名な地形・地名などが、数多く残されています。それらの文化資産は、周囲の自然的環境と一体となって、古代日本のありし日をしのばせる歴史的風土を形成しています。他に類例のないこの貴重な歴史的風土は、自然と共生した生活・生業など、住民のたゆみない努力によって育まれてきたものといえます。この地域全体が、博物館に保管された文化資産とは異なる国民的資産であり、「飛鳥・藤原まるごと博物館」の名称がふさわしいものとなっています。

この地域は埋蔵文化財の宝庫であり、歴史的風土には、地中に眠る潜在的な遺産も含まれています。当地での発掘調査は驚きの連続であり、何が発見されるか予想すら困難ですが、発掘調査で明らかになったエリアはまだごく一部です。古代日本における国家形成の実態については、地道な発掘調査の継続など、今後の研究の進展に待つところが多く残されており、新たな事実の解明が期待されるところです。実際に地表面からわずか一メートル程度発掘するだけで、七世紀頃の飛鳥時代へと時を超えてタイムスリップできる場所が、今なお人知れず眠っているものと考えられます。

飛鳥・藤原地域の文化資産には、秘められた価値や奥深い魅力があります。周知された遺跡であっても、遺構が地下に埋もれているなど、目にみえる形では残されていない場合が少なくありません。

幸いに遺構が残っており、また復元されていたとしても、背景にある歴史的なできごとやストーリー、文化資産相互の関連性などを理解していないと、その価値がわかりにくい面があります。

しかし、『日本書紀』などに描かれ、『万葉集』にも詠まれた世界に思いを馳せ、また発掘調査の成果などの知識を身につけて、飛鳥・藤原の地に立つならば、目の前の美しい風景がその趣きを増してくることは間違いありません。歴史を彩った著名な人物たちの話し声や、時代を懸命に生き抜いた飛鳥びとの息吹を、それぞれに感じとることができるのではないでしょうか。

飛鳥・藤原の地は、京都市・奈良市などと同様に、「古都保存法（→372頁）」上の「古都」として位置づけられています。それだけではなく、明日香村の全域が「明日香村特別措置法（→375頁）」による指定や風致（ふうち）地区指定を受けています。しかし、規制だけで歴史的風土を維持することは困難です。地域の基幹産業である農業の担い手の不足とそれによる耕作放棄地の拡大や竹林の荒廃は、景観を阻害する要因となっており、この地域の歴史的風土の継承は、国民全体にとっての課題となっています。

現在この地では、「飛鳥・藤原の宮都とその関連資産群」の世界遺産への登録を目指しています。飛鳥・藤原の文化資産や歴史的風土を保存しつつ、それらを創造的に活用した文化観光を振興し、地域の活性化を図ることは、この地域のこれからのみならず、国家的な見地からも望ましいものと考えられます。

飛鳥・藤原の名の由来

明日香（あすか）村は、昭和三十一年（一九五六）に高市（たかいち）郡の飛鳥村・高市村・阪合（さかあい）村の三村が合併して誕生しました。その村名は「飛ぶ鳥（とぶとり）の 明日香の里を 置きて去（い）なば 君があたりは 見えずかもあらむ」という万葉歌（巻一－七八）に由来しています。現在（令和四年）の明日香村は、戸数が二〇〇〇戸余、人口が五〇〇〇人余、農業を主な生業とし、村の全域が「明日香村特別措置法」に基づく第一種または第二種歴史的風土保存地区、「都市計画法」に基づく風致地区、「景観法（→376頁）」に基づく景観計画区域などに指定されています。

飛鳥地方と呼ばれる範囲は、一般的にはこの明日香村を中心に、大和三山（畝傍山・香具山・耳成山）に囲まれた地域など橿原市の一部、桜井市や高取町の一部などを含みます。しかし古代において「飛鳥」と呼ばれていたのは、飛鳥寺や飛鳥宮跡などのあるエリア（現在の明日香村飛鳥・岡など）だけで、香具山の南麓から阿倍（部）山田道までも、別の地域（小墾田・豊浦など）と意識されていました。飛鳥寺や飛鳥宮は、甘樫丘東側の水田と集落のある小盆地に造営されました。

「アスカ」という地名が何に由来しているのかについては、倭国に渡来した人々が安住しえた地なので「安宿（朝鮮語でアンスク）」がつづまってアスカとなったという説や、地形を示す「スカ」という語に接頭語の「ア」がついたとする説、「イスカ」という鳥からとった説などがありますが、いまだに定説はありません。「明日香」の漢字表記は「アス」に翌日の意味の「明日」を、「カ」に万葉仮名の「香」をあてたものです。『古事記』『日本書紀』では「飛鳥」のみの表記が用いられていますが、『万葉集』では「飛鳥」と「明日香」がともに用いられています。「飛鳥」の漢字表記については、「アスカ」にかかる枕詞である「飛ぶ鳥の」に由来するという説があります。「スカ」は、川べりの湿地などを意味する地形に由来しており、飛鳥川沿いの湿地を群れ飛ぶ鳥の情景から「飛ぶ鳥の」という枕詞が生まれ、それが地名の漢字表記につながったのではとみる見解もあります。『万葉集』には、大伴坂上郎女が平城京内の元興寺の里を訪れた時の有名な歌（巻六－九九二）がありますが、奈良市のこの辺りも「飛鳥」と呼ばれました。瑜伽神社と元興寺塔跡にその歌の歌碑があります。瑜伽神社のある高台からは、飛鳥・藤原辺りまで見渡すことができ、人々は「ふるさと」をしのんだといわれています。

一方、「藤原京」という語は、藤原宮の「藤原」から名づけられたもので、当時は「新益京」などと呼ばれました。藤原宮の宮号については、『万葉集』中の「藤原宮の御井の歌」（巻一－五二→303頁）にある「藤井が原」（香具山の西方域）がつづまって「藤原」となったとする説や、『日本書紀』の推古期にその名がみえる「藤原池」に由来するという説があります。

志貴皇子が「明日香宮より藤原宮に遷居せし後」に詠んだ歌（巻一―五一↓300頁）は、数多い万葉歌の中でもとりわけ名歌といわれています。飛鳥宮跡と甘樫丘北東側斜面中腹の園路沿いに、その歌の歌碑があります。甘樫丘に立って飛鳥宮跡や現在の飛鳥寺（安居院）を東方に望み、振り返って、藤原京のあった北方から西方へと視線を向けると、眼下に広がる奈良盆地の中に飛鳥川の川筋がみえ、大和三山や、遠く二上山などをみはるかすことができます。四季折々に表情をかえる周囲の山々、のどかさを醸し出す水田の連なり、静かなたたずまいを持つ集落、清らかな水の流れなどが織り成す風景の情趣や美しさは、この地で継承されてきた有形無形の文化財とともに、この地が日本人の「心のふるさと」と呼ばれる由縁です。

明日香村の大字や学区の変遷

明日香村には、二四平方キロメートルの村域内に、四〇の大字（大字）が現在あります。各大字では、大字管理組合や大字内の各種組織により、清掃・巡視・道普請・溝さらいなどが実施され、地区の管理が行なわれています。また代表者として、総代や副総代が選出され、その任期内で大字の運営にあたっています。

天保五年（一八三四）に作成された『天保郷帳』には、現在の明日香村域の村々として、高市郡の三三カ村がみられます。飛鳥村、豊浦村、雷村、小山村、奥山村、八釣村、東山村、小原村（以上は後の飛鳥村）、岡村、嶋ノ庄村、上居村、細川村、上村、尾曽村、畑村、冬野村、入谷村、栢森村、稲渕村、坂田村、祝戸村、橘村、立部村、野口村、川原村（以上は後の高市村）、平田村、越村、真弓村、御園村、檜前村、大根田村、栗原村、阿部山村（以上は後の阪合村）です。

その後、明治二十二年（一八八九）に、飛鳥村（八大字）、高市村（一七大字）、阪合村（八大字）の三村が成立した時も、合計で三三の大字でした。村名の撰定事由（選定理由）については、飛鳥村は歴史上著名なことから、また高市村は郡名により、阪合村は檜隈坂合陵の名によったとされています。

村内の各小学校の設立は明治六年で、飛鳥村に飛鳥小学校、岡村に岡村小学校、檜前村に檜前小学校が開設されました。飛鳥・高市・阪合小学校の前身です。明日香小学校として統合される前の各小学校の敷地に移設されたのは、明治時代末期から大正時代の半ば頃で、尋常高等小学校の時代になります。そのほかに高市（当時は島荘）小学校の分校として、畑分校と入谷分校が明治九年に開設され、昭和四十年代の前半にそれぞれ高市小学校に統合されました。昭和五十六年（一九八一）には、飛鳥・高市・阪合の三つの小学校が統合し、明日香小学校が誕生しています。

昭和二十二年には、義務制の新制中学校が設置されることになり、旧高市郡阪合村・高市村および飛鳥村では各小学校の一部を間借りして、各中学校が誕生しました。昭和二十七年には、三村により学校組合立の聖徳中学校が設立され、それに続いて昭和三十一年に、三村が合併して現在の明日香村が誕生しましたが、その時も、大字数・大字名はかわっていません。これらの村々や大字と現在の明日香村の四〇の大字と比べると、字としてのまとまりや新たな住宅地の開発などにより、平田村・真弓村・檜前村が細分されたほかは、漢字表記以外の違いはみられません。嶋ノ庄は島庄、畠は畑、坂田は阪田が現在の表記です。細分された大字としては、大字平田が上平田・下平田・中平田・南平田の四大字に、大字檜前が檜前・檜前緑が丘・檜前緑台・檜前いおり野の四大字に細分され、大字真弓からは大字地ノ窪がわかれています。したがって明日香村では、近世の集落コミュニティの単位が基本となっており、現在に至るまで連綿として受け継がれていることがうかがえます。

平成十五年（二〇〇三）には、中和地区二市四町と明日香村との合併話が持ち上がりましたが、村のままで残ってほしいという要望も全国から寄せられ、独立した村として存続することとなりました。

2 自然環境

地勢・地形・山や丘陵

俯瞰写真（国営飛鳥歴史公園祝戸地区から）

　飛鳥・藤原の地は、奈良盆地の南端に位置しており、花崗岩で形成される竜門山地や高取山が南東部から東側と南側に連なっています。竜門山地から北にのびる丘陵は多武峰と呼ばれており、御破裂山がその主峰となっています。山麓側では、竜門山地から小丘陵が樹枝状にわかれてのび、複雑な地形を示しています。この地の南から南東側は、竜門山地の西北斜面にあたり、山地内を流れる大和川支流の飛鳥川や冬野川による浸食を受け、深い谷状の地形を呈し、これらの谷筋には、その地形を巧みに利用しながら集落や棚田がつくられています。古代飛鳥・藤原地域の主要部は、扇状地性の氾濫原と、それを取り囲む低位・高位段丘面、そして下流の河成平野からなっています。この地の北西部は沖積層の河成平野となっており、畝傍山・耳成山・香具山の大和三山がその中にあります。この地の西側の一部は高取川流域にあたります。

飛鳥川・高取川の流域では、二つの川の堆積によって小盆地状に扇状地が形成されており、扇状地は海抜一〇〇～二〇〇メートルの低い丘陵地によって囲まれています。飛鳥の小盆地は、飛鳥川によって堆積した扇状地で、東・南・西の三方を低い丘陵で取り囲まれています。広さは東西三〇〇～七〇〇メートル、南北は香具山の麓まで入れて三キロメートルほどしかありません。地層は奈良盆地低平部のような細かい粒子ではなく、未風化の花崗岩質の砂礫層からなっています。

さらに西側では、二上山をはじめ、金剛・葛城・生駒山系の山々がほぼ一直線に連なり、「大和青垣」と呼ばれる美しい屏風のような遠景をなしています。北側には、南北約三〇キロメートル、東西約一六キロメートルにおよぶ奈良盆地が、標高四〇～一〇〇メートルの範囲で広がっています。この地域の唯一の主要河川である大和川は、大小の支流と合流しながら亀の瀬渓谷を経て大阪平野を西流し、大阪湾にそそぎます。飛鳥・藤原の地は、大和川の支流の一つである飛鳥川などの中・上流域に位置しています。

大和三山（香具山・畝傍山・耳成山）

大和三山は、奈良盆地の南端、飛鳥地方にある三つの山の総称です。大和三山に囲まれた平野部には藤原宮が造営されていました。藤原宮跡からは、東に香具山（一五二・四メートル）、西に畝傍山（一九九・二メートル）、北に耳成山（一三九・七メートル）の大和三山の秀麗な山容を眺望できます。畝傍山と耳成山は、瀬戸内火山帯に属する独立した火山でしたが、浸食されて現在のような形になったとみられています。どちらも安山岩類でできていますが、耳成山は円錐形をしているのに対し、畝傍山は裾部が広がっています。香具山は多武峰から北西に延びる稜線の裾が切り離された端山で、風化と浸食により独立丘陵として残存したものです。国の名勝です。

甘樫丘

飛鳥の小盆地の西側に位置する標高約一四八メートルの小高い丘で、国営飛鳥歴史公園として整備されています。頂上の展望台からは飛鳥・藤原の一円が眺望できます。万葉の植物がみられる園路、北麓には休憩所もあります。

この丘の中腹と東麓に、蘇我蝦夷・入鹿の親子の邸があったとされており、乙巳の変で入鹿が殺された直後に、蝦夷は自邸に火をかけて自害しました。

甘樫丘から明日香村飛鳥方面への眺望

雷丘

甘樫丘の北に位置する標高約一一〇メートルの小さな丘で、丘上には、十五世紀頃の中世城砦跡がみつかっており、名前だけが知られていた雷城の存在がわかりました。飛鳥時代の遺構は、この中世城砦がつくられた時の大規模な削平によって破壊されたと考えられます。もともとの雷丘は、東および北に大きかった可能性が示されています。

御破裂山

飛鳥宮跡の東に位置する多武峰の最高峰（標高六一八メートル）です。見晴らしのきく展望台からは、奈良盆地や金剛山から二上山までを見渡せ、天気がよければ大阪湾・明石海峡大橋も遠望できます。天下異変の時には、藤原鎌足の廟山でもあるこの山が鳴動し、神像が破裂するとされました（→350頁）。

南淵山

明日香村稲渕・阪田にあり、奥飛鳥の入口の山になります。阪田から上流が古代の南淵と考えられ、現在の大字の稲渕も南淵の転訛した語とみられています。国営飛鳥歴史公園祝戸地区から、稲渕の棚田越しにみる南淵山は、端正な姿をしています。

高取山

日本三大山城として有名な高取城跡（→238頁）のある山で、奥飛鳥のさらに南側に位置します。山頂（標高五八四メートル）にある城跡には壮大な石垣が残され、紅葉の美しいカエデやスギの巨木などがあり、三角点が設置されています。南は吉野大峰山系、西は大阪湾、北は奈良盆地・多武峰などを見渡せます。

二上山

大和（奈良県）と河内（大阪府北東部から東南部）の境界に位置する金剛葛城山系の北端に位置し、雄岳（標高五一七メートル）と雌岳（標高四七四メートル）の二つの峰からなります。『万葉集』などにも多くうたわれています。飛鳥からみる二上山は、特に夕日が空を染める時の影絵のような美しさが、その大きな魅力となっています。雌岳の南麓の竹内峠には、横大路（→127頁）につながる竹内街道が通っており、古くから大和と河内を結ぶ交通の要衝でした。

河川と古代のため池

飛鳥・藤原の地では、南東や南側から北西に向かって、飛鳥川など大和川の支流河川が扇状地や盆地内を流れ下っています。これらの河川は、農業用水としての役割も大きく、周辺地域に恩恵をもたらしてきました。その反面で、平時は渇水のため干害を招きやすく、降雨時は出水が激しくしばしば水害をおこしてきました。また奈良盆地では、条里制の計画線に沿って、河川の支流を直線に改変することがしばしば行なわれました。盆地内の河川の河道が現在の位置に固定されたのは、多く後世の人為的な改造によるもので、それ以前は地形の傾斜におおむね沿って盆地の中心部に向かって流れていたと考えられます。

大河川がなく、降雨量も少ない奈良盆地では、水不足を補うため、大小さまざまなため池が古くから築かれてきました。奈良盆地のため池は、平地全体に分布する四方を堤防で囲まれた皿池と、主に周辺部に分布する谷池（谷頭ため池）の二種類に区分されます。地面を掘り下げてつくる皿池の多くは条里制に沿った方形をしており、谷の下流側をせき止めてつくる谷池は、丘陵裾部の標高一〇〇メートル付近に多く、等高線に沿った曲線の形状をしています。皿池の事例としては、藤原京内の醍醐池や縄手池、谷池の事例としては、甘樫丘の西側の和田池や石川池があげられます。皿池は河川水を貯留しますが、谷池の多くは天水（自然降雨）に依存するものでした。

『古事記』や『日本書紀』には、奈良盆地での池の築造記事が約三〇ヵ所もあります。『日本書紀』

の推古天皇十五年（六〇七）の条に「是の年の冬、倭国に高市池、藤原池、肩岡池、菅原池を作る」とあるように、その多くは、「池を作る」というだけの簡単なものです。高市池・藤原池は、飛鳥・藤原の地にあったと考えられます。そのほかにも、この地にあったと考えられるため池が多く、剣池、畝傍池などは、現存する石川池や深田池にあたるとされます。後世のことになりますが、明日香村立部の御池の堤の解説板には、ため池の堤の土を固める作業の際にうたわれたという石鎚唄が記されています。ただし奈良盆地では、ため池への依存度は盆地中央部よりは低かったと考えられます。

奈良盆地では、周囲を濠や池で囲まれた古墳が多くみられますが、古墳に隣接した濠・池の多くは、古墳時代のままのものではありません。後世に地形を利用して拡張され、農業用のため池として整備されたものです。そうしたため池の多くは、周辺の田園風景、古墳などと調和し、飛鳥・藤原や奈良をはじめとする古都の貴重な歴史的風土をつくり出しています。

飛鳥川（明日香川）

芋峠近辺の高取山中に発する行者川、竜在峠付近の明日香村畑に源を発する細谷川、入谷に発する寺谷川（船戸川）が栢森で合流して飛鳥川となり、稲渕へ流れ下ります。さらに上・細川を流れ下る冬野川と祝戸の玉藻橋近くで合流し、島庄では唯称寺川と合流します。その後、甘樫丘東裾や藤原京跡などを通って、北から北西に流れ下って大和川へと合流します。全長は約二二キロメートルです。飛鳥川上流域では、栢森から標高約一〇〇メートルの明日香村豊浦付近まで急こう配が続き、それより下流では流れが緩やかになります。

飛鳥川源流（行者川〈右〉と細谷川・寺谷川の合流河川〈左〉との合流地点）

高取川

飛鳥駅前を国道一六九号線に沿って

北に流れる川が高取川で、古代には「檜隈川」と呼ばれました。高取町の高取山に源を発します。飛鳥駅の北側で橿原市に入り、岡寺駅を過ぎると北西に流れを転じます。その後畝傍山の西方を北流し、神武天皇陵から流れる桜川をあわせて曽我町で曽我川に合流します。聖徳中学校の北の谷は、現在高取川流域となっていますが、かつては、西流していた飛鳥川によって形成されたものと考えられています。

米川

桜井市高家に源を発し、香具山の北方を西に流れ、耳成山の東南方で中の川をあわせ、橿原市内で寺川にそそぎます。米川は、桜井市の吉備池廃寺の発掘により、古代の百済川ではないかとされています。百済川の古称は、百済などからの渡来人が居住していた百済野を流れていたことによると考えられます。藤原京内では横大路などに沿う条里制施行以前の古い地割にしたがって流れています。

中の川

米川の支流で、桜井市高家の山中に発して西流し、明日香村飛鳥で小盆地に出ます。飛鳥坐神社の麓で北に転じて香具山の西を流れ、橿原市出合町で米川左岸にそそぎます。中の川は、古称を「八釣川」といい、斉明天皇がつくった「狂心の渠（→130頁）」を踏襲した河川と考えられています。分水嶺となる最上流域の丘には、六地蔵が立っています。「八釣川」を詠んだ万葉歌（柿本人麻呂歌集）もあります。（巻十二－二八六〇→447頁）

寺川

桜井市内の多武峰や鹿路峠に源を発し、途中で粟原川や米川を合流して、磯城郡川西町で大和川に合流します。寺川の古称は「倉橋川」であり、橿原市内に入った辺りは、古代の大伴氏の領地で、「竹田庄」と呼ばれていました。談山神社の参道には珍しい屋形橋が寺川に架かっています。

初瀬（泊瀬）川

本川の大和川や寺川とともに、飛鳥時代より舟運に活用されてきました。笠置山地に源を発し、桜井市初瀬で谷から出た初瀬川は三輪山の裾をめぐり、青垣の山々から流れ出る支流の水を集めつつ、奈良盆地内を北西に流れます。平城京域を流れる佐保川と川西町で合流して大和川と名をかえ、大阪平野を西流して大阪湾へと向かいます。ただし河川法令上は、初瀬川を含めた範囲を大和川としており、大和川の全長は約六八キロメートルとなります。大和川（初瀬川）・飛鳥川・高取川・米川・寺川は、流域治水を進めるための特定都市河川にも指定されています。初瀬川に沿った桜井市金屋の付近には、欽明天皇の宮殿跡とされる磯城嶋金刺宮をはじめ宮跡伝承地が多くあり、同地区の川堤には「仏教伝来之地碑」が建っています。

剣池（石川池）

橿原市石川町の孝元天皇陵（劒池嶋上陵）に隣接する池で、現在の石川池にあたります。厳密には、古代からの池の名が剣池で、後世にため池として拡張された池の名が石川池ということになります。『日本書紀』の応神天皇十一年（二八〇）の記事には、「剣池・軽池・鹿垣池・厩坂池を作る」とあります。剣池は、もう一度『日本書紀』に登場します。皇極天皇三年（六四四）、池中のハス（蓮）に一本の茎に二つの花が咲いているのがみつかりました。蘇我氏の繁栄を予告するものとして豊浦大臣（蝦夷）が喜び、金泥でそれを描いて大法興寺の丈六仏に献上した、という記事です。しかし、歴史の皮肉でしょうか、翌年の乙巳の変で蘇我本宗家は滅びてしまいました。剣池は『万葉集』にもうたわれています。二花をつけるハスは「双頭蓮」と呼ばれ、およそ一万本に一本の確率でみつかるようです。

石川池（剣池）

畝傍池（深田池）

推古天皇は大和（奈良県）や河内（大阪府北東部から南東部）でため池をいくつもつくりました。その一つが畝傍池で、『日本書紀』の推古天皇二十一年（六一三）十一月の記事に、「掖上池、畝傍池、和珥池を作る」とあります。その畝傍池が、橿原神宮の境内（南神門の南）に位置する深田池とされています。深田池は、畝傍山の南斜面に降る雨水を水源としており、灌漑用水の確保のほか、豪雨時の洪水調整池、平常時の憩いの場として貴重な役割を担っています。

益田池

畝傍山の南方、現在の橿原ニュータウンの辺りに存在した平安時代初期の巨大なため池で、高取川に堰を築き、水の流れをせき止めてつくられたのが益田池です。堤防の一部が益田池児童公園内に残され、当時の面影をわずかに留めています。高取川の河川改修の際には、大きな木製の樋が二ヵ所から出土しています。

空海が著した「益田池碑銘并序」によれば、藤原緒嗣と紀末成が旱魃のそなえと開墾の促進のために計画し、嵯峨天皇の許可を得て着工され、無事竣工に至ったとされています。弘仁十三年（八二二）に築造がはじまり、天長二年（八二五）に完成しています。

東池尻・池之内遺跡

香具山の北東約一キロメートルの桜井市池之内から派生する丘陵の北西端に位置する巨大な人工の池の跡が東池尻・池之内遺跡です。戒外川左岸から西方の御厨子観音（妙法寺）が位置する丘陵にかけて、高さ約二〜三メートルの堤状の「高まり」が、谷を塞ぐ形で帯状にのびています。築造時期は、六世紀後半頃であると考えられています。この堤状の高まりとその南に広がる水田一帯は、かつての磐余池の候補地の一つとされています。

磐余池は『日本書紀』の履中天皇二年に築造の記事がみえるほか、『万葉集』に大津皇子の辞世歌（巻三‐四一六↓280頁）にもうたわれており、池之内には万葉歌碑がおかれています。

3 農業水利の発達

井堰や分水による灌漑

奈良盆地では、降雨量が少ないうえ、水源となる山地が浅く、大きな河川がないことから、慢性的な水不足の状態にありました。主な灌漑用水は、大和川支流に築かれた多くの井堰と用水路による河川からの引水でしたが、古くから河川灌漑とため池灌漑があわさった形で、農業用水の確保が図られてきました。奈良盆地の農業水利の原形は、井堰により河川の水をせき止め、取水口から用水路によって引水し、ため池に貯水して灌漑用水とするものであり、すでに飛鳥時代には形成されていたと考えられます。

飛鳥七堰

承保三年（一〇七六）に書かれた『大和国高市郡司刀禰等解案』には、飛鳥川に設けられた「七堰（木ノ葉堰・豊浦堰・大堰・今堰・橋堰・飛田堰・佐味堰）」がすでにみえ、飛鳥川の上流域に七つの井堰があったことがわかります。現在、飛鳥川から藤原京域内に至る間には、最上流の大井手のほか、阪田・岡・橘・川原・木葉・豊浦・雷・田中・高殿・醍醐の堰が設けられています。木葉堰と豊浦堰は現在も七堰の頃とほぼ同じ位置に井堰がつくられています。

木ノ葉堰と豊浦堰は、飛鳥寺方面や豊浦方面に水を流す重要な位置につくられており、蘇我氏の拠点に水を潤すため、飛鳥時代より井堰が建設されていた可能性が考えられます。豊浦堰からの水は、現在の橿原市の和田・石川・軽の地におよび、灌漑面積は最大であったとみられています。また、木ノ葉堰で分流された水は、百貫川を流れ、約三キロメートル下流にある現在の橿原市木之本町までの田畑を潤しました。

上流と下流の村間での水争い（木ノ葉の水は、木之本に落ちる）

飛鳥地方の現在の大字（大字）は、ほとんどが江戸時代に村として存在していました。河川からの取水とその分配は、各村にとって重大な関心事でした。水争いは各地でおこり、その解決には相当な負担が農民にかかりました。百貫川は、現在の橿原市の木之本・下八釣両村と現在の明日香村の小山村などとの水論（水争い）に多額を要したため、その名がついたといわれています。村間の水争いにかかわった奈良奉行所の藤堂和泉守による「木ノ葉の水は、木之本に落ちる」という裁定の言葉が有名になりました。木ノ葉堰からの取水の優先権が上流にある高取藩の飛鳥や小山ではなく、藤堂（津）藩の所領であった下流の木之本に認められており、当時の藤堂藩と高取藩の力関係がうかがえます。

江戸時代、各村には庄屋・年寄・百姓代の村方三役がいて村をまとめており、村をまとめた組ごとに大庄屋がおかれていました。高取藩では、石高の合計で四～五〇〇〇石を基準に大庄屋がおかれたようです。江戸時代前半の飛鳥は、高取藩の所領が多く、岡村に岡組の大庄屋がおかれ、後半には八釣村（八釣組）が大庄屋の役割を担っていました。飛鳥の南部（阿部山・大根田付近から橘・野口辺りまで）は、現在の高取町中心部の土佐組に組み込まれていました。川原村は高取藩には属さず、旗本の神保氏領となっており、越村も高取藩には属していなかったようです。

なお、市制・町村制が施行された明治二十二年（一八八九）に、小山は飛鳥村となり、小山などと水争いのあった木之本、下八釣は、香具山村となり、入り組んでいた村界も組みかえられました。香具山村は、昭和三十一年（一九五六）に桜井市の一部となりましたが、木之本、下八釣や周辺の大字は、すぐ橿原市に編入されて現在に至っています。

吉野川分水

降水量の多い奈良県南部の豊富な水を北部の奈良盆地へ流すことは、江戸時代からの悲願となっていました。戦後になり、ようやく新規の用水路網が整備され、紀ノ川上流の吉野川の水が奈良盆地に供給され、安定した農業用水が確保されました。吉野川分水は、吉野川上流に津風呂ダム・大迫ダムを、十津川に猿谷ダムを建設し、十津川から吉野川へ、吉野川から大和平野へと水を補給するものです。吉野川分水の出発点となる大淀町の下渕頭首工は、標高約一三一メートルの地点にあり、耳成山（約一四〇メートル）と同じぐらいの高さになります。吉野川分水は、導水路トンネルを経て地上に出た後、東西の幹線水路にわかれて盆地の縁を北上し、支線水路を中央部に分岐しながら末端のため池に配水されます。東部幹線から飛鳥川への分水のように、大和川支流に放流され、下流の井堰で取水されることもあります。吉野川分水の水は、大和川支流の水と混ざりあって田畑を潤した後に排水され、あるいは地下浸透し、下流側の大和川の支流へとまた流出し、奈良盆地全体を潤していきます。河川灌漑の上に、ため池が重層的に成立していた奈良盆地の伝統的農業水利システムは、戦後の吉野川分水の導入により大きく改善されました。

飛鳥第一・第二頭首工

飛鳥川では、毎年六月から九月に明日香村の飛鳥橋本の橋の所で、吉野川分水から放流分水が行なわれます。その後、吉野川分水は、人工水路の両側に歩道を伴って、飛鳥の小盆地を西南から北東に斜めに横切りながら流れていきます。一方、放流により増水した飛鳥川の水は、甘樫丘東側の飛鳥第一頭首工（木ノ葉堰）と飛鳥第二頭首工（豊浦堰）で取水されます。第一頭首工から取水された水は、飛鳥川左岸側の橿原市縄手町の辺りまで、第二頭首工で取水された水は、右岸側の橿原市四分町までの下流域の農地へ供給されます。豊浦堰の分流水は、甘樫丘北麓をトンネルで通って、西側にある和田(わだ)池へ引水されています。

農地利用の変遷

古代の律令(りつりょう)体制前後の奈良盆地では、貯水量の大きな谷池(たにいけ)がつくられましたが、中世には、集落単位で比較的小規模なため池をつくっています。しかし、用水の多くを河川水に依存していたため、ため池を含めた用水の配分は、水利組織の郷を形成して「番水(ばんすい)」の取り決めを行ない、交替制で用水を分配するのが一般的でした。条里(じょうり)制により整然とした耕地割が行なわれましたが、灌漑(かんがい)用水の供給不足から条里地割(じわり)内で未墾地が残され、徐々に水田化が進んでいったと考えられます。

近世初期の十七世紀前半はいわゆる皿池(さらいけ)灌漑が急増した時期で、小規模ため池の増設拡張が集中的に行なわれました。近世の大和では、幕府領、郡山(こおりやま)藩・高取(たかとり)藩など藩領のほか、旗本(はたもと)領・寺社領などが入り組んだ形となり、領有形態が荘園(しょうえん)時代よりも細分化されました。このため、自領内で解決できる小規模な水利開発へと向かい、地域完結的な村単位のため池が急増したものと考えられます。

すでに農地開発が進んでいた奈良盆地でのため池の増設拡張は、その敷地となる耕地の滅失という犠牲を伴う

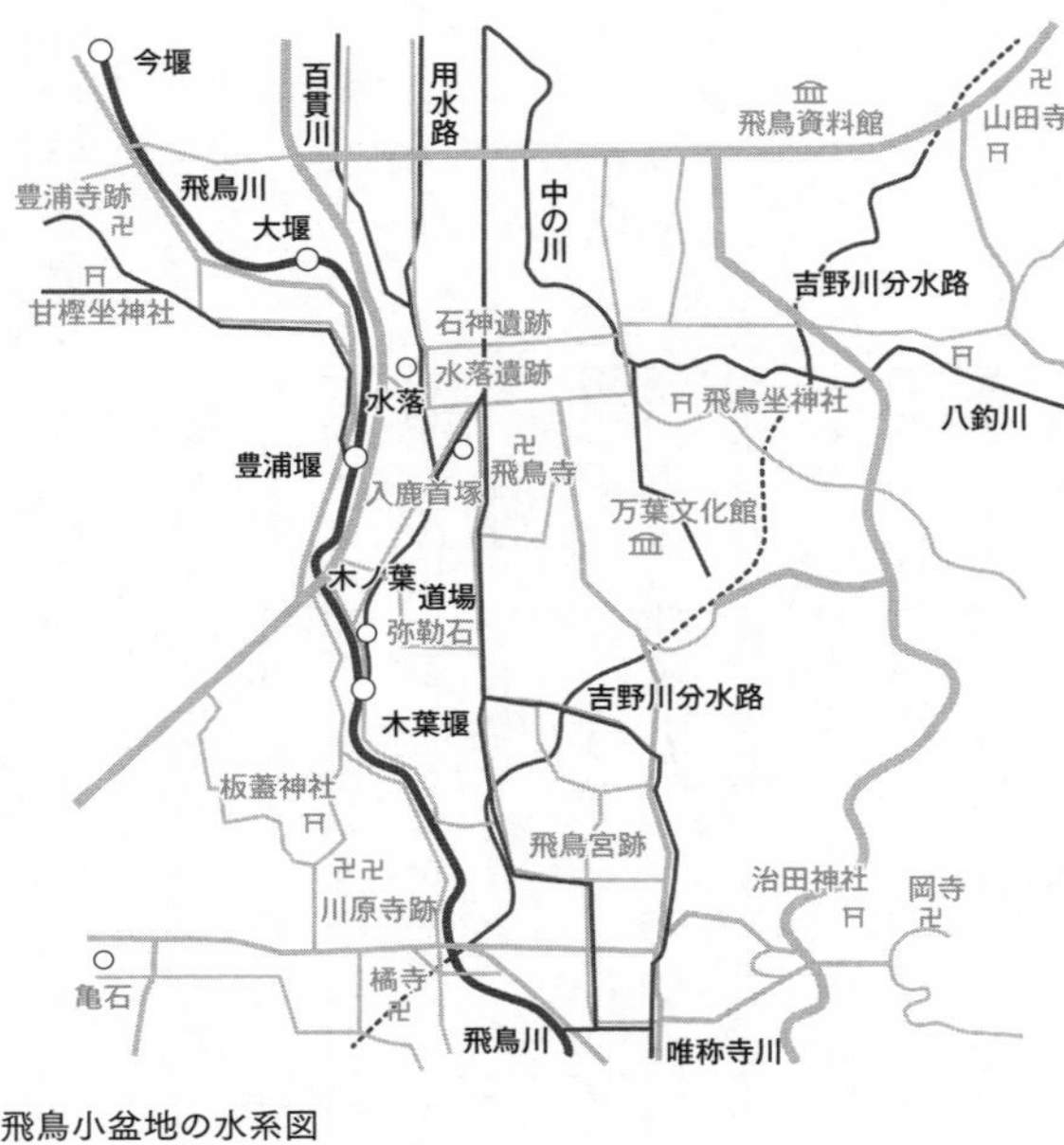

飛鳥小盆地の水系図

ものでした。近世のため池灌漑では、河川水の番水が開始される前にため池への貯水を終えており、中世に卓越していた河川灌漑と矛盾するものではありませんでした。また、明治時代にもため池新設の小さなピークがありました。

こうした複雑な水利慣行を伴った水社会は現在も生き続けています。

水田二毛作の普及とため池の築造

近世初期におけるため池の急増は、農業形態の変化すなわち水稲単作から二毛作への急激な転換による水需要の変化によるものと考えられます。奈良盆地で水田裏作による二毛作が急速に普及したのは、中世後期から近世初期にかけてといわれています。乾田二毛作が普及するためには、水稲の在圃期間を短縮する必要があり、田植法の確立とともに用水需要の増加への対応が不可欠となりました。このため近世初期には、盆地内河川での堰堤と導水用の水路の整備などにより、中世以前の貯水能力の低い小規模なため池からより全体貯水量の大きなものへと、ため池の築造と拡張がくりかえされ、ため池灌漑が革新されたと考えられています。

奈良盆地は京都や大阪に近く、貢納や自給自足のための農業から商品生産を目的とした農業へ移行していきました。経済性の追求を目的とした二毛作の普及は著しく、ため池の築造が間にあわないという事態が生じ、しばしば水不足に見舞われました。

番水制と水利慣行

奈良盆地の灌漑においては、用水の平等な分配のための厳しい「番水」制が規定されていました。番水制とは一定の規定にしたがって、地区をわけて時間的に灌漑用水を配水する制度で、近世の和田池の場合には、和田村と下流の他の村々（池郷）との間で、「和田池法度」により、配水の時間規制が行なわれていました。明日香村の大字（大字）によっては、水田一反一時間の割で水を順に入れていったことから「時水」と呼んだり、抹粉で各戸の水田面積に対応した長さの線をつくり、それを燃やして時間を測ったことから「粉水」とも呼ばれてきました。

近世初期には、それに加えて水稲の植えつけ制限を行なう「歩植」や、穂孕期や出穂期に給水制限を行なう「割り水」と呼ばれる水利慣行が行なわれていました。どちらも旱魃時の制度で、ため池の貯水量や気象などから利用可能な用水量を見計らい、給水をしない犠牲田を集団的に設けるものでした。犠牲田には代用作物が植えられました。こうした犠牲田の有効活用を図ったのが「田畑輪換農法」でした。

田畑輪換農法

奈良盆地での水田裏作による作物は、ムギ・ナタネ・ソラマメなどでした。ため池による裏作のための用水確保に加えて、奈良盆地では「空毛」と呼ばれた田畑輪換農法を取り入れて節水をしていました。田畑輪換農法とは、稲作と水をあまり要しない畑作を交互に行なうもので、水田を畑として利用し、二、三年の周期で再びその土地を稲作に戻すという方法です。ほかの水田に水を確保するためですが、二毛作による連作障害や地力の低下した田を休ませ、回復させるメリットも「空毛」にはありました。

近世奈良盆地の田畑輪換による畑作物の代表はワタ（棉）でした。ワタは十六世紀から十七世紀初めにかけては、畑作物として栽培されましたが、十七世紀後半から十八世紀初めにかけて、水田での棉作が急速に普及しました。棉作生産の最盛期は十八世紀中頃で、幕末から明治時代初期まで存続しました。ただし飛鳥川上流部などは、土壌が棉作に適さず、水質がよいことから稲作が中心でした。米の反収（一反あたりの収穫量）は国中（奈良盆地の中心部）の良地と比べると劣りましたが、細川をはじめ上居・祝戸などの米はおいしさで有名でした。

江戸時代には、二毛作と田畑輪換により、奈良盆地の農業は著しく発展を遂げました。近世中期では、水田の約三分の一が輪換畑であったといわれています。

近世のため池と遺跡

奈良盆地のため池が近世初期に急増した背景には、水田二毛作による集約的な農業経営への移行があったと考えられます。孝元天皇陵や宣化天皇陵の周濠をため池として拡張し、石川池や鳥屋池がつくられたのもこの時期とみられています。

また、古代の貴重な遺跡が近世のため池跡から発見されています。吉備池は江戸時代に造成されたため池ですが、完全な長方形ではなく、東南隅と南辺の堤に東西二つの大きな張り出し部（土壇）が存在していました。その西側張り出しが塔跡、東側張り出しが金堂の基壇であることがわかり、それらを回廊が取り囲み、中門が南に開いた伽藍配置を持つ大寺院の存在が明らかになりました。舒明天皇の百済大寺とみられています（→139頁）。飛鳥池も江戸時代のため池で、「人」の字形の谷の出口をせき止めてつくられたものでした。奈良県立万葉文化館の設置が決まり、事前の発掘調査が行なわれたところ、飛鳥時代を中心とする一大国家工房跡が発見されました（→189頁）。

明治時代の農業とため池

ワタ（棉）は肥料代がかかる反面、他の作物に比べて高収益をもたらしました。しかし、幕末の通商条約の締結と明治の開国により、安い外国綿が多く国内に輸入されると、国産の綿は値下がりし、また機械織りに不適であったため、需要は一気に低下していきました。田畑輪換の農法によってワタを作付けしていた農家は、田畑輪換から以前の二毛作へと戻ることになりました。棉作が衰退し、稲作が増えてくると、再び用水が不足するようになりました。こうして明治時代になり、ため池の築造が再びはじまり、新設の小さなピークを迎えました。江戸時代初期の二毛作普及時と同様に、明治時代のため池も平野部の田をつぶし、ため池にするという方法で行なわれました。

自給自足の色合いがまだ強い明治時代の奈良盆地農業の中で、商品作物であったワタとナタネについては江戸時代以来の栽培の伝統がありましたが、石油ランプの普及によってナタネの栽培も減り、明治二十年（一八八七）頃を境にともに衰退しました。高市郡では、明治二十八年頃から小作地が急増しており、所有していた土地を失い、小作農となる者が多かったと推定されています。

明日香村大根田には、大根田・檜前の大字（大字）を潤した大谷池に関する「大谷新池開堀始末」という古文書が残されています。明治三十五年開堀のため池ですが、昭和十九年から二十年（一九四四〜四五）の大旱魃の時には、両大字だけはこの池のお蔭で災害から逃れられたといいます。

奥飛鳥の棚田とその水源

奥飛鳥には、稲渕、入谷など飛鳥の代表的な棚田があります。吉野川分水の給水域より上流では、飛鳥川とその支流の小河川から供給される水が、棚田を維持するための貴重な用水源となっています。冬野川との合流点に近い明日香村祝戸では、飛鳥川左岸に橘（玉藻）堰の取水口が設けられています。そこから引かれた水は、橘寺裏の丘陵北側の裾で分岐し、高取川流域の農地までを潤しています。稲渕の棚田では、十五世紀にまで遡るとされる用水路が網の目のように張りめぐらされ、耕作者によって管理されています。稲渕の棚田の主要な水源である大井手の取水口は、棚田から約三・五キロメートル上流の飛鳥川上坐宇須多岐比賣命神社近くの「八幡だぶ」に設置されており、稲渕の棚田の約半数にあたる、約四四〇区画の用水をまかなっています。用水路を通って水が一枚一枚の棚田に導かれていくさまは、奥飛鳥を象徴する風景であり、巧みに造作された一つの庭園のように感じられます。

稲渕の棚田

奥飛鳥は飛鳥川の水源域であり、古くから貴重な用水源でした。『日本書紀』の天武天皇五年（六七六）五月の記事には、「南淵山・細川山を禁めて、並びに蒭薪ること莫れ」という勅を発したことが記されており、森林の伐採を禁止した最古の記録とされています。奥飛鳥でも森林の伐採が進んでいたことが推察され、また洪水防止や水源涵養のために、飛鳥川上流と支流の冬野川流域での森林の伐採が禁じられたものと考えられます。

4 飛鳥・藤原における石材の利用

古代に用いられた石材

飛鳥・藤原の地では、巨石や切石などを使った古墳の石室・石棺・墳丘（貼石）、寺院跡などでの礎石や基壇外装、石垣で区画された空間、石敷で舗装された広場、水路・溝・池といった石積護岸と底石敷、さまざまな石を使って築いた施設・工作物、さらには謎を秘めた石造物や石仏といった遺構・遺物が数多く発見されています。飛鳥時代に使われた石材は、地元産の飛鳥石（石英閃緑岩、花崗閃緑岩）のほか、近隣地域や、かなり遠方から運ばれたものまで多様です。硬質石材としては、飛鳥石・竜山石・寺山石などが用いられました。飛鳥時代後半からは、軟質石材の利用が活発化し、二上山の凝灰岩、天理砂岩が大量に飛鳥地方にもたらされ、切石による石垣や石積護岸、古墳の石室や石棺、寺院や宮殿の基壇外装などに用いられました。

また、今も飛鳥地方では、地元の石を積み上げた美しい石垣、路傍にたたずむお地蔵さんや庚申さん、万葉の歌碑を、棚田や民家・集落・遺跡の近くなど多くの場所でみることができます。各家庭では、餅つきの臼石・漬物石にも用いられました。石材をその性質や用途に応じて選択、加工し、利用する技術は、飛鳥・藤原の地で花開き、日常の暮らしや庶民信仰の中にも溶け込み、連綿として現在まで伝えられてきました。

本項では、飛鳥・藤原の地で用いられた「自然素材としての石材」について、その産地・用途について概説します（→飛鳥時代の採石技術と石材運搬・加工技術については230頁）。

飛鳥石

多武峰や高取山に連なる竜門山地など飛鳥周辺で産出する石英閃緑岩や花崗閃緑岩は、「飛鳥石」と通称されています。飛鳥に王宮が所在した時期に、活発に利用されたためと考えられます。硬度や耐久性が高く、古墳の石室、寺院の堂塔の礎石、多種多様な石造物などに用いられました。飛鳥地方では細川（冬野川）沿いに多く分布し、上の不動の滝一帯も採石場であったとみられています。石舞台古墳では、細川谷流域から採取した巨大な石英閃緑岩を積んで築いた石室に、凝灰岩を用いた家形石棺を安置していたとみられています。また、貝吹山の周辺でも石英閃緑岩（飛鳥石）が採れました。貝吹山の飛鳥石は、植山古墳の東石室・西石室、真弓鑵子塚古墳の石室に用いられています。

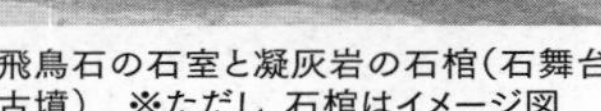

飛鳥石の石室と凝灰岩の石棺（石舞台古墳）　※ただし、石棺はイメージ図

竜山石

兵庫県高砂市の加古川西岸域で産出する流紋岩質凝灰岩です。飛鳥石に比べると軟らかいものの、二上山凝灰岩よりもはるかに硬質で加工が難しいといいます。古墳時代には、長持形石棺や家形石棺などに盛んに用いられました。飛鳥時代には、引き続き石棺に用いられるとともに、飛鳥大仏の台座や山田寺金堂前におかれた礼拝石などに用いられましたが、後半以降は使用が減少したようです。江戸時代には石垣・石段などの建材や、墓石・地蔵・鳥居・狛犬・石臼などにも広く用いられました。

寺山石

大阪府羽曳野市の寺山から鉢伏山にかけて産出する石英安山岩です。飛鳥周辺では牽牛子塚古墳石槨の外周石材としてのみ、その使用が確認されています。

阿蘇ピンク石（阿蘇溶結凝灰岩）

阿蘇山の火砕流によってできた阿蘇溶結凝灰岩は、ふつう灰色から黒褐色の硬質の凝灰岩ですが、熊本県宇土市の馬門地区に堆積した岩層にはピンク色のものが含まれ、「阿蘇ピンク石」と呼ばれています。約八六〇キロメートルも離れた橿原市の植山古墳の石棺で、美しいピンク色をしたこの石が発見されました。植山古墳は、棺材に阿蘇ピンク石を使用した最も新しい時期の古墳で、大阪府高槻市の今城塚古墳などからも同じ石材の石棺がみつかっています。しかし、九州の石棺ではみられず、古墳時代にはヤマト王権が阿蘇ピンク石を独占的に使用していたと考えられています。九州西岸から畿内への海上輸送ルートを担っていたのは、大和川の河川交通を把握していた額田部氏とする説があります

二上山凝灰岩

二上山山麓で産出する白色凝灰岩で、古墳時代後期以来、主に家形石棺に用いられました。七世紀中頃の山田寺や川原寺以降は、寺院・宮殿の礎石、心礎、基壇外装にも多用され、七世紀後半以降は古墳の横口式石槨や墳丘外装にも用いられました。二上山凝灰岩は、石材の各面を直線加工するとともに、複数の部材を組みあわせる上で接合面の仕口の形状を整えやすく、高松塚古墳・キトラ古墳など横口式石槨で用いられました。また牽牛子塚古墳は、巨大な二上山凝灰岩の一石を刳り貫いた横口式石槨で、三段築成に復元される八角墳の墳丘斜面は、同じ凝灰岩の切石を積み上げて飾っていたと考えられています(→178頁)。牽牛子塚古墳の史跡整備では、二上山凝灰岩が採取できないため、材質が類似した石川県小松市の滝ヶ原石を使用しています。

二上山凝灰岩の石槨(牽牛子塚古墳)

天理砂岩

天理市豊田山周辺で産出する凝灰岩質砂岩です。天理砂岩は、飛鳥周辺で使用された石材では、最も軟質、軽量でその分、耐久性も低い石材です。方形のブロック状に加工されたものが大半で、大型のものはみつかっていません。軟質で強度を持たないため、低い石垣や敷石などに用途が限定されたと考えられます。

結晶質石灰岩(白大理石)

川原寺の中金堂跡では、「瑪瑙石」と呼ばれる結晶質石灰岩(白大理石)が使われた礎石が二八も残されており、滋賀県の石山寺付近から運ばれたという説があります。南門や回廊の礎石は石英閃緑岩(飛鳥石)です。川原寺の創建は七世紀後半と考えられ、珍しい白

大理石の礎石も、二上山凝灰岩と同様な方法で採石され、飛鳥まで運搬されて（→230頁）、中金堂で使われたと考えられます。

榛原石、結晶（緑泥）片岩

榛原石は、宇陀郡一帯に分布する「室生火山岩」の通称であり、結晶（緑泥）片岩は紀ノ川流域で採取され、ともに板石が多用されました。榛原石や結晶（緑泥）片岩は、板状節理により特別な技術を用いずとも容易に厚さ三センチメートル程度の板石材として採取が

辰砂（水銀鉱石）

辰砂とは、朱の原料となる硫化水銀（HgS）からなる鉱石で、「丹」とも呼ばれました。朱は顔料のほかに、漢方薬、宗教儀式、金の精錬にも用いられる重要な鉱物でした。奈良県には、大和水銀鉱山などの水銀鉱床群があり、宇陀・吉野など辰砂の産地で露頭掘りができました。紀伊半島など西南日本では、中央構造線沿いに水銀鉱床が集中しています。辰砂の産地では、丹生の名のつく古社が多く存在しており、祭神の丹生都比売（仁保姫とも記されます）は、辰砂の産出をつかさどる女神とされています。宇陀市と明日香村には入谷という大字（大字）があり、辰砂と関係する地名と考えられます。丹生とは、文字どおり「丹」の生産地を意味し、赤土（二）が広がっている場所（フ）を意味しました。辰砂は、高松塚古墳壁画の飛鳥美人の唇や帯・裳の赤い縞に、キトラ古墳壁画では青龍の舌、十二支像の巳などにも使われました。文武天皇陵である可能性が高いとされる中尾山古墳や野口王墓古墳（天武・持統天皇陵）では、石槨の内面全面に朱塗りが施されたとみられています。飛鳥時代の天皇陵だけでなく、弥生時代の墳丘墓からも、また黒塚古墳・大和天神山古墳（ともに天理市）・桜井茶臼山古墳（桜井市）など、三世紀後半から四世紀前半の古墳からも、辰砂は大量にみつかっています。中国の神仙思想では、辰砂は不老不死の最高の仙薬とされており、倭国へも神仙思想の影響が早くからあったのと考えられます。

可能であり、採石後の加工も、必要な平面形に分割する程度の簡易なものであったと考えられています。主に寺院や古墳において磚と同様の敷石や石積として多用されました。明日香村真弓のカヅマヤマ古墳では、飛鳥地域ではじめて紀ノ川流域産の結晶（緑泥）片岩で築かれた磚積の石室が発見されました。七世紀中頃と推定される小山田古墳では、大規模な掘り割りの北側斜面に四〇センチメートル大の石英閃緑岩の川原石を貼りつけ、その一方南側斜面では、一番下に厚さ一〇センチメートルほどの紀ノ川流域産の結晶（緑泥）片岩を二段積んだ上に、榛原石を一〇センチメートルずつずらして段状に高く積み上げていました。

飛鳥・藤原地域の地震災害

飛鳥・藤原を含む奈良盆地などでは、地震災害の記録が古文書などに多く残されています。海溝型地震としては、南海トラフで発生する南海地震による災害が想定され、地盤がやや軟弱なため被害が大きくなることが推定されています。また、紀伊半島を東西に走る中央構造線より北側では、奈良盆地東縁断層帯などの活断層が集中しており、過去の内陸直下型地震の痕跡が確認されています。飛鳥時代の推古天皇七年（五九九）には、家屋がことごとく倒壊するほどの大きな地震災害が発生したという記録が『日本書紀』にはじめて現われます。

そして天武天皇十三年（六八四）十月十四日に、古代最大の被害を出したとされる海溝型地震が発生しました。地震の大きさはマグニチュード八・四以上と推測され、震源地は東海、東南海、そして南海トラフが連動して発生した巨大地震だったようで、太平洋沿岸一帯が主な被害地域となりました。

『日本書紀』は、山崩れや液状化現象で建物が倒壊し、たくさんの人が死傷し、家畜も大量に死んだこと、土佐（高知県）では海岸線が陥没したあと、大津波が襲

地割れの痕跡（高松塚古墳）

来し、たくさんの船が流されことを記しています。愛媛県の道後温泉や和歌山県の牟婁（白浜）温泉では、温泉の湧出が止まっており、この巨大地震は、白鳳地震または天武地震と呼ばれています。酒船石遺跡では、この時の地震による断層が確認されています。

またカヅマヤマ古墳では、正平十六年（康安元年・一三六一）の正平南海（東海）地震で、結晶片岩の磚積構造の石室がせん断されており、墳丘斜面の南半分が大きく崩落していました。

高松塚古墳の発掘調査においては、地震によると思われる多くの亀裂が発見されました。奈良盆地の南部は、南海トラフで発生した巨大地震（南海地震）による被害を周期的にくりかえし受けてきたことが推測されます。高松塚古墳では、その痕跡とみられる亀裂に沿って、植物が根を張る状況が確認されており、地震による亀裂が雨水の浸透や石室内への虫の侵入経路となった可能性が高いとみられています。

5 世界文化遺産

飛鳥・藤原の宮都とその関連資産群

飛鳥・藤原の地に都がおかれた六世紀末から八世紀はじめ、中国には隋、次いで唐という統一帝国が成立し、その影響により朝鮮半島や日本を含む東アジアにおいても、政治・文化・思想などさまざまな面で活発な交流がありました。そのような国際交流の中で、わが国は古来の伝統的文化と東アジアの先進的文化を融合させ、天皇を中心とする律令国家日本を形づくっていきました。「飛鳥・藤原の宮都とその関連資産群」（以下「飛鳥・藤原」という）は、このような東アジア地域の諸国との交流によってわが国の国家体制が形成されたことを証明する資産です。飛鳥・藤原の宮殿や官衙などの付属施設、仏教寺院、墳墓に現われた変化は、中国（隋・唐）や朝鮮半島（高句麗・百済・新羅）との交流の中で、先進の政治・宗教・文化・技術を導入し、わが国独自の政治制度や文化を創り上げたことを示しています。

こうしたことから、「飛鳥・藤原」を世界文化遺産とすべく、奈良県・橿原市・桜井市・明日香村が中心となって協議会を設立しました。

世界遺産条約とは

世界遺産条約（世界の文化遺産及び自然遺産の保護に関する条約）は、一九七二年の第十七回ユネスコ総会において採択され、一九七五年に発効した国際条約です。世界遺産一覧表への資産の登録がはじまったのは一九七八年からでした。この条約が採択された主旨は、登録を通じて世界的価値のある遺産の顕彰を積極的に進めるのみならず、国際協力のもとに、迫りくる危機からそれらの遺産を保護することにあります。条約の前文にあるように、遺産を危機から守り、次世代へと確実に継承していくことは、遺産が存在する当該国だけでなく、国際社会全体の任務であり、その実現のために、常に科学的で効果的な体制を、国際社会全体で整えていくことが必要だと考えられたのです。

世界遺産に求められる価値は、「顕著な普遍的価値」と呼ばれており、「国家の境界を超越し、人類全体にとって現在と将来の世代に共通する傑出した文化的・自然的な意義・重要性」を意味しています。顕著な普遍的価値を安定的に維持するためには、①評価基準、②完全性・真実性、③保護・管理の条件からなる三つの柱が、常にバランスよく保たれていることが重要です。

世界文化遺産の評価基準

世界遺産委員会では、世界遺産が国家を超えて人類全体にとって共通の文化的・自然的なテーマを表し、特に傑出したものであることについて、一〇項目の評価基準を定めており、そのうちの（i）から（vi）までが、世界文化遺産の評価基準であるとされています。

世界遺産の登録基準

（i）人間の創造的才能を表す傑作である。
（ii）建築、科学技術、記念碑、都市計画、景観設計の発展に重要な影響を与えたある期間にわたる価値観の交流又はある文化圏内での価値観の交流を示すものである。
（iii）現存するか消滅しているかにかかわらず、ある文化的伝統又は文明（の存在）を伝承する物証として無二の存在（少なくとも希有な存在）である。
（iv）歴史上の重要な段階を物語る建築物、その集合体、科学技術の集合体、あるいは景観（の類型・典型）を代表する顕著な見本である。
（v）あるひとつの文化（または複数の文化）を特徴づけるような伝統的居住形態若しくは陸上・海上の土地利用形態を代表

する顕著な見本、又は、人類と環境とのふれあいを代表する顕著な見本である（特に不可逆的な変化によりその存続が危ぶまれているもの）。

（vi）顕著な普遍的意義を有する出来事（行事）、生きた伝統、思想、信仰、芸術的作品、あるいは文学的作品と直接または実質的関連がある（この基準は他の基準とあわせて用いられることが望ましい）。

（vii）最上級の自然現象、又は、類まれな自然美・美的価値を有する地域を包含する。

（viii）生命進化の記録や、地形形成における重要な進行中の地質学的過程、あるいは重要な地形学的又は自然地理学的特徴といった、地球の歴史の主要な段階を代表する顕著な見本である。

（ix）陸上・淡水域・沿岸・海洋の生態系や動植物群集の進化、発展において、重要な進行中の生態学的過程又は生物学的過程を代表する顕著な見本である。

（x）学術上又は保全上顕著な普遍的価値を有する絶滅のおそれのある種の生息地など、生物多様性の生息域内保全にとって最も重要な自然の生息地を包含する。

（文化庁仮訳による）

完全性と真実性

世界文化遺産には、完全性と真実性の両面からの確実な証明が求められます。完全性とは、価値証明に過不足のない範囲が網羅（もうら）されているか、保存状況は万全かを問う指標です。複数の構成資産からなる場合には、顕著な普遍的価値が語るストーリーに対して個々の構成資産が緊密に関係し、その証明に貢献しているかが問われます。離れて存在する構成資産には、ストーリーにかかわる一体の関係が存在するのかも問われることとなります。これに対して真実性とは、候補資産の価値が本物であるか、信頼できるものであるかを問う指標です。

保護・管理の条件

世界文化遺産を次の世代に引き継いでいくためには、適切な保護・管理に必要な条件が示されなければなりません。通常は保護・管理計画をまとめ、運営体制・合意形成が盤石であることを示すことになります。特に複数の構成資産からなる候補資産の場合には、全体を包括する保護・管理の仕組みを示さなければなりません。

世界遺産としての価値――飛鳥・藤原の「宮都」とは

「宮都」とは、宮殿と都城をあわせた王権の所在地を表します。「宮」は和訓で「ミヤ」と読み、「ヤ」に尊敬を表す接頭語の「ミ」がついたものと考えられます。飛鳥・藤原の宮都では、天皇の住まいを中心とする空間が飛鳥宮・藤原宮で、宮の周囲は大垣によって囲われていました。また、「都」は和訓で「ミヤコ」と読み、「ミヤ」に場所を表す「コ」が加えられ、天子の住まいの宮を含めた都市空間を意味します。「京」の和訓も同じ「ミヤコ」ですが、通常は条坊制の街区を構成する広い地域をさします。藤原京ではじめて採用された条坊制に基づく都城とは、南北の大路（坊）と東西の大路（条）を碁盤目状に組みあわせて市街区画（グリッドプラン）を形成するものです。藤原京と異なり、飛鳥は条坊制に基づく宮都ではありませんが、宮を中心としてその周辺に整備された小盆地の空間を有し、「倭京」や「飛鳥古京」とも呼ばれました。

飛鳥・藤原の宮都など王権の所在地では、天皇の権力を象徴する人為的な景観がつくり出され、その支配力が誇示されました。国家を統治するうえで宮都の造営は重要であり、その造営に莫大な費用と労働力が必要となりました。そして宮都の構造の変化には、「朝堂（院）の成立」が「朝政の成立」と一体であったと考えられるように、国家の政治形態や政治目標の変化が現われます。古代律令国家の形成を考えるうえでは、宮都の空間構造の分析が重要となります。

顕著な普遍的価値の証明

「飛鳥・藤原」が持つ顕著な普遍的価値の証明にあたっては、以下のように評価基準（ⅱ）、（ⅲ）の適用が可能であると考えられています。

評価基準（ⅱ）建築、科学技術、記念碑、都市計画、景観設計の発展に重要な影響を与えたある期間にわたる価値観の交流又はある文化圏内での価値観の交流を示すものである。

評価基準（ⅲ）現存するか消滅しているかにかかわらず、ある文化的伝統又は文明の存在を伝承する物証として無二の存在（少なくても希有な存在）である。

これらのうち、評価基準（ⅱ）の要件である「価値観の交流の所産」については、六世紀末頃から八世紀初頭における大陸と日本列島との間の価値観の交流の所産であるという点に注目し、律令制を主軸とする先進の統治方法や技術・文化を受容しつつ、独自の国家統治制度・機構による都城の空間構成をつくり出し、その後の都城造営のあり方にも大きな影響を与えたということがあげられます。

「飛鳥・藤原」の時代、長らく分裂状態にあった中国で、隋や唐という統一王朝が成立し、周辺諸国への影響を強めました。緊迫する国際情勢のもと、日本は強い国づくりを目指して、中国・朝鮮半島との交流によって得た最新の技術や文化を取り入れ、独自のものに整えました。国の仕組みを目にみえる形にした藤原宮を中心とする空間と、それを構成する数々の資産を生み出した技術と文化の交流を「飛鳥・藤原」は示しています。

また、評価基準（ⅲ）の要件（文化的伝統の無二の証拠）については、中央集権体制による国家統治制度・機構を実体化した都城が日本で「飛鳥・藤原」において出現したこと、都城の成立過程を宮殿跡・仏教寺院跡・墳墓により、端的に示すことのできる唯一の証拠だということ、があげられます。

「飛鳥・藤原」以前の時代は、前方後円墳などの大きな古墳をつくり、各地の有力者が権威を示した時代でした。そして、「飛鳥・藤原」より後の奈良時代は、整然と区画された都の中に宮殿や役所、貴族・役人層の住居、仏教寺院が建ちならぶ時代になります。この両者の間には、政治体制や思想・技術など大きな変化がありました。「飛鳥・藤原」は宮殿・官衙の構造、寺院の伽藍配置、墳墓の形や規模、それぞれの位置関係によって、中国の律令制度を模範とした国づくりがはじまり、完成する過程を示すことができる唯一の事例なのです。

構成資産とその構成要素

「飛鳥・藤原」は、二〇二三年八月現在で宮殿・官衙跡、仏教寺院跡、墳墓の三つのグループに属する二二の構成資産からなり、「飛鳥宮を中心とする構成資産群」と、「藤原宮を中心とする構成資産群」の二つに区分できます。それらに属する各構成資産候補には「顕著な普遍的価値」に貢献する枢要な要素が含まれています。それらは地下と現地形に現われている歴史的痕跡（遺構・遺物）であることに間違いありません。

しかし、その上に展開している良好な農地・集落などもまた、今なお訪れる人々の心をとらえて放さない「飛鳥・藤原」の歴史的風土として、今日まで伝えられてきたことを忘れてはなりません。「飛鳥・藤原」の構成資産では、発掘調査で判明した地下の遺構・遺物のみならず、宮殿の施設や伽藍配置が地上に表示され、地下の遺跡と地形とが一体をなして歴史的風土の中にある遺跡の風景もまた、「顕著な普遍的価値」の理解に貢献するものとなっています。

飛鳥・藤原の宮都とその関連資産群（候補）

「飛鳥・藤原」の価値		構成資産	国家統治制度・機構の形成の過程	所在地	日本国内での指定
「日本国」の形成と成立	【宮殿と官衙】律令国家の中枢機構の形成過程	飛鳥宮跡	律令制による宮殿の形成過程	明日香村岡	史跡
		飛鳥京跡苑池		明日香村岡	史跡・名勝
		飛鳥水落遺跡		明日香村飛鳥	史跡
		酒船石遺跡		明日香村岡	史跡
		藤原宮跡・藤原京朱雀大路跡	律令制による宮殿の成立	橿原市高殿町・別所町・醍醐町・縄手町・木之本町・法花寺町・飛驒町・四分町・上飛驒町	特別史跡（藤原宮） 史跡（朱雀大路跡）
		大和三山		橿原市木原町（耳成山） 橿原市南浦町（香具山） 橿原市慈明寺町・大谷町・山本町・大久保町・吉田町・畝傍町（畝傍山）	名勝
	【仏教寺院】国家宗教としての仏教寺院の成立	飛鳥寺跡	仏教の受容	明日香村飛鳥	史跡
		橘寺跡（橘寺境内）	氏寺の成立	明日香村橘	史跡
		山田寺跡		桜井市山田	特別史跡
		川原寺跡		明日香村川原	史跡
		檜隈寺跡		明日香村檜前	史跡
		大官大寺跡	国家寺院の成立	明日香村小山・橿原市南浦町	史跡
		本薬師寺跡		橿原市城殿町	特別史跡
	【墳墓（古墳）】律令による墓制の変化	石舞台古墳	伝統的な墓制の継承と変質	明日香村島庄	特別史跡
		菖蒲池古墳		橿原市菖蒲町	史跡
		牽牛子塚古墳	新しい墓制への移行・展開 八角墳・壁画古墳	明日香村越	史跡
		天武・持統天皇陵古墳		明日香村野口	―
		中尾山古墳		明日香村平田	史跡
		キトラ古墳		明日香村阿部山	特別史跡
		高松塚古墳		明日香村平田	特別史跡

（世界遺産「飛鳥・藤原」登録推進協議会ホームページより改変）

巻二

歴史と古代の国際交流

1 ヤマト政権と飛鳥・藤原

飛鳥時代前史とヤマト政権

飛鳥時代は、東アジアの国際社会が大きく変化し、それに対応して日本が中央集権国家へと大きく転換した時代でした。儒教や仏教が国家の中核的思想とされ、律令などの諸制度や新しい文化が導入されました。飛鳥・藤原は、古代日本が誕生した地であり、日本文化の礎がつくられた場所でした。

近年の研究では、初期ヤマト政権の成立する頃が古墳時代のはじまりで、その中心は、纒向遺跡（奈良県桜井市）にあったことが有力視されています。ヤマト政権の中心勢力は、奈良盆地や大和川下流域の大阪平野の有力首長であり、その権勢の象徴が巨大な前方後円墳でした。それは列島各地の古墳の規範となり、階層構造の頂点に位置するものでした。大阪府の百舌鳥・古市古墳群は、墳墓によって権力を象徴した日本列島の人々の歴史を物語る顕著な証左とされています。

五世紀後半になると古墳の数が全国的に減少し、規模も縮小します。地方の有力豪族たちのヤマト政権への従属の度合いが、徐々に強まったためとみられています。

「大王」は、「天皇」号が用いられる以前のヤマト政権の最高首長の呼称です。「大王」の確実な用例は四七一年に相当する年紀（「辛亥年」）を持つ稲荷山古墳（埼玉県行田市）出土の鉄剣銘で、五世紀後半に大王の呼称があったことがわかります。そして六世紀になると、氏姓制度・部民制・屯倉制・国造制など、ヤマト政権の政治制度が整えられていきました。

日本国誕生の時代

正誤表

本書、『飛鳥・藤原まるごと博物館検定公式テキストブック』第1刷に、下記の通り誤りがありました。お詫びして訂正いたします。

‣69頁下段　10～11行目
[誤] 大和国城上郡の竹田（橿原市）、十市郡の跡見（桜井市）
[正] 大和国城上郡の跡見（桜井市）、十市郡の竹田（橿原市）

‣156頁　18行目
[誤] 舒明天皇五年（六三三）に　→　[正] この部分、削除

‣161頁上段　後から5行目
[誤]『古事記』　→　[正]『日本書紀』

‣165頁上段　17～18行目
[誤] 檜隈寺金堂跡地　→　[正] 檜隈寺跡地

‣167頁下段　1行目
[誤] 境内には　→　[正] 岡寺駅近くの踏切前には

‣167頁下段　12行目
[誤] 史上初となる　→　[正] この部分、削除

‣168頁下段　5～8行目
[誤] 藤原氏の祖神を祀ること……あるといいます。
[正] この部分、削除

‣175頁　上段19行目 および 中段1行目
[誤] 漆塗木棺　→　[正] 夾紵棺

‣178頁上段　19行目
[誤] 四体　→　[正] 三体

‣179頁中段　20行目
[誤] 幅一・八メートル　→　[正] 幅二・七メートル

‣179頁下段　18行目
[誤] 六角墳　→　[正] 多角形墳

‣181頁下段　4～5行目
[誤] 東西約三〇メートル、南北約四〇メートル
[正] 東西約四〇メートル、南北約三〇メートル

‣181頁下段　16行目
[誤] 閾石（ルビ：いきみいし）
[正] 閾石（ルビ：しきみいし）

‣183頁上段　6行目
[誤] 全長二〇・五メートル　→　[正] 全長一九メートル以上

‣229頁中段　3～5行目
[誤]左は「左悪面」と呼ばれて……本堂の方を向いています。
[正] 本堂に向かって、左側は「左悪面」、右側は「右善面」と呼ばれています。

‣245頁上段　後から3行目
[誤] 七件の住宅が　→　[正] 全部で九件の建造物が

‣265頁上段　後から3行目
[誤] 祝戸公園東展望所　→　[正] 祝戸公園西展望所

‣354頁下段　2～3行目
[誤]首が飛んできたという……伝えられていないようです。
[正] この部分、削除

‣368頁中段　1行目
[誤] 五棟の市指定文化財　→　[正] 五件の登録有形文化財

‣369頁下段　6行目
[誤] 大阪電気鉄道　→　[正] 大阪電気軌道

‣434～437頁
[誤] 欄下段見出しの「所在」　→　[正] 所在地或いは保管場所

飛鳥時代のはじまりは、五九二年十二月の推古天皇の即位（一説には飛鳥寺の造営開始の五八八年）とされています。天皇の宮は、豊浦宮から小墾田宮などを経て、飛鳥宮・藤原京へと遷り、平城京遷都（七一〇年）までが飛鳥時代となります。一時的に難波（大阪府）や近江（滋賀県）に都が遷ることもありましたが、この間、ほぼ一貫して政治・文化の中心となったのが、飛鳥・藤原の地でした。

飛鳥時代の東アジアは、五八九年に隋が中国の南北朝を統一するとともに、朝鮮半島において諸国間の戦闘が激化した動乱の時代でした。六一八年に隋が滅んで唐がおこると、唐は律令制などによって国家体制を整えたため、その影響力は周辺諸国に波及し、国際情勢が大きく変化しました。遣隋使・遣唐使が派遣されたのもこの時代です。朝鮮半島は、七世紀の中頃まで百済・新羅・高句麗の三国にわかれていました。日本は百済など朝鮮諸国とも交流を重ねましたが、六六三年の白村江の戦いでは、日本と百済の連合軍は、唐・新羅の連合軍に敗北しました。

国内でも、大きな画期や政治的変動があり、皇極天皇四年（六四五）の乙巳の変（→90頁）、天智天皇十一年（六七二）の壬申の乱（→96頁）という、歴史上の大事件がおこりました。また、蝦夷などに対する征服戦争が継続され、領土が著しく拡大しました。この時代の将軍では、阿倍比羅夫が知られています。天智天皇は近江令の編纂を進めたといわれ、壬申の乱後は、天武天皇によって飛鳥浄御原令の編纂が開始され、持統天皇の時代に完成しました。そして持統天皇八年（六九四）には飛鳥から藤原京への遷都が行なわれ、大宝元年（七〇一）には大宝律令の撰定が完了しました。

飛鳥時代は、大陸の制度や技術、文化を積極的に導入し、わが国が独自の文明化を推し進めた時代でした。儒教や仏教の伝来・定着はその先駆けであり、冠位十二階・十七条憲法の制定、飛鳥寺の造営などは、新しい政治思想や宗教観に基づく国づくりのはじまりとみることもできます。藤原京は、条坊制に基づくわが国最初の都城であり、都市の誕生でもあったとされています。飛鳥・藤原の宮都の整備は、国家の威厳を周辺諸国に知らしめる意図があったと考えられています。

不安定な国際情勢のもとで、日本は先進地域からの情報や文物の摂取につとめ、中国の唐にならって、律令制に基づく中央集権国家へと改革を進めました。飛鳥時代、東アジアで活発な国際交流が展開された中で、飛鳥・藤原の地を舞台に、律令制国家・日本が誕生しました。

大王から天皇へ

稲荷山古墳出土の鉄剣銘などにみえるように、五世紀後半には倭国の君主は「大王」と呼ばれていましたが、七世紀になると「天皇」と称するようになりました。天皇号の成立時期については、天武・持統朝頃とみる説が長く通説とされています。飛鳥池工房遺跡（→189頁）で出土した木簡に「天皇聚□（露カ）」と書かれていたことも、通説の補強材料とされました。一方で、天智朝とみる説や推古朝とみる説も根強く主張されています。天智朝説は野中寺（大阪府羽曳野市）の弥勒菩薩像銘が斉明天皇を「中宮天皇」としていること、推古朝説は中宮寺の天寿国繡帳（→212頁）銘などが推古天皇を「天皇」と称していることを、それぞれ根拠としています。推古朝説にはほかにも傍証があり、近年では推古朝説の支持者が増えつつあります。

天皇の宮殿と空間構造の変遷

推古天皇は、飛鳥の小盆地内ではじめての王宮である豊浦宮から小墾田宮（→ともに71頁）に遷宮しています。豊浦宮と小墾田宮はどちらも蘇我稲目の邸宅であった向原家と小墾田家を受け継いだもので、推古天皇が蘇我系の天皇であることをよく示しています。

飛鳥宮跡（→116頁）では、舒明朝の飛鳥岡本宮、皇極朝の飛鳥板蓋宮、斉明・天智朝の後飛鳥岡本宮、天武・持統朝の飛鳥浄御原宮の天皇六代にわたる四期の宮殿跡がみつかっています。舒明天皇は即位後に、現在の明日香村岡付近に飛鳥岡本宮を造営しましたが、その後飛鳥の地を離れ、最後の正

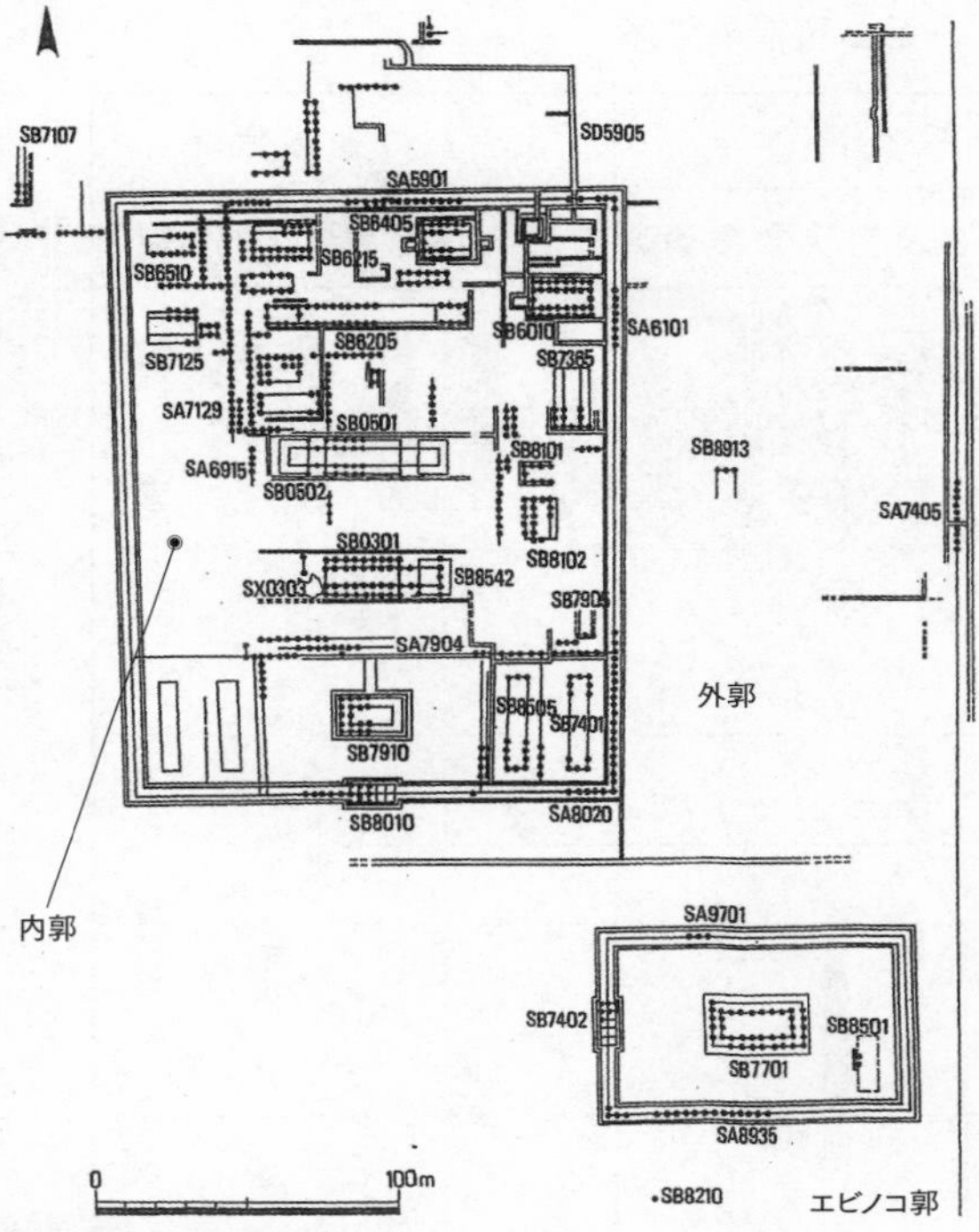

宮として百済大宮（桜井市吉備付近）を造営し、そこで崩御しました。皇極天皇は、飛鳥板蓋宮を造営し、それ以後は、同じ場所で王宮が造営されるようになりました。それまで天皇の宮殿は、天皇がかわるたびに遷っていました。この慣例的な方式は、歴代遷宮と呼ばれています。しかし、宮殿が天皇一代限りで廃されることはなくなり、より長い期間維持されるようになったのです。

飛鳥板蓋宮は皇極・斉明の二代、後飛鳥岡本宮は斉明・天智・天武の三代、飛鳥浄御原宮は天武・持統の二代の天皇が使用しています。天武天皇の飛鳥浄御原宮は、斉明天皇の後飛鳥岡本宮を継承したものでした。七世紀中頃以降の王宮の造営地は、火災などにより一時的に移動した場合を除くと、現在の飛鳥宮跡とその周辺にほぼ固定されていました。

飛鳥宮跡平面図（林部均説）

政治組織の発展や中国との交流により、宮殿の空間構造はさらに変化し、天皇の私的空間に加えて、儀礼空間や後に「大極殿」と呼ばれる建物などの公的空間が拡大します。宮殿の周辺には、寺院、官衙、官営工房、苑池、天皇による祭祀や迎賓・饗宴のための施設、直線道路や運河などが整備されました。都びとが集住する人工的に整序された空間が創出され、「飛鳥京」と呼ばれるわが国はじめての宮都が誕生しました。

さらに七世紀末には、中国都城制の影響を受けたわが国はじめての本格的な都城である

飛鳥諸宮の変遷

	天皇正宮							その他の宮					
	飛鳥以外の宮			飛鳥諸宮						飛鳥以外の宮			
	豊浦宮	小墾田宮	百済宮	飛鳥岡本宮	飛鳥板葺宮	後飛鳥岡本宮	飛鳥浄御原宮	飛鳥河辺行宮	飛鳥川原宮	耳梨行宮	田中宮	厩坂宮	嶋宮
推古	592	603								601			
舒明			640	630 火災							636	640	（吉備姫王）
皇極		642	641		643								
孝徳					645（難波遷都）655			653					
斉明		（瓦葺）			火災	656			655				（糠手姫皇女）
天智						667（大津遷都）							
天武		（兵庫）					672						（草壁皇子）
持統							694						

飛鳥時代における天皇と諸宮の移り変わり（林部均「飛鳥宮―大極殿の成立」『奈良女子大学21世紀COEプログラム報告集 Vol.23』をもとに作成）

※この図では、古代の飛鳥の範囲を飛鳥としているため、同じ小盆地内であっても、豊浦宮と小墾田宮は、飛鳥以外の宮とされています。

「藤原京」が造営されました。藤原京の中央には、大規模な基壇の上に建つ大極殿をはじめとして、瓦葺、礎石建ちの建物で構成された藤原宮が整備されました。藤原宮の朝堂・大極殿は、飛鳥京では各空間で分節的に催された服属儀礼、外交儀礼、饗宴、即位などが集約して行なわれる場となりました。

王権による時間の支配

古代中国では、時法の制定と暦の頒布（授時頒暦）は、天子の大権とされていました。天子は、天命によって天下に君臨し、すべての時を支配する存在で、暦は時の支配の象徴でした。飛鳥時代には、中国の制度にならって時刻制や暦法が導入されました。

飛鳥水落遺跡に復元された漏刻模型

推古天皇十年（六〇二）には、百済僧観勒が、暦本・天文地理書・遁甲方術の書を倭国に伝えました。朝廷は観勒を師匠として、陽胡史玉陳に暦法を学ばせています。この時の暦法は、元嘉暦と考えられます。中国、南朝の宋から伝わった元嘉暦は、遅くとも六世紀の初頭に百済で使われていました。

『日本書紀』の斉明天皇六年（六六〇）の記事には、「皇太子（中大兄皇子）が漏刻（水時計）を造り、人々に時を知らせた」とあり、飛鳥での漏刻台の造営と時刻制の導入を示すとみられています。この漏刻が設置された施設が、明日香村の飛鳥水落遺跡（→191頁）と考えられます。『日本書紀』の天智天皇十年（六七一）四月の記事に天智天皇が皇太子時代につくった漏刻を「新台」におき、「始めて候時を打つ。鐘鼓を動す」とあり、大津宮（滋賀県大津市）の施設で鐘鼓（鉦・太鼓）を打ち鳴らし、人々に時刻を知らせています。

『日本書紀』の舒明天皇八年（六三六）に、官人の出退勤の時刻を記した記事がありますが、当時はまだ天候の影響を受ける日時計でした。飛鳥水落遺跡の漏刻と鐘鼓は、飛鳥の小盆地一帯と香具山辺りまで、正確な時刻を伝え、官人の出勤・退勤や宮門の開閉時刻など、人々の生活を統制したと推測されます。

天武天皇四年（六七五）には、はじめて占星台がおかれました。天武天皇は「天文遁甲を能くす」とあり、天文暦法の習得に熱心で、式占にも通じていたとされています。中国では二十八宿の星宿（星座）が使用されており、天文博士が占星台で夕刻の星を観測し、季節を定めたといわれています。高松塚古墳やキトラ古墳では、天井部に星宿図や天文図が描かれています。

『日本書紀』の持統天皇四年（六九〇）の十一月の記事には、「勅を奉りて始めて元嘉暦と儀鳳暦とを行ふ」とあり、両暦の併用が開始されました。その後、文武天皇元年（六九七）には、元嘉暦を廃して「儀鳳暦」が正式に採用されました。儀鳳暦は、「麟徳暦」という唐の官暦で、持統天皇から文武天皇への譲位にあたり、儀鳳暦に統一されたと考えられます。石神遺跡では、元嘉暦法に基づく具注暦を記した木簡が平成十五年（二〇〇三）に発見されており、持統天皇三年（六八九）の三月・四月のものとわかりました。元嘉暦による暦の実物は中国にも残されておらず、大変貴重な資料とされています（→204頁）。

大宝元年（七〇一）に制定された大宝令には、陰陽寮の官制があり、漏刻を維持・管理する漏刻博士をおき、その下に漏刻の目盛りを計り、鐘や鼓を使って時を報じる守辰丁を配置していました。陰陽寮の主な役割としては、天体の動きや気象の変化を観測し、異変があった時に天皇に密奏すること、暦をつくること、漏刻の管理と時刻を知らせること、占いなどがあげられています。飛鳥時代を通じて、王権は時間の支配という政治思想の実現を一貫して目指していたことが理解されます。『日本書紀』の天武天皇四年正月条には「陰陽寮」が、持統天皇六年二月条には「陰陽博士」がみえるので、少なくとも飛鳥浄御原令には陰陽寮や陰陽博士に相当する役所や役職が規定されていたことが想定できます。

本格的な時刻制や暦法、陰陽寮の官制の導入は、中央集権国家体制の確立と密接に関連していました。中国古代の宇宙観・世界観である陰陽五行説は、陰陽説と五行説が融合したものでした。陰陽説は、陽と陰の二気の消長により万物の生成変化を説く思想であり、五行説は万物の根源を木・火・土・金・水の五元素におき、それらの関係、消長により、宇宙は変化するという自然論的な歴史観です。陰陽五行説は、天文、暦法、医学などに影響を与え、儒学とともに日本に伝わり、大きな影響を与えました。高松塚古墳やキトラ古墳の石室に描かれた四神図や星宿図（→226頁）は、陰陽五行説などに基づいて描かれています。四神は天の四方を守る霊獣で、東方は青龍、南方は朱雀、西方は白虎、北方は玄武がそれぞれ守護するとされました。また四神は春・夏・秋・冬の四季や青・赤（朱）・白・黒の色彩に

高松塚古墳石槨　北壁には玄武が描かれている

キトラ古墳壁画　朱雀

配される場合もありました。

飛鳥時代の文化

「飛鳥文化」という語は、飛鳥・藤原の地が政治・文化の中心であった飛鳥時代の文化という意味と、文化史上の区分としての七世紀前半の伝来仏教を中心とした文化という意味の二通りに用いられます。文化史上の意味で飛鳥文化が使われる場合、それに続く飛鳥時代後半の文化は「白鳳文化」と呼ばれ、奈良時代の「天平文化」へとつながります。

飛鳥時代は仏教文化の時代で、今日の日本文化の礎が築かれた時代でした。飛鳥寺（→75頁）や法隆寺（生駒郡斑鳩町）などの壮大な寺院が建立され、仏教建築や仏像制作をはじめ、荘厳な飛鳥文化が生み出されました。しかし、現存するその代表作は斑鳩の法隆寺に多く残され、飛鳥・藤原の地では、飛鳥大仏・高松塚古墳壁画・キトラ古墳壁画などがわずかに残るのみです。

一方、一九八〇年頃から発掘調査が本格化し、特に二〇〇〇年前後からは新たな遺構・遺物の発見が相次ぎ、遺跡・遺物によって飛鳥・藤原の地の文化が語れるようになってきています。

飛鳥文化の国際性の中核をなしたのは、朝鮮半島からの渡来文化でした。仏教とともに、寺院造営のための建築・土木・庭園・彫刻・絵画・工芸・芸能など多様な文化が導入されました。特に百済は、中国南朝の梁から入手した儒書・仏書やさまざまな文明要素を、それほど時間差をおかずに倭国に伝えたようです。その後、高句麗・新羅の仏教が伝えられたほか、遣隋使・遣唐使を通じて中国から儒教や仏教が直接伝えられました。

日本古来の信仰形態は、山・滝・岩・木など自然物が崇拝の対象であり、神社に社殿はありませんでした。しかし、大陸伝来の寺院建築の影響により、神社に社殿がつくられるようになりました。仏教文化が列島社会に浸透する中で、「雨乞い」や「タマフリ（魂振り）」といった伝統的民俗行事も、外来文化の影響を受けたと考えられます。

日本文学の原点といわれる『万葉集』には、文学作品としても優れた飛鳥時代の歌謡が多数収録されています。当時の人々の生活や感情がよく表されており、飛鳥文化の水準の高さを物語っています。また、万葉仮名が生み出された背景には、万葉歌を文字で書き写すという動機もあったと考えられます。

また、高麗楽・新羅楽・百済楽などの外来舞楽が伝来したほか、仮面劇の伎楽が、呉（中国南朝）で学んだ百済人によって伝えられました（→332頁）。伎楽の面や装束は川原寺に収蔵されていたようで、朱鳥元年（六八六）四月には新羅の使客を饗応するために、川原寺の伎楽が筑紫（福岡県のうち東部を除いた範囲）に運ばれています。伎楽や高麗楽は、在来の久米舞などとともに仏教儀式でも演じられ、音楽・演劇文化発展の礎となりました。

天武朝以後になると、仏像制作とともに、国家主導で大規模な写経事業が展開されました。最古の大規模写経の記録は、『日本書紀』の天武天皇二年（六七三）三月の記事で、「書生を集めて、初めて川原寺で一切経を写す」とあります。一切経とは、当時存在したすべての仏教経典をさします。もちろん推古朝前後にも、聖徳太子の『三経義疏』をはじめとして多くの経典が書写され、仏典研究も行なわれていたことは推測できます。飛鳥時代における仏教の興隆と国家仏教政策は、経典の書写や読誦などを通じて、漢字の全国的な普及の促進にもつながりました。

飛鳥京跡苑池出土の木面

❖飛鳥・藤原の女帝たち

飛鳥時代から奈良時代にかけては、八代六名の女性が天皇に即位しています。即位した順に、推古天皇、皇極天皇、斉明天皇（皇極天皇の重祚。「重祚」は退位した天皇が再び即位すること）、持統天皇、元明天皇、元正天皇、孝謙天皇、称徳天皇（孝謙天皇の重祚）となり、日本史上まれな「女帝」の時代ということができます。推古天皇・皇極天皇・斉明天皇は、まだ「天皇」ではなく「大王」と呼ばれた時代のようですが、推古朝から「天皇」号はあったとする説もあります。平城京遷都を行なった女帝は元明天皇なので、飛鳥時代に限れば、五代四名の女帝が存在しました。

推古天皇と皇極・斉明天皇は、巫女（シャーマン）的な性格も強かったようですが、持統天皇以後は、女帝のシャーマン性は薄れたとみられます。各時期における役割の変化はあったとしても、女帝たちは、飛鳥時代の政治や祭祀を統括する立場にあり、律令国家としての日本の誕生に貢献しました。

推古天皇　在位五九二～六二八年

欽明天皇の皇女で、母は蘇我稲目の娘である堅塩媛です。敏達天皇五年（五七六）に敏達天皇の皇后となりました。崇峻天皇の暗殺を受け、初の女性天皇として即位し、三十六年間その地位にありました。叔父の蘇我馬子（→66頁）と甥の厩戸皇子（聖徳太子→60頁）の三者による集団統治体制によって、国制の整備を図ったとされます。遣隋使を派遣する一方、冠位十二階の制定（六〇三年）、十七条憲法の制定（六〇四年）などにより、官司機構を整えました。

皇極天皇　在位六四二～六四五年

敏達天皇の曾孫で、押坂彦人大兄皇子の孫にあたります。父は茅渟王、母は吉備姫王で、「宝女王（皇女）」と呼ばれました。高向王に嫁いで漢王（皇子）を生み、舒明天皇の皇后となって、中大兄（後の天智天皇）・大海人（後の天武天皇）の二人の皇子と間人皇女を生みました。舒明天皇の崩御により即位し、乙巳の変（→90頁）を機に弟の孝徳天皇に譲位しましたが、孝徳天皇没後に、斉明天皇として重祚しました。

斉明天皇　在位六五五～六六一年

大化元年（六四五）の譲位後、「皇祖母尊」と呼ばれていた皇極天皇は、斉明天皇元年（六五五）に再び皇位に就きました。飛鳥川原宮から後飛鳥岡本宮に移り、田身嶺（多武峰）に両槻宮をつくり、香具山から石上山まで大溝（狂心の渠）を掘り、宮の東山に石垣を築き、吉野宮をつくるなど、飛鳥周辺で大規模な土木事業を行ないました。これらの遺構の一部が近年までの発掘調査で確認されています。数回にわたる北方遠征も行なっています。六六〇年に百済が滅亡すると、復興を支援するため軍勢を率いて筑紫（福岡県のうち東部を除いた範囲）に赴きましたが、六六一年に筑紫の朝倉宮で没しました。

持統天皇　在位六九〇～六九七年

天智天皇を父、蘇我倉山田石川麻呂の娘である遠智娘を母として生まれ、「鸕野讃良皇女」と呼ばれました。大海人皇子の妃として、ともに壬申の乱（→96頁）を戦い、大海人皇子が即位（天武天皇）すると、皇后として、政権運営を補佐しました。皇太子草壁皇子が若くして没すると、その翌年、自ら即位し、六九七年に孫の珂瑠（軽）皇子（後の文武天皇）に譲位しました。飛鳥浄御原令の施行、庚寅年籍の作成など、律令国家体制の形成に尽力した一方、天武天皇と姉の大田皇女の遺児である大津皇子を死に追いやります。持統天皇は火葬された最初の天皇になります。

元明天皇　在位七〇七～七一五年

天智天皇を父、蘇我倉山田石川麻呂の娘の姪娘を母として生まれ、「阿閉（阿陪）皇女」と呼ばれました。草壁皇子（→63頁）の妃でしたが、皇子との子文武天皇が病没し、文武天皇の子の首皇子（後の聖武天皇）が幼少であったため即位しました。平城京遷都を実行し、藤原不比等（→69頁）の補佐を受けて律令国家の整備につとめました。

❖飛鳥・藤原の男帝たち

飛鳥時代の男性の天皇は、即位順に舒明天皇・孝徳天皇・天智天皇・天武天皇・文武天皇の五名です。推古天皇から元明天皇までの女性天皇と、同数（重祚を含む）になります。男性の天皇が続いたのは、天智・天武の二代だけです。

舒明天皇　在位六二九～六四一年

敏達天皇の子の押坂彦人大兄皇子の子で、「田村皇子」と呼ばれました。母は父の異母妹の糠手姫皇女です。舒明天皇二年（六三〇）に犬上御田鍬や薬師恵日らを第一次遣唐使として派遣し、飛鳥岡の傍らに飛鳥岡本宮を造営しました。舒明天皇十一年から百済川畔に百済宮（百済大宮）と百済寺（百済大寺）をつくりはじめ（→120頁）、翌年に百済宮に遷り、その翌年ここで亡くなりました。

孝徳天皇　在位六四五～六五四年

皇極天皇の同母弟で、「軽皇子」と呼ばれました。中大兄皇子の妹の間人皇女を皇后としました。皇極天皇四年（六四五）の乙巳の変（→90頁）のあとに即位し、年号を大化と改めて改新の詔を発布し、また難波長柄豊碕宮（大阪市中央区）に遷都しました。中大兄皇子が皇祖母尊（皇極前天皇）・間人皇女らと百官人を率いて飛鳥に戻った翌年の白雉五年（六五四）に難波宮で没しました。

天智天皇　在位六六八～六七一年

舒明天皇と皇極天皇の間の皇子で、「葛城王」「中大兄皇子」「天命開別」などと呼ばれました。中臣鎌足らとともに蘇我蝦夷・入鹿を討滅した乙巳の変（→90頁）で有名です。改新政府の諸改革を主導して、中央集権国家の建設を進めるとともに、百済救援軍の指揮をとりました。天智天皇六年（六六七）に近江（滋賀県）大津に遷都し、翌年即位しました。庚午年籍を編成し、近江令を制定したとされています。天智天皇十年に大津宮で没しました。

天武天皇　在位六七三～六八六年

天武・持統天皇陵の空中写真

天智天皇の同母弟で、「大海人皇子」と呼ばれ、乙巳の変（→90頁）後は中大兄皇子を助けて改革を主導しました。大友皇子（→63頁）と皇位を争った壬申の乱（→96頁）で勝利し、六七三年に飛鳥浄御原宮で即位しました。浄御原令や史書の編纂を進め、藤原京造営計画を策定して一部実施するなど、律令制による強力な中央集権国家の形成を推し進め、天皇の権威を高めました。朱鳥元年（六八六）に崩御しました。

文武天皇　在位六九七～七〇七年

草壁皇子（→63頁）と阿閇皇女（後の元明天皇）の間の皇子で、「珂瑠（軽）皇子」と呼ばれました。草壁皇子の没後、皇位継承者として期待され、文武天皇元年（六九七）に持統天皇から皇位を譲られて即位しました。大宝元年（七〇一）に大宝律令を施行し、ここに律令国家はひとまず完成の日を迎えました。

女帝誕生の背景と皇位継承ルールの変化

百年余りの飛鳥時代の間に、女帝の時代が通算で約六十年も続いたことになります。飛鳥時代に多くの女帝が誕生したのはなぜでしょうか。六世紀中頃に在位した欽明天皇の後継には、その子の敏達・用明・崇峻・推古の兄弟姉妹が四代にわたり即位しました。推古天皇は異母兄の敏達天皇の皇后で、兄弟による皇位の継承と皇族内の近親婚は一般的であったといえます。皇族内の即位資格者の範囲は広く、有力豪族の合議により、皇位継承者が推戴されたと考えられます。

推古天皇の誕生により、皇后の経験者など皇族内の女性も、即位資格を持っていたことが理解されます。皇位継承の局面で困難が生じた場合には、皇后経験者が即位する例が開かれたのです。当時皇后はまだ皇族女性に限られており、皇族の出身でない女性皇后は、奈良時代の光明皇后（聖武天皇の后）が最初でした。また皇后経験者以外の最初の女帝は、草壁皇子の妃の元明天皇でした。

六世紀後半から八世紀初頭にかけては、多くの皇族や豪族間で、皇位の継承をめぐって、武力による争いが頻発しています。陰謀や骨肉の争いがくりかえされた波乱の時代でした。最大の内乱が、叔父の大海人皇子と、甥にあたる大友皇子が争った壬申の乱（→96頁）でした。この時代、皇位の継承が平和裏に決まることはむしろまれでした。女帝の即位は、複数の男性皇族やそれを支持する豪族たちの武力による争いを避け、皇位継承を円滑化するための一つの選択であったとも考えられます。

皇位の兄弟継承が普通であった時代から、直系継承へとルールが変化したのは、持統天皇の時代と考えられます。天武天皇の崩御後、皇太子の草壁皇子が亡くなり、持統天皇の称制（先帝の没後に、皇后や皇太子が即位しないままで政務を執ること）、即位の後、譲位によって文武天皇が即位しました。文武天皇に続く元明・元正天皇は、文武天皇の子の聖武天皇に皇位を継承するための中継ぎ的な意味合いが強いとみられています。

元明天皇の即位の宣命（七〇七年）には、天智天皇が定めたという「不改常典」が出てきます。その内容は皇位継承法に関するものと推定され、父系による直系継承の正統性の根拠とされたとみる説が有力です。持統天皇から文武天皇への譲位を、「不改常典」に基づくものとし、元正天皇から聖武天皇へ、聖武天皇から孝謙天皇への譲位の際の詔にも使われました。

直系継承を保証するものには、「黒作懸佩刀」もありました。正倉院におさめられたこの刀の由来が、『東大寺献物帳』に記されています。草壁皇子が亡くなる直前にこの刀は藤原不比等（→69頁）に下賜され、それが不比等から文武天皇へ、文武天皇の死後には、また不比等を介して聖武天皇へと伝えられたとされ、直系の皇統を象徴するものとみられています。それとともに、この時代における藤原不比等の皇位継承への関与を示唆するものともみられています。

❖飛鳥時代の代表的な皇族たち

飛鳥時代には、皇位継承をめぐる争いや、遷宮・遷都、政治改革、律令や歴史書の編纂、折々の行幸や儀式など歴史の重要な場面で、著名な皇族たちが登場しており、皇族たちをそれぞれに支持する豪族たちと、さまざまな人間模様やドラマを、飛鳥・藤原の地を主な舞台にしてくり広げました。天皇をはじめとする皇族や豪族たちの活躍は、古代の文明化や日本国の誕生に不可欠でした。しかし、その一方で数多くの争いを生み出し、深い悲哀と血塗られた歴史を土地に刻み込み、後世の人々の哀愁や追憶の情を誘うものとなりました。

聖徳太子　五七四～六二二

用明天皇の第二皇子で、「厩戸皇子」「豊聡耳皇子」「上宮王」「法大王」なども呼ばれました。叔母の推古天皇のもと、義父蘇我馬子（→66頁）と協調して政治を行ない、国際的緊張の中で遣隋使を派遣するなど、大陸の進んだ文化や制度を取り入れ、天皇を中心とする中央集権国家の形成を図ったとされています。官僚制度に関わる冠位十二階、官僚の心構えや規律を示した十七条憲法を定めたほか、仏教を厚く信仰し、その興隆につとめました。『日本書紀』をはじめとした多くの歴史書などに、さまざまな太子の功績や伝説が語られています（→312頁）。

穴穂部皇子　?〜五八七

欽明天皇の皇子で、母は蘇我稲目の娘小姉君です。敏達天皇の殯宮に侵入し、額田部皇女（後の推古天皇）を犯そうとして失敗し、それを阻止した敏達天皇の寵臣である三輪逆を討ったとされています。用明天皇の崩御後には、物部守屋（→68頁）と結んで皇位を狙いましたが、泊瀬部皇子（後の崇峻天皇）を推す蘇我馬子（→66頁）によって、親密であった宅部皇子とともに誅殺されました。この二人を斑鳩町の藤ノ木古墳の被葬者とみる説が有力視されています。

竹田皇子　生没年不詳

敏達天皇と推古天皇の子で、有力な皇位継承者でしたが、早世したとみられています。『日本書紀』によると、推古天皇は遺詔にしたがって竹田皇子の墓に合葬されました。『古事記』には大野岡の上にあった推古天皇陵を後に科長大陵に移したとあります。橿原市五条野町にある植山古墳（→181頁）がこの大野岡にあった推古天皇・竹田皇子合葬陵にあたるとみられています。

石室がならぶ植山古墳

田村皇子　五九三〜六四一

推古天皇の崩御（六二八年）後に、王位継承をめぐる争いがおこります。有力な皇位継承権者は、田村皇子と山背大兄王でした。田村皇子を推挙したのは、蘇我本宗家の実力者となった蘇我蝦夷らであり、山背大兄王を支持したのが蘇我馬子の弟の境部摩理勢らでした。摩理勢は蝦夷がさし向けた軍によって討伐され、田村皇子が即位して舒明天皇（→57頁）となりました。

山背大兄王　?〜六四三

聖徳太子と蘇我馬子の娘刀自古郎女の間に生まれました。田村皇子（舒明天皇）との皇位争いに敗れた後も有力な皇位継承者と目されました。皇極天皇二年（六四三）に蘇我入鹿らに襲撃され、斑鳩宮で一族とともに自害しました（上宮王家の滅亡）。

古人大兄皇子　?～六四五

舒明天皇と蘇我馬子の娘法提郎女との間に生まれた皇子で、蘇我蝦夷・入鹿から皇位の継承を期待されました。乙巳の変（→90頁）後、身の危険を感じてか、出家して吉野山に入りましたが、密告により謀反の疑いをかけられ、中大兄皇子（後の天智天皇）の兵によって殺害されました。

有間皇子　六四〇～六五八

孝徳天皇の皇子で、斉明天皇の甥になります。斉明天皇が紀伊（和歌山県）の温泉に出かけたため、留守官となった蘇我赤兄は、斉明天皇の失政をあげて、有間皇子に謀反をそそのかします。赤兄の裏切りによって、有間皇子の謀反の計画が発覚し、紀伊の藤白坂（海南市）で処刑されました。

吉備姫王　?～六四三

欽明天皇の孫で、茅渟王の妃となり、皇極（斉明）天皇、孝徳天皇を産みました。皇極天皇二年（六四三）九月に薨去しましたが、『日本書紀』では、皇極天皇は母が病に臥してから喪をおこすまで病床を離れず、檀弓岡に葬っています。『延喜式』では吉備姫王の墓は檜隈墓とされ、欽明天皇の檜隈陵域内にあるとされています。宮内庁はこの檜隈墓を明日香村平田に治定していますが、欽明天皇陵に治定される梅山古墳の兆域内にあるカナヅカ古墳（→176頁）を吉備姫王墓に比定する説が有力視されています。

額田王　生没年不詳

代表的な万葉歌人の一人で、皇極天皇に仕えました。額田王ははじめ、大海人皇子と結ばれ、後に天智天皇（中大兄皇子）の後宮に入りましたが、天智天皇の即位以前か以後かは不明です。壬申の乱後は、夫の大友皇子を失った娘（十市皇女）と幼い孫（葛野王）とともに飛鳥へ戻りました。『万葉集』に長歌三首、短歌九首が収録されています。

大田皇女　生没年不詳

天智天皇の長女で、母は蘇我倉山田石川麻呂の娘遠智娘です。同母の妹の鸕野讃良皇女（持統天皇）とともに、大海人皇子（後の天武天皇）の妃となり

発掘直後の越塚御門古墳

ました。大伯海（岡山県瀬戸内市）の船上で大伯皇女を、また娜大津（博多）で大津皇子を生みました。天智天皇六年（六六七）に斉明天皇陵の前に葬られました。牽牛子塚古墳の南東に隣接する越塚御門古墳（→178頁）は大田皇女墓にあたると考えられています。

建王　六五一～六五八

天智天皇と蘇我倉山田石川麻呂の娘遠智娘の皇子で、八歳で薨去しました。斉明天皇は孫の建王の死を深く悲しみ、将来自分の陵への合葬を命じました。牽牛子塚古墳（→178頁）の墓室には当初は斉明天皇と建王が葬られたとみる説もあります。

大友皇子　六四八～六七二

天智天皇の第一皇子で、母は伊賀采女宅子娘です。天智天皇は、大友皇子を後継者とするため、太政大臣に任命しました。天智天皇の崩御後、叔父の大海人皇子（後の天武天皇）との間で壬申の乱（→96頁）が勃発し、争いに敗れて自害したとされています。大海人皇子が吉野に退去した後、皇太子となり、また即位したという説もあり、第三十九代弘文天皇として明治三年（一八七〇）に諡号が追贈されました。

高市皇子　?～六九六

天武天皇の長子で、長屋王の父です。母は地方豪族出身の胸形尼子娘でした。壬申の乱（→96頁）では父を助けて活躍し、草壁皇子の死後は持統天皇より太政大臣に任命されました。生前は香具山宮に住み、持統天皇十年（六九六）に亡くなると、城上宮で殯が行なわれ、三立岡墓（大和国広瀬郡）に葬られました。

草壁皇子　六六二～六八九

天武天皇と皇后の鸕野讃良皇女（後の持統天皇）の間に生まれました。天智天皇の皇女阿閇皇女（後の元明天皇）を妃とし、文武天皇、元正天皇、吉備内親王をもうけました。皇太子に立てられましたが、持統天皇三年（六八九）に即位しないまま没し、真弓丘墓に葬られました。「日並（知）皇子」と称されていましたが、天平宝字二年（七五八）になり、岡宮御宇天皇と尊号を贈られ、墓も山陵とされました。高取町の束明神古墳（→180頁）を草壁皇子墓とする説があります。

大津皇子　六六三～六八六

天武天皇と大田皇女の間の皇子で、父母が百済救援のため筑紫（福岡県のうち東部を除いた範囲）に滞在中、那大津で生まれました。博学能文で天武天皇十二年（六八三）には朝政に参加しました。朱鳥元年（六八六）九月に天武天皇が崩御すると、その翌月に謀反の嫌疑をかけられ、訳語田（桜井市）の家で処刑されました。死の直前に大津皇子は、姉の大伯皇女に会いに伊勢神宮まで行っています。

大伯（大来）皇女　六六一～七〇二

天武天皇と大田皇女の皇女で、大津皇子の同母の姉です。父母が百済救援軍とともに西征の途中、吉備の大伯海（岡山県瀬戸内市）で生まれました。天武天皇二年（六七三）に、天皇にかわって伊勢神宮に仕える斎王に選ばれました。大津皇子の処刑後まもなく、大伯皇女は斎王を解任され都へと戻りました。『万葉集』には弟を思う歌が六首残されています。

山辺皇女　?～六八六

天智天皇の皇女で、母は蘇我赤兄の娘の常陸娘です。大津皇子の妃となりましたが、皇子が謀反の嫌疑で捕えられ刑死した時に、髪を振り乱し素足で走り赴き殉死しました。これをみた人は、皆すすり泣いたと『日本書紀』にその様子が記されています。

川島（河島）皇子　六五七～六九一

天智天皇の皇子で、母は忍海小龍の娘の色夫古娘です。天武天皇十年（六八一）から「帝紀」と「上古諸事」を記定する事業を主宰しました。これが『日本書紀』の編纂開始とされています。天武天皇が崩御した朱鳥元年（六八六）に、親友であった大津皇子の謀反を密告したとされます。持統天皇五年（六九一）に没し、越智野に葬られました。明日香村真弓のマルコ山古墳（→179頁）を川島皇子墓とする説があります。

マルコ山古墳

忍壁皇子　?～七〇五

天武天皇の皇子で、母は宍人大麻呂の娘の㭽媛娘です。「刑部親王」とも呼ばれます。天武天皇十年（六八一）から「帝紀」と「上古諸事」を記定する事業に参加し、大宝元年（七〇一）には「大宝律令」を撰定しました。大宝三年には知太政官事として国政を統括し、慶雲二年（七〇五）に没しました。高松塚古墳（→177頁）の被葬者の有力な候補の一人です。

志貴（施基・芝基）皇子　?～七一六

天智天皇の皇子で、母は越道君伊羅都売です。白壁王（光仁天皇）の父で、万葉歌人としても著名です。持統天皇三年（六八九）に撰善言司に任命され、文武天皇崩御の時は殯宮に供奉しました。霊亀二年（七一六）に没し、高円山の麓の田原西陵（奈良市）に葬られました。光仁天皇即位後の宝亀元年（七七〇）に春日宮御宇天皇と追尊され、田原天皇とも称されました。

舎人皇子　六七六～七三五

天武天皇の皇子で、母は天智天皇の皇女新田部皇女です。『日本書紀』の編纂を主宰し、養老四年（七二〇）に完成させました。新田部親王とともに長老として聖武天皇の統治を支え、天平七年（七三五）に没しました。子の大炊王が淳仁天皇となると、崇道尽敬皇帝の諡号を追贈されました。

十市皇女　?～六七八

天武天皇と額田王の間に生まれた皇女です。壬申の乱（↓96頁）では、夫の大友皇子が父の天武天皇によって滅ぼされました。乱後も生き残りましたが、天武天皇七年（六七八）に宮中で急逝し、赤穂（明日香村の安古か）に葬られました。

葛野王　六六九～七〇六

大友皇子と十市皇女の間に生まれました。『懐風藻』の編者ともいわれる淡海三船の祖父にあたります。持統天皇を支えてきた太政大臣の高市皇子が亡くなると、天皇は直ちに次の皇位継承者の選定会議を催しました。葛野王は、直系継承によるべきことを主張し、反対する弓削皇子を抑えました（『懐風藻』）。それにより、草壁皇子の子の珂瑠（軽）皇子（後の文武天皇）が皇位継承者に定まったとされます。

❖飛鳥時代の代表的な豪族

ヤマト政権を構成する豪族には、「臣」の姓を持つ巨勢氏・蘇我氏・阿倍氏などと、「連」の姓を持つ物部氏・大伴氏・中臣氏などがありました。

臣姓の豪族は本拠地名を氏の名とし、独立的な勢力として、天皇家と婚姻関係を結ぶこともありました。連姓の豪族は軍事や祭祀などの朝廷の職務を分担し、その職掌に由来する氏の名を負いました。

『日本書紀』では各天皇の巻のはじめに「大臣」と「大連」を任命した記事が書かれていますが、大臣・大連は臣・連の姓を持つ氏族の中から、最も有力なものの族長が選ばれて就任した朝廷の最高執政官です。継体天皇の時代には大伴氏と物部氏が大連、許勢（巨勢）氏が大臣となりますが、宣化天皇の時代からは蘇我稲目が、敏達天皇の時代からは蘇我馬子がそれぞれ大臣に任命されます。欽明天皇の時代に大伴金村が失脚し、用明天皇の時代に物部守屋が滅ぼされると、それ以降は大連は任命されなくなり、大臣の蘇我馬子が政権の実権を掌握し、大臣の地位は蘇我氏の間で世襲されるようになります。

蘇我氏

ヤマト政権を構成した有力な臣姓氏族で、本拠地については大和国高市郡の曽我（橿原市曽我町）、大和国葛上郡（御所市・葛城市）、河内国石川郡（大阪府富田林市、南河内郡太子町）の三説がありますが、現在も宗我坐宗我都比古神社（→168頁）が鎮座する曽我町説が有力とされています。六世紀前半に蘇我稲目が大臣となり、欽明天皇に二人の娘を妃に入れ、その子の馬子も舒明天皇に娘を入れるなど、天皇家の外戚として勢力を振るいました。渡来系氏族を配下において、屯倉経営に取り組み、仏教を積極的に受容するなど、朝廷の財政基盤を整えるとともに、外来文化の導入につとめました。稲目は小墾田、向原（明日香村豊浦）、軽などに、馬子は石川（橿原市石川町）、飛鳥川のかたわらの嶋（明日香村島庄）に、蝦夷・入鹿は畝傍山の東、甘樫丘などにそれぞれ家を持ち、早くから飛鳥地域に進出して、この地域の開発を進めました。乙巳の変（→90頁）で本宗家は滅亡しましたが、傍系の蘇我倉山田石川麻呂が改新政府の右大臣となり、その後も連子・赤兄らが活躍して、天武天皇十三年（六八四）に石川朝臣の姓を与えられました。

蘇我稲目　?〜五七〇

宣化天皇と欽明天皇の時代に大臣をつとめ、堅塩媛・小姉君の二人の娘を欽明天皇の妃とし、用明・崇峻・推古の三天皇の外戚となりました。外交においては百済との関係を一段と強化し、内政においては、屯倉経営で政権の財政を確立しました。特に吉備の児島屯倉・白猪屯倉や大和の大身狭屯倉・小身狭屯倉の経営に成功しました。

稲目はまた仏教の受容に積極的であり、百済の聖明王が欽明天皇に献じた仏像を、小墾田家に安置するとともに、向原家を喜捨して寺としました。

蘇我馬子　?〜六二六

蘇我稲目の子で、「嶋大臣」とも呼ばれました。敏達・用明・崇峻・推古の四天皇の時代に大臣をつとめました。仏教の受容を進めて、排仏派の物部守屋を攻めて滅ぼした後、飛鳥真神原にあった衣縫造の祖の樹葉の家を壊して、飛鳥寺（→75頁）の造営を開始し、約二十年かけて伽藍を完成させました。また配下の東漢駒に命じて、崇峻天皇を殺害したあと、推古天皇を擁立し、皇太子の聖徳太子と協力して、仏教興隆政策、『天皇記』『国記』の編纂、冠位十二階の制定などを行なっています。推古天皇三十四年（六二六）に没し、桃原墓に葬られました。明日香村島庄の石舞台古墳（→182頁）は馬子の墓といわれています。

蘇我蝦夷　?〜六四五

蘇我馬子の子で、「豊浦大臣」とも呼ばれました。父の死後に大臣となり、舒明天皇を擁立し、皇極天皇の時代まで大臣をつとめました。皇極天皇元年（六四二）に人民を動員して、今来に寿墓（生前に建てておく墓）として「双墓」を造営し、蝦夷の墓を「大陵」、入鹿の墓を「小陵」と呼ばせました。明日香村の小山田古墳をこの大陵に、その西隣の菖蒲池古墳（→ともに182頁）を小陵にあてる意見が出されています。翌年には甘樫丘に家を建てて「上の宮門」と称し、兵士に守らせましたが、乙巳の変（→90頁）で子の入鹿が殺されると、この家で自害しました。

小山田古墳

菖蒲池古墳　石棺

蘇我入鹿　?〜六四五

蘇我蝦夷の子で、「林臣」「鞍作」とも呼ばれました。僧旻の学堂で儒教を学び、その才能をたたえられました。皇極朝には父に勝る権力を振るい、皇極天皇二年（六四三）に聖徳太子の子の山背大兄王を斑鳩宮に襲い殺害しました。甘樫丘に家を建てて、「谷の宮門」と称し、兵士に守らせましたが、大化元年（六四五）に飛鳥板蓋宮で中大兄皇子・中臣鎌足らによって殺害されました（乙巳の変→90頁）。

蘇我倉山田石川麻呂　?〜六四九

蘇我倉麻呂の子で、蝦夷の甥、入鹿の従兄弟にあたります。娘の遠智娘を中大兄皇子の妃に入れて提携し、乙巳の変（→90頁）後、改新政府の右大臣となりました。しかし、大化五年（六四九）、蘇我日向の讒言により謀反の容疑を受けて朝廷軍に攻められ、妻子・一族とともに山田寺（→141頁）の仏殿前で自害しました。その死後、遺品から中大兄皇子への忠節が明らかとなり、中大兄皇子は後悔して悲嘆したといいます。

遠智娘　?〜六四九

「美濃津子娘」とも「造媛」とも呼ばれました。蘇我倉山田石川麻呂の娘で、中大兄皇子（後の天智天皇）の妃となり、建王、大田皇女、鸕野讃良皇女（後の持統天皇）の一男二女を生みました。父が謀反の容疑を受けて殺害されたため、悲しみ嘆き、傷心のあまり死去しました。

物部氏

ヤマト政権を構成した有力な連姓氏族で、本拠は石上神宮のある大和国山辺郡の石上周辺ですが、河内（大阪府北東部から南東部）の渋川郡にも拠点がありました。軍事・警察を職掌とし、大伴氏とともに大連をつとめました。物部氏には、磐井の乱を平定した麁鹿火、大伴金村を失脚させた尾輿、仏教の受容に反対した守屋らがいます。蘇我馬子と対立した守屋が滅ぼされた後、一時勢力を失いましたが、壬申の乱（→96頁）で大友皇子にしたがった麻呂が、乱後に許されて重用され、後に左大臣まで進みました。天武天皇十三年（六八四）に朝臣の姓を与えられ、その後、石上氏に改姓します。

物部守屋　?〜五八七

物部尾輿の子で、敏達・用明の二天皇の時代に大連をつとめました。仏教受容に反対して蘇我馬子と対立し、寺塔と仏像を焼きました。穴穂部皇子の擁立を図りましたが、多くの皇族・豪族を味方にした馬子に河内（大阪府北東部から南東部）の渋川郡の拠点を攻められて敗死し、ここに物部氏の勢力は失われました。

中臣氏

ヤマト政権を構成した有力な連姓氏

族で、古来朝廷の祭祀を掌りました。中臣鎌子や勝海は物部尾輿や守屋とともに仏教の受容に反対しました。その後、御食子の子の鎌足が大化の改新（→91頁）で活躍し、天智天皇八年（六六九）に藤原の姓を与えられ、天武天皇十三年（六八四）に朝臣に改姓しました。

藤原氏

天智天皇八年（六六九）十月、天智天皇は自ら病の床にある中臣鎌足を邸宅に見舞い、その数日後に大海人皇子を遣わして、大織冠という最高の冠位、内大臣という地位とともに、藤原の姓を与えています。鎌足の死の前日のことでした（『日本書紀』）。藤原氏としての歴史は、ここからはじまりました。

中臣（藤原）鎌足　六一四〜六六九

中臣御食子の子で、唐から帰国した南淵請安（→83頁）や僧旻（→84頁）の学堂で儒教を学びました。蘇我氏打倒のため、はじめは軽王（後の孝徳天皇）、後に中大兄皇子（後の天智天皇）に近づき、大化元年（六四五）に中大兄皇子とともに蘇我入鹿・蝦夷を滅ぼしました。改新政府では内臣となり、中大兄皇子を一貫して輔佐し、儀礼の整備、律令の編纂などを行ないました。天智天皇と大海人皇子の仲を取り持ちつつ、近江（滋賀県）大津の邸で死去しました。死に臨んで大織冠の冠位と藤原の姓を賜りました。

藤原不比等　六五九〜七二〇

中臣（藤原）鎌足の二男で、田辺史大隅に養育されたため、名を史（不比等）といいます。持統天皇三年（六八九）に判事に任命され、文武天皇二年（六九八）には不比等の子孫のみが藤原姓を名のることを許されました。珂瑠（軽）皇子（後の文武天皇）の夫人に娘の宮子を入れ、首皇子（後の聖武天皇）が生まれると大納言となり、さらに右大臣にのぼるなど、朝廷の実力者となりました。大宝律令の編纂や平城遷都を主導しました。息子の四兄弟や娘の光明子（光明皇后）は奈良時代の政界で活躍します。

大伴氏

ヤマト政権を構成した有力な連姓氏族で、大和国城上郡の竹田（橿原市）、十市郡の跡見（桜井市）を本拠としました。靫負などの武人を率いて宮門を守ることを職掌としました。雄略朝に大連となった大伴室屋、継体天皇を擁立した金村、朝鮮出兵で活躍した狭手彦、改新政府で右大臣となった長徳、壬申の乱（→96頁）で活躍した馬来田・吹負らがいます。天武天皇十三年（六八四）に宿禰の姓を与えられました。奈良時代の旅人・家持は万葉歌人としても有名です。

遠飛鳥宮・近飛鳥宮

七世紀以前に飛鳥周辺に営まれたと伝えられる王宮に、応神天皇の軽嶋豊明宮、允恭天皇の遠飛鳥宮、顕宗天皇の近飛鳥八釣宮、宣化天皇の檜隈廬入野宮があります。記紀にみえる応神天皇以降の王宮名は「帝紀」（天皇ごとに名前・系譜・宮名・崩年・山陵などを書いた記録）に依拠したもので、それなりに信憑性はあると思われますので、応神天皇以降、断続的に飛鳥周辺に王宮が営まれたことは簡単に否定すべきではないでしょう。

『古事記』は序文と本文に允恭天皇の遠飛鳥宮、本文に顕宗天皇の近飛鳥宮の名をあげ、顕宗天皇の近飛鳥宮は『日本書紀』では「近飛鳥八釣宮」と書かれています。『古事記』履中天皇段では、難波から大和に至る距離の遠近によって、河内（大阪府北東部から南東部）の飛鳥（『和名類聚抄』の河内国安宿郡）を「近飛鳥」、大和の飛鳥を「遠飛鳥」と称しています。このため、顕宗天皇の近飛鳥宮を河内飛鳥に求める意見もありますが、この宮は「近飛鳥八釣宮」とも呼ばれており、八釣は大和の飛鳥にある地名なので、近飛鳥八釣宮は明日香村八釣付近にあったとみてよいでしょう。この場合の近・遠は時代の遠近を意味しています。

允恭天皇は、中国の正史『宋書』倭国伝にみえる「倭王済」にあてる説が有力で、『古事記』『日本書紀』では氏姓の混乱を正すために「味橿丘」（甘樫丘）で盟神探湯（→340頁）を行なったとされる人物です。その允恭天皇の王宮が甘樫丘のある大和飛鳥の八釣におかれたというのはありうることです。

磐余周辺の宮から飛鳥宮へ

履中天皇は磐余稚桜宮で即位し、その翌年に磐余池をつくったとされています。磐余池の名は、飛鳥時代の大津皇子の辞世の歌にもでてきます（→280頁）。香具山の北麓で、平成二十三年（二〇一一）に古代の池跡がみつかって、六世紀後半以前の遺跡であることがわかり、磐余池の候補地とされています。しかし異説もあり、定説には至っていません。

磐余に宮をおいたとされる天皇は多く、清寧天皇の「磐余甕栗宮」、継体天皇の「磐余玉穂宮」、用明天皇の「磐余池辺双槻宮」があります。飛鳥時代前史の古代王権にとって、磐余が重要な地であったことを物語っています。継体天皇は、即位後二十年もたって大和に遷宮したとされており、その継体天皇の大和の宮が磐余玉穂宮です。継体天皇の子の欽明天皇の宮（磯城嶋金刺宮）は、三輪山南麓の桜井市金屋、初瀬川沿いにあったとされています。推古天皇に先立つ欽明・敏達・用明・崇峻の各天皇の宮殿は、磐余の地やその周辺（現在の桜井市中部）におかれていました。

豊浦宮

推古天皇は崇峻天皇五年（五九二）に豊浦宮で即位し、以後約一世紀間、宮都が飛鳥に集中する端緒となりました。『元興寺伽藍縁起并流記資財帳（元興寺縁起）』では、蘇我稲目が向原家を推古天皇の宮とし、これが桜井寺となり、さらに豊浦寺に発展したと記されています。もともとは蘇我稲目が推古天皇の母堅塩媛のために建てた宮殿であったと考えられます。明日香村豊浦の向原寺（→141頁）では七世紀初頭創建の豊浦寺の遺構が発見されており、その下層から石敷を伴う掘立柱建物が発掘され、豊浦宮の遺構ではないかと考えられています。

現在の向原寺

小墾田（小治田）宮

推古天皇の宮室です。天皇は推古天皇十一年（六〇三）に豊浦宮から小墾田宮に移り、この宮で蘇我馬子・聖徳太子とともに冠位十二階の制定、十七条憲法の撰進、隋使裴世清の迎接、『天皇記』『国記』の編纂などを行ないました。蘇我稲目の小墾田家との関係が推測できます。『日本書紀』の記述から、南門を入ると朝庭があり、庭中には大臣らが政務を行なう庁が建ち、その北よりには大門（閤門）が開き、その奥には天皇が住む大殿があるという構造が復元でき、整備された王宮であったことがうかがえます。奈良時代には淳仁天皇や称徳天皇が小治田宮を利用していますが、明日香村の雷丘東方遺跡から「小治田宮」と墨書した平安時代初期の土器が出土したため（↓116頁）、奈良時代の小治田宮の場所が判明しました。

飛鳥宮

舒明天皇は飛鳥岡本宮（六三〇～六三六年）、皇極天皇は飛鳥板蓋宮（六四三～六四五年）、斉明天皇は後飛鳥岡本宮（六五六～六六〇年）、天武天皇・持統天皇は飛鳥浄御原宮（六七二～六九四年）にそれぞれ宮を営みました。これらは総称して飛鳥宮と呼ばれました。船氏王後墓誌は舒明天皇の宮を「阿須迦宮」と書き、大安寺や法隆寺の『伽藍縁起并流記資財帳』は持統天皇の宮を「飛鳥宮」と表記しています。また『万葉集』巻一、五一番の志貴皇子の歌は、「明日香宮より藤原宮に遷居せし後」に詠まれた歌でした（↓300頁）。舒明天皇以降、王宮が飛鳥の範囲内にほぼ固定されたことを示しています。

飛鳥河辺行宮

白雉四年（六五三）、皇太子中大兄皇子は孝徳天皇に難波長柄豊碕宮から倭京に遷ることを提案しましたが許されなかったので、皇祖母尊（皇極前天皇）・皇后間人皇女・大海人皇子らを率いて、倭の飛鳥河辺行宮に遷りました。時に百官人もしたがったといいます。その故地については、飛鳥川原宮と同所とする説、明日香村祝戸の史跡飛鳥稲淵宮殿跡にあてる説、中大兄皇子が蘇我馬子の嶋家に接して建てた嶋の宮殿（嶋宮）にあてる説などが出されています（↓各宮殿跡については120頁）。

6世紀頃の東アジア

2 飛鳥時代の国際交流

東アジアにおける仏教の伝播

　仏教は中国から朝鮮半島を経て日本列島へ伝えられました。北魏以後の中国の北朝では、国家的規模で仏教が盛行し、民衆へも浸透していきました。中国の南朝では、特に梁の武帝（在位五〇二～五四九年）の時代に仏教文化が盛んになりました。六世紀代の東アジアにおける仏教の伝播過程で、梁は大きな役割を果たしました。中国を統一した隋では、文帝と煬帝の二代にわたり、仏教を手厚く庇護しました。隋を継いだ唐では、特に高宗と則天武后の時代に、仏教が著しく興隆しました。唐代には、東アジア全域に仏教が広く伝播し、渤海・新羅・日本・ベトナムを包括する東アジア仏教圏が形成されました。

　こうした六世紀から八世紀初頭にかけての国際的背景のもと、わが国に伝来した仏教は、日本の政治・文化・社会に大きな影響をおよぼしました。

百済から倭国へ仏教が公伝された時期は、『日本書紀』の五五二年説と『元興寺伽藍縁起并流記資財帳（元興寺縁起）』などの五三八年説にわかれています。百済では武寧王と聖明王が梁の武帝の時代に重なっており、二代の王の在位期間（五〇一～五五四）に、五経博士・医博士・易博士・暦博士、各種技術者などが、倭国へ派遣されています。当時の朝鮮半島には、高句麗・百済・新羅などの国家が存立し、半島の統一を目指して競いあっていました。このため、倭国に仏像と経論を送った背景には、軍事援助をその見返りに得たいという、百済側の思惑もあったと考えられます。百済と倭国の緊密な国際関係は、当時の東アジアの国際情勢のもとで生まれたものでした。

百済・高句麗の滅亡、新羅による朝鮮半島の統一、倭国への大量の亡命渡来人の発生は、飛鳥時代の東アジア史を象徴するできごとでした。倭国の文明化にはたした渡来人の役割は、大変大きいものでした。

❖崇仏・排仏論争

六世紀の中頃、百済の聖明王は欽明天皇に仏像と経典を献上しました。いわゆる「仏教公伝」です。その仏像をみて、欽明天皇は大いに感嘆し、大臣の蘇我稲目（→66頁）に、贈られた仏像の安置と礼拝を許しました。しかし、「今来の神」である仏教を、国家として受容するまでには紆余曲折がありました。稲目は、百済などからの渡来人を配下の勢力とし、仏教受容の中心的役割を担いました。稲目は欽明天皇から与えられた仏像を小墾田家に安置し、向原家を喜捨して仏堂としました。このように個人の邸宅を利用した仏堂は「捨宅寺院」と呼ばれています。

敏達天皇十三年（五八四）、渡来人の司馬達等の娘が日本ではじめて出家し、「善信尼」（→83頁）と名乗りました。翌年には、崇仏・排仏論争がおこりました。崇仏派の蘇我馬子（→66頁）は、大野丘の北に塔を建て、盛大に法会を催し、仏舎利を塔の柱頭におさめました。疫病の流行を仏教のせいにした排仏派の物部守屋（→68頁）らは、大野丘の塔を切り倒して焼き、さらに仏像・仏殿をも焼き、焼け残った仏像を難波の堀江に廃棄したとされています。

仏教を受容しようとする蘇我氏と排除しようとする物部氏の対立は、ついに用明天皇二年（五八七）、皇位継承争いと連動して武力衝突におよびました。蘇我馬子はこの戦いに臨んで、寺院建立と仏法流布を誓ったとされています。そして物部守屋を滅ぼし、飛鳥寺（法興寺、元興寺）の建立に着手しました。

崇仏・排仏論争は、仏教を尊崇した蘇我氏と、これに反対する物部氏らとの間で行なわれたもので、『元興寺伽藍縁起并流記資財帳（元興寺縁起）』や『日本書紀』に記されています。その内容は、蘇我氏が天皇家や他の氏族に先駆けて仏教を受容し、数々の迫害や苦難に耐えながら、信仰を深めて飛鳥寺を建立した経緯を物語っています。その実態は、蘇我馬子と物部守屋の政治権力をめぐる闘争でもあったとみられています。

飛鳥寺の建立と全国的な技術革新の進展

飛鳥寺

飛鳥の小盆地で最初に建てられた巨大な建築物は、天皇の王宮ではなく、大臣の蘇我馬子によって建立された飛鳥寺でした。飛鳥寺はまた「法興寺」や「元興寺」とも呼ばれました。平城京遷都に伴い新京に移り、飛鳥の地にある旧寺は「本元興寺」と呼ばれるようになります。崇峻天皇元年（五八八）に建設がはじまった飛鳥寺は、わが国最初の本格的な伽藍寺院でした。

飛鳥寺の造営は、百済の造寺工や瓦博士をはじめとする各種技術者の全面的支援によって行なわれたと考えられます。『日本書紀』によれば、この年、百済から寺工二名、瓦博士四名、露盤博士一名、画工一名が派遣されて、飛鳥寺の伽藍整備が進められ、五重塔が推古天皇四年（五九六）に建立、伽藍は同十七年に完成したと伝えられています。人数が最も多い瓦博士は、王宮や寺院の瓦を供給していた技術系官僚で、造寺工らとともに、国家的に組織されたチームの実務責任者であったとみられています。

飛鳥寺の建立に参加した技術者群は、いずれも大和の高市郡に居住していた百済系の渡来人であり、百済本国から派遣されてきた技術者集団と協力して、事業を進めました。荷重の大きい瓦葺屋根は柱を礎石で支えることが必要で、瓦葺、礎石建ちの建物がはじめて誕生しました。また、新しい鋳造の技術がもたらされ、金銅仏・梵鐘などがつくられます。飛鳥大仏（→213頁）を制作したのは、やはり渡来系技術者である鞍作鳥（止利仏師）であり、飛鳥寺の建立は、新旧の技術を結集して行なわれた一大事業でした。飛鳥寺の丈六釈迦如来像（飛鳥大仏）は、推古天皇の勅願によりつくられており、飛鳥寺は蘇我氏の氏寺でありながら、創建当初から官寺に準じた位置づけであったとみることができます。百済の威徳王は、飛鳥寺の造営開始（五八八年）よりも早い敏達天皇六年（五七七）に、倭国からの使臣大別王などが帰国する際、経論（釈迦が説いた教えを記録した経と、経を注釈した論）若干とともに律師・禅師・比丘尼・呪禁師・造仏工・造寺工六人をしたがわせて送っています。すべて仏教の布教に関連した職種で、専門的な修行を積んだ人々であったと考えられます。

六世紀末頃からこうして倭国へ派遣された人々や、その指導を受けた在地の工匠・工人たちによって、大きな技術革新の波が日本列島におこりました。最古の古代寺院（飛鳥寺）は蘇我氏が建立したものでしたが、それに続いて、氏族たちが競って寺院伽藍を造営し、氏族仏教の時代を迎えました。飛鳥寺・法隆寺をはじめとする壮大な伽藍が、飛鳥・藤原や斑鳩の地などで造営されていき、天武天皇時代の飛鳥（倭京）には、京内二十四寺と称される寺があり、四〇〇人から五〇〇人もの僧侶がいたとされています。飛鳥は律令制国家の誕生の地であるとともに、仏教の中心地「仏都」でもありました。

七世紀半頃以降になると、天皇家によって官寺が建立されるようになり、国家仏教の時代を迎えました。最初の官寺は、舒明天皇による百済大寺（→139頁）でした。百済大寺は、天武天皇の時代に高市郡の地に移され、高市大寺となり、やがて大官大寺（→146頁）と改名されます。天武・持統天皇の時代

（六七三～六九七年）には、官寺制が定められ、大官大寺・川原寺（↓140頁）・飛鳥寺が三大官寺となります。また、地方の豪族による寺院の造営が奨励され、その数は急速に増加しました。推古天皇三十六年（六二八）に全国で四六であった寺院の数は、持統天皇六年（六九二）には五四五に増えたとされています。地方での寺院の造営が盛んとなり、瓦への需要が急増しました。その結果、すでに成立していた須恵器窯を瓦陶兼業窯に転用する方法が、地域差や時間差を伴いつつ各地方へ拡散したと考えられています。

仏教の地方への浸透は、寺院の造営はもとより、農地の新規開発など国家の殖産興業政策とも一体のものであったとみることができます。高い技術力を持った渡来人集団たちは、ヤマト政権の方針によって、時代や政策の進展とあわせて段階的、飛び地的に畿内から地方へと移配され、技術面とマンパワー面で国家政策としての国土開発を支えていくこととなりました。

飛鳥時代の医術・薬物利用・食文化

飛鳥時代の寺院は、多くの薬物を所蔵して、一種の医療センターとして機能していました。飛鳥寺のそういう一面を、飛鳥池工房遺跡（↓189頁）北地区から出土した木簡から知ることができます。代表的な薬物の「桑子白皮」の荷札、「甘草・豉・桂心」の数量を記す木簡、「万病膏・神明膏」を請求した文書などの木簡が出土しており、病状にかかわる語を持つ文書や、僧侶による貧窮者への救恤活動を記す帳簿もみつかっています。

飛鳥時代には、宮廷をあげて「薬猟」（↓79頁）が行なわれただけでなく、薬草の栽培も行なわれていたと考えられます。飛鳥京跡苑池では、薬草とみられる植物名などが書かれた木簡や、「わさび」を保管した容器にくりつけたとみられる「委佐俾三升」と記された木簡が出土しており、薬草を栽培していた薬草園があった可能性が高まりました。また、腹部の冷えのために、薬師が薬酒（豉酒）の飲用

飛鳥京跡苑池出土木簡「委佐俾三升」

を勧めた木簡、中風で用いられる薬の処方箋を記した木簡もみつかっています。

大宝律令下では医療全般をつかさどる「典薬寮」がおかれ、病気になると役人や貴族は典薬寮で、皇族は「内薬司」で治療を受けました。藤原宮（→117頁）の発掘調査によりみつかった木簡には、生薬名や薬をつかさどる機関名が記されていました。生薬では人参・当帰・葛根の名が多く、山野で採取された薬草が各地から朝廷に送られ、天皇や一部の高級官僚に利用されたものと解釈されています。但馬皇女の家政機関の者（陽胡甥）が、「車前子（オオバコ）・西辛・久参」という三種の薬物を典薬寮に請求した木簡も、藤原宮跡から出土しています。ほかに白朮（オケラ）・杜仲・桃人・桔梗・烏（トリカブトを意味するウズの略か）・楡皮などの名が記された木簡も同遺跡から出土しています。

『日本書紀』には、欽明天皇十五年（五五四）、百済から易博士・暦博士らとともに、医博士と採薬師が渡来したとする記事があります。また、百済の威徳王が五七七年に倭国へ送ったメンバーには、医術に関係する呪禁師が入っていました。呪禁とは、仏法の呪文や道教の方術によって、病災を退けるというものでした。百済滅亡後に倭国へ渡った百済人の「呪禁博士木素丁武・沙宅万首」の名を、『日本書紀』持統天皇五年（六九一）十二月条にみることができます。飛鳥時代には、天武天皇の発願による薬師寺（本薬師寺）の建立も開始されており（六八〇年→147頁）、病気平癒・延命祈願を目的とする薬師信仰がわが国に受け入れられていました。薬師如来を信じればあらゆる疾病を克服できるという薬師信仰の現世利益的な性格によるものと考えられます。

古代の仏教や道教には、施薬や呪術による医術が含まれていました。医（薬）食同源や薬膳料理という言葉がありますが、仏教では、日常の食べ物全体を薬として認識していたようです。

❖天武天皇への仙薬の献上

『日本書紀』の天武天皇十四年（六八五）十月条には、百済僧の法蔵、優婆塞益田直金鍾（鐘）を美濃（岐阜県南部）に遣わして白朮を求め、煎じて薬をつくらせたという記事があり、同年十一月条には、再び「法蔵法師・金鍾（鐘）、白朮の煎たるを献れり」、続けて「是の日に、天皇の為に招魂しき」という記事があります。法蔵は、陰陽博士となった渡来僧であり、百済滅亡後に渡来したとみられます。法蔵らは医術や薬草学に長けていたとみられています。胃の病を治す仙薬とされた白朮は、キク科多年草のオケラで、現在も漢方薬として用いられています。

❖節日と朝廷行事

養老令の雑令節日条には、正月一日、七日、十六日、三月三日、五月五日、七月七日、十一月大嘗（新嘗）日はみな節日とし、正月中旬には大射を行なうことが定められています。節日とは季節のかわり目などに祝いを行なう日のことで、中国由来の行事でした。朝廷では節日に天皇臨席のもと、青馬・踏歌など特定の行事を行ない、饗宴が催されました。雑令の節日規定は大宝令、さらには飛鳥浄御原令にまで遡る可能性が高く、飛鳥浄御原宮や藤原宮でも節日の行事や饗宴が行なわれていたものと思われます。

『日本書紀』をみると、天武・持統朝には正月元日に拝朝（朝賀）と宴が行なわれ、それ以降の節日にも天皇臨席のもと宴会が開かれ、正月中旬には射礼が行なわれています。正月十六日には踏歌、五月五日には射礼が実施された年もありました。九月九日の宴は天武天皇十四年（六八五）に行なわれた後、翌年九月九日に天武天皇が崩じたため、その後、この日の宴は停止されることになりました。

❖薬猟

こうした中国的な節日行事は中国系の渡来人を中心に日本に定着したものと思われ、早いものでは正月七日の宴や五月五日の薬猟が推古天皇の時代には挙行されています。推古天皇二十年（六一二）正月七日、推古天皇は群臣を集めて宴を催し、大臣蘇我馬子と天皇の間で寿詞（祝賀の言葉）が交換されています。

推古天皇十九年五月五日には、早暁に藤原池のほとりに集まり、菟田野（宇陀野）で薬猟が行なわれました。菟田野は、現在の宇陀市大宇陀迫間や中庄辺りの「阿騎野」と考えられます。諸臣は冠位十二階に基づく冠をつけ、冠色と同じ服を着用しました。翌二十年五月五日には、羽田（高市郡高取町羽内辺り）で薬猟が行なわれたあと、諸臣は朝廷に参向しました。推古天皇二十二年五月五日にも薬猟の記載があり、七世紀初頭には、毎年五月五日に宮廷儀礼として行なわれたようです。

近江遷都後の天智天皇七年（六六八）には、蒲生野（滋賀県近江八幡市から東近江市にかけての一帯）で薬猟が行なわれ、大海人皇子・中臣鎌足以下の群臣が参加しました。額田王が「あかねさす紫野行き……」とうたい、大海人皇子が「紫のにほへる妹を……」と答えた万葉歌は、この薬猟の時のものとされています（『万葉集』巻一―二〇、二一）。

『万葉集』（巻十六―三八八五）には、薬狩の時に鹿を捕えることがうたわれています。中国の後漢時代の薬物書である『神農本草経』には、鹿茸が薬物として利用されていたことが記されています。鹿茸は、毎年春に新しく生えてくる鹿の若角のことで、まだ袋のような皮をかぶっているため、「袋角」とも呼ばれました。薬猟は、滋養強壮薬として薬効の大きい鹿の若角を男性が野で獲り、その間に女性は薬草を摘むという、宮廷をあげての行事でした。

五月五日に薬草を採ることは中国江南の習俗で、梁の宗懍が著した『荊楚歳時記』には「是の日、競渡し、雑薬を採る」とあります。五月は太陽の衰えがはじまる夏至の月で、特に邪気払いが必要な時期と考えたため、人々は五月五日に薬草を採り、菖蒲を身につけたり、菖蒲酒を飲んだりしたのです。

❖牛乳の摂取と加工利用

牛乳を飲み、乳製品を加工する文化は、中央アジア方面から中国・朝鮮半島を経て伝えられました。『新撰姓氏録』左京諸蕃下によると、呉（中国南朝）の国主照淵の孫の智聡という人物が、大伴佐弖比古（狭手彦）にしたがい、内典・外典・薬書や鍼灸にかかわる明堂図、仏像・伎楽調度などを持って、欽明朝の倭国に渡来し、その息子の善那は、七世紀中頃、孝徳天皇に牛乳を献上して、「和薬使主」の姓を与えられたといいます。『類聚三代格』所収の弘仁十一年（八二〇）二月二十七日太政官符には、孝徳朝に和薬使福常が乳を取る術を習い、はじめて乳長上に任命され、その子孫がこれを世襲したとあります。和薬使善那と福常は同一人物で、賜姓時に日本風の名に改めたと考えられています。中国の北魏の時代に成立した『斉民要術』には、「酪」や「蘇」などの乳製品の加工法が記されており、呉（南朝）の王族の子孫という和薬使主氏はその製法を知っていたと考えられます。

大宝令では、宮内省に属する典薬寮に乳戸がおかれました。和銅六年（七一三）五月には山背（京都府南東部）に乳牛戸五十戸が設置されます。乳戸（乳牛戸）は乳牛の飼育と搾乳にあたる人々でしょう。平城京の長屋王邸跡からは「牛乳持参人」、「牛乳煎人」と書いた木簡が出土しており、奈良時代にも貴族は牛乳を加熱消毒して飲んでいたことがわかります。

牛乳を加工した乳製品には、酪・蘇・醍醐などがありますが、醍醐は日本では製造できず、輸入品に頼っていたとされます。乳戸が搾った牛乳を、和薬使主氏のような乳長上（専門官人）が酪や蘇などに加工したのでしょう。酪は『和名類聚抄』に「迩宇能可遊」とあり、粥状の発酵乳であったと思われます。

蘇は牛乳を長時間煮詰めてつくる濃縮乳で、薬用・食用・仏教儀礼などに用いられました。『政事要略』巻二十八が引く「右官史記」には、文武天皇四年（七〇〇）十月に使者を派遣して蘇をつくらせたとありますが、『続日本紀』同年三月条には、諸国に牧を置いて牛馬を放ったとあるので、藤原京の時代には諸国の牧で牛馬を放牧して蘇を製造し、これを都に貢進する体制が成立していたことになります。天平年間（七二九～七四九）の淡路（兵庫県淡路島）、出雲（島根県東半部）、但馬（兵庫県北部）などの正税帳には蘇の貢進のことが記されており、これが平安時代の蘇貢進体制に発展していきました。

飛鳥時代には、牛乳や乳製品を製造し、摂取する文化が伝えられ、皇族や貴族階級の最高の滋養薬となっていったのです。なお、香具山の南麓の西井牧場では、「飛鳥の蘇」を復元製造しています。（→390頁）

❖飛鳥時代の食事

飛鳥時代には、必要なエネルギーの多くを米から摂取していたと考えられます。米と副食（おかず）という点は今とそうかわりませんが、食事の回数は一日二食でした。米以外には、魚介類・野菜・海藻・醤や未醤・酢などがあったようです。庶民の食事は米と野菜・海藻類・塩にアラメ（海藻）汁が基本であったと考えられています。藤原宮跡（→117頁）で出土した木簡には、メ・ニキメ（わかめ）、イギス、モズク、ナノリソモ、ノリ、ミル、ココロブト（テングサ）などの海藻類の名が記されていました。昆布にあたる海藻は奈良時代にはヒロメと呼ばれましたが、藤原宮出土木簡にはその名がみつかっていません。

大宝令には、醤・豉・未醤という発酵食品名や、「主醤」という役職名がみえます。醤は、魚介類・鳥獣の肉や内臓、野菜、穀物・大豆などを塩漬けにし、発酵させたもので固形に近いものと考えられています。高級なもので、庶民には手の届かないものだったようです。主醤は後に独立して「醤院」となりました。主醤・醤院では、醤の生産や管理を行なっており、醤の重要性をうかがい知ることができます。この「醤」をルーツとして、醤油が生まれたといわれています。

❖飛鳥時代の肉食文化と仏教思想の影響

『日本書紀』によると、天武天皇四年（六七五）の四月、最初の肉食禁止令が出されました。肉食が禁止されたのは、ウシ・ウマ・イヌ・サル・ニワトリの五種に限られ、日本人がシシ（肉）として食べ続けてきたイノシシ（猪）やカノシシ（鹿）は、対象にはされませんでした。また、禁止期間は四月から九月までの稲作期間だけとなっていました。藤原宮跡や

復元された庶民の食卓（奈良文化財研究所）

平城宮跡では、「鹿宍」「猪脯」（猪肉の干し肉）などと記された木簡や加工痕のある骨など、猪や鹿の肉が貢進されていたことがわかる遺物が出土しています。天武天皇四年の肉食禁止令は、仏教思想が浸透し、肉食を忌避したものとされてきました。しかし、この肉食禁止令の本質は、斎戒にあり、稲作推進のために特定動物の殺生と肉食を禁じたものと解すべきとするのが近年の解釈となっています。飛鳥時代には、仏教の不殺生戒に基づく日常的な肉食忌避はまだなく、九世紀中頃までの殺生禁断令には、仏教の影響を過大視することはできないようです。その後、仏教的な罪業観念で殺生や肉食を否定する考えが天皇周辺や貴族社会で強まり、肉食を穢れとする意識が高まり、イノシシやシカも穢れの対象とされ、徐々に人々の口から遠ざかっていったと考えられています。

❖仏教伝来と僧尼の活躍

インドで生まれた仏教は、一世紀後半には中国の後漢に伝来し、そこから朝鮮諸国に伝えられました。高句麗には三七二年に中国の前秦から僧と仏像・経論が送られ、小獣林王は寺院を創建しました。百済には三八四年に東晋から胡僧（西域僧）が来て仏教を伝え、これが王室を中心に信仰されます。その後、百済の武寧王（在位五〇一～五二三年）、聖明王（在位五二三～五五四年）の時代には南朝の梁に遣使して、南朝文化の総合的な摂取を進めたため、ここに仏教の受容も本格化することになりました。百済から日本に仏教が伝えられたのも、こうした中国仏教流入の延長線上にあります。

五三八年もしくは五五二年に百済の聖明王から仏像・経論が欽明天皇の朝廷に送られ、ここに日本にも仏教が伝来しました。蘇我氏を中心に仏教の受容が進められましたが、当初は仏教に対する反発も強く、初期の仏教は朝鮮半島からの渡来系氏族によって信仰されることになります。その代表的な存在が司馬達等とその一族です。達等は蘇我馬子の命を受けて播磨（兵庫県南西部）から高句麗還俗僧の恵便を探し出しました。達等の娘の嶋は恵便に師事して、日本最初の尼僧である善信尼となり、達等の子の鞍部（鞍作）多須奈（那）は用明朝に出家します。多須那の子が仏師として有名な鞍作鳥（止利仏師）です。推古天皇の時代になって仏教受容が公的に推進されるようになると、高句麗や百済から僧が来朝し、日本からも学問僧が隋や唐に留学するようになります。

善信尼　五七四～？

司馬達等の娘で、俗名を嶋といい、蘇我馬子の求めに応じて高句麗還俗僧の恵便に師事して日本最初の尼僧となりました。敏達朝には物部守屋らに弾圧され、僧衣を奪われ、海石榴市の駅家に拘束されましたが、用明朝に百済へ学問尼として留学し、帰国後は桜井寺に居住して、尼僧の育成につとめました。

恵慈　？～六二三

推古天皇三年（五九五）に来朝した高句麗僧で、聖徳太子（→60頁）の仏法の師となり、百済僧恵聡とともに法興寺（飛鳥寺→75頁）に住み仏教を広めました。推古天皇二十三年に聖徳太子撰の『三経義疏』を携えて帰国しましたが、太子が没すると大いに悲しみ、翌年の太子の命日に死去しました。

恵聡　生没年不詳

推古天皇三年（五九五）に来朝した百済僧で、聖徳太子（→60頁）の仏法の師となり、高句麗僧恵慈とともに法興寺（飛鳥寺→75頁）で仏教を広めました。

観勒　生没年不詳

百済僧で、推古天皇十年（六〇二）に渡来し、暦本・天文地理・遁甲方術などの書を伝えました。同三十二年、僧尼の犯罪をきっかけに、僧尼を統制する僧綱が設置された時、最初の僧正に任命されました。飛鳥池工房遺跡（→189頁）から「観勒」と書かれた木簡が出土しており、飛鳥寺（→75頁）に居住していた可能性が高いとみられます。

薬師恵日　生没年不詳

留学生の一人として中国の隋に入り、唐成立後の推古天皇三十一年（六二三）に新羅経由で帰国しました。恵日らは、学業を成し遂げた在唐留学生の召還と、法律・制度が整備された唐との交流の必要性を説きました。舒明天皇二年（六三〇）には犬上御田鍬とともに最初の遣唐使となり、白雉五年（六五四）には遣唐副使として渡唐しています。

南淵請安　生没年不詳

南淵（明日香村稲渕）に居住した東漢氏（→86頁）の一族とみられます。推古天皇十六年（六〇八）に小野妹子（→89頁）にしたがい、高向玄理、僧旻らとともに遣隋学問僧として中国に渡り、舒明天皇十二年（六四〇）に玄理らとともに帰国しました。中大兄皇子と中臣鎌足は、南淵請安のもとで「周孔の教」（儒教）を学び、その行き帰りに蘇我入鹿を討つ計画を練りました。請安は新政府に加わっておらず、これ以前に死去したものと推測されています。

南淵請安の墓

明日香村稲渕の集落南端の飛鳥川に面した尾根上に南淵請安の墓があります。苔むした石の鳥居の先に、小さな祠があり、その裏手にまわると飛鳥川を見下ろすようにして、寛文二年（一六六二）建立の「南淵先生之墓」と刻まれた南淵請安の墓があります。言い伝えでは、請安の墓はもとアサカジにあって「セイサン塚」と呼ばれていたとされ、請安の墓は朝風にあったことが推定されています。享保十六年（一七三一）に並河永がこれを改めて、稲渕の明神塚に石碑を建てて以来、この地が請安の墓とされるようになりました。なお、小祠は藤原鎌足を祭神とする談山神社で、現在は飛鳥川上坐宇須多岐比賣命神社に合祀されています。

南淵請安の墓

僧旻　?～六五三

推古天皇十六年（六〇八）に小野妹子にしたがって、高向玄理（→89頁）、南淵請安（→83頁）らとともに学問僧として中国の隋に渡り、舒明天皇四年（六三二）に帰国しました。私堂で『周易』の講義を行ない、ここに参集した蘇我入鹿や中臣鎌足の才能を高く評価しています。乙巳の変（→90頁）後は、高向玄理とともに、国博士として孝徳朝の政治改革に参画、八省・百官の制を定めました。難波長柄豊碕宮への遷都後は阿曇寺に住し、ここで病臥した僧旻を孝徳天皇が親しく見舞っており、信任の厚かったことがわかります。

道昭　六二九～七〇〇

渡来系の船氏出身。飛鳥寺（→75頁）で出家。白雉四年（六五三）に遣唐学問僧として入唐し、長安で玄奘に師事して法相を学び、同房に住むことを許されるほど高い信頼を得たとされています。斉明天皇七年（六六一）に帰国し、翌天智天皇元年（六六二）に飛鳥寺の東南に禅院を建てて住むと、多くの修行者が教えを求めて集まりました。帰国後十余年間、各地を周遊して井戸を掘

飛鳥池工房遺跡出土の「禅院」木簡

り、津泊に船を整え、宇治橋などの橋を架けましたが、勅により禅院に帰り住みました。文武天皇四年（七〇〇）に七十二歳で没し、遺教により粟原で火葬されました。わが国の火葬のはじまりとされています。

義淵　六三四～七二八

元興寺（飛鳥寺→75頁）の智鳳に師事して法相を学び、大宝三年（七〇三）に僧正となりました。神亀四年（七二七）、長く内裏に供奉したことを賞されて、俗姓の市往氏を改めて岡連を賜りました。『七大寺年表』には、天智天皇が草壁皇子（→63頁）と義淵を岡宮で養育し、後に岡宮を義淵に与えて岡寺（龍蓋寺→148頁）としたという話が伝えられています。門下には、玄昉・行基・良弁らがいたとされます。

行基　六六八～七四九

唐から帰国した道昭に師事して法相を学び、法興寺（飛鳥寺→75頁）に住し、後に薬師寺へ移りました。畿内に四九の院（道場）を建てて布教し、橋を架け、堤を築き、池や溝を掘り、布施屋を設けるなど社会事業に尽くしています。晩年は東大寺の大仏造営に協力し、大僧正となりました。

空海　七七四～八三五

延暦二十三年（八〇四）に入唐して長安に入り、青龍寺の恵果に学んで、本格的な真言密教を日本に伝えました。高野山に金剛峯寺を開き、京都の東寺（教王護国寺）を整備しました。天長四年（八二七）、橘寺（→148頁）に田と綿が施入されて川原寺（→140頁）で伊予親王慰霊の法会が開かれた時、招かれた空海が読経を行なっています。その後、川原寺は高野山に通う際の宿所として空海に与えられました。この宿所は川原寺の東南院であったと考えられます。

❖渡来人とその集住地

古墳時代中期には、多くの渡来人が新しい技術を携えて日本列島へ来着し、飛鳥の地にも渡来人が居住するようになりました。『坂上系図』によると、応神朝に渡来した東漢氏の祖阿智（知）使主は檜隈に居地を与えられ、仁徳朝にさらに同族が集まりくると、ここに今来郡が建てられました。雄略朝には百済が献上した手末才伎を東漢氏に託して、飛鳥の上桃原・下桃原・真神原（→269頁）に住まわせました（『日本書紀』雄略天皇七年条）。今来郡は後に高市郡に統合されたようです。このように五世紀以降、飛鳥は東漢氏系渡来人の集住地として開発が進められましたが、六世紀以降、蘇我氏がこの地に進出し、飛鳥の渡来系氏族を配下におさめるようになりました。

六世紀頃の百済系渡来人の集住地では、特徴的な建物や竈・煙道を設置する炊事・暖房システムが使用されました。高取町や明日香村の紀路（→128頁）に沿った遺跡からは、大壁建物、L字形竈、ミニチュア炊飯具などが数多くみつかり、周辺地域一帯が中国系百済人の居住地であったと考えられています。また、明日香村内や周辺にある細川谷古墳群（→183頁）、阿部山古墳群、真弓・与楽古墳群（→180頁、185頁）・南山古墳群（橿原市南山町）は渡来系の人々が営んだ群集墳です。

古墳時代後半から飛鳥時代には、多くの渡来人が、中国や朝鮮半島の先進文化・技術をわが国にもたらし、歴史の表舞台にも登場しました。文書を作成し、帳簿をつけ、外国語にも精通し、屯倉の設置や対外交渉にあたるなど、渡来人たちは、文筆や事務掌握の能力により王権や豪族を支え、また新来の文化の定着に大きく貢献したと考えられます。

大和国高市郡におかれた屯倉としては、『日本書紀』安閑天皇元年（五三四）十月条に小墾田屯倉と桜井屯倉がみえます。桜井屯倉は明日香村の豊浦（桜井）におかれた屯倉でしょう。欽明天皇十七年（五五六）には、渡来人を配下とした蘇我稲目によって、韓人大身狭屯倉と高麗人小身狭屯倉がおかれました。この場合の韓人は百済人、高麗人は高句麗人をさします。身狭は現在の橿原市見瀬町付近に想定できますが、東漢氏系の渡来人に身狭村主氏（『坂上系図』所引「新撰姓氏録」逸文）がいますので、この地域も渡来人の集住地で、蘇我氏が渡来人の技術と労働力を利用して、飛鳥周辺の屯倉開発を進めたことがわかります。

飛鳥時代に活躍した渡来人または渡来系氏族としては、東漢氏、西文氏、秦氏、鞍作氏などがあげられ、そのほかにも、たとえば暦法・天文・遁甲方術を伝えた百済僧の観勒、伎楽儛（伎楽）を伝えた百済人味摩之など、新来の技芸をもたらした人々を事例としてあげることができます。

東漢（倭漢）氏

『日本書紀』によれば、応神天皇の時代に渡来した阿智（知）使主を祖とし、渡来系集団を組織していたとされる有力氏族です。明日香村の檜前の地は、東漢氏の本拠地でした。東漢氏は、渡来人を配下とした蘇我氏と密接につながり、文書記録、外交、財政などを担当し、また、錦織、鞍作、金作などの諸氏を配下におき、製鉄、武器生産、機織、須恵器生産などを行ないました。

今来漢人

倭王武は、中国南朝の宋に朝貢し、また百済との関係を深めました。それ以後、新しい技術を持った人々が渡来することになり、有力氏族であった東漢氏や西文氏などの統率下に入りました。多様な技術をもって政権に奉仕したこれらの人々は今来漢人と呼ばれています。飛鳥の地には、今来漢人が多く居住しており、後の遣隋学問僧には僧旻（→84頁）らの今来漢人が多く含まれました。

味摩之　　生没年不詳

百済の人で、推古天皇二十年（六一二）に来朝しました。呉（中国南朝）に学んで「伎楽儛」に長じていたので、飛鳥の桜井（豊浦）に住まわせ、少年たちに伎楽を教習させました。味摩之によってもたらされた伎楽は、日本の演劇史のはじまりとされています（→332頁）。

豊璋（翹岐・糺解）　　生没年不詳

百済の義慈王の王子で、皇極天皇二年（六四三）に人質として弟の善光とともに来朝しました。飛鳥板蓋宮で皇極天皇に謁見し、蘇我蝦夷の畝傍家にも招かれました。斉明天皇六年（六六〇）の百済滅亡後、日本から「百済王」の称号を与えられ、百済復興のため百済故地に帰国しましたが、唐と新羅の軍に包囲されて高句麗へ逃亡しました。

善光（禅広・塞上）　　?～六九三頃

百済の義慈王の王子で、皇極天皇二年（六四三）に人質として兄の豊璋とともに来朝しました。白村江敗戦後の天智天皇三年（六六四）に難波（大阪府）に居住し、天武天皇四年（六七五）の正月元日に天皇に薬や珍宝を献上しました。持統天皇五年（六九一）に百済王の姓を与えられ、百済王氏の祖となりました。

百済王氏

百済滅亡後、日本にとどまった百済王子善光を祖として日本で成立した氏族で、持統天皇五年（六九一）に善光が百済王氏の姓を与えられました。子孫は難波の百済郡、後に河内国交野郡（大阪府枚方市）を本拠として、律令官人として活躍しました。中でも陸奥守として東北経営に尽力し、東大寺大仏の造営時に陸奥の黄金を献上した敬福が有名です。平安時代初期には天皇家とも婚姻関係を結び、後宮で勢力を振るいました。

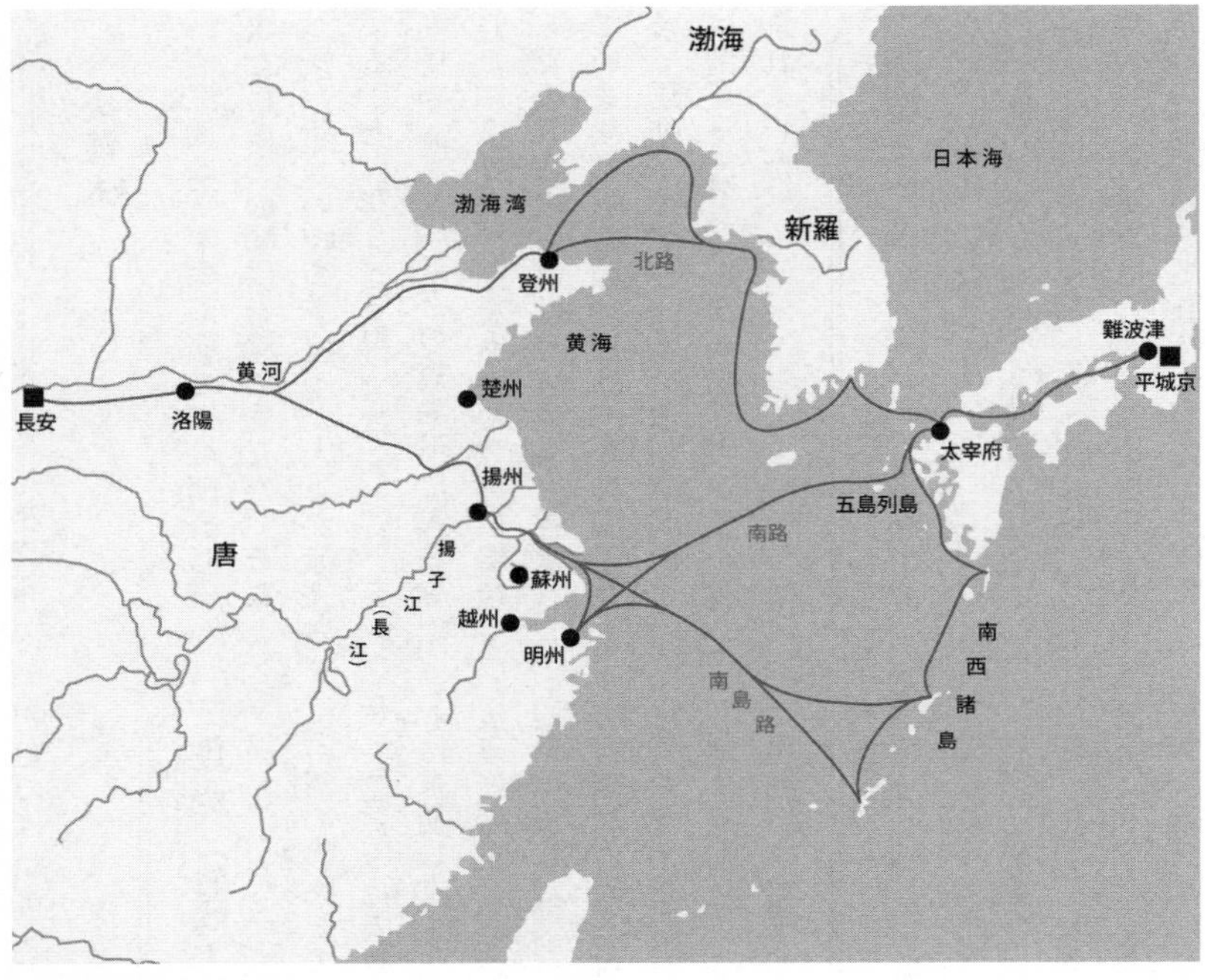

遣隋使・遣唐使の航路

❖遣隋使・遣唐使

推古朝には、五世紀の倭の五王の時代以来となる倭国から中国への公式な国使が派遣されました。遣隋使です。推古天皇八年（六〇〇）と同十八年の使節派遣は『日本書紀』にその記載がなく、それぞれ『隋書』の東夷伝と煬帝紀に記されています。遣隋使の最後は、推古天皇二十二年の犬上御田鍬らの派遣となりました。

中国を中心とする東アジア世界への参入という推古朝の路線は、舒明朝以降にも引き継がれました。中国では、隋（五八一〜六一八）が滅びて唐（六一八〜九〇七）が天下を統一しており、遣唐使は先進国の唐の文化に接しました。遣唐使の派遣は、最初の舒明天皇二年（六三〇）から、寛平六年（八九四）の遣唐使任命（中止となり、実際に派遣した最後は八三八年）まで続きました。

白村江の敗戦後は遣唐使の一時的な中断がありましたが、遣唐使中断の間も、多くの百済・高句麗からの遺民の流入、新羅への使節の派遣によって文化の摂取は続けられました。粟田真人が執節使（長官）となった大宝年間の遣唐使（任命は七〇一年、七〇二年に出発、七〇四年に帰国）は、三十二年ぶりの派遣となりました。大宝年間の遣唐使の画期性は、二〇年に一貢の約束や、白村江の戦いの完全な戦後処理によって、唐と安定した通交が可能になった点にあるとされています。

小野妹子　生没年不詳

推古天皇十五年（六〇七）に遣隋使として中国に渡り、対等な関係での国交の樹立につとめました。その時、隋の煬帝にさし出した国書に、「日出づる処の天子、書を日没する処の天子に致す。恙無きや」とあり、煬帝はこれをみて「蛮夷の書、無礼なる者有り」といったと伝えられます。翌年には、後に大化の改新などで活躍する高向玄理、僧旻（→84頁）、南淵請安（→83頁）ら、留学生・留学僧を伴い、遣隋使として再び入隋しました。

粟田真人　?～七一九

大宝二年（七〇二）に遣唐使の執節使（長官）として入唐しました。唐人から経史に通じ、容姿温雅とたたえられ、則天武后は彼を大明宮の麟徳殿に招いて饗応し、倭国から日本国への国号の変更を正式に承認しました。大宝律令の選定にも関与しており、政権の枢要な地位にありました。

❖留学僧・留学生

遣隋使や遣唐使に同行して、学問・技術・芸能などの研究を目的とする一般の学問生（留学生）と仏教の研究を目的とする学問僧（留学僧）が派遣されました。留学生の名の初見は、推古天皇十六年（六〇八）の第三次遣隋使の時です。前回の遣隋使帰国時に来日した隋使裴世清の帰国に伴うもので、高向玄理以下の留学生・留学僧の八人が同行しました。彼らは、律令制の国家体制が整いつつあった隋から唐への転換期に出合い、律令と膨大な官僚機構による中央集権的な帝国と、首都長安（隋代には大興城）の繁栄を見聞したと考えられます。全員が渡来系氏族の出身で、大化の新政権が誕生すると、そのブレーンとなる者もいました。

高向玄理　?～六五四

「げんり」とも読み、「黒麻呂」とも書きます。推古天皇十六年（六〇八）、遣隋留学生として小野妹子にしたがって中国に渡り、舒明天皇十二年（六四〇）に帰国しました。改新政府に参画して僧旻（→84頁）とともに国博士となり、律令官制を整備しました。大化二年（六四六）、新羅に派遣されて、翌年に人質の金春秋をともない帰国します。白雉五年（六五四）に遣唐押使として入唐し、唐で客死しました。

3 律令国家の形成と飛鳥・藤原

乙巳の変

皇極天皇四年（六四五）六月、中大兄皇子（後の天智天皇→58頁）らは、蘇我倉山田石川麻呂（→68頁）を仲間に引き入れ、三韓（高句麗・百済・新羅）の貢物を受納する儀式と称し、飛鳥板蓋宮に蘇我入鹿（→67頁）を誘い出し斬殺しました。中大兄皇子と中臣鎌足（→69頁）は、南淵請安のもとで儒教を学びに通う道中で、国家の将来を語りあったとされています。入鹿の死を知った蝦夷（→67頁）は、甘樫丘の自邸に火を放って自殺し、蘇我本宗家は滅びました。乙巳の変は、古人大兄皇子を推す蘇我蝦夷・入鹿と、軽皇子（後の孝徳天皇→58頁）や中大兄皇子らを支持する勢力との間におこった皇位継承争いでもありました。

難波遷都と国際情勢

孝徳天皇は、大化元年（六四五）に飛鳥から難波（大阪府）への遷都を行ないました。遷都の理由は、激変する東アジア情勢に対処するためであったと考えられます。大陸への航路の出発点であり、外交の拠点でもあった難波は、政治文化の中心地の一つでした。また、渡来人が多く居住する国際都市でもありました。

百済は六四二年に新羅領の大伽耶に侵攻し、伽耶をめぐる百

難波宮跡

済・新羅両国の紛争が再燃していました。高句麗では、将軍の泉（淵）蓋蘇文がクーデターをおこし、唐に対する強硬派が実権を握りました。唐・新羅陣営と高句麗・百済陣営の本格的な抗争の時代が幕を開ける中、こうした朝鮮半島の情勢にすばやく対応できるよう、外国使節が入港して外交交渉を行なう場であった難波に政権の中枢を移したものとみられています。

改新の詔

乙巳の変の直後、孝徳天皇と中大兄皇子を中心とした新政権が樹立され、「大化の改新」と呼ばれる政治改革が行なわれました。翌大化二年（六四六）正月元日、改新の詔が発布されました。皇室・豪族の個別的支配権を否定し、中央集権的な支配体制を目指したものとされています。『日本書紀』によると、四ヵ条にわたって、公地公民制、国・郡・里制、租庸調などの税制、戸籍・計帳・班田収授法などの諸政策を実施することが表明されています。その一方で、改新の詔には『日本書紀』の編纂段階で「評」を「郡」に改めるなど潤色や文飾が加わっていることもわかっていますので、この詔の理解には注意が必要です。ただし、出土木簡などの調査成果から、改新からほどなくして国・評・五十戸と表記される全国支配体制が整えられていた可能性が高いことがわかってきています。

部曲の廃止

大化前代（大化年間以前）における豪族私有民を「部曲」と呼びます。蘇我部がその代表例です。大化二年（六四六）の改新の詔で廃止され、その代償として諸臣には食封が支給されました。天智天皇三年（六六四）には大氏・小氏・伴造などの氏上にそれぞれの「民部」を定めました。天武天皇四年（六七五）に廃止された部曲はこの民部をさすものと思われます。天智天皇三年と天武天皇四年の民部（部曲）は大化前代の部曲と同じものではなく、食封とほぼ同質のもので、一定数の公民を指定して、彼らの貢納物と労働力を氏上に与えたものと考えられます。

大臣・大連から左大臣・右大臣へ

ヤマト政権における最高執政官は大臣・大連と呼ばれました。大臣には葛城・平群・巨勢・蘇我などの臣姓豪族が任命され、六世紀中頃以降は蘇我氏（→66頁）が独占するようになりました。大連には連姓豪族の大伴（→69頁）・物部（→68頁）の二氏が任命されましたが、六世紀末の物部守屋（→68頁）の滅亡により消滅しました。大化の改新で大臣の制は廃止され、左右大臣制にかわります。左大臣は唐における尚書省の左右丞相（もと左右僕射）を模したもので、最初の左大臣は阿倍内麻呂、右大臣は蘇我倉山田石川麻呂でした。太政大臣は律令制における太政官の長官で、職掌のない則闕の官（ふさわしい人物がいなければ欠員としてもよい官職）でしたから、左大臣が行政府の最高責任者に位置づけられたことになります。

白村江の戦いと近江遷都

倭国と友好関係にあった百済が、唐・新羅の連合軍によって滅ぼされると（六六〇年）、斉明天皇は、旧百済貴族の要請を受けて百済復興のための援軍派遣を決定しました。翌年正月、斉明天皇は陣頭に立って筑紫（福岡県のうち東部を除いた範囲）に向かいましたが、筑紫に着いてまもなく朝倉宮で急死しました。斉明天皇八年（六六二）、中大兄皇子（後の天智天皇）は皇太子のままで、斉明天皇の後継者となりました（称制）。人質として滞在していた百済の王子豊璋（→87頁）に、日本は「百済王」の称号を与え、軍勢を授けて百済故地に送り出しました。しかし、天智天皇二年（六六三）八月、倭国・旧百済連合軍は、唐・新羅の連合軍に白村江の戦いで大敗しました。白村江からの撤退後の倭国では、唐・新羅の侵攻に備えて、北部九州から瀬戸内海を経て大和に至るまで、山城などの防衛施設が設けられました。

天智天皇三年には、対馬嶋・壱岐嶋（ともに長崎県）・筑紫に防人と烽をおき、大宰府防御のため水城や大野城（福岡県）、基肄城（佐賀県）が築かれました。白村江の敗戦後に講じられた一連の防衛対策は、倭国側の強い危機感を物語っています。この時期に築かれた山城は朝鮮式山城と呼ばれており、亡命した旧百済の将軍が技術指導を行ない、豪族・民衆を大動員して整備されたものでした。

そして天智天皇六年三月に、飛鳥から近江大津宮（滋賀県大津市）への遷都が行なわれました。唐・新羅連合軍の侵攻を恐れたためと考えられています。中大兄皇子は、その後倭京（藤原京以前に飛鳥を中心に設定された京）に行幸し、同年の十一月に河内（大阪府北東部から南東部）との国境の近くで、大和防衛のための高安城を築いています。翌年、中大兄皇子は、近江大津宮で正式に即位して天智天皇となりました。唐の侵略は実際にはなかったものの、近江遷都後も、飛鳥が本土防衛の最重要地だったことが理解できます。

太政大臣と知太政官事

太政大臣は、唐の三師・三公を模して設けられた太政官の最高官です。三師・三公と同じく則闕の官とされました。天智天皇十年（六七一）に大友皇子、持統天皇四年（六九〇）に高市皇子が任命されましたが、これらは皇太子に准じる皇位継承者という意味を内包していたと思われます。大宝令制定後は忍壁皇子・穂積皇子・舎人皇子・鈴鹿王など天武天皇の子や孫が「知太政官事」という官職に就任しますが、この知太政官事は皇太子と競合するものではなく、太政官政治を安定させるために皇親の長老を任命するものとなりました。

官司制の整備、六官制から二官八省制へ

大化の改新を契機に中央集権制を指向する官制の整備が進められました。大化元年（六四五）には左

大臣・右大臣・内臣・国博士がおかれました。これ以外に、孝徳朝には刑部尚書（後の刑部卿）・衛部・将作大匠など、中国の官制を直訳した名称の官司が設けられています。近江令・飛鳥浄御原令の編纂と並行して、後の太政官に相当する官制も次第に整えられました。天智天皇十年（六七一）には太政大臣・左大臣・右大臣・御史大夫（後の大納言）の人事が発表されていますが、これを近江令の官制の施行とみる説もあります。天武朝には納言・大弁官の存在が確認でき、太政官の機構整備がさらに進められました。後の八省は天武朝には六官として姿をみせます。法官（後の式部省）、理官（治部省）、大蔵（大蔵省）、兵政官（兵部省）、刑官（刑部省）、民官（民部省）の六官です。これらを近江令の官制とみるか、天武朝の官制とみるかで意見がわかれています。後の中務省と宮内省は天皇に仕える内廷官司なので、天武朝までは太政官が管轄せず、飛鳥浄御原令において中官と宮内官として太政官の管轄下に入りました。神祇祭祀をつかさどる官司は近江令では神官と呼ばれましたが、飛鳥浄御原令で神祇官と改称されます。こうして浄御原令下において太政官・神祇官・八官の官制が整えられ、大宝令制下の二官八省制とほぼ同じ官制が整備されたのです。

国・評・五十戸制から国・郡・里制へ

大化二年（六四六）の改新の詔では、京師をおさめ、畿内・国司・郡司などをおき（第二条）、五十戸を里となし、里長をおくこと（第三条）が定められました。これらは京制・畿内制の採用、国・郡・里制による地方行政区画の整備を宣言したものですが、改新の詔には『日本書紀』編纂段階に大宝令文で修飾された部分が多いため、この時に国・郡・里制が成立したことを簡単に認めることはできません。ただし、『常陸国風土記』『皇太神宮儀式帳』などの記載からみて、大化五年に「天下立評」（全国に「評」を設置すること）が行なわれたことがわかり、出土木簡の記載から評の下部に「五十戸」がおかれたことが判明しますので、大化の改新からほどなくして国・評・五十戸という地方行政区画が整備され、国宰・評造・五十戸長が地方支配を担っていたと考えられるようになりました。このうち五十戸は天武天皇十一年（六八二）前後に「里」と表記されるようになります。そして大宝令の施行によって「評」は「郡」と改められ、ここに国・郡・里制が成立するのです。

京の成立

宮都・都城の歴史の中で、条坊街区をそなえた京域が成立するのは藤原京からですが、藤原京の造営は天武朝から進められるので、天武朝には京域が存在していた可能性があります。『日本書紀』には天武天皇五年（六七六）と同十一年に「新城に造都せん」とした記事がみえるので、これを藤原京建設のはじまりとみて、藤原宮や藤原京の下層に確認されている条坊道路は、この新城のものであるとする意見が通説化しています。天武天皇十三年には天武が「京師」を巡行して「宮室の地」を定めました。『日本書紀』天武天皇十四年三月条には「京職大夫」の語がみえ、京域を管轄する官司である京職は天武朝末年には成立していたと考えられます。

畿内制

畿内制とは王城周辺の一定範囲を天子の直轄領として指定するもので、その範囲内には税制や民政上の優遇措置が講じられました。日本では大化の改新で導入され、天武・持統朝や大宝令制下に継承されました。改新の詔では東は名墾の横河（三重県名張市）、南は紀伊の兄山（和歌山県伊都郡）、西は赤石の櫛淵（兵庫県明石市）、北は近江の狭狭波の合坂山（滋賀県大津市）という四至が示され、それらの内側を「畿内（うちつくに）」とすると定められました。この規定には令文による修飾が確認できないので、大化当時の制度として認められています。大化の「畿内」は四至によって画された単一の「畿内国」であったとする意見もありますが、大化前代から大倭・山背・津・河内などの国は存在したので、大化の畿内もこれらの四国から構成されていたと考えてよいでしょう。大化の畿内制は難波長柄豊碕宮を中心とするもので、畿内の四至は難波宮から東西南北に通じる幹線道路上において約一〇〇里（約五三キロメートル）離れた地点で、境界とするにふさわしいところが選定されたものと思われます。

壬申の乱

天智天皇の崩御から半年後の天武天皇元年（六七二）六月に古代史上最大規模の内乱、壬申の乱がはじまりました。前年に出家して吉野に退去した大海人皇子（後の天武天皇→58頁）と、近江朝廷の大友皇子（→63頁）の間で引きおこされた皇位継承をめぐる争いでした。中央豪族の勢力も二分され、大和・伊賀（三重県北西部）・伊勢（三重県）・美濃（岐阜県南部）・近江（滋賀県）・山背（京都府南東部）・摂津（大阪府北部と兵庫県東部）・河内（大阪府北東部から南東部）など、畿内とその周辺を舞台に、戦いは約一ヵ月間におよびました。壬申の乱に勝利した天武天皇により、政治の中心は再び飛鳥の地に戻されます。

吉野の盟約

天武天皇八年（六七九）五月、天武天皇と鸕野讃良皇女（後の持統天皇→57頁）は、壬申の乱の起点となった吉野へ行幸し、同行した草壁・大津・高市・川島・忍壁・志貴の諸皇子（→63～65頁）と盟約を結びました。皇位継承可能な皇子を参集させ、草壁皇子を筆頭とする序列決定への同意を求めたものと考えられ

吉野の宮滝遺跡

ています。天武天皇は吉野から戻ると、二十歳になった草壁皇子を皇太子に任命し、翌々年には二十一歳になった大津皇子を朝廷会議に列席させています。

皇親政治

天武・持統朝から文武朝初期にかけては、臣下出身の議政官（後の公卿）の数が抑えられ、重要な政策の責任者に皇子（親王）や諸王が多く任命されました。「帝紀」「上古諸事」編纂時の川島皇子・忍壁皇子、藤原宮視察時の高市皇子、大宝律令制定時の刑部親王（忍壁皇子）などがその好例です。強大な天皇権力のもとに皇族が政治を主導した時期と評価し、これを「皇親政治」と呼ぶことがありますが、壬申の乱の影響を考える必要もあり、その評価については検討の余地があります。

律令の制定

飛鳥時代には、官人制の出発点となった冠位十二階（六〇三年）から、十三階（六四七年）、十九階（六四九年）、二十六階（六六四年）を経て、天武天皇十四年（六八五）に至って冠位四十八階制が整えられます。また、近江令や飛鳥浄御原令を経て、大宝律令が制定されるに至り、飛鳥時代は、ほぼ一世紀にわたって、律令制を規範とする中央集権国家への道を歩み続けた時代でした。「律令」は、社会規範を規定する刑法的な律と、政治制度を規定する行政法的な令からなり、行政法規が主である令は、律よりも導入しやすく、先行して施行されました。

飛鳥浄御原令は、天武天皇により、天武天皇十年に皇子・諸臣に対し律令の編纂が命じられ、天武天皇の死後、皇后であった持統天皇がこれを引き継ぎ、持統天皇三年（六八九）に完成しました。飛鳥浄御原令は現存していませんが、『日本書紀』や『続日本紀』などの記述から、大宝令に近い内容であったと考えられています。また大宝律令は、わが国ではじめて律と令がそろった律令で、刑部親王

（→64頁）や藤原不比等（→69頁）らにより、大宝元年（七〇一）に撰定が完了しました。唐の律令を参考に、飛鳥浄御原令の問題点をふまえ、実情にあわせて編纂したと考えられます。天平宝字元年（七五七）に養老律令が施行されるまで運用されました。

歴史書の編纂

律令国家にとっては、「法」の制定とともに「正史」の編纂が重要でした。大陸との国際交流により、その必要性が意識されたことも考えられます。『日本書紀』によれば、聖徳太子（→60頁）と嶋大臣（蘇我馬子→66頁）の監修により、推古天皇二十八年（六二〇）に『天皇記』『国記』などがまとめられました。乙巳の変（→90頁）の際に、蘇我蝦夷の私邸に保管されていた『天皇記』『国記』も焼かれましたが、『国記』は、船史恵尺が火中から取り出し、中大兄皇子（後の天智天皇）に献上したとされています。修史事業のはじまりは推古朝と考えられますが、史書が現存せず、実態は明らかではありません。

『古事記』序文によれば、天武天皇は、諸家に伝わる「帝紀」「本辞」に異同や間違いが多く、その偽りを削り真実を定めて後世に伝えよと、稗田阿礼に命じ、これを誦み習わせました。その後、元明天皇が、稗田阿礼の誦み習うところを筆録し献上せよ、と太安万侶に命じ、和銅五年（七一二）に『古事記』がまとめられたとされています。ただし『日本書紀』などの正史には、『古事記』の名は出てきません。

『日本書紀』には、天武天皇十年（六八一）三月、天武天皇が川島皇子・忍壁皇子（→ともに64頁）らに対して「帝紀」と「上古諸事」を記し定めることを命じたという記事があり、これが『日本書紀』の編纂開始とするのが定説

太安万侶墓（奈良市）

です。川島皇子と忍壁皇子が総裁として事業を統括し、太安万侶も編纂に参加したとされています。『続日本紀』によると、『日本書紀』の編纂事業が完了したのは、養老四年（七二〇）の五月でした。紀三十巻と系図一巻が撰上され、舎人皇子（→65頁）から元正天皇に奏上されました。

班田制の施行と戸籍・計帳の作成

律令制の大きな柱は、官職と位階による官人制、唐の均田制にならった班田制、戸籍・計帳による公地公民制の三つでした。班田の収授は、国家財政を安定させ、農地開発を進めるためであり、その基礎となる農地と農民を国家が直接把握するために、戸籍と計帳が作成されました。

戸籍は、戸を単位とする基本台帳で、戸主や戸口の名前・続柄・性別・年齢・身体的特徴が書きあげられました。天智天皇の時の「庚午年籍」が全国的に作成された最初の戸籍で、その後、持統天皇の時に飛鳥浄御原令に基づいて「庚寅年籍」が作成されたといいます。庚寅年籍以後、戸籍は六年ごとに作成され、里制の実施、良賤身分の確定、口分田の配給に用いられました。

一方、庸・調・雑徭・兵役などを賦課する基本台帳として、毎年作成されたものが計帳です。土地にかかる租は戸籍をもとに徴収できますが、調や庸は男子個人に課せられ、年齢も関係します（正丁、次丁、中男など）ので、国ごとの戸数・戸口数・課口・不課口（納税対象者かどうか）の合計数を記した計帳が必要となりました。

藤原京遷都

『日本書紀』には天武天皇五年（六七六）と同十一年に「新城」の記述があり、この新城の造営が藤原京の造営につながるとする説が有力です。建設工事は、持統天皇四年（六九〇）から、夫の天武天皇の遺志を継いだ持統天皇によって、本格的に進められます。そして、持統天皇即位後の持統天皇八年（六九四）十二月、飛鳥浄御原宮から藤原宮に遷都しました。藤原宮は、大和三山のほぼ中央に位置し、約一キロメートル四方の宮域を占めています。藤原宮では内裏や大極殿・朝堂院が設けられ、宮城十二門の内側に中央官庁の官衙が多数配置されました。

藤原京は、中国の都城制にならった初の本格的都城で、「新益京」と呼ばれました。京域の範囲は、東西十坊の範囲まであり、藤原宮を中心に大和三山が入る約五キロメートル四方の広大なものでした。居住人口は三万人から五万人と推定され、これほどの集住ははじめてのことでした。出土した木簡によって、地方からの調や庸、または土地の産物などが、都に集められていたことがわかります。和銅三年（七一〇）に平城京に移るまで、持統・文武・元明の三代の天皇、十六年間の都となりました。

藤原宮と大和三山

藤原京と『万葉集』

『万葉集』の「藤原宮の御井の歌」と呼ばれる長歌（巻一‐五二→303頁）からは、藤原宮が永遠に栄えるよう、大和三山に護られた地を選んだことがわかります。

造営には、役民が全国から集められ、水運・陸運を使って木材などが調達されました。近江の田上山作所で採取した木材は、大戸川から宇治川へ下り、木津川を遡って、泉津で陸揚げされ、平城山を越えて藤原京まで運ばれました。『万葉集』にはこの時の「藤原京の役民の作る歌」（巻一‐五〇）が収録されています。

シルクロードと飛鳥・藤原

シルクロードは、ユーラシア大陸の東西南北を貫く長距離交易路のことで、たとえば中国からは絹・紙・茶・漆器など、ローマ・ペルシャ方面からは金銀器・ガラス器・薬品・絨毯など、世界中の特産品がここを通って運ばれ、仏教などの宗教もシルクロードによって伝播しました。シルクロード交易ではさまざまな民族の商人が活躍しましたが、近年注目されているのは中央アジアを拠点とするソグド商人で、ソグド商人と連携したトハリスタン（バクトリア）商人の活動も知られています。

奈良の正倉院には聖武天皇の愛用の品々が収蔵されていますが、その中の白瑠璃碗・白瑠璃瓶などのガラス器、無食子・密陀僧（紫鉱）などの薬物は、ペルシャなどの西方産とされています。橿原市の新沢千塚一二六号墳からは紺色のガラス皿が出土しており、五世紀末にはガラス製品が持ち込まれていました。正倉院宝物を含めて西方産のガラス器などは、シルクロード交易によって中国の長安や洛陽に運ばれたものを、新羅や百済を経由して入手したか、日本の遣唐使などが直接持ち帰ったものが多かったでしょう。

正倉院宝物　白瑠璃碗

ただし、白雉五年（六五四）や斉明天皇三年（六五七）に日本に漂着した吐火羅人・舎衛人は、中央アジアのトハリスタン人とインド人であると考えられ、彼らが直接西方産品を日本に持ち込んだ可能性があります。吐火羅人・舎衛人は飛鳥の都に迎えられますが、朝廷は飛鳥寺（→75頁）の西に須弥山の像をつくり、盂蘭盆会を催して饗応しました。そのまま日本に残留した一部の堕羅（吐火羅）人と舎衛人の女性は、天武天皇四年（六七五）の正月元日に薬物と珍宝を献上しています。彼ら

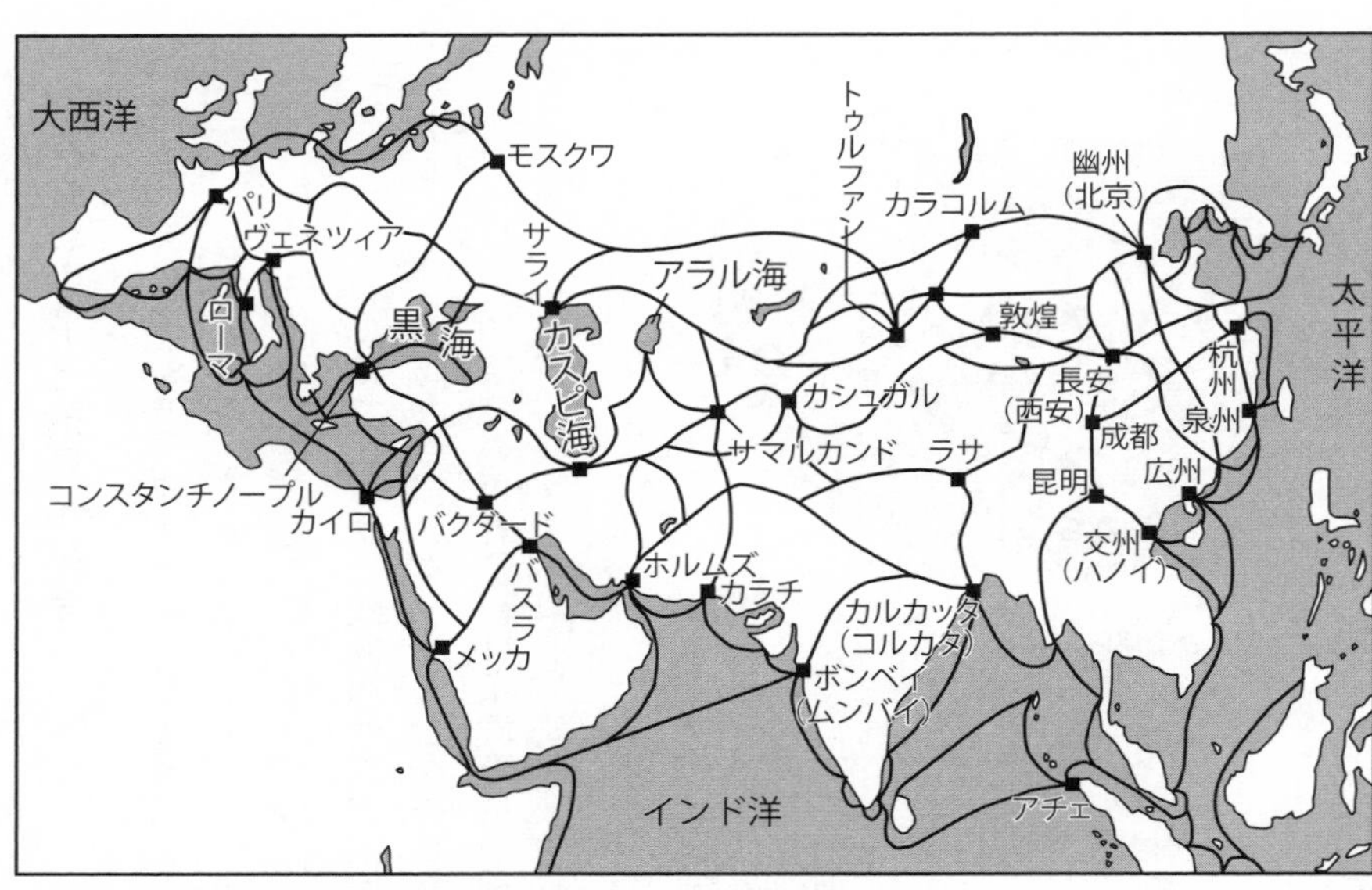

シルクロード交易図（森安孝夫著『興亡の世界史　シルクロードと唐帝国』「シルクロード＝ネットワーク概念図」をもとに作成）

が天武天皇に献上した薬や珍宝の中に西方産の高価な品々が含まれていた可能性は少なくないでしょう。

平城京遷都

元明天皇は、和銅元年（七〇八）二月、藤原京から平城京へ遷都する詔を発し、二年後の和銅三年、遷都が行なわれました。藤原京は、わずか十六年で廃絶されました。元明天皇による平城京遷都を主導したのは、藤原不比等（→69頁）とみられています。平城京への遷都に際しては、旧都藤原京の建造物は、可能な限り解体され、移築ないしは再利用されました。

たとえば平城宮朱雀門の軒瓦はすべて藤原宮式のものであり、建物の平面規模も同じであることから、建物ごと解体、移築されたと考えられています。平城宮第一次大極殿院の東面築地回廊の基壇下に設けられた暗渠排水用の木樋は、別材の木片で埋められた仕口の状況から、藤原宮の高さ五メートルにおよぶ大垣に使用されていた掘立柱だと考えられています。この木樋は現在、平城宮跡いざない館で展示されています。

奈良・平安時代の飛鳥・藤原

平城京への遷都により、皇族や貴族は平城京へと移りました。しかし、飛鳥との関係が途絶えたわけではありませんでした。奈良時代にも飛鳥の小治田宮（小墾田宮→71頁）や嶋宮（→120頁）などの宮がその姿を現わしています。天平宝字四年（七六〇）に、小治田宮（小治田岡本宮）に行幸した淳仁天皇は五ヵ月にわたって滞在し、「新京」と称して諸国の糒（乾燥米飯）や調・庸をおさめさせています。雷丘東方遺跡の平安時代初期の井戸から「小治田宮」と書いた墨書土器が出土したことから、奈良時代の小治田宮の位置が確定しました（→115頁）。また、孝謙天皇が重祚した称徳天皇は、天平神護元年（七六五）に紀伊（和歌山県）への行幸の途中で小治田宮に二泊しています。同年十月に称徳天皇は、草壁皇子の檀山陵（高取町の束明神古墳説が有力→180頁）を通過する時、紀路（→128頁）を行く官人たちに詔し、騎馬の者を下馬させ、旗幟を巻かせ、山陵を遥拝しています。さらに、八世紀には、香具山の西北麓に大和国の正税などを収納・管理する香山正倉がおかれました。また奈良時代後半、長屋王家木簡からは、皇族や貴族たちは、本来の勢力地盤であった大和の地と密接な関係を維持しており、長屋王が大和・山背（京都府南東部）の各地に出先の機関をおき、屯田や薗・氷室などの経営にあたっていた様子がうかがわれます。大伴家持やその一族は、檜前を本拠とする坂上氏との関係もあり、しばしば大和国の竹田庄・跡見庄などを訪れ、田植えや収穫などの実際にふれています。

八世紀末になり、桓武天皇による長岡京遷都、平安京遷都が行なわれ、都は大和から山城（京都府南東部）へと移りました。貴族たちも大和を離れ、時が経つにつれ平安京の都市住民化し、旧来の本拠地との関係は疎遠になっていきました。

九世紀から十世紀にかけて、社会は大きく変貌しました。地方では国司の受領化に伴い、守や介のもとに郡司層を含む在地有力者が雑色人として組織され、中央でも藤原氏と源氏以外の伝統的氏族（紀氏・大伴氏など）は没落し、それまでの国家の基盤を支えていた氏族制的な体制が崩れていきました。

飛鳥時代に渡来した動物たち

孔雀・鸚鵡

推古天皇六年（五九八）に新羅から孔雀一隻、大化三年（六四七）に新羅から孔雀一隻、鸚鵡一隻、文武天皇四年（七〇〇）に新羅から孔雀と珍物、天武天皇十四年（六八五）に新羅王から鸚鵡二隻が送られました。斉明天皇二年（六五六）には西海使が百済から帰国して、鸚鵡一隻を献上しています。孔雀と鸚鵡は新羅から送られることが多かったことがわかります。天平十七年（七四五）四月の園池司解（『大日本古文書』巻二、三九九頁）には苑池で「孔雀鳥」を飼育していたことが書かれています。外国から送られた孔雀や鸚鵡は、小墾田宮や飛鳥宮の近くにあった苑池で飼育されたのではないでしょうか。

鵲

推古天皇六年（五九八）、新羅から帰国した難波吉士磐金が鵲二隻を献上したため、これを難波社で飼育しました。難波社は「難波坐生国咲国魂神社（『延喜式』神名帳）」と呼ばれた生国魂神社のことでしょう。天武天皇十四年（六八五）には新羅王が鵲二隻を献上しています。

推古天皇七年（五九九）には百済から白雉が贈られました。白雉元年（六五〇）二月に穴戸国司（後の長門国司）から献上された白雉は「園」で放し飼いにされました。難波長柄豊碕宮近くには鳥獣を飼育する苑池が広がり、ここで鵲や白雉が飼われていたことが想定できます。

駱駝・驢・騾

推古天皇七年（五九九）には百済から駱駝一疋、驢一疋、羊二頭が贈られ、同二十六年には高句麗から駱駝一疋が贈られてきました。斉明天皇三年（六五七）には西海使が百済から帰国して、駱駝一箇、驢二箇を献上し、天武天皇八年（六七九）には新羅から馬、狗、騾、駱駝などが贈られ、朱鳥元年（六八六）には新羅から騾と犬が贈られてきました。驢はロバ、騾はラバのことと考えられます。

孔雀・鸚鵡、駱駝・驢などはインド・東南アジア・中央アジアなどを原産地とする動物なので、各地から中国の長安や洛陽まで運ばれた動物を、新羅・高句麗・百済などの使節が持ち帰り、日本に送ってきたのでしょう。平安時代には遣唐留学僧をはじめ唐や宋の商人が孔雀・鸚鵡を日本に運んでくることになります。

4 中世の飛鳥・藤原

中世における飛鳥・藤原の寺院

古代寺院は落雷や災害・戦乱などで何度も焼失・倒壊し、その度に再建されてきました。飛鳥・藤原地域の寺院も同様です。藤原道長は治安三年（一〇二三）の高野参詣の往路、飛鳥に立ち寄り、山田寺（→141頁）・本元興寺（飛鳥寺→150頁）・橘寺（→148頁）の伽藍と宝物をみています（『扶桑略記』）。

飛鳥寺（本元興寺）は建久七年（一一九六）に落雷で全焼し、本尊釈迦如来坐像（飛鳥大仏→213頁）の頭部と手だけが残されました。翌年、塔跡が発掘され、塔心礎から舎利容器に入った仏舎利百余粒と金銀器物が発見されます。舎利容器は木箱に入れて、再び埋め戻されました。文安四年（一四四七）に飛鳥寺を訪ねた僧によると、伽藍の形は一切なく、近年まであった瓦葺の小堂も永享八年（一四三六）の戦乱で壊され、四方に小柱を立て藁を葺いた仮殿中に釈迦像が鎮座するばかりであったといいます。

川原寺（→140頁）は九世紀に空海との関係ができて以来、真言宗寺院として存続しました（→85頁）。十一世紀には京都の東寺が支配を強化し、川原寺を東寺末寺と位置づけます。応永六年（一三九九）、川原寺は足利義満のための祈禱の財源にあてられ、年貢を東寺に上納しています。九世紀末と建久二年、室町時代末期などに伽藍は焼亡し、次第に衰微していきました。近世初期には東に塔跡、西に薬師堂跡、北に観音堂跡があり、草庵のみが建っていたようです。

平安時代後期になって観音霊場三十三所の巡礼が流行すると、巨大な如意輪観音菩薩坐像（塑像→217頁）に対する信仰が高まり、多くの巡礼者が岡寺（龍蓋寺→148頁）を訪れるようになりました。鎌倉時代初期成立の『水鏡』は、厄年の人が二月初午の日に岡寺に参詣する風習があったと書いています。岡

倒壊した山田寺回廊の出土状況

寺は興福寺の末寺となっていたため、鎌倉時代には興福寺と多武峰の争いに巻き込まれ、しばしば堂塔を焼失することになります。

橘寺は尼寺でしたが、十世紀には僧寺にかわり、十一世紀には法隆寺、ついで興福寺の末寺となりました。十二世紀に塔が焼失すると、その再建の過程で西大寺との関係が強まり、十三世紀後半には法空が長老となって、律院化した橘寺の整備に尽力します。法空は『上宮太子拾遺記』の著者です。嘉禎四年（一二三八）に推古天皇の霊が託宣を下して、豊浦寺（→141頁）の塔の四方四仏を橘寺の塔に据えることを求め、橘寺を修造すれば阿弥陀仏が来迎し、聖徳太子も来臨すると告げたという話が広がりました。中世には豊浦寺は太子が建立し、現在善光寺（長野市）の本尊である阿弥陀如来像（一光三尊阿弥陀如来像）をはじめて安置したところと考えられていたので、こうした信仰が橘寺に移されることになります。これ以降、橘寺は太子の誕生地であると喧伝され、再建伽藍には善光寺式阿弥陀如来像を安置する阿弥陀堂（如来堂）、太子誕生所とされる往生院などが新たに加えられて、橘寺は太子信仰の拠点の一つとして篤い信仰を受けるようになりました。

山田寺は藤原道長が参観してほどなく、東側からの土砂流入によって回廊が倒壊しました。倒壊した回廊などは発掘調査で確認されています。治承四年（一一八〇）に平重衡の焼き討ちで焼亡した興福寺では、元暦二年（一一八五）に伽藍が再建されますが、本尊の復興が進まなかったため、文治三年（一一八七）に東金堂衆が山田寺に押しよせ、講堂の丈六薬師如来像と脇侍の日光・月光菩薩像を強奪しました。この薬師三尊像は興福寺東金堂の本尊とされますが、応永十八年（一四一一）の火災で丈六薬師像は焼け落ち、仏頭だけが残りました。これが興福寺の銅造仏頭（→214頁）で、日光・月光菩薩像は今も東金堂に安置されています。

飛鳥・藤原地域の荘園

班田収授制が崩壊すると、口分田・墾田は公田と呼ばれ、地域の有力者が耕作・納税を請け負うようになります。そして年月の経過とともに、有力者は公田の私領化を進め、これがやがて荘園に発展していきます。飛鳥・藤原地域では、川原寺の寺辺所領がやがて東寺領荘園となりますが、その西隣に春日社領大嶋荘、東大寺領万弓荘がありました。

大規模な私領としては、大和守を四回つとめた源頼親の所領に起源する東大寺御油免田がありました。これは東大寺に年間六石六斗の灯油を調進するためのものでした。こうして高殿荘・東喜殿荘・西喜殿荘・城戸荘・波多荘などが成立します。頼親は高殿荘をさらに村上源氏の源師房に寄進し、ここに源家領高殿荘が生まれました。

頼親は源家に寄進したもの以外に私領を有しており、その一つが二男頼房から女婿の高階業房に伝えられた広大な喜殿荘です。飛鳥・藤原地域では、奥山・飛鳥・豊浦・岡・川原・橘・野口・平田などが喜殿荘の領域内に含まれます。

興福寺の大和国支配

十一世紀後半に院政がはじまると、藤原摂関家は興福寺・春日社の宗教的権威を利用するようになり、摂関家と興福寺の関係は深まっていきました。十二世紀になると、大和国では興福寺の支配体制が強くなり、国司の支配は有名無実化しました。また、鎌倉幕府も大和国には守護をおかず、興福寺の支配力を容認したため、興福寺は大和一国の支配権を掌握することになります。興福寺には多くの院家（子院）がありましたが、その中から一乗院と大乗院が摂関家から院主を迎える門跡へと発展し、膨大な荘園を集積するようになります。飛鳥・藤原地域では、一乗院領として南淵荘・梨子荘・奥山荘・橘寺・東喜殿荘・安倍山荘・檜前導弘寺・平田郷・呉原荘などがあり、大乗院領として木本荘・矢取荘・南喜殿荘・加留荘・本元興寺・橘寺・野口荘・安部荘・真弓荘などがありました。

興福寺と多武峰

中世の興福寺は主として寺僧と国民から構成されていました。寺僧のうち下級の者は衆徒と呼ばれます。「国民」とは俗人領主で、多くは春日社の神人となりました。衆徒は北大和、国民は南大和に多くみられました。興福寺は多くの荘園を有し、衆徒・国民を擁して大和国を支配しましたが、これに対抗したのが多武峰です。多武峰には藤原氏の始祖である中臣鎌足の墓所（↓350頁）があり、九世紀半ばに寺院が形成され、十世紀には比叡山延暦寺の末寺となります。

多武峰寺（妙楽寺。談山神社↓169頁）の僧侶は興福寺の衆徒・国民としばしば衝突し、多武峰の堂舎が焼き払われたこともあります。鎌倉時代になっても抗争は続き、正和三年（一三一四）までに一四回の相論・武力衝突が記録されています。度重なる抗争にそなえて、多武峰は防御機能を強化したと思われ、鎌倉時代初期には「城郭を構える」という記事がみえています。

越智氏と多武峰

南北朝時代には飛鳥周辺で越智氏の勢力が伸長します。観応の擾乱（一三五〇年）で足利尊氏と対立した弟の直義は南朝と提携するため大和に入り、越智伊賀守を頼って落ちのびました。興福寺では大乗院は北朝、一乗院は南朝と関係が深く、両門跡が勢力争いのために戦いましたが、越智氏は一乗院側に立ちました。

南北朝の内乱は三代将軍足利義満の時代に終結しますが、永享元年（一四二九）、幕府が吉野に残った南朝勢力を追討する中で、南大和の越智氏と北大和の筒井氏が両陣営にわかれて争う大和永享の乱がはじまりました。南朝勢力の味方と目された越智氏と多武峰は幕府勢力に攻められ、永享十年に多武峰は全山焼亡し、越智氏もいったん没落します。この時、多武峰の「大織冠御影」（藤原鎌足像）は橘寺に移されましたが、宝徳元年（一四四九）に多武峰に戻されました。越智氏もやがて家栄を当主として復活しました。応仁の乱では筒井方は東軍、越智方は西軍に立ちました。

越智谷と越智郷

越智氏の本拠地は越智谷にありました。現在の高取町越智から明日香村真弓まで続く東西に細長い谷です。

居館の越智城（→238頁）は、谷口にあたる越智字オヤシキにあり、東西北の三方を尾根に囲まれていました。南側には家中屋敷や民家が建ちならび、谷の防衛のために西に堀・木戸が、また東の飛鳥や多武峰に抜ける越峠にも木戸が設けられました。越智谷の北側には、防御と出撃の拠点として貝吹山城（→238頁）が構築され、高取山の山頂には、南大和屈指の高取城（→238頁）が築かれました。高取城は越智谷と吉野を結ぶ位置にあり、芋峠越（→365頁）・壺阪峠越の道を押さえていました。越智氏の勢力は高市郡全域と葛上・忍海両郡におよび、応仁の乱の頃からこの地域は「越智郷」と呼ばれるようになります。

越智城跡

御破裂山の万葉展望台からの風景

飛鳥・藤原地域の城跡

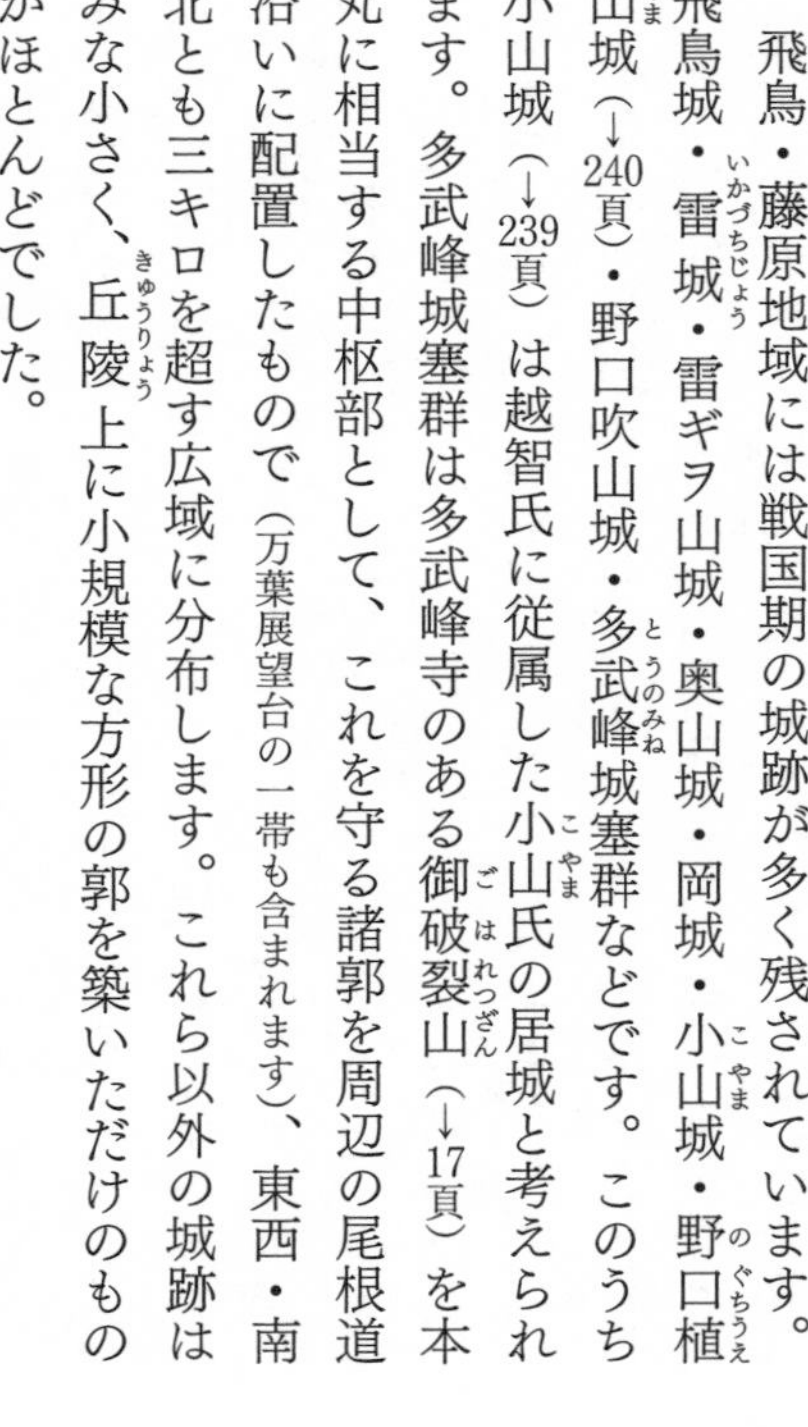

飛鳥・藤原地域には戦国期の城跡が多く残されています。飛鳥城・雷城・雷ギヲ山城・奥山城・岡城・小山城・野口植山城（→240頁）・野口吹山城・多武峰城塞群などです。このうち小山城（→239頁）は越智氏に従属した小山氏の居城と考えられます。多武峰城塞群は多武峰寺のある御破裂山（→17頁）を本丸に相当する中枢部として、これを守る諸郭を周辺の尾根道沿いに配置したもので（万葉展望台の一帯も含まれます）、東西・南北とも三キロを超す広域に分布します。これら以外の城跡はみな小さく、丘陵上に小規模な方形の郭を築いただけのものがほとんどでした。

飛鳥・藤原地域の城跡の多くは、軍勢どうしの対峙戦用に、領域の自然地形を活用してつくられた陣城群であったとみられています。

越智氏の滅亡と大和平定

中世後期の飛鳥では、越智氏など西の国人勢力と東の多武峰との間にあって、独自の在地勢力はほとんど育っていなかったとみられます。そうした中で、明応八年（一四九九）、管領細川政元の家臣赤沢朝経（沢蔵軒宗益）が大和国に侵攻します。越智氏や筒井氏は和睦して侵入者に対抗しますが、永正三年（一五〇六）、朝経は再び大和を攻め、多武峰を陥落させます。この時の戦いでは、多武峰の僧徒が橘寺に放火しています。その後、永禄二年（一五五九）には松永久秀が信貴山城（生駒郡平群町）に入り、大和平定を進めますが、南大和では越智氏と結んでいた多武峰と抗争をくり広げました。同十一年に足利義昭を奉じて入京した織田信長は、筒井順慶に大和支配を命じます。本能寺の変後、順慶は越智家秀を謀殺して、ここに越智氏は滅亡し、織田・豊臣政権のもとで順慶、ついで柴田勝家・羽柴秀長らが大和支配を進めることになります。

良助法親王と冬野墓

良助法親王は亀山天皇の第八皇子で、母は三条局です。文永五年（一二六八）に京都に生まれ、弘安二年（一二七九）に京都青蓮院の尊助法親王のもとで出家後、親王宣下を受けました。永仁七年（一二九九）に天台座主となり、後に青蓮院門主などを歴任しました。文保二年（一三一八）八月に五十一歳で亡くなりました。

『華頂要略』門主伝や『諸門跡譜』によると、良助は晩年、大和国多武峰の清浄院に住み、『法華経疏』『無量義経疏』などを著しました。後に還俗して冬野村に隠棲し、みずから多武峰優婆塞と称しました。この地で亡くなり、冬野村に葬られました。里人はこの墓を優婆塞墓と呼んだといいます。現在、明日香村冬野に宮内庁が治定する良助親王の冬野墓があります。墓域には南北朝末期につくられたとみられる五輪塔が残されています。

冬野墓

飛鳥・藤原地域の文化財

1 さまざまな遺跡

宮殿や庭園などの遺跡

飛鳥・藤原地域には七世紀を中心に数多くの宮殿・庭園・土木施設がつくられました。ここでは飛鳥・藤原地域の宮殿・庭園・土木施設および技術・工人について概説します。

飛鳥における天皇の宮殿は、伝統的な掘立柱建物で、屋根は檜皮葺や板葺でした。礎石建ち瓦葺建物は寺院だけのものでしたが、宮殿にも採用されるようになったのは藤原宮からです。これは伝統的な日本風建築から中国大陸風の建築への大転換を意味します。宮殿の施設の構成や配置については当時の政治体制の整備状況とかかわるところが多いため、その変遷から得られる情報は有用性が高いものがあります。

また飛鳥・藤原とその周辺には交通や物流のために道路や運河が設けられました。宮殿の造営に実際に従事した人々については、飛鳥板蓋宮の造営では、遠江（静岡県西部）から安芸（広島県西部）までの人々が徴発されたことが『日本書紀』にみえ、朝廷の技術者の指導のもとで諸国から徴発した人々を使って工事を進めたと考えられます。

当時の宮殿や邸宅には庭園が付属することがあり、島庄遺跡（→196頁）の大型方形池や、後飛鳥岡本宮・飛鳥浄御原宮に付属する飛鳥京跡苑池（→122頁）などがあります。『日本書紀』によれば、推古天皇二十年（六一二）に百済人が、小墾田宮の南庭に呉橋や須弥山を築いたとあるのが、庭園の初見です。

❖宮殿遺跡

推古天皇元年（五九三）に推古天皇が豊浦宮に即位して以降、飛鳥の地に天皇の宮が約百年間にわたり営まれるようになります。飛鳥でみつかる宮殿の遺構は掘立柱建物、石敷、石組溝などであり、現在の耕作地の地下に比較的良好な状態で残っています。

持統天皇八年（六九四）十二月に飛鳥から藤原へ都が遷されます。藤原宮では、大極殿・朝堂院・内裏・官衙が正方形の宮域内に規則的に配置され、礎石建ち瓦葺建物が採用されました。

豊浦宮跡

明日香村豊浦

崇峻天皇五年（五九二）の崇峻天皇暗殺後、推古天皇が即位したのが豊浦宮です。この豊浦の地は蘇我稲目の向原家があった場所で、蘇我氏を母に持つ推古天皇が蘇我氏の領域内に宮を営んだことになります。豊浦宮の正確な所在地は不明ですが、豊浦寺跡の下層遺構で六世紀後半の石組溝や、七世紀初めに廃絶した掘立柱建物・石敷などを検出しており、豊浦宮と関連があるものとみられています（→141頁）。

豊浦宮との関連が考えられる豊浦寺跡下層遺構

小墾田（小治田）宮跡

明日香村雷

推古天皇十一年（六〇三）、推古天皇は豊浦から小墾田へ宮を遷します。『日本書紀』には、推古天皇十六年に隋使の裴世清ら、推古天皇十八年には新羅・任那の使者を迎えて儀式を行なったことが記されています。また舒明即位前紀には山背大兄王が病気で臥せっている推古天皇を見舞った記事がみえます。これらの記事を総合すると、小墾田宮は南門を入ると朝庭があり、そこには大臣や大夫の座がある庁がありました。大門（閤門）の奥には大殿があって天皇が起居したと推測されます。斉明天皇が重祚すると小墾田宮を瓦葺にしようとしましたが中断したとあります。その後しばらく小墾田宮のことはみえません。『続日本紀』には、天平宝字四年（七六〇）に淳仁天皇が小治田宮に行幸して五ヵ月ほど滞在し、次の称徳天皇も天平神護元年（七六五）に

雷丘東方遺跡出土の「小治田宮」墨書土器

紀伊（和歌山県）へ行幸する途中に立ち寄った記事がみえます。明日香村雷に所在する雷丘東方遺跡がこの小治田宮跡とされ、八世紀末の井戸跡からは「小治田宮」と書かれた墨書土器が出土しています。

飛鳥宮跡

史跡

明日香村岡・飛鳥

飛鳥川右岸に営まれた舒明天皇の飛鳥岡本宮、皇極天皇の飛鳥板蓋宮、斉明天皇の後飛鳥岡本宮、天武天皇・持統天皇の飛鳥浄御原宮など宮号に「飛鳥」を冠するものの総称です。飛鳥宮跡の宮殿遺構はⅠ～Ⅲ期に大きくわけられます。Ⅰ期、Ⅱ期の遺構は一部しかみつかっていません。

Ⅰ期遺構は自然地形に向きをあわせた建物で七世紀前半の宮殿遺跡です。一部で火災痕跡があり、舒明天皇の飛鳥岡本宮に該当します。Ⅱ期遺構は正方位にあわせて造営されたもので、東西一九三メートル、南北一九八メートル以上の方形の範囲を柱列や石組溝で囲んだ七世紀中頃の遺構です。皇極天皇の飛鳥板蓋宮と考えられます。『日本書紀』皇極天皇元年（六四二）の記事によると、板蓋宮の造営には遠江から安芸までの人々が動員されたとあります。Ⅲ期遺構は、Ⅱ期遺構と一部重複しながらやや西側に造営されています。内郭とそれを囲む外郭からなり、内郭は東西一五二～一五八メートル、南北一九七メートルの長方形の範囲で、周囲を屋根付きの掘立柱塀で囲んでいます。内郭は、南辺の中央に南門があり、その北側には三棟の大型建物が中軸線をそろえて南北にならんでいます。北側の二棟は同規格の大型建物で、建物周囲は人頭大の石敷舗装が施されています。天皇が起居・政治を執る内裏の正殿にあたる建物でしょう。南側の一棟は四面廂付きの大型建物で、周囲は砂利敷舗装となっています。政治・儀式のための正殿と考えられています。内郭の北部には長舎や二面廂付きの格式

飛鳥宮跡の復元石敷井戸（飛鳥浄御原宮期）

の高い建物が配されており、建物外の全面が石敷舗装されています。これらは七世紀後半の造営で、斉明天皇の後飛鳥岡本宮に該当すると考えられています。また、内郭の北西方に飛鳥京跡苑池（→122頁）が付属しています。

天武・持統天皇の飛鳥浄御原宮の遺構は、Ⅲ期遺構の内郭をそのまま継承して利用していますが、新たに内郭の東南方にエビノコ郭（東南郭）が付加されるなどの変化があります。エビノコ郭は東西九四メートル、南北五五メートルの範囲を掘立柱塀で囲んだ区画で、西に門が開きます。区画の中央には南面の三ヵ所に階段をそなえた四面廂付きの大型掘立柱建物が建ち、周囲は砂利敷で舗装されています。正確な造営時期や用途は不明ですが、大極殿、朝堂、殯宮などにあてる説などがあります。外郭には、官衙などが配置されていたと考えられます。飛鳥宮跡は、かつては「史跡伝飛鳥板蓋宮跡」の名称で史跡指定されていましたが、研究の進展に基づいて現在は「史跡飛鳥宮跡」と改称されています。

藤原宮跡

特別史跡

橿原市高殿町他

藤原宮は日本最初の本格的都城の中枢部分です。東西・南北ともに約一キロメートルの正方形の範囲を占め、中央に朝堂院・大極殿・内裏を南北に配置し、その東西に諸官衙が整然と配置されています。大極殿・朝堂院の建物では礎石建ち瓦葺の建物が採用され、内裏や官衙の建物では、掘立柱建物が使用され、建物の性格に応じて使いわけされました。藤原宮の朝堂院・大極殿は、昭和九年から十八年（一九三四〜四三）の日本古文化研究所の発掘調査によって確認されています。大極殿跡は今も土壇として残り、土壇上に鴨公神社が祀られています。藤原宮の計画は、天武天皇五年（六七六）、天武天皇が「新城」に都をつくろうとした時にはじまります。その後、天武天皇十三年には宮室の地が決定されています。発掘調査でも天武朝に遡る先行条坊が確認されています。天武天皇の崩御後、皇后だった持統天皇が造営事業を継承し、持統天皇八年（六九四）に飛鳥浄御原宮から藤原宮への遷宮が実現します。ただ、遷都当初からすべての

藤原京の復元模型。中央に藤原宮が位置し、その中央南側を朱雀大路が南北に通り、飛鳥川が蛇行しながら南東（右前）から北西（左奥）に流れ下る

施設が整っていたわけではなく、朝堂院回廊の完成は大宝年間（七〇一～七〇四）であることが発掘調査で確認されています。大極殿の建物は平城宮を経て恭仁宮へ移築され、最終的に山背国分寺金堂となったとされています。内裏部分は醍醐池が築造されているため未調査です。宮内の発掘調査で、瓦葺掘立柱式の大垣と外濠で区画された宮域が確定し、大極殿・朝堂院の規模や構造が明らかになるとともに、諸官衙は先行条坊に基づく宮内道路によって規則的に配置されていること、造営時に建築資材などを運ぶ運河が設けられたことなどがわかっています。

藤原京と元日朝賀

新益京

藤原宮を中心として周囲に条坊道路と街区を設定した都城が藤原京です。当時は「藤原京」の呼称はなく、「新益京」という表記が『日本書紀』に登場します。藤原京は、藤原宮を中心に横大路・下ツ道・中ツ道を基準として約五三〇メートル四方の条坊を設定したものです。橿原市土橋町で西京極、桜井市上之庄で東京極の道路が検出されていることから十条十坊に復元する説が有力です。儒教の経典『周礼』にみえる王宮を中心にして四方に街区を配置した都城を目指したとされます。京内には、官寺の大官大寺や薬師寺などの寺院がおかれました。なお『続日本紀』慶雲元年（七〇四）十一月の記事に「始めて藤原宮の地を定む。宅の宮中に入る百姓一千五百烟に、布を賜うこと差有り」とあり、この頃に都が完成して京戸が定まったとみられます。

元日朝賀

大宝律令が完成した大宝元年（七〇一）正月元日には、藤原宮の大極殿に文武天皇が出御し、朝堂院の庭にならぶ臣下から祝詞を受ける「朝賀」の儀式が執り行なわれました。その盛大なさまは、次のように『続日本紀』に記され、新時代の幕明けを告げる重要な儀式となりました。

大極殿院南門（大極殿の正門）で、烏形の幢を立て、それを中心として、左右に日・月の幡と四神の幡の計七本の旗（幢幡）を立て、蛮夷の使者（外国の使節）が参列し、ここに文物の儀がはじめてそなわった。法令や官僚機構などが整ったことを、文武天皇は「文物の儀、是に備われり」と力強く表現し、日本的な中華思想に基づく律令国家の成立を宣言したものと考えられます。幢幡はその可視的なシンボルとなりました。

平城宮跡では、昭和五十八年（一九八三）に、大極殿の南で七本の旗竿の跡がすでに検出されていました。主柱を二本の脇柱で支える柱跡が東西一列にならんだもので、十二世紀の『文安御即位調度図』に描かれた幢幡と同様なものが設置されていたと考えられます。平成二十八年（二〇一六）の夏になり、藤原宮大極殿院の南門の前から、大宝元年の元日朝賀の儀式で立てられたとみられる七本の幢幡の遺構が発掘調査で確認されました。この新たな発見により、藤原宮での元日朝賀での幢幡のならび方は、一直線に幢幡をならべた平城宮以後のケースとは異なり、左右三つの幡は三角形をした配置であったことがわかりました。短い期間で幢幡の配置が一直線にかわった理由はわかっていません。

烏形の幢幡が意味するもの

藤原宮の大極殿院南門では、烏形の幢を中央にして、東に日像、青龍・朱雀幡、西に月像、玄武・白虎幡を配した幢幡の柱穴が発見されました。元日朝賀のような重要な国家儀式で用いられた烏形の幢とは、どのようなものなのでしょうか。『古事記』『日本書紀』によると、神武天皇が熊野から大和へ入ろうとした時に道案内し、重要な役割をつとめたのが八咫烏でした。八咫烏といえば、日本サッカー協会のシンボルともなっている三本足のカラスをさしますが、八咫烏と三本足の烏は、本来は別のものでした。

八咫烏とは巨大なカラスを意味し、三本足のカラスは「三足烏」と呼ばれ、中国の神話に登場します。熊野の太陽信仰祭祀にかかわる三本足のカラスと八咫烏とがある時点で混同されたようです。では、烏形の幢の「烏」とは、どちらのカラスであったかですが、古来、烏は霊鳥とされ、三足烏は皇位の象徴とされてきたと考えられます。一方、日月像と四神図は、陰陽が調和し五行が正しく循環する姿を表現したものと考えられます。ですので、天皇を中心とした律令国家体制の構築と陰陽五行思想に基づく理想的な国家統治を、中央の三足烏、左右の日月像・四神図という幢幡の配置によって示したものと考えられます。七本の幢幡の配置は、藤原京の選地そのものが陰陽五行思想に基づくものであったことを示唆しています。

藤原京の元日朝賀の復元イメージ

田中宮跡

橿原市田中町か

舒明天皇八年（六三六）に飛鳥岡本宮が火災にあうと、舒明天皇は田中に宮を遷しました。田中は蘇我氏の枝族である田中臣の本拠地で、現在は田中廃寺が知られるのみで宮殿遺構は明らかになっていません。

厩坂宮跡

橿原市石川町・大軽町付近か

舒明天皇は田中宮を離れて、舒明天皇十二年（六四〇）に伊予温泉行幸の後、厩坂宮に入っています。宮殿遺構は明らかになっていません。

百済大宮跡

桜井市吉備周辺

舒明天皇十一年（六三九）に舒明天皇は百済川のほとりに百済大寺・百済大宮を造営し、翌年十月、大宮に遷り住んでいます。百済大寺は吉備池廃寺（桜井市吉備）が該当しますので、百済大宮も近くに存在が推定されます（→139頁）。『日本書紀』には、西の民は大宮を、東の民は大寺を造営したとあり、大宮と大寺の造営に人々が動員されています。舒明天皇は同十三年十月に百済大宮で崩御し、宮の北に殯宮を営んで、百済の大殯が行なわれました。

飛鳥川原宮跡

明日香村川原

重祚した斉明天皇は飛鳥板蓋宮に入りましたが、斉明天皇元年（六五五）冬に火災にあったために、飛鳥川原宮に遷り住みます。飛鳥川を挟んで板蓋宮の対岸に位置する川原寺の下層遺構がこれに該当するという説が有力で、整地跡や石組暗渠などが発見されています（→140頁）。翌年に飛鳥岡に宮地を定めて造営したのが後飛鳥岡本宮です。

嶋宮跡

明日香村島庄

草壁皇子の宮であったことが『万葉集』の殯宮挽歌から知られます。天武天皇も壬申の乱に勝利した後、一時この宮に入っていますので、東宮的な性格の宮であったと考えられます。嶋宮推定地は旧高市小学校跡一帯で、明日香村教育委員会による発掘で一六棟以上の掘立柱建物が検出されています。付近には石組方形池や石組小池、人工流路などの遺構も存在します。

飛鳥稲淵宮殿跡

史跡

明日香村稲渕・祝戸

石舞台古墳から飛鳥川を遡った坂田寺跡の対岸で発見された遺跡で、整然と配置された四棟以上の掘立柱建物と建物に囲まれた石敷広場からなります。出土遺物から七世紀中頃の造営で、七世紀末に廃絶したとみられます。飛鳥河辺行宮とする説もありますが、この場所は古代に「飛鳥」と呼ばれていた範囲外です。皇子宮である可能性があります。

❖庭園遺跡

史料上で確認できる庭園としては、『日本書紀』推古天皇二十年（六一二）の記事に、百済人の路子工が小墾田宮（→71頁）の南庭に須弥山・呉橋をつくったとあるのが初見です。須弥山は『日本書紀』斉明紀にも三度登場します。斉明天皇三年（六五七）の記事には、飛鳥寺の西に須弥山をつくり、朝に盂蘭盆会を催し、夕に覩貨邏人をもてなしたとあり、斉明天皇五年の記事には、甘樫丘の東の川上に須弥山をつくって、陸奥（福島、宮城、岩手、青森、秋田県の一部）と越（北陸地域の古称）の蝦夷をもてなしたとあります。また、斉明天皇六年の記事には、石上池のほとりに塔のように高い須弥山像を築いて粛慎をもてなしたとあります。天武天皇十年（六八一）の記事にも、飛鳥寺の西の河辺で多禰嶋の人を饗宴し、種々の楽を奏したとみえますので、飛鳥寺の西で、飛鳥川東岸一帯は、蝦夷や多禰嶋人などに対する服属・饗宴儀礼を行なう場所であったと考えられます。

公的な御苑としては、次の記事が注目されます。『日本書紀』天武天皇十四年の記事には、天武天皇が白錦後苑に行幸したとあり、持統天皇五年（六九一）の記事には、持統天皇が御苑で公私の馬を覧じたとあります。白錦後苑と御苑は同一のもので、天武・持統朝の公的な御苑と考えられています。邸宅内の庭園として著名なのは蘇我馬子（→66頁）の嶋宅の池です。飛鳥川のほとりの邸宅の庭の中に小さな池をつくり、その中に小さな嶋があった。それゆえ馬子は「嶋大臣」と称されたとあります（『日本書紀』推古天皇三十四年）。この邸宅は乙巳の変（→90頁）後に皇室の宮となり、『日本書紀』天武天皇十年の記事に、周防（山口県南東部）から献上された赤亀を嶋宮の池に放ったとみえます。『万葉集』の歌に「島の宮　勾の池の放ち鳥……」（巻二―一七〇→281頁）とみえる池も同一のものと考えられます。なお、『日本書紀』の記事で「朝庭」など「庭」とあるものは、いわゆる庭園ではなく、政務や儀礼を行なう広場を意味しています。

これらの史料にみえる庭園の存在を裏づけるように、飛鳥・藤原地域では発掘調査によって多数の庭園遺構が確認されています。島庄遺跡（→196頁）では一辺約四二メートルの大型方形石組池や石組小池、石積の人工流路（いずれも七世紀）がみつかっています。飛鳥池工房遺跡（→189頁）の北地区では一辺約八メートル前後の石組方形池がみつかっています。坂田寺跡（→142頁）では、中枢伽藍の北側で七世紀前半に属する方形池とみられる護岸を確認しています。

宮に付属する庭園としては、雷丘東方遺跡（明日香村雷）で七世紀前半の池の石積護岸（南北長一五メートル以上）が発見され、庭園の可能性が指摘されています。同遺跡は、奈良時代から平安時代にかけての小治田宮跡であったことが判明しており（→115頁）、護岸は推古天皇の小墾田宮に付属する可能性があります。

❖飛鳥京跡苑池

史跡・名勝飛鳥京跡苑池（明日香村岡）は飛鳥宮跡に付属す

水をみたした飛鳥京跡苑池

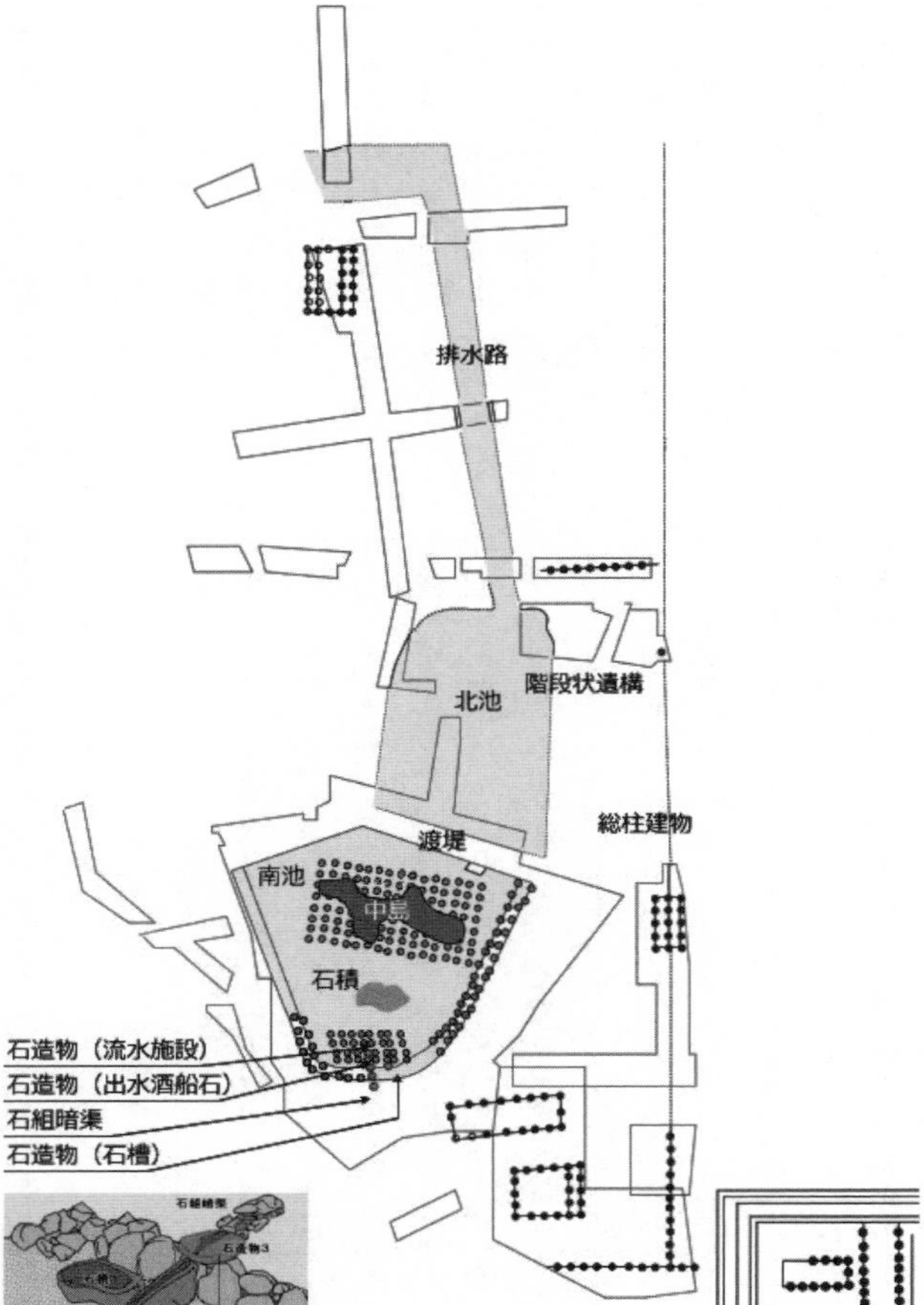

飛鳥京跡苑池の平面図

る南北二八〇メートル、東西一〇〇メートルの大規模な庭園で、南池と北池、石組大溝などによって構成されています。南池は、直線的で、垂直に近い急な石組護岸に特徴があり、南池の南端では石造物が出土し、大正時代（一九一二〜二六）に発見された出水の酒船石と接続することが判明しました（→233頁）。池内には積み石による浮き島状遺構や、石組護岸を持つ中島（マツの根が遺存）が配され、池底は石敷が施されています。渡り堤を挟んで北側に位置する北池は急な石積護岸や階段状の石積護岸で囲まれ、中央に楕円形の深い部分があります。池の北東隅には石敷平坦面があり、東岸から西へ湧水を流す流水施設が発見されています。北池の北辺中央には、石組水路が取りつき、水路は北流して途中で屈曲して西に向かい、飛鳥川に流入するとみられます。苑池の堆積土内から種子や果実が出土しており、モモ・ナシ・ウメ・カキなどの果樹、マツ類が植えられていたことが判明しています。飛鳥宮跡内郭北区画では南正殿の西小殿を撤去した後に砂利敷の小さな池を設けています。

❖その他の庭園遺構

また、飛鳥寺西方遺跡（明日香村飛鳥）は「飛鳥寺の西の広場」にあたり、その北側に展開する石神遺跡（→190頁）では、明治三十五年（一九〇二）と翌三十六年に須弥山石（→229頁）・石人像（→231頁）が出土しています。石神遺跡は、多数の大型掘立柱建物が建ちならび、石敷広場をそなえた斉明朝の服属・饗宴施設と考えられています。ここでも、一辺約六メートルの石組方形池が発見されています。

古宮遺跡（→195頁）は宮殿か有力豪族の邸宅と考えられる遺跡ですが、ここでは、掘立柱建物、その南側で石組池とそこから流れ出る石組小溝、周囲の石敷で構成される七世紀前半の庭園が発見されています。曲水の宴を催す庭園とすると最古の実例になります。

飛鳥の周辺地域では、欽明天皇陵（平田梅山古墳→175頁）の南約一六〇メートルにある平田キタガワ遺跡（→195頁）が注目されます。東西方向の直線護岸と底石、石敷広場が発見されており、護岸の高さは約一・六メートル、検出長一二メートル以上の大規模なものです。全体像は不明で、平田川沿いであることから川の護岸とする見方もあります。現在、吉備姫王墓にある猿石（→228頁）は、もとはこの位置に設置されていたとする説があります。

上之宮遺跡（桜井市上之宮）は聖徳太子の上宮伝承地の一つで、石組池と石組溝を検出しており、木簡の削片が出土しています。観覚寺遺跡（高取町観覚寺）では六世紀末〜七世紀の大壁建物跡やオンドル施設とともに石組方形池がみつかっています。また清水谷遺跡（高取町清水谷）では、すでに五世紀中頃に石組方形池をつくっていたことが判明しています。

皇子の宮と豪族の居宅

宮殿の固定化と規模の拡大、官僚制度の熟成が進むと、飛鳥・藤原地域では宮の周辺に皇族や官人が居住するようになりました。飛鳥から藤原に遷都すると、条坊制で区画された宅地が割りあてられます。『日本書紀』持統天皇五年（六九一）十二月の記事には、宅地の班給基準がみえます。それによると、右大臣（丹比真人嶋）は四町（一町は四五〇〇坪＝約一万五〇〇〇平方メートル）、直広弐（従四位下以上）以上は二町、大参（正五位上）以下には一町、勤（六位）以下無位以上は一町・半町・四分の一町とされています。

❖皇子の宮

飛鳥・藤原地域には天皇の宮以外にも皇子宮がありました。特に天武天皇には一七人の皇子・皇女がおり、皇子はそれぞれが皇子宮を営みました。飛鳥から藤原へ遷都した後も皇子宮は移転することなくそのまま存続していたようです。草壁皇子（→63頁）の嶋宮は、『万葉集』におさめられた皇子に仕えた舎人による挽歌に「島の宮上の池なる放ち鳥……」（巻二－一七二→281頁）、「橘の島の宮には飽かねかも……」（巻二－一七九）と詠まれ、草壁皇子は嶋宮に住んだことがわかります。嶋宮は島庄遺跡に比定されています（→196頁）。旧高市小学校跡の発掘調査では一六棟以上の掘立柱建物を検出し、飛鳥川と石舞台古墳に挟まれた地域が遺跡の中心であったとみられます。

高市皇子（→63頁）の香来山宮は、『万葉集』におさめられた柿本人麻呂作の挽歌（巻二－一九九）によると、「埴安の御門の原」とあり、皇子の殯は「百済の原」から磐余を経由した「城上」で行なわれたとあります。この歌に出てくる地名から香来山宮は香具山西北麓に所在し、埴安池もその近くにあったと考えられます。

大津皇子（→63頁）の訳語田舎は、謀反の罪により死を賜った時に詠んだ万葉集歌に「ももづたふ 磐余の池に 鳴く鴨を 今日のみ見てや 雲隠りなむ」（巻三－四一六→280頁）とあり、磐余池の北方にあったと考えられます。

忍壁皇子（→64頁）の雷山宮は、雷丘（→17頁）の近くに所在が推定されます。雷丘北方遺跡（→195頁）では、天武朝末から藤原宮期の整然とした掘立柱建物群がみつかっています。柱列で区画された中央に四面廂付きの正殿を配し、正殿の東西対称位置に複数の長殿がならび、正殿の正面にも広場を挟んで東西方向の長殿が配置されています。この遺跡は、建物の配置から官衙か宮と考えられ、忍壁皇子の雷山宮の可能性も指摘されています。

以上のほか、万葉歌から新田部皇子の宮は八釣の地に、舎人皇子の宮は細川谷に、弓削皇子の宮は南淵山の麓にあったと考えられます。このほか、飛鳥池工房遺跡出土木簡に「大伯皇子宮物」、膳夫遺跡（橿原市）出土木簡に「穂積親王宮」、藤原宮跡出土木簡に「多治麻内親王宮」などの皇子宮、内親王宮の名がみえます。

❖豪族の居宅

六世紀から飛鳥時代前半期に権力を誇った蘇我氏の邸宅は、飛鳥とその周辺にありました。蘇我稲目の邸宅では軽曲殿（橿原市大軽町）、向原家（明日香村豊浦）、小墾田家（明日香村雷か）が知られます。稲目の子の蘇我馬子も石川（橿原市石川町か）、嶋（明日香村島庄）に居宅を構えました。

豊浦寺（向原寺）下層では六世紀後半の石組溝や七世紀初めに廃絶した石敷がめぐる掘立柱建物がみつかっています（→141頁）。古宮遺跡（→195頁）では七世紀初頭に造営され、七世紀中頃に廃絶した掘立柱建物・石組大溝・石組池・石組溝小溝・石敷などが発見され、蘇我蝦夷の邸宅とする説があります。

蘇我蝦夷・入鹿の邸宅は甘樫丘家や畝傍山東の家があります。甘樫丘東麓遺跡では七世紀中頃の土器や焼けた建築部材を多量に含んだ焼土層がみつかり、皇極天皇三年（六四四）に建てられた蝦夷・入鹿親子の上の宮門・谷の宮門の邸宅に関係する遺跡とみられています（→193頁）。蘇我氏傍系の蘇我倉山田石川麻呂も飛鳥に近い山田（桜井市山田）に邸宅があり（山田寺跡下層遺構）、邸宅の近くに山田寺が造営されました。

藤原氏の大原の邸宅は明日香村小原にあったとされ、同地区の大原神社付近が中臣（藤原）鎌足生誕の地とされます。近くの竹田遺跡（明日香村八釣）や上の井手遺跡（明日香村奥山）などでは宮殿・邸宅と考えられる遺構がみつかっています。飛鳥からやや離れた場所でも、五条野内垣内遺跡（→194頁）や上之宮遺跡（桜井市上之宮）などの遺跡があり、史料上では『日本書紀』天武天皇元年（六七二）六月の記事に大伴吹負の百済家がみえます。

古代飛鳥の道路

『日本書紀』推古天皇二十一年（六一三）の記事に「難波より京に至るまでに大道を置く」とあり、七世紀初め頃に飛鳥と難波とを結ぶ道や、奈良盆地内を東西に貫く横大路、南北に貫く下ツ道、中ツ道、上ツ道の道路網が整備されました。この頃に整備された官道は直線道路で道路幅が広く、大量の人員や物資の移動に適した画期的なものでした。これらの官道は方位にあわせて同一規格、等間隔で設けられたもので、基幹的な情報通信網・物流道路などとして重要な役割を果たしました。

さらに、これらの道路は藤原京や平城京の条坊を設定する基準や骨格ともなりました。これら道路は、現在も道路として使われている部分や、水田の区画に道路の線形が残る部分があります。

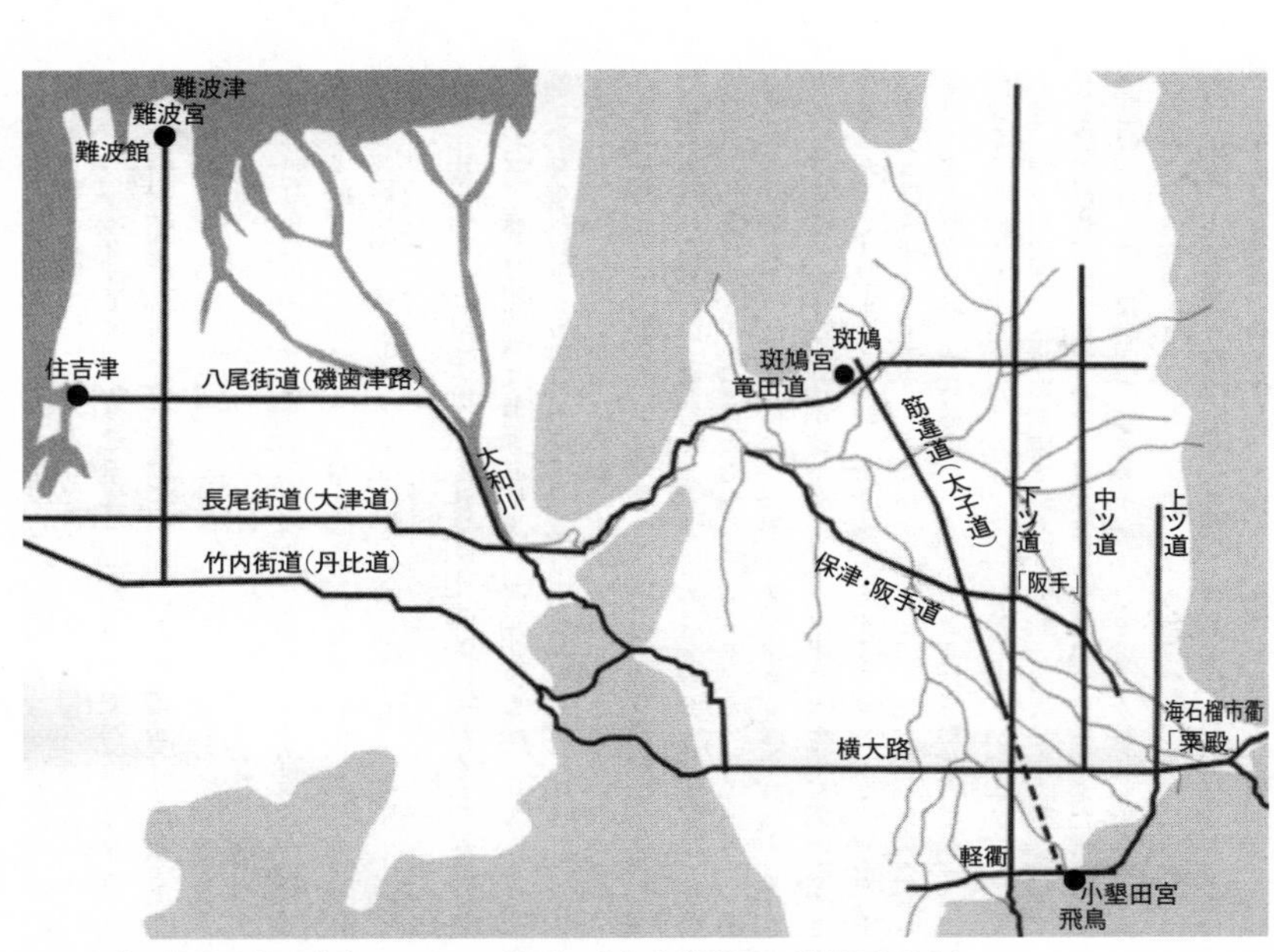

古代飛鳥と難波を結ぶ道路ネットワーク（河内・大和古道略図　重見原図より）

藤原京朱雀大路跡

史跡

藤原京跡の中央部で南北の大溝二条（道路側溝）が検出されており、藤原京の中央南北道路（朱雀大路）が存在したことが確認されています。朱雀大路は、朱雀門と羅城門を結ぶ幅員二四メートルの大路と考えられ、藤原京が中国の都城制にならって計画されたことを示す有力な資料と考えられています。朱雀大路の位置は、下ツ道と中ツ道の中間にあたります。藤原宮跡（→117頁）の南には日高山という小高い丘陵がありますが、朱雀大路の建設の際には、この丘を削って道をつくったことがわかっています。現在、藤原宮の南から日高山までの範囲で朱雀大路が復元されており、当時の様子を知ることができます。別所池を含めた形で「藤原京跡朱雀大路跡　左京七条一・二坊跡右京七条一坊跡」として、まとめて史跡指定されています。

藤原京朱雀大路のイメージ図（奈良文化財研究所藤原宮跡資料室展示パネルより）

横大路

奈良盆地南部を東西に貫き、東は初瀬を経て伊勢（三重県）・伊賀（三重県北西部）へ通じ、西は竹内峠・穴虫峠を経て河内（大阪府北東部から南東部）へ通じる大和と難波を結ぶ重要な幹線交通路でした。発掘調査で南北両側溝を検出し、道路幅二六メートルであったことが判明しています。現在は近鉄大阪線が並行して走っています。

下ツ道

奈良盆地中央を南北に貫く幹線道路で、五条野丸山古墳（→181頁）前方部を起点として南北二四キロメートルの長さがあります。平城京域では平城京朱雀大路と重なり、北は平城山を越えて山背（京都府南東部）へ通じています。奈良市・大和郡山市・天理市内の発掘調査で東西両側溝を検出しており、道路幅は約二四メートルを測ります。奈良盆地の条里制施行の基準となっており、現在は近鉄橿原線が並行して走ります。

上ツ道

奈良盆地東部を南北に通る幹線道路

で、桜井市から天理市を経由して奈良市までのびます。箸墓古墳（桜井市箸中）では後円部墳丘を避けて東側に迂回して続き、天理市以北では直線道路ではなく地形に沿った道路となります。

中ツ道

下ツ道と上ツ道の中間を南北に貫く幹線道路です。調査事例が複数あり、天理市喜殿町では推定幅約二三メートルの道路、藤原京域では東四坊大路と重なる幅一六メートルと幅二七・五メートルの二つの道路が検出されています。このうち、幅が広い方は藤原京東四坊大路、狭い方は中ツ道にあたるとみられますが、狭い幅の道路も藤原京の条坊と考えて、中ツ道は横大路以南にはなかったとする説もあります。

阿倍山田道

上ツ道から南へのびて丘陵地を斜めに走り、飛鳥で西へ向きを変え、雷丘付近を経由して下ツ道と交差する道路です。『日本霊異記』には雄略天皇が近習の小子部栖軽に雷を捕えさせる説話があり（→312頁）、磐余と雷丘・軽を結ぶ道が古くから存在したことが知られます。阿倍山田道は雷丘の東方で発掘調査が実施され、道路幅は約二一メートルと推定されています。石神遺跡（→190頁）の北の調査では七世紀中葉に沼沢地を敷葉工法によって造成し、道路を敷設したことが判明しています。丘陵地帯にあたる山田寺付近については、寺域を南東側に迂回する経路であった可能性があります。

太子道（筋違道）

聖徳太子の斑鳩宮（生駒郡斑鳩町）造営を契機として設定された、飛鳥と斑鳩を最短距離で結ぶ道路です。斜め方向の直線道路であることから「筋違道」とも呼ばれ、現在も道路や地割に明瞭な痕跡を残しています。保津宮古遺跡（田原本町）では、太子道や太子道と交差する保津阪手道の道路側溝を検出しています。太子道や保津阪手道は、竜田道を経由して難波津や住吉津（ともに大阪府）へとつながっていました。

紀路

飛鳥から宇智（五條市）を経て紀伊（和歌山県と三重県南部）と結ぶ古道です。『万葉集』に詠み込まれた地名から、高取川沿いを南下し、高取町佐田・薩摩・市尾から巨勢谷を経由して重阪峠を越え、五條市から真土峠を越えて紀伊国に入るルートが復元されています（岸俊男）。『続日本紀』によると、称徳天皇が天平神護元年（七六五）にこの道を利用して紀伊・和泉（大阪府南部）に行幸しており、途中で草壁皇子の真弓丘陵＝檀山陵（高取町佐田所在の束明神古墳〈→180頁〉である可能性が高い）を拝しています。

古代の市

市は朝廷が必要とする物資を調達する場であるほか、都の住人が物資を売買する場でもありました。市は官営で大宝律令の関市令に規定があります。市は交易のほかに刑罰や祭祀の場としても利用されました。市に関する史料として、藤原宮木簡に、蝮門（丹比門）・猪使門を通って市へ宮内某寮の糸九十斤を売却に行かせる時の通行証があります。蝮門・猪使門はともに藤原宮北面に開く宮門であることから、藤原宮の北方に市があったと推測され、藤原宮と横大路の間に市が想定されています（岸俊男）。こうした位置関係は「面朝後市」として儒教の経典『周礼』の思想を反映させたものです。このほかに軽衢など交通の要衝などにも市が成立しました。時代は下りますが、清少納言の『枕草子』十四段にも辰の市（平城京東市）とともに椿市・おふさの市・飛鳥の市が取りあげられています。

軽市

橿原市大軽町・石川町付近

下ツ道と阿倍山田道の交点にあたる交通の要衝に位置します。『万葉集』に収録された柿本人麻呂の歌では軽に住む亡き妻が軽の市に通っていたことを詠み込んでいて（巻二―二〇七）、人々の集う場であったことがわかります。また『日本書紀』によると、推古天皇二十年（六一二）二月に、推古天皇が母で欽明天皇妃の堅塩媛を檜隈陵へ改葬するにあたり軽の街で盛大に儀式を行ない、天武天皇十年（六八一）十月には天武天皇が広瀬野（北葛城郡河合町）に行幸するにあたり、親王以下群卿らが軽市に集まって餝馬をそろえ、大路を南から北へ進んでいます。軽市は市場としての機能のほかに、政治的な儀式の場としても用いられました。

海石榴市

桜井市金屋付近

古くは「つばきち」と読み、後に「つばいち」とも読むようになりました。『万葉集』に「海石榴市の八十の衢に立ち平し結びし紐を解かまく惜しも」（巻十二―二九五一）、「紫は灰さすものぞ海石榴市の八十の衢に逢へる児や誰」（巻十二―三一〇一）などとうたわれるように、歌垣（男女が集い歌や飲食を楽しむ）の場としても有名です。『日本書紀』では推古天皇十六年（六〇八）、隋使の裴世清の来朝時に、海石榴市で飾騎七五匹をそろえて出迎えたことや、武烈天皇即位前紀にも海石榴市の巷がみえます。推定地は三輪山西南麓の初瀬川沿いで、欽明天皇の磯城嶋金刺宮や額田部皇女（推古天皇）の海石榴市宮も付近に所在したとされます。長谷寺参りの宿場街としても賑わい、現在も海石榴市観音堂が祀られています。

藤原京 東市・西市

橿原市

藤原京の左京には東市、右京には西市がおかれました。養老令の職員令に東西市司の官制に関する規定があり、関市令に市の運営に関する規定があります。大宝令も同様とみられます。大宝令以前も『日本書紀』大化二年（六四六）に「市司」がみえるので、早くから公的な市の管理者がいたと考えられます。藤原京の市は上記のように宮の北側に想定されますが、考古学的には未解明です。

古代の運河と水運

奈良盆地には周囲の山地から数多くの河川が流入しており、これらを利用した水運が盛んでした。例えば推古天皇十六年（六〇八）に、裴世清が中国の隋から来日した時には、大和川から初瀬川を遡航し、海石榴市（桜井市金屋付近）で上陸して阿倍山田道を経由して小墾田宮に到ったとみられます。『日本書紀』斉明天皇二年（六五六）是歳条によると、斉明天皇は「興事」を好み、香具山の西から石上山まで溝を掘らせ、舟二百隻で石上山の石を運び、宮の東の山に積んで石垣としました。時の人はこれを「狂心の渠」と揶揄したとあります。飛鳥宮跡の東に位置する酒船石遺跡（→189頁）で確認された石垣の石材は天理市豊田山で産出する砂岩の切石であることから、「石上山の石」は豊田山周辺に産出する天理砂岩（→34頁）のことで、『日本書紀』の記述どおりに天理から飛鳥まで水運を利用して運ばれた可能性が高いです。

香具山西麓の発掘調査では幅約二五メートルの河道跡がみつかっているほか、飛鳥坐神社の西南にある飛鳥東垣内遺跡（明日香村飛鳥）では幅約一〇メートル、深さ一・三メートルの南北方向の運河跡がみつかっています。この辺りから香具山にかけて、現在も中の川という小河川（八釣山付近を水源とする→20頁）が北に向かって流れ、横大路付近で米川（→20頁）と合流し、耳成山の北を迂回して下ツ道の西沿いを北上して寺川（多武峰を水源とする→20頁）と合流します。さらに大和川に流れ込み、その支流の布留川を遡れば、天理市の石材産出地付近に到達することができます。

飛鳥・藤原地域の古代運河のルート

藤原宮大極殿周辺で出土した資材運搬用の運河遺構

藤原宮造営でも水運は盛んに用いられました。『万葉集』の「藤原宮の役民が作りし歌」（巻一―五〇）によれば、琵琶湖南岸の田上山（滋賀県大津市）で伐採されたヒノキは宇治川、木津川の水運を利用して運び、泉木津（京都府木津川市）で陸揚げし、佐保川や米川などの水運を使って藤原宮の建設地へと運ばれたことがわかります。また、藤原宮所用瓦は、奈良盆地以外に讃岐（香川県）・淡路（兵庫県淡路島）・近江（滋賀県）などでも生産されましたので、瀬戸内海や大和川などの水運を使って運び入れたと考えられます。藤原宮北門や大極殿周辺での発掘調査では、藤原宮のほぼ中心を南北に貫流する資材運搬用の運河跡が埋め戻された状態でみつかっています。運河は深さ約二メートル、幅は広いところで約一二メートルあり、運河が機能していた時期の堆積土からは建築部材や加工木片とともに天武天皇十一年から十四年（六八二～六八五）頃の木簡が出土しています。

古代の建築・土木技術

飛鳥の宮殿は掘立柱建物、檜皮葺・板葺などの伝統的な技術によって建てられました。地中に柱を埋め立てる掘立柱建物には耐久性が低いという弱点がありました。恒久的な建築工法でない点は、天皇の代がわりごとに遷宮する事情にも影響を与えました。

藤原宮以降の宮では、従来の掘立柱建物とともに、礎石建ち瓦葺建物が大極殿や朝堂院などの殿舎に導入されました。礎石建ち瓦葺の宮殿は唐の王宮の影響を受けたものです。

礎石建ち瓦葺建物は、六世紀末の仏寺造営とともに造営技術として日本に入ってきたものです。『日本書紀』によると、崇峻天皇元年（五八八）に百済から仏舎利とともに僧侶・寺工・露盤博士・瓦博士・画工が献上され、法興寺（飛鳥寺→75頁）の造営が開始されたとあります。これ以降、寺院の広まりとともに礎石建ち瓦葺建物の技術が普及していきました。また寺院堂舎の基壇には、質の異なる土を何層にも突き固めて高く築く版築技法が用いられ、終末期古墳の墳丘や築地塀などにも応用されました。敷葉工法は、水捌けの悪い土地造成に際して木葉や枝を敷き詰めながら土を積み上げることによって軟弱地盤を強化する技法です。飛鳥では阿倍山田道の造営時に用いられたことが発掘で確認されています。大阪狭山池の堤築造でも同工法が用いられており、八世紀以降も平城京の秋篠川旧流路の埋め立てなどで確認されています。

❖造営を担った工人と技術集団

仏教が伝来して飛鳥寺（→75頁）を造営する時、造営事業の技術者も百済から献上されました。僧の聆照律師・令威・恵衆・恵宿・道厳・令開、寺工の太良未太・文賈古子、露盤博士の将徳・白昧淳、瓦博士の麻奈文奴・陽貴文・凌貴文・昔麻帝弥、画工の白加などの名がみえます。飛鳥寺の伽藍の設計・施工、塔の相輪制作、瓦生産、堂内荘厳などは百済から直接渡来した彼らの指導のもとで行なわれたことがわかります。

舒明天皇の百済大寺（→139頁）・百済大宮造営に際しては、書直県が大匠に任命されています。書直（文直）は、劉邦の末裔で『論語』と『千字文』を伝えた王仁の子孫とされる渡来系氏族で、飛鳥寺同様に渡来系技術者の指導のもとに諸国から動員された人々が造営に従事したと考えられます。孝徳朝の難波宮造営では倭漢直荒田井比羅夫が将作大匠に任命され、やはり渡来系氏族出身者が造営の監督として起用されています。

技術者集団とまではいえませんが、『日本書紀』持統天皇八年（六九四）の記事に飛驒匠に関する人物として弟国部弟日の名がみえます。飛驒匠は大宝賦役令に規定があり、奈良時代以降には弟国部から木工寮関係の官人が出ています。なお藤原宮跡の南西には現在も「飛驒」の地名が残っています。

金工技術に関しては、飛鳥池工房遺跡（→189頁）が官営工房として知られます。飛鳥からは離れますが、南郷遺跡（御所市南郷）も古墳時代から続く金属工人の拠点で、『元興寺伽藍縁起并流記資財帳』には忍海首・朝妻首（忍海・朝妻はいずれも大和国葛城郡の地名）が飛鳥寺の作金人として塔露盤の制作にあたったとあります。

飛鳥時代の仏像を制作した仏師としては鞍作鳥（止利仏師）が有名です。鞍作鳥は司馬達等の孫で、坂田寺を建立した鞍作多須奈の子です。飛鳥寺釈迦如来坐像（飛鳥大仏→213頁）や法隆寺金堂釈迦三尊像が代表作で、止利様式と呼ばれる独特の表情（アルカイック・スマイル）が特徴です。山口大口費も東漢氏（→86頁）出身の仏師で、『日本書紀』の白雉元年（六五〇）の記事に、千仏像をつくったことがみえ、法隆寺金堂広目天像の制作者として名前が記されています。

❖古建築の様式・建築部材

古代の建物は基礎構造からみて二つの種類がありました。一つは地面に穴を掘り直接柱を埋め込んで建てる日本古来の掘立柱建物で、もう一つは寺院建築とともに大陸から伝わった基壇建物で、宮殿の大極殿や朝堂なども基壇建物でした。基壇は外装の種類によって、壇正積基壇、乱石積基壇、瓦積基壇、塼積基壇などにわかれます。乱石積基壇や瓦積基壇は七世紀の寺院に多く、八世紀になると切石を使った壇正積基壇が増えていきます。

飛鳥時代に大陸から伝わり、その後、日本で発展した寺院建築は「和様」と呼ばれます。中世になり「大仏様（天竺様）」と「禅宗様（唐様）」と呼ばれる建築様式が大陸から伝わりました。中世以降は和様と禅宗様などが混ざった「折衷様」が広くみられるようになっていきます。

仏教建築とともに、張り出した軒などを支えるための斗栱（組物）と呼ばれる木組みも伝わりました。斗は四角い枡のような形をしており、巻斗、方斗、三方斗や大斗などがあります。栱は「肘木」とも呼ばれ、斗や桁などを載せる舟形の短材または長い角材をいいます。その両者を組みあわせたものが斗栱で、構造物の重要な部材として、社寺や宮殿の軒下（柱の上）などに使用されました。大斗は斗栱の最下（柱の直上）にあって斗栱全体ひいては屋根の荷重を受ける最大の斗です。板状の造り出しのある「皿斗」と呼ばれる形状の大斗もあります。

山田寺回廊　重要文化財

蘇我倉山田石川麻呂によって創建された桜井市の山田寺（→141頁）は、『上宮聖徳法王帝説』裏書によると舒明天皇十三年（六四一）に整地を開始し、皇極天皇二年（六四三）に金堂を建立、大化四年（六四八）に僧侶が住みはじめました。この頃には回廊・僧房もそなわっていたと推測されます。造営は石川麻呂の変以降も続き、天智天皇二年（六六三）に造塔に着手、塔・講堂の完成は天武朝のこととなります。治安三年（一〇二三）に藤原道長が山田寺を拝観したことが『扶桑略記』に記され、この頃までは伽藍が維持されていましたが、間もなくして東側からの土砂の流入によって回廊が倒壊しました。発掘調査により東回廊が埋没当時の状態でみつかり、木質の建築部材が良好な状態で出土しました（→106頁）。みつかった部材はエンタシスの柱・連子窓・斗・肘木・壁下地材で、基壇や礎石も当時の姿で残っていました。これらから回廊の構造を復元すると、法隆寺西院伽藍と同じ単廊ですが、法隆寺よ

巻斗
肘木
桁
大斗
頭貫
柱
長押
腰壁
腰壁束
地覆
礎石

建築部材とその名称（山田寺回廊）

り山田寺のほうが桁が低く、柱の上端を貫く頭貫の下に連子窓が直接取りつく、やや重心の低い外観となります。建築様式も法隆寺とは異なる部分があり、飛鳥・白鳳時代の建築様式の多様性を示しています。山田寺東回廊は出土部材に保存処理を施して、奈良文化財研究所飛鳥資料館（→428頁）で組み立てて展示されています。山田寺跡は特別史跡で、山田寺回廊を含む出土品は重要文化財（出土建築部材の考古資料としては初の指定）。

坂田寺回廊

坂田寺（→142頁）は鞍作氏が造営した寺院で、発掘調査で八世紀後半の仏堂・回廊が十世紀後半に倒壊した状況で発見されました。山田寺と同じように土砂崩れによって埋没し、回廊内側には厚い砂とともに建築部材を含んだ有機質層で覆われていました。回廊部材には頭貫・柱・斗・檜皮などがあり、檜皮葺の単廊だったとみられます。

奈良元興寺伝来の飛鳥寺斗材

平城京の元興寺は養老二年（七一八）に飛鳥寺（→75頁）から遷されたことが『続日本紀』にみえます。これは由緒を継承したものであって飛鳥寺の中心伽藍は飛鳥にそのまま残りました。しかし一部は平城京へ物理的に移されたらしく、奈良の元興寺極楽坊（奈良市中院町）には飛鳥時代の瓦や建築部材が伝来しています。瓦は飛鳥寺創建瓦を飛鳥から運搬したもの、元興寺極楽坊本

元興寺極楽坊本堂

堂・禅室解体修理時に外された建築部材の一部は飛鳥寺創建時のものを再利用したとみられます。これらの部材を年輪年代測定法によって調査すると、六世紀末に伐採された材のグループ、七世紀後半から末に伐採された材のグループ、平安・鎌倉時代に伐採された材のグループにわかれました。奈良時代の部材はみられないので、飛鳥寺創建期の建物（あるいはその部材）が飛鳥から平城へ移築され、中世になって修理されたとみられます。『日本書紀』崇峻天皇三年（五九〇）十月の記事に「山に入り寺の材を取る」とあり、推定伐採年代と矛盾しません。また七世紀後半から末に伐採された材があるのは、飛鳥寺が白鳳時代に改修を受けたことと関係するとみられます。

山田寺回廊・平城京元興寺伝来の木口斗

巻斗とは、木造建造物の重要な部材で、組物を構成する斗材の一つです。山田寺回廊や平城京元興寺では、古代の様式の巻斗が使われていました。木口斗といって、その特徴は年輪面（木口）が部材の正・背面にくるものです。割れが生じやすい年輪面をわざわざみせているのはなぜでしょうか。巻斗の上・下の部材は、桁や通肘木・肘木と呼ばれる横長の部材です。木口斗を用いれば、巻斗と上下の部材とで、木材の繊維の方向が直交するように組むことになります。建築部材の組み上げの基本的な原理が、飛鳥時代の建造物で守られていたことになります。

元興寺極楽坊本堂の巻斗

2 飛鳥・藤原地域の寺院

初期寺院（石川精舎・大野丘北塔）

飛鳥時代、日本列島の中心地であった飛鳥には、さまざまな文化や思想が大陸から入ってきました。仏教もその一つです。

仏教は六世紀中頃に百済から伝えられましたが、当時、仏教の受容には賛否があり、国をあげて信仰されることにはなりませんでした。当初、賛成派の蘇我氏（↓66頁）が本拠とする飛鳥が仏教の中心地となりました。百済からもたらされた仏像は、蘇我稲目の小墾田家や向原家に安置されました。しかし、疫病の流行を機に反対派によって寺や仏像は破却されてしまいました。

敏達天皇十三年（五八四）、鹿深臣が百済から弥勒石像を持ち運んできます。同年、蘇我馬子は司馬達等の女嶋（善信尼↓83頁）たち三人の女性を出家させました。馬子は石川の自宅に仏殿をつくります（石川精舎）。このことを『日本書紀』は、「仏法の初、茲より作れり」と記します。翌年、馬子は大野丘の北に塔を建て（大野丘北塔）、司馬達等から譲り受けた仏舎利をおさめています。なお、石川精舎を石川廃寺（ウランボウ廃寺、橿原市）、大野丘北塔を和田廃寺（↓144頁）にあてる説がありますが、場所は確定していません。

飛鳥の寺々

崇峻天皇元年（五八八）に日本最初の本格的寺院である飛鳥寺（↓75頁）の建立がスタートします。その後、飛鳥とその周辺には多くの寺が建立されました。飛鳥は日本列島の王都であり、また、仏教信仰の中心地としての仏都でもあったのです。

史料には飛鳥寺・豊浦寺・坂田寺・橘寺・小墾田寺・山田寺・川原寺・高市大寺・薬師寺・大官大寺・大窪寺・檜隈寺・軽寺・紀寺・岡寺など、飛鳥周辺に存在した寺院の名が伝えられます。また、飛鳥地域に建立された寺院の数については、『日本書紀』の天武天皇九年（六八〇）の記事（「京内廿四寺」）によって、後の藤原京を含む飛鳥周辺に当時、二四ヵ所の寺院があったことがわかります。

飛鳥の寺々は、飛鳥周辺に拠点をおいた、蘇我氏をはじめとする貴族や豪族、東漢氏（→86頁）などのいわゆる渡来系氏族、あるいは天皇家や国家などによって建設された寺院でした。こうした寺々の中でも、天皇家や国家が建立した川原寺や高市大寺（後の大官大寺）、薬師寺、また、古くからの由緒を持つ飛鳥寺は、大寺として国家仏教の中心的な役割を担っていました。

❖飛鳥寺から百済大寺へ――飛鳥の四大寺

六世紀中頃の仏教伝来後、ほぼ半世紀の間、仏教活動は蘇我氏の邸宅を中心に営まれました。そうした中、崇峻天皇元年（五八八）に蘇我馬子によって大陸風建築による本格的な寺院として飛鳥寺が建立されました。

飛鳥寺は、建立者である蘇我氏（本宗家）が皇極天皇四年（六四五）に乙巳の変で滅んだ後も、天武朝、持統朝には大官大寺・薬師寺・川原寺とともに、国家が直接経営にかかわる大寺の一つに数えられています。

大官大寺は舒明天皇が舒明天皇十一年（六三九）に造営をはじめた百済大寺（吉備池廃寺）を起源に持つ寺院で、天武天皇二年（六七三）の高市大寺（六七七年に大官大寺に改名）の後身でもあります。川原寺は天智天皇が即位前の称制期（六六一～六六八）に、母である斉明天皇の菩提をとむらうために建立したと考えられる寺院です。薬師寺は天武天皇が天武天皇九年に皇后（後の持統天皇）の病気平癒のために発願した寺院です（→147頁）。

飛鳥寺（法興寺、元興寺）跡　史跡

明日香村飛鳥

飛鳥寺は法興寺、元興寺（本元興寺）ともいいます。その後身は安居院（明日香村飛鳥）で、真言宗豊山派に属します。飛鳥寺は、蘇我物部戦争の時に蘇我馬子が発願し建立されたことが伝えられます（『日本書紀』）。崇峻天皇元年（五八八）からはじまる飛鳥寺の建設には百済から僧や工人が来日したことが伝わります。伽藍は推古天皇四年（五九六）にはほぼ完成しています。飛鳥大仏（安居院本尊 →213頁）は推古天皇十七年（十四年説もあり）に鞍作鳥（止利仏師）によってつくられた丈六銅像です。昭和三十一年（一九五六）にはじまる発掘では、伽藍は塔を中心に北と東西に三金堂が配置される高句麗式伽藍配置（飛鳥寺式）で、創建瓦は百済式であることが確認されています（→200頁）。また、飛鳥大仏が中金堂の本尊であったことも確かめられています。史跡。仏像一体は重要文化財（彫刻）。

百済大寺跡（吉備池廃寺）　史跡

桜井市橋本

百済大寺は舒明天皇が舒明天皇十一年（六三九）に発願した、天皇が建立した最初の寺院です。その後、高市大寺・大官大寺（→146頁）と移り、平城京の大安寺になります。『日本書紀』によると、百済大寺は百済川のほとりに百済大宮とともに建立されました。西の民が宮、東の民が寺をつくったといいます。百済大寺の塔は九重塔でした。また、『大安寺伽藍縁起 并 流記資財帳（大安寺資財帳）』には、百済川ほとりの子部社を切りひらいて九重塔を建てたが、社神の怒りによって九重塔と金堂の石製鵄尾が焼けたという説話がみられます。百済大寺の所在は、平成九年（一九九七）に桜井市吉備にあるため池、吉備池で九重塔跡とみられる大規模な塔、金堂跡を持つ吉備池廃寺が発見され、その所在がほぼ明らかになりました。吉備池廃寺の南には、『日本書紀』に登場する百済川にあたると考えられる米川（→20頁）が流れています。また、吉備池廃寺からは舒明天皇十一年に建立された百済大寺にふさわしい、舒明天皇十三年（六四一）創建の山田寺（桜井市山田）よりもわずかに時

吉備池廃寺（吉備池　桜井市吉備）

期が遡る特徴を持った山田寺式軒丸瓦も出土しています。なお、高市大寺についてはさまざまな学説があって確定していません。

高市大寺跡

天武天皇二年（六七三）、百済大寺（→139頁）は高市の地に移建され、高市大寺になりました。天武天皇はこの年の二月に飛鳥浄御原宮で即位していることから、宮に近い場所に大寺を移したものとみられます。『大安寺伽藍縁起并流記資財帳』によると、天武天皇六年に高市大寺は大官大寺に改称されています。その後、天武天皇九年には、「国の大寺たるもの二三」として、国家が経営にかかわる特別な寺院に認定されています。高市大寺の所在については、木之本廃寺・奥山廃寺・小山廃寺・ギヲ山西方（雷廃寺）・田中廃寺・和田廃寺北方とする説などがあります。そうした中で、木之本廃寺説は同寺から百済大寺（吉備池廃寺）と同じ瓦が出土しており、遺物の面では有力な候補といえます（→143頁）。ギヲ山西方説も雷廃寺から大官大寺の後身である大安寺と共通の瓦が出土することや、その所在の路東二十八条三里が「高市里」と呼称されていた点から有力な候補とみることができます。しかし、どちらも寺院の遺構は確認されておらず、高市大寺の所在は将来の発掘調査によって明らかになるものと思われます。

川原寺跡

史跡　明日香村川原

川原寺跡は仏陀山東南院弘福寺と号する真言宗豊山派の寺院周辺にあります。弘福寺本堂は川原寺中金堂跡にあり、白大理石（通称、瑪瑙石）の礎石があります。川原寺は天武朝には大官大寺（→146頁）・飛鳥寺（→75頁）とともに国の大寺に列せられました。持統朝には四大寺に数えられる重要な寺でした。

川原寺跡

しかし、その建立についての記録はなく、創建事情ははっきりしません。天武天皇二年（六七三）に一切経の写経が行なわれており、その時点での存在が確認できますが、天智朝に斉明天皇の飛鳥川原宮の跡地に建立されたとする説が有力です。発掘調査では、中金堂の南に西金堂と、塔を対面させる伽藍（川原寺式）や川原宮跡がみつかっています。創建軒丸瓦は、唐様式の複弁蓮華文を飾る華麗なものです（→200頁）。寺域西北の川原寺裏山遺跡からは平安時代の火災で破損した塑像や塼仏を埋納した土坑が発見されています。史跡。仏像二体は重要文化財（彫刻→216頁）。

❖飛鳥・藤原地域に所在した代表的な寺院

先に取りあげた諸寺のほか、豊浦宮の地に建立された豊浦寺跡をはじめ、飛鳥地域には、山田寺跡・檜隈寺跡・坂田寺跡・定林寺跡・呉原寺跡・軽寺跡・奥山廃寺などがあり、藤原京周辺地域には和田廃寺・大窪寺跡・安倍寺跡・木之本廃寺・小山廃寺などがあり、数多くの寺院の存在が確認できます。

豊浦寺跡

明日香村豊浦

豊浦寺は蘇我氏の向原家、向原殿、桜井道場、桜井寺の系譜につながる尼寺です。『元興寺伽藍縁起并流記資財帳』には推古天皇が桜井寺を豊浦宮に遷して金堂や礼堂をつくって寺としたとみられ、豊浦寺が豊浦宮の地に建立されたことがわかります。しかし、建立が開始されたのは小墾田宮に遷宮した後のことと考えられます。浄土真宗の向原寺（明日香村豊浦）は豊浦寺の後身と伝えられる寺院です。境内には豊浦寺に関連する礎石が残っています。昭和三十二年（一九五七）以来の向原寺周辺の発掘では、境内で講堂、その南で金堂、集落南方で中世の再建塔が確認されています。また、講堂など寺院遺構の下層からは掘立柱建物や石敷も発見され、これらは豊浦宮跡と考えられています（→115頁）。県史跡。

山田寺跡

特別史跡

桜井市山田

山田寺は、乙巳の変に加担した蘇我倉山田石川麻呂（→68頁）が建立した寺院です。『上宮聖徳法皇帝説』裏書によると、その創建は舒明天皇十三年（六四一）に遡り、二年後に金堂を建立し、大化四年（六四八）に僧が住みはじめたことがわかります。発掘調査では塔・金堂を回廊が囲む特有の伽藍（山田寺式）が確認されています。また、平安時代に寺院東方の山から流れきた土石流で倒壊した東面回廊が、ほぼそのままの状態で発見され（→106頁、134頁）、法隆寺を遡る寺院建築として注目されています。特別史跡。出土品は重要文化財（考古資料）。

檜隈寺跡

史跡　明日香村檜前

檜隈寺は阿智（知）使主を祖とする渡来系氏族、東漢氏（→86頁）が建立した寺院です。寺院跡は於美阿志神社（→165頁）周辺に所在します。発掘調査では塔、金堂、講堂、回廊など伽藍中心部の様相が明らかになっています。檜隈寺に関する古代の記録は、『日本書紀』朱鳥元年（六八六）に檜隈寺に百戸の封戸が施入されたという記録が残るのみですが、発掘調査では飛鳥寺式軒丸瓦（→200頁）が出土しており、その建立は七世紀初頭と考えられます。

坂田寺跡

明日香村阪田

坂田寺は鞍作氏が建立した寺院です。「金剛寺」ともいいます。継体天皇十六年（五二二）に司馬達等が坂田原に草堂をつくり（『扶桑略記』）、鞍作多須奈は用明天皇二年（五八七）に仏堂を建立しています。推古天皇十四年（六〇六）に鞍作鳥（止利仏師）は天皇から水田を賜わり、金剛寺を建立したといいます。朱鳥元年（六八六）には無遮大会が開かれています。発掘調査では奈良時代の金堂などが検出され、出土瓦から建立は七世紀前半に遡ると考えられます。

定林寺跡

史跡　明日香村立部

定林寺は、聖徳太子の建立と伝えられます。「立部寺」ともいいます。奈良時代末の『明一伝』や『七代記』は、聖徳太子建立寺院の一つに数えますが、定かではありません。建立者を渡来系氏族である平田忌寸とする学説もあります。発掘調査では、飛鳥時代の塔と回廊などが検出されています。出土品には塑像片、金環などがあります。出土した飛鳥時代の瓦には飛鳥寺式軒丸瓦（→200頁）があり、寺の建立は七世紀前半に遡るものと考えられます。

呉原寺跡

明日香村栗原

呉原寺は「栗原寺」ともいいます。『大和国竹林寺別当譲状案』（一一三九年）は崇峻天皇四年（五九一）に「坂上大直駒」（東漢駒）が竹林寺（呉原寺）を建立したことを伝えます。その立地から東漢氏（→86頁）の一族による建立と考えられます。堂塔跡は確認されていませんが、周辺からは掘立柱塀が検出され、瓦や礎石などが出土しています。出土瓦には火炎状の飾りをもつ山田寺式軒丸瓦があり、その建立が七世紀中頃に遡ることがわかります。

軽寺跡

橿原市大軽町

軽寺は橿原市大軽町の法輪寺周辺にあった寺院です。『日本書紀』朱鳥元年（六八六）に封戸百戸が施入された記録が残ります。飛鳥池工房遺跡からは寺名を記した天武朝の木簡が出土しています（→189頁）。寛弘二年（一〇〇五）には藤原道長が宿泊した記録が残ります（『御堂関白記』）。発掘調査では寺域北限の掘立柱塀が発見されています。出土瓦に七世紀中頃のものがあり、建立時期を知ることができます。建立者については軽部臣、軽忌寸、高向玄理（→89頁）とみる説があります。

奥山廃寺

明日香村奥山

奥山廃寺は奥山久米寺周辺にあった寺院です。境内の土壇が塔跡でその北に金堂・講堂を配する四天王寺式伽藍配置に推定されています。出土瓦には六二〇年から六三〇年代の奥山廃寺式があり、建立年代を知ることができます。出土した墨書土器から「小墾田寺」の寺名が判明しています。その名は『日本書紀』朱鳥元年（六八六）の「無遮大会」の記事にみられます。建立者については小墾田臣、境部臣摩理勢とみる説や、小墾田宮付属の尼寺であったという説もあります。

大窪寺跡

橿原市大久保町

大窪寺に関する最も古い記録は、『日本書紀』朱鳥元年（六八六）八月、百戸を三〇年に限って大窪寺に与えたとする記事です。大久保町国源寺の南には巨大な塔心礎があります。発掘調査では塔心礎周辺で塔心礎を抜き取った穴が検出されています。出土瓦には素弁蓮華文軒丸瓦や単弁の山田寺式軒丸瓦があり、大窪寺が七世紀中頃から後半に造営されたことがわかります。建立者については渡来系氏族の大窪史とする学説が有力です。

安倍寺跡

史跡

桜井市安倍木材団地

安倍寺は「崇敬寺」ともいいます。『東大寺要録』は安倍倉橋大臣（安倍倉梯麻呂）の建立とします（「崇敬寺　字安倍寺　右安倍倉橋大臣之建立」）。安倍倉橋大臣は阿倍内麻呂と同一人物とみられます（『日本書紀』）。安倍寺跡では金堂や塔、回廊などが検出され、法隆寺式伽藍配置が推定されます。出土瓦には山田寺式の単弁蓮華文軒丸瓦があることから、七世紀中頃に建立されたことを知ることができます。文暦元年（一二三四）頃に寺地を桜井市阿部に移したと考えられています（→149頁）。

木之本廃寺

橿原市木之本町・下八釣町周辺

木之本廃寺は橿原市木之本町から同市下八釣町周辺に所在が推定されま

す。畝尾都多本神社（→162頁）の南側で行なわれた発掘調査では、百済大寺（吉備池廃寺）と同笵の山田寺式軒丸瓦や型押し忍冬唐草文軒平瓦、藤原宮や大官大寺と同笵の瓦、夏見廃寺（三重県名張市）と同じ型式の塼仏などが出土し、周辺に寺院の存在が想定できます。木之本廃寺については、天武天皇二年（六七三）に百済大寺を高市の地に移し、建立した高市大寺とする説があります。

小山廃寺（紀寺跡）

明日香村小山

小山廃寺は藤原京左京八条二坊に位置します。発掘調査では金堂・講堂・中門・南門などが確認され、伽藍が条坊計画に一致することが判明しています。複弁蓮華文軒丸瓦（小山廃寺式）や重弧文軒平瓦など、建立の時期を示す七世紀後半の瓦が出土しています。大字小山の小字「キテラ」の地名から天智朝に存在した紀寺とする説が有力でしたが、瓦の年代はあいません。ほかに高市大寺説、藤原氏建立説などがありますが確定していません。県史跡。

和田廃寺

橿原市和田町

和田廃寺は通称「大野塚」周辺に所在します。発掘調査では七世紀後半の塔跡（「大野塚」部分）や寺院前身建物が検出されています。出土瓦から七世紀前半から後半の建立と推定されます。寺名は葛城寺（葛木尼寺）と考えられます。豊浦寺の西北にあった葛城寺の立地（『続日本紀』）や平城葛城寺の田の所在が寺域と一致すること（『興福寺大和国雑役免坪付帳』）が証拠となります。葛城臣烏那羅の建立とみる説が、また蘇我馬子が建てた大野丘北塔にあてる説もあります（→137頁）。

古代寺院の伽藍配置

古代寺院は、舎利を安置する塔や仏像を安置する金堂、僧尼が講義を行なう講堂など、仏教独自の施設で構成されます。

寺院の主要堂塔の配置、伽藍配置にはさまざまな形をみることができます。

崇峻天皇元年（五八八）に建立された飛鳥寺（明日香村飛鳥）は塔の北と東西に金堂をおく一塔三金堂の伽藍配置（飛鳥寺式）、七世紀前半建立の奥山廃寺は中門、塔、金堂、講堂が南北にならぶ四天王寺式、橘寺は東面する四天王寺式、舒明天皇十三年（六四一）建立の山田寺は四天王寺式で、中門からはじまって講堂に取りつく回廊が講堂の南で閉じます（山田寺式）。舒明天皇十一年建立の吉備池廃寺（百済大寺）は中門と講堂をつなぐ回廊の東に金堂、西に塔を配置します（法隆寺式）。法隆寺式の塔と金堂の配置を反対にすると法起寺式になります。

六六〇年代建立の川原寺（明日香村川原）は中門と中金堂をつなぐ回廊の東に塔、西に塔と対面させる形で西金堂をおく一塔二金堂の伽藍配置を持ちます（川原寺式）。天武天皇九年（六八〇）発願の本薬師寺（橿原市）では中門と講堂をつなぐ回廊の中心に金堂をおき、南に二塔を配置します（薬師寺式）。七世紀末建立の大官大寺（明日香村小山ほか）では中門と金堂をつなぐ回廊内の東寄りに一塔のみをおきます（大官大寺式）。

各寺院が建立された年代をみると、伽藍配置が時期によって変化したことがわかります。伽藍配置には仏像や舎利に対する当時の信仰や仏教儀礼が反映しているものと考えられ、飛鳥時代の仏教観の変化を知ることができます。

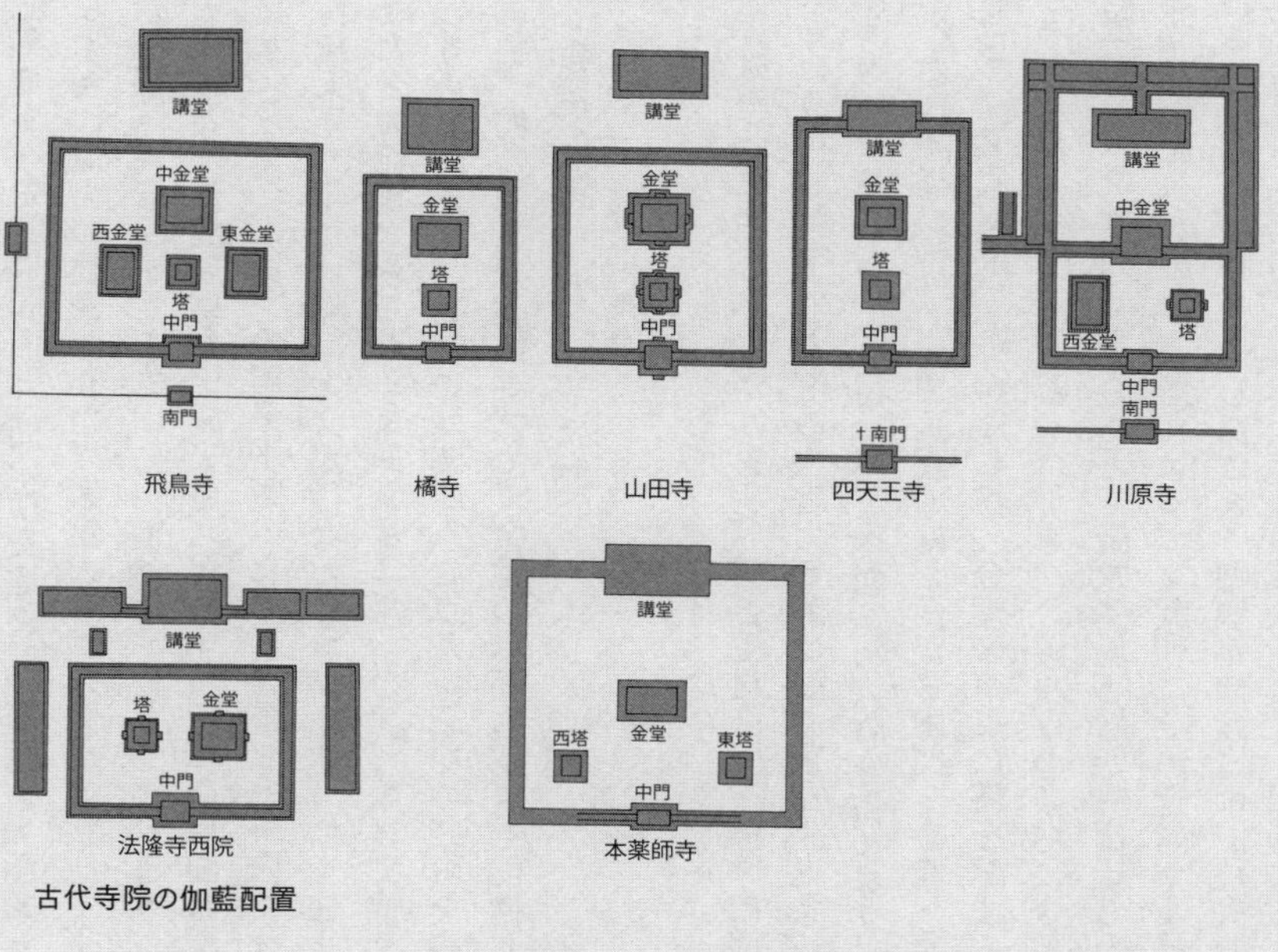

古代寺院の伽藍配置

❖藤原京の二大官寺 ― 大官大寺と薬師寺

持統天皇は、持統天皇八年（六九四）、夫である天武天皇の時代から造営が進められていた藤原京に都を移しました。藤原京の中心には藤原宮がおかれ、京には貴族の邸宅や庶民の家が建設され、市が設けられました。京内には寺院も多く造営されました。そうした寺院の代表が藤原京の二大官寺である大官大寺と薬師寺です。

大官大寺は舒明天皇の百済大寺、天武天皇の高市大寺につながる国家筆頭の官寺です。文武天皇の大宝二年（七〇二）には薬師寺・飛鳥寺・川原寺とともに斎会が行なわれています。文武天皇の時代の大官大寺跡は藤原京左京九・十条四坊の六町を占める広大な寺院でした。伽藍配置は巨大な金堂と講堂が南北にならび、金堂の南東に九重塔をおく大官大寺式伽藍配置です。金堂は間口九間の横長建物で、藤原宮大極殿とならぶ当代最大の建物でした。大官大寺は未完成の状態で平城京遷都（七一〇年）を迎え、その直後に、焼失しています。

薬師寺は天武天皇が天武天皇九年（六八〇）に皇后鸕野讃良皇女（後の持統天皇）の病気平癒のために発願した寺院です。持統天皇二年には無遮大会が行なわれています。僧を住まわせたとの記事がみられる文武天皇二年（六九八）頃に完成したと考えられます。薬師寺は藤原京右京八条三坊の四町を占めます。伽藍配置は薬師寺式で、金堂の南面に双塔を配置しています。

大官大寺跡　史跡

明日香村小山・橿原市南浦町

大官大寺の歴史は舒明天皇が舒明天皇十一年（六三九）に造営した百済大寺に遡ります（→139頁）。その後、天武天皇は、天武天皇二年（六七三）に大寺を百済から高市に移します（『大安寺伽藍縁起并流記資財帳〈大安寺資財帳〉』）。同六年に高市大寺は大官大寺に改称されます。同十一年には大官大寺で一四〇人余を出家させ、同十四年には読経が行なわれており（『日本書紀』）、天武朝末年には完成していたと考えられます。しかし、『大安寺資財帳』には文武天皇が九重塔と金堂を建立した記事がみられ、再び造営が実施されたことがわかります。明日香村小山、橿原市南浦町の大官大寺跡は藤原京左京九条四坊（南半）、十条四坊の六町を占めます。発掘調査では、南から中門・金堂・講堂がならび、金堂の南東に塔を配する伽藍（大官大寺式）、藤原京の条坊に合致すること、金堂基壇下層から出土した土器によって文武朝にその造営が本格化したこと、伽藍が建設途中で焼失したことが明らかにされています。

本薬師寺（薬師寺）跡

特別史跡　橿原市城殿町

本薬師寺跡は藤原京右京八条三坊に位置します。平城京遷都後、平城の薬師寺に対して、「本薬師寺」と呼ばれました。『日本書紀』によると、薬師寺は天武天皇が天武天皇九年（六八〇）に皇后鸕野讃良皇女（後の持統天皇）の病気平癒のために発願したといいます。持統天皇二年（六八八）には薬師寺で無遮大会が催されており、その頃には寺院としての体裁は整っていたとみられます。また、文武天皇二年（六九八）には薬師寺の工作がほぼ完了し、僧を住まわせたとの記事がみられますので（『続日本紀』）、この年に薬師寺はほぼ完成したものと考えられます。本薬師寺跡の発掘調査は金堂・東塔・西塔・中門・回廊などで行なわれ、東西両塔を持つ薬師寺式伽藍配置の様相が明らかになっています。金堂は間口七間堂で、平城京諸大寺で流行する金堂様式がはじまっています。薬師寺については、平城京遷都の際の伽藍の移建にかかわる論争がありますが、本薬師寺からは奈良時代の瓦も出土することから、奈良時代にも堂塔が存在していたことが判明し、東塔は平安時代まで存続していたことが明らかになっています。

本薬師寺跡

❖著名な寺院

飛鳥・藤原地域は日本で最初に仏教が根づいた地です。他の地域に先んじて多くの寺院が建立されました。推古天皇三十二年（六二四）に寺院が四六ヵ所ありました（『日本書紀』）。その多くは飛鳥地域に建設されました。持統天皇六年（六九二）には寺院は五四五ヵ所に増加していますが（『扶桑略記』）、その中心となる寺院も飛鳥・藤原地域にありました。しかし、奈良時代になって都が平城京に遷ると、飛鳥にあった薬師寺や大官大寺といった大寺が平城京に新たな伽藍を建設します。そうした中で、飛鳥・藤原の寺院の中には退転し、廃絶する寺院も多くありました。しかし、その一方で岡寺や橘寺など、現代にまで千年以上も法灯を守り続けてきた寺院もあるのです。

岡寺

明日香村岡　史跡

岡寺は、正式には「東光山真珠院　龍蓋寺」といいます。真言宗豊山派の寺院です。本尊は巨大な塑像仏の如意輪観音菩薩坐像（奈良時代→217頁）です。記録によると、その創建には飛鳥時代末から奈良時代前半の時期（七〇三～七二八年）に僧正であった義淵（→85頁）がかかわり、草壁皇子の岡宮をその死後、幼少の頃に草壁とともに育った義淵が賜り、寺としたのがはじまりといいます。現在、岡寺は飛鳥宮跡東方にある丘陵（岡寺山）の中腹に立地しますが、かつての境内は現在よりも広かったようです。江戸時代に作成された岡寺境内絵図には西方約一〇〇メートルに鎮座する治田神社（→164頁）にも堂塔跡が描かれており、実際、境内で行なわれた発掘調査では岡寺創建期の建物基壇が検出されています。史跡（岡寺跡）。仁王門および書院は重要文化財。仏像一体が国宝、仏像三体（彫刻）および天人文塼は重要文化財。

岡寺仁王門

橘寺

明日香村橘　史跡

橘寺は、正式には「仏頭山上宮皇院菩提寺」といいます。天台宗に属します。推古天皇十四年（六〇六）、聖徳太子が『勝鬘経』を三日間にわたって講じた時、蓮の花が高く積もり、天皇がその地に寺を建立することを発願し、創立されたといわれます（『聖徳太子伝暦』九一七年）。また、『上宮聖徳法王帝説』や『法隆寺伽藍縁起并流記資財帳』では聖徳太子が建立した七寺に数えます。『日本書紀』には、天武天皇九年（六八〇）に尼坊が失火して十坊を焼いたという記事がみられます。境内の発掘調査では、東面する四天王寺式伽藍配置であることが判明しています。出土瓦には飛鳥寺式の素弁蓮華文軒丸瓦があり、その建立が飛鳥時代前半にはじまることがわかります。史跡（橘寺境内）。仏像四体（彫刻→215、216頁）、絹本著色太子絵伝（絵画）、また鼉太鼓縁（工芸品）および石燈籠（工芸品）は重要文化財。

久米寺

橿原市久米町

久米寺は、正式には「霊前山東塔院」といいます。真言宗御室派に属します。寺伝によると、推古天皇の勅願によって聖徳太子の弟・来目皇子が建立したといいます（『和州久米寺流記録』）。また、久米仙人（→362頁）の建立を伝える記録もあります（『扶桑略記』『七大寺巡礼私記』『多武峰略記』）。空海の「益田池碑銘 并序」（八二五年撰）により久米寺が益田池（→22頁）の東北方の現在地にあったことがわかります。境内には飛鳥時代の巨大な塔跡が残っています。境内の発掘調査では久米寺式の複弁蓮華文軒丸瓦や竹管文を持つ重弧文軒平瓦が出土しています。久米寺式の瓦が奈良興福寺からも出土することから、久米寺を興福寺の前身にあたる厩坂寺とみる学説もあります。多宝塔は重要文化財（→247頁）。

壺阪寺（南法華寺）

高取町壺阪

壺阪寺は、正式には「壺阪山平等王院南法華寺」といいます。真言宗豊山派に属します。建暦元年（一二一一）の『南法華寺古老伝』は、文武天皇の大宝三年（七〇三）に弁基大徳（飛鳥寺僧）の建立を伝えます。また、元正天皇の時に御願寺になったといいます。現在、壺阪寺には江戸時代の八角円堂、室町時代の礼堂・三重塔など比較的新しい建物しかありませんが、礼堂の地下調査では創建期の八角円堂、礼堂の基壇が確認されています。また、境内からは大宝三年の建立に相応しい複弁蓮華文軒丸瓦などの瓦が出土しています。その中には、弁基が住持した飛鳥寺をはじめとして、薬師寺・岡寺・興福寺・藤原宮などとのかかわりを示す瓦がみられます。「奥の院」とも称される香高山山中には、五百羅漢の石仏群があります。室町時代建立の三重塔、礼堂は重要文化財。絹本著色一字金輪曼荼羅（絵画）および鳳凰文甎（工芸品）は重要文化財。

安倍文殊院

桜井市阿部

安倍文殊院は、正式には「安倍山崇敬文殊院」といい、華厳宗に属します。本尊の文殊菩薩は日本三文殊の一つに数えられます。『東大寺要録』には「崇敬寺　字安倍寺　右安倍倉橋大臣之建立」とあり、阿倍氏の建立を伝えます。『本朝新修往生伝』は暹覚が崇敬寺に移り住み、寺の東北に別所を草創したと伝えます。『興福寺官務牒疏』には文暦元年（一二三四）に伽藍を再建したとあり、その頃に文殊院西南約三〇〇メートルにある旧寺地から移されたと考えられます（→143頁）。国宝に五体の仏像があり（渡海文殊群像）、境内の文殊院西古墳は特別史跡、白山堂（白山神社本殿）は重要文化財。境内には、そのほかに阿倍仲麻呂像・安倍晴明像などを祀る仲麻呂堂（金閣浮御堂）、文殊院東古墳（閼伽井窟）などがあります。

❖平城遷都後の寺院の変遷

飛鳥時代、飛鳥・藤原地域には多くの寺院が建立されました。しかし、都が平城京に移ると、薬師寺や大官大寺をはじめとする寺院は平城京に新しい伽藍を建設しました。一方でこの地に残り、奈良・平安時代にも活発な宗教活動を展開した寺院もありました。

❖飛鳥寺の変遷

飛鳥寺（元興寺→75頁）は養老二年（七一八）に新京に新伽藍（元興寺）を建立しました。旧寺は「本元興寺」と呼ばれるようになりましたが、依然、栄えていました。寺封が施入された記録も残ります（『新抄格勅符抄』）。承和十年（八四三）には万花会を恒例行事とすることが決められています（『続日本後紀』）。また、治安三年（一〇二三）には藤原道長が飛鳥寺を訪ねています（『日本霊異記』）。

❖川原寺の変遷

平城遷都に伴い同じ官寺の薬師寺や大官大寺は移転しましたが、川原寺は飛鳥に残りました。しかし、天皇家とのかかわりは以後も続き、宝亀二年（七七一）には田原天皇（志貴皇子）の忌斎が設けられています。天長九年（八三二）には川原寺を嵯峨天皇が空海（→85頁）に賜っています（『水鏡』）。貞観十七年（八七五）には、空海の弟子真然が弘福寺検校となっており（東寺文書）、東寺の末寺化していきます。

❖山田寺の変遷

奈良時代、山田寺は蘇我系の石川氏の支援下にあったようです。平安時代には僧正の護命が古京山田寺に住まいしたとの記録が残ります（『続日本後紀』八三四年）。また、治安三年（一〇二三）には藤原道長が山田寺を訪れています（『扶桑略記』）。しかし、文治三年（一一八七）には興福寺の僧兵により講堂本尊の如来像（旧山田寺仏頭→214頁）が持ち去られ、興福寺の末寺となっていきます。

道教思想の受容

道教は、中国古来の民間信仰であり、儒教・仏教とともに三教とされました。

道教の基本要素には、さまざまな術によって仙人になることを目指すという神仙思想があります。仙人は東の海上にある蓬莱・方丈・瀛洲の三神山に住むとされ、中国ではそれをかたどって庭園の池の中に嶋をつくり、不老不死の楽土を表現しました。中国道教の最高位の女神である西王母は崑崙山に住む仙人で、三千年に一度しか実を結ばない不老不死の桃の実を漢の武帝に与えたといいます。

蘇我馬子の居宅とみられる島庄遺跡（→196頁）の苑池には、池の中に嶋をつくり、また周囲や中島にモモをたくさん植えるなど、道教の基本要素である神仙思想が強く表されています。モモの実は不老長寿をもたらすとされていました。また、舒明天皇の父である押坂彦人大兄皇子の墓という説がある牧野古墳や纒向遺跡からもモモの種が出土しています。

飛鳥京跡苑池は、南・北二つの池を持つ本格的な庭園遺跡で、斉明天皇の時代に築造がはじまったとみられています。この苑池の位置は飛鳥宮跡北西側の宮殿隣接地にあり、南池では中島が配置されていました。宮殿と神仙が住む理想郷を一体として整備するというこの苑池と宮殿のあり方も、古代中国の道教の神仙思想を背景として成立したと考えられます。また斉明天皇は、斉明天皇二年（六五六）に多武峰の二本のケヤキの大木がある辺りに、道教の寺院にあたる道観を建て、「両槻宮」と称しました。この宮は「天宮」とも呼ばれましたが、「天宮」は、道教では理想郷である天上の宮を指し、仙人たちが住む不老不死の世界を意味します。

藤原京の造営時に埋められた井戸からは、道教の羅堰九星を記した呪符木簡が出土しています。都城の造営のために、飛鳥川の治水を祈る祭祀に用いたことも想定されます。さらに、藤原宮が大和三山を東・西・北に配してつくられたのは、三山を青龍・白虎・玄武に見立てたもので、道教思想をふまえてつくられたものと考えられます。「大和三山」によって囲まれた藤原京の位置選定は、『日本書紀』天武天皇十三年（六八四）三月条の記事（「天皇京師を巡行きたまひて、宮室之地を定めたまふ」）により、天武天皇によって決定されたと考えられ、道教への深い関心をよみとることができます。

道教では、全宇宙を象徴するものが「八」という数字であり、東西南北とその中間方位をもって世界が表現されました。飛鳥時代に多い八角墳の天皇陵にも道教の影響が考えられます。なお、天皇号は道教の北辰信仰の天皇大帝から採ったともいわれています。天武天皇の即位前紀には、天皇は「天文・遁甲に能し」と書かれています。壬申の乱（六七二年→96頁）の際には、黒雲が天に渡るのをみて、天皇が自ら陰陽道の道具を使い占っています。天武天皇四年には占星台（天文台）をはじめてつくったとの記録があり、道教文化が定着したことが考えられます。国家祭祀であった「大祓」にも、道教の影響が確認できます。内裏での「祓」では、漢文体で道教信仰にちなむ「呪」（祝詞）が奏上され、昊天上帝・三極大君・日月星辰・八方諸神、司命司籍・左の東王父・右の西王母・五方の五帝など、道教の神々の名が唱えられました。

しかし、道教に由来するさまざまな要素が確認されすでに溶け込んでおり、仏教などを介して間接的にわが国に導入されたものと考えられています。神仙思想において世界の中心を象徴する崑崙山と、仏教的世界の中心にそびえる須弥山とは中国で同一視され、著名な法隆寺の玉虫厨子の須弥山にも崑崙山のイメージが重ねられています。

羅堰九星を記した呪符木簡

藤原宮跡の井戸から出土した呪符木簡で、遺構は藤原宮直前の時期とみられています。木簡に記された符録などから、中国宋代の『天原発微』(『正統道蔵』所収)にみえる星座の一つ羅堰との類似が指摘されています。同書では、この符録を「羅堰」とし、「九星在牽牛東、壅水潦、為灌漑之渠」と注記しています。洪水をせき止めて灌漑用水とする意味とされ、この呪符木簡も、井戸あるいは水の祭祀にかかわるものと推測されています。『天原発微』の成立は十三世紀ですが、「羅堰」という言葉は、『晋書』天文志、『隋書』天文志にも確認されており、七世紀以前まで遡るものとみられています。

藤原宮井戸跡出土の羅堰九星を記した呪符木簡

3 神社と祭祀

古代の祭祀

水辺・道路・宮中や官衙・神社・集落など、さまざまな空間から飛鳥時代の祭祀遺跡がみつかっています。古代の人々は、自然環境の働きに神秘的なものを感じ、畏敬の念をもって接してきました。古代の神々は人々に恵みを与える一方で、神意にそむけば災いや祟りをもたらす存在であったのです。そうした神意が現われる場所で、人々は神を祀ったと考えられます。

宮中祭祀など朝廷の祭祀に関する諸制度の多くは、天武天皇と持統天皇の時代に創設されました。各地の在来神の存在を認めながら、国家の重要事業としての神祇祭祀の整備が、律令国家の形成と軌を一にして進められたと考えられます。宮中および官衙関係の祭祀遺跡での遺物としては、人形・斎串・土馬・人面土器などが多く出土しており、律令的祭祀に関係する新しい祭祀具とみられています。

わが国の宮中や寺院・神社での国家儀式には、儒教の「礼楽思想」に基づく雅楽や伝統歌舞も取り入れられました。中国の漢代に編纂された『礼記』には、山林や川・谷・丘陵で、雲を出し、風雨をおこして不思議な働きを示すものすべてが神であるとします。また、天下を統治する王は多くの神々（百神）を祀り、各地をおさめる諸侯はその地の神を祀ると記されています。さらには、「礼楽刑政、其の極は一なり」とあり、中国の律令制下では、「礼」と「法」は相互補完関係にあったと考えられています。天武天皇が目標とした国家は、調和と秩序をもった中央集権国家であったと考えられます。

境界で行なわれる祭祀

飛鳥宮跡（→116頁）は、神奈備山（神が鎮座する山→258頁、265頁）のある丘陵と平野（盆地）の境界部近くに位置しており、丘陵の裾野には聖なる飛鳥川が帯のように流れていました。清らかな伏流水が地表に湧き出る丘陵の裾野のような場所では、水辺の祭祀が行なわれており、導水施設や木樋で槽に水を導き、浄化していたことが遺構から確認されています。井泉や水のほとりは、人間世界と神なる世界との接点、または異界との通路となる境界的存在とみなされました。丘陵から平野へと移る場所も、自然と人間、聖界と俗界の境界として観念されたと考えられます。

人々の生活空間と外部とを区切る境界的空間も、重要な意味を持っていました。海石榴市や軽市（→ともに129頁）がある衢は、人や物が行き交う交通の結節点であるとともに、境界であったと考えられます。海石榴市にはその名からツバキの聖樹があったと考えられ、軽市にはケヤキ（槻）があったことが「天飛ぶや軽の社の斎ひ槻……」という万葉歌（巻十一―二六五六→287頁）から推察されています。こうした巨樹は神の依代ともなったことから、巨樹がある場所は、天界と俗界の境界領域でもあったと考えられます。

宮都の四隅や宮域の四隅なども、境界性の強い場所でした。神祇令の道饗祭や鎮火祭などの規定からは、都城や宮城の四隅の道がそうした境界として、祭祀を行なう場所に定められていました。宮都では、天皇の居を中心として境界が幾重も存在し、それぞれの場所で祭祀が行なわれたと考えられます。

飛鳥宮周辺の水辺祭祀

周囲を丘陵に囲まれた飛鳥の小盆地では、伏流水が多く流れています。飛鳥宮跡の近くには、亀形石造物のある酒船石遺跡（→189頁）や飛鳥京跡苑池（→122頁）があります。この二つの遺跡では、湧水地で類似した遺構が発見されており、水辺の祭祀が行なわれたとみられています。ともに山裾や川沿いの北向きの傾斜地にあり、湧水が豊富で水が流れ下る方向には香具山が望まれます。丘陵部と平野の境界での湧水は、聖なる祭祀の場となりました。酒船石遺跡では整然とした石敷広場の中心に、水槽・枡などの石造物を直線状に組みあわせた流水施設が設置され、清らかな水がその中を流れるようにし、水辺の祭祀が行なわれていたと考えられています。

国内初とされる本格的な宮廷庭園遺跡である飛鳥京跡苑池については、二〇年におよぶ発掘調査でほぼその全容がわかりました。庭園遺跡の規模は南北二八〇メートル、東西一〇〇メートルで南北二つの池があり、南池は景観を重視し、饗宴などに使われた一方、北池は祭祀に用いられ、二つの池の構造や性格の違いが明らかになりました。

祈雨祭祀

水稲耕作を基盤とする社会において、祈雨は村落の重要な共同祈願祭祀であったと考えられます。また、王権の存続や統治の上でも、国家の重大な関心事でした。国家による祈雨祭祀が登場するのは、天武・持統天皇の時代であり、律令国家体制の形成との関連がうかがえます。天皇が行なった祈雨祭祀の起源は、皇極天皇元年（六四二）の『日本書紀』の記事に求められ、皇極天皇が南淵の河上で跪き四方を拝み天に祈ったところ、雷が鳴って大雨が五日間続けて降ったといいます（→165頁、392頁）。古代の雷は「神鳴り」であり、「鳴る神」でした。天と雨はもともと同義語で、天は雨の源郷でした。雷は天雲に隠れていたり、天雲を踏み散らしたりして、雷鳴をおこすものと想像されました。

飛鳥川の上流域には龍の名がつく寺がいくつかあります。岡にある岡寺（龍蓋寺→148頁）は、義淵によって舒明天皇五年（六三三）に創建されたとされ、龍神を祀っています。龍は、水をつかさどる水神であり、雷はその龍であるとも考えられました。龍は雲や風を呼ぶことができ、竜巻を身にまとって天界と地上を自在に往来するという能力を持っていると考えられました。このため、中国では「天と地を行き来する神の使い」であり、「神から政治権力を任せられた皇帝」の象徴ともなりました。中国から倭国（日本）へ龍が伝わってきたのは、陰陽五行説や仏教などとほぼ同じ頃とみられています。『万葉集』の「藤原夫人の和し奉りし歌一首」（巻二―一〇四→297頁）に出てくる「龗」とは、『古事記』では「淤加美神」、『日本書紀』では「龗神」とされている神で、罔象女神とともに、在来の代表的な水の神でした。この歌の「おかみ」の神は、藤原氏が水神として祀る龍神とされ、龍神信仰の最古の事例と考えられています。

藤原京の祭祀遺跡

藤原京祭祀遺物（奥の紙人形は、現在、飛鳥坐神社の大祓に用いられるもので、穢れを移し、藁船で川に流される）

七世紀後半以降の遺跡では、人形や斎串、馬形や鳥形・舟形などの木製品、人面墨書土器、土馬、絵馬といったさまざまな遺物が流路やその他から出土しています。人形は、人間の身代わりとなって穢れや災いから身を守るため、斎串は、地上に挿し立て祭祀の場の結界を示すための祭祀具とみられています。馬形や鳥形・舟形は人形を他界に運ぶため、また土馬は祟り神の乗り物ともいわれます。墨書土器には、疫病神の顔などが描かれました。鏡、銭貨、剣などをかたどった形代なども含まれます。これらを流水の中などに投げ入れ、身についた穢れを落としたと考えられます。日本各地の水辺などで出土する人形の存在は、除病・除災・延命を目的とした祓の普及を物語っています。

藤原京からは、宮城を取り囲む形で木製の人形が出土しており、右京五条四坊の下ツ道側溝からも、金属人形など多数の祭祀遺物が出土しました。今の雛祭りは、人形祭祀を引き継いだものです。

また、藤原宮跡の大極殿院南門近くの穴から、日本最古の鋳造貨幣の富本銭九枚と九個の水晶が入った平瓶が出土しました。富本銭は、飛鳥池工房遺跡で発見された富本銭とは別タイプでした。藤原宮大極殿院南門造営の地鎮祭の跡とみられており、宮殿の地鎮遺構としては最古（七世紀末）になります。富本銭は、実際に流通したとも、まじないに使う厭勝銭ともいわれており、『日本書紀』によると、持統天皇五年（六九一）に持統天皇は「藤原の宮地を鎮め祭らしむ」と詔をしています。富本銭の「富本」とは、富国・富民が国政の基本で、食物の充足と貨幣の流通がその根本にあるとする古代中国の政治理念です。

神祇令の国家祭祀

『大宝律令』神祇令には、神祇官が毎年定例的に行なう朝廷の祭礼が月ごとに定められていました。神祇令で定められていた国家祭祀は、大きく次の三つの柱に区分できます。

①水田稲作などの農作物の豊作を祈願し、収穫を感謝するための祭礼。「祈年祭」、年中行事としての稲の収穫儀礼である「新嘗祭」、「大嘗祭」など。

②天皇の生命力を活性化し、国家や人々の生命力をも活性化するための祭礼。魂が体から離れてしまわないように鎮め、振りたたせて、病気を治そうとする「鎮魂祭」など。

③病気・火事・外敵などからの安全を祈願し、自然災害・疫病・罪・穢れなどを追い払うための祭礼。鎮花祭、鎮火祭、道饗祭、大祓など。

大嘗祭

国家祭祀群の頂点に位置するもので、古代から現在まで、戦乱期などを除き一貫して行なわれてきた皇位継承儀礼です。ただし、大宝律令（七〇一年）の神祇令の段階までは、即位の時の大嘗祭と年中行事としての新嘗祭を、ともに大嘗と呼んでいました。大嘗祭は、天武天皇の時にその祖型がはじまり、持統天皇の即位時には、主な構成ができあがったと推定されています。持統天皇の即位儀礼（六九〇年）では、後の神祇令にも定められた「天神寿詞」が読まれており、その後半部には大嘗祭に関する記述が含まれていました。

今上天皇の即位に伴う大嘗祭では、大饗の儀において五節舞や久米舞などの歌舞が奏され、供饌の儀では国栖の古風（古代、奈良県の吉野川上流にいたという国栖人の歌謡）が奏されました。五節舞は大歌の奏唱にあわせて舞うもので、天武天皇が吉野宮で琴を弾じた時に、天女が降臨して袖を五度翻して舞ったという伝説に基づくといいます。元来は農耕儀礼であった田舞が国家によって統制・再編されたものが五節舞で、地方の歌舞が宮中に採用された代表例といえます。なお、現在に伝わる五節舞は、大正天皇即位の際に復活したものです。

大祓

古代では、天変地異や疫病は穢れに起因すると考えられ、罪穢れの解消や、疫病などの災厄を追い払うために、六月と十二月の大祓や、鎮花祭、鎮火祭、道饗祭などが国家祭祀として催されました。

「祓」は、大和・山背（京都府南東部）など国々の国造が中心となって執行していた罪や穢れを払う祭祀でしたが、天武天皇五年（六七六）八月の詔により、全国一斉で執り行なうこととされました。記録に残る全国的祭祀の最初が「大祓」です。国家による大祓は、六月と十二月の晦日に行なわれるのが定例の祭祀でした。空間的な境界で大祓が行なわれただけでなく、時間的な境界となる節目において行なわれたことから、律令的祭祀は、時間を支配し、統制するという意味もあったと考えられます。

定例の大祓のほか、天災・反乱・病気を鎮めるため、臨時の大祓が行なわれていました。

飛鳥・藤原地域の神社

古代の神社の立地は、山川や池泉といった地物・地形・水利などの自然条件と密接な関係がありました。飛鳥・藤原の地では、本殿がなく拝殿だけがある神社や、社殿が全くない神社が現在も残されています。神社の起源は、神聖な山・滝・岩・森・巨木などを祀る祭壇と考えられ、常設の建物はありませんでした。天武天皇は畿内と諸国に詔し、「神宮」を「修理」（新築）させていますので（六八二）、飛鳥時代には、仏教寺院の影響により社殿がつくられるようになったと考えられます。

大宝元年（七〇一）の大宝令には、伝統的な要素に配慮しつつ、中国の「祠令」に基づき、神祇令が規定されました。日本の律令体制下においては、国家による祭祀の対象として神祇官の統制下に式内社がおかれました。式内社とは、『延喜式』（九二七年完成）の神名帳に記載された神社で、毎年祈年祭に神祇官から幣帛を受ける官幣社と国司から幣帛を受ける国幣社に分けられました。祈年祭は、その年の穀物、特にイネが豊穣であるように祈願して、宮中で行なわれた祭祀です。式内社以外の神社は式外社と呼ばれました。式内社は大和国が他国より圧倒的に多く、中でも高市郡が抜きん出ており、格式の高い神社が多かったことを示しています。現在の明日香村内の式内社には、飛鳥坐神社、飛鳥山口坐神社、甘樫坐神社、治田神社、飛鳥川上坐宇須多伎比賣命神社、加夜奈留美命神社、瀧本神社、気都和既神社、波多神社、櫛玉命神社、呉津孫神社、於美阿志神社、許世都比古命神社、気吹雷響雷吉野大国栖御魂神社の計一四社がありました。

『延喜式』祝詞の「広瀬大忌祭」の祝詞には、「甘き水」を勢いよく平野へ送り出す神として、高市など大和の六つの御県の「山口」に坐す神に幣帛を奉るとされ、「祈年祭・月次祭」の祝詞には、朝廷用の木材の供給と諸国の安定を祈願する神として、飛鳥・石村・忍坂・長谷・畝火・耳無の山口神社を祀る旨が記されています。『延喜式』臨時祭の「祈雨神祭」にも各山口神社の名があります。「山口」と呼ばれた場所は、自然と文化の両義的性格を持った山と平野の移行地点で、そこに祀られた山口神社は、水や用材の供給をつかさどる神・祈雨神として、奉祀の対象とされてきました。湧水池など水利上の重要な地点や水陸交通の要所に、古代の神社が多く立地していたことも指摘されています。

『延喜式』神名帳には大和の山口神社一〇社と山口坐神社四社の名があり、いずれも式内大社で、祈年・月次・新嘗の官幣に与りました。『延喜式』祝詞でたたえられた飛鳥・岩村（石寸）・畝火・忍坂・長谷・耳成の六社と、それと別に八社があり、「六所山口神社」や「十四所山口神社」などともいわれています。また『延喜式』四時祭には、「甘樫」の名が記されており、甘樫にも山口神社があったと推定されます。これら山口神社のほか、この地域のさまざまな神社を、以下に大和三山・明日香・橿原・桜井のエリアにわけて、代表的なものを紹介します。

【大和三山関連の神社】

橿原神宮

橿原市久米町

神武天皇が橿原宮で即位したという『日本書紀』の記述に基づいて、明治二十三年（一八九〇）に創建されました。本殿は京都御所の賢所を移築したもので、重要文化財に指定されています。檜皮葺、素木造の本殿と神楽殿が背景をなす畝傍山に調和し、厳かな雰囲気が漂っています。神域は約五〇ヘクタールもあります。神武天皇が紀元前六六〇年に即位したという『古事記』の解釈をもとに、昭和十五年（一九四〇）に紀元二千六百年を記念して、橿原神宮の神域の大拡張などの事業や行事が行なわれました。神宮本殿および文華殿（旧織田屋形）は重要文化財。

橿原神宮内拝殿

畝火山口神社

橿原市大谷町

畝傍山の西斜面に畝火山口神社が鎮座しており、俗に「お峯山」と呼ばれています。『延喜式』神名帳の畝火山口坐神社に比定されます。かつて、畝傍山の西麓にありました。一度、畝傍山の山頂に移されましたが、昭和十五年（一九四〇）の橿原神宮の大拡張工事の際、橿原神宮や神武天皇陵を見下ろす位置にあることから現在の地に遷座しました。安産や交通安全の祈願者が多く訪れています。畝傍山山頂には、カシの大木を玉垣で囲んだ禁足地があり、「畝火山口神社社殿跡」の石柱が立っています。

耳成山口神社

橿原市木原町

耳成山の八合目に鎮座しています。明治時代以前は、「天神社」と呼ばれていたそうです。慶安四年（一六五一）、山之坊村民が神木を伐り荒らした事件を発端に、入会をめぐる争論が続き、元禄十五年（一七〇二）になり、耳無山天神（天神社）は式内之社耳無山口神社とされ、山之坊村民は山之坊山口神社に分霊をしました。また、享保年間（一七一六～三六）にあった境界争いの結果、耳成山は木原村領とされたため、山之坊の宮司が神霊を奉じて下山し、現在の山之坊山口神社を祀ったとされています。木原村（現在の木原町）から、松明をかざしながら、宮司を先頭にして村民が参詣祈願したということから、登山口の一つである「火振り坂」の名の由来となっているそうです。

國常立神社

橿原市南浦町

香具山山頂に鎮座し、祭神は国常立命（国土形成の神）です。二つの小さな祠のうち、向かって右側に壺が埋められ、俗に「雨の竜王」と称される高龗神（竜王神）が祀られています。古来干天の時、この神に雨乞いし、水をかえましたが、まだ降雨のない節は、この社の灯明の火で松明をつくり、村中を火振りして歩いたといいます。

天香山神社

橿原市南浦町

香具山の北麓に鎮座し、祭神の櫛眞知命は、神意をうかがう占いの神とされています。国家の大事を判断する亀卜や、大嘗祭に行なわれる神饌田卜定にかかわる神として重んじられていました。『延喜式』神名帳の天香山坐櫛眞命神社に比定する説が一般的ですが、国常立神社を比定する説もあります。天香山坐櫛眞命神社は、畝尾都多本神社・坂門神社（天岩戸神社）・畝尾坐健土安神社とともに、「天香山坐四處（処）神社」と総称されました。

畝尾坐健土安神社

橿原市下八釣町

香具山の北西麓、下八釣集落の南東隅に鎮座する式内社です。神武天皇の大和征服に関係する「天香山」の土は霊力を持つものとされ、その土の神である健土安比賣神を祀っています。近世の『大和志』では「天照大神社」と称しましたが、『延喜式』神名帳には「畝尾坐健土安神社」と記載されています。

畝尾都多本神社

橿原市木之本町

香具山の西麓に鎮座し、「哭澤の神社」とも呼ばれます。神殿はなく玉垣で囲まれた空井戸が御神体で、『延喜式』神名帳の「畝尾都多本神社」に比定されています。かつては湧き水を溜めた幅約一間の堀で囲まれていたようです。祭神の哭澤女神（啼沢女命）は、『古事記』の「国生み」「神生み」神話で、伊邪那美命が火の神（火之迦具土神）を生んで亡くなったのを伊邪那岐命が悲しんで流した涙から生まれた女神とされています。

天岩戸神社

橿原市南浦町

香具山の南麓の鬱蒼とした林の中に南面して鎮座し、天照大神を祀ります。神殿はなく、神代に、天照大神が岩戸隠れした場所と伝わる岩穴や巨石を御神体としています。玉垣内には七本竹と呼ばれる真竹が自生しており、毎年七本ずつ生えかわると伝わります。この竹にさわると腹痛になるともいわれます。

【明日香村所在の神社】

飛鳥坐神社

明日香村飛鳥

明日香村大字飛鳥字神奈備に鎮座しています。『日本紀略』の天長六年（八二九）三月条には、大和国高市郡賀美郷の甘南備山飛鳥社が、同郡同郷の鳥形山に神の託宣によって遷ったとあり、甘南備山から鳥形山に移座したことが記されています。また、『日本三代実録』の貞観元年（八五九）九月条には、大和国飛鳥社に遣使を送り、幣を奉げ、風雨を祈ったと記されています。境内には陰陽石など多種多様な奇石が安置されています。毎年二月に開催されるおんだ祭（→340頁）は、奇祭として知られています。

飛鳥坐神社おんだ祭

飛鳥山口坐神社

明日香村飛鳥

現在、飛鳥坐神社の境内にあり、その末社になっています。式内大社であり、『延喜式』祝詞では祈雨の神として崇められていました。山口坐神社が造営された理由は、山の口より落ちる水が豊かで悪風や荒雨のおそれがないようにという祈願のためであったと考えられます。

甘樫坐神社

明日香村豊浦

大字豊浦、大字雷の氏神です。『延喜式』神名帳には「大和国高市郡 甘樫坐神社四座」と記載され、大社に列格し、月次祭・相嘗祭・新嘗祭の奉幣に与ると記されています。境内には謎の石造遺物・立石があり、注連縄をかけて祀っています。

大原神社

明日香村小原

俗に「明神様」と呼ばれています。

大原神社　万葉歌碑と拝殿

多武峰連峰の最高道場であった藤原寺の鎮守という伝承があり、八幡大神を祀っていたといわれています。中臣氏の本拠地で藤原池もこの地の近くにあったとする説があります。大原神社の境内には「大織冠誕生之旧跡」という石碑とともに、天武天皇と藤原夫人が詠んだという万葉歌（巻二―一〇三・一〇四）の碑が建っています。二人の間には、新田部皇子が生まれています。

治田神社

明日香村岡

岡寺（龍蓋寺→148頁）の一〇〇メートルほど西に位置しています。創建年は不明ですが、式内社とされています。境内地からは凝灰岩の基壇化粧石や礎石、瓦が出土しており、八世紀初頭の岡寺の創建伽藍の跡と考えられます。明治時代になり治田神社となりましたが、それまでは岡寺の鎮守八幡宮として境内地に祀られていました。史跡（岡寺跡）。なお、明日香村岡の本町通りと岡寺参道の交差点に同社の鳥居があります。大きな鳥居で、建立は昭和八年八月、石匠トサ・川端と刻まれており、おかげ灯籠が鳥居の両脇に建っています。九月一日の治田神社宮下りでは、本社から御幣を移して半月間、一の鳥居の上に祀ります。その間、鳥居の両脇で百灯明（現在は蠟燭）を灯します。『西国三十三所名所図会』（一八四八年）

治田神社一の鳥居

にも描かれています。

於美阿志神社

明日香村檜前

飛鳥駅から南東約一キロメートル、檜隈寺跡地に鎮座しています（→142頁）。式内社で、現在地より西方にありましたが、明治四十年（一九〇七）に移座したといいます。五世紀頃に百済から渡来した人々の後裔である東漢氏（→86頁）が、始祖の阿智（知）使主を祭神として祀るために創建されたと伝わります。東漢氏は、七世紀前半頃に氏寺としてこの地に檜隈寺を建立しており、於美阿志神社は檜隈寺の鎮守社として造営され、飛鳥時代の末に創建された可能性もあります。江戸時代には「御霊明神」と呼ばれ、明治四十年に檜隈寺金堂跡地に今の本殿が遷座されたようです。境内には、平安時代の檜隈寺の十三重石塔があり、国の重要文化財に指定されています。また、宣化天皇の檜隈廬入野宮跡の石碑が立っています。史跡（檜隈寺跡）。石塔婆は重要文化財。

気都和既神社

明日香村上

石舞台古墳から東へ二キロメートルほど冬野川を遡った谷あいに鎮座し、『延喜式』神名帳にある「氣都倭既神社（大和国高市郡）」に比定される式内社です。細川・上・尾曽の三つの大字の郷社となっています。御祭神の気津別命は、物部氏系の真神田宿禰の祖神とされ、真神田曽祢連は、真神原に本拠をおいた飛鳥の豪族とされています。

飛鳥川上坐宇須多岐比賣命神社

明日香村稲渕

日本で一番長い名前の神社です。長い階段の上に急な石段が続きますが、二〇〇段ほどを登り切ると拝殿があります。本殿はなく、後背の宮山が御神体です。拝殿には、平安時代前期の作と推定されている男女各二体の神像が祀られているといいます。明治時代より、入谷・畑・稲渕・栢森の四つの大字の郷社になっています。皇極天皇が皇極天皇元年（六四二）に行なった祈雨祭祀の場所は、飛鳥川と神体山が近接したこの場所ともいわれ、また女淵や

飛鳥川上坐宇須多岐比賣命神社参道下の石碑

男淵とも推察されています。なお「うすたき」の表記に関して、神名は「宇須多伎」、また『延喜式』神名帳の社名も「宇須多伎」とされ、中近世、明治時代までの史料にはそれが踏襲されていますが、大正時代以降「宇須多岐」の表記も混在してみられるようになり、現在は奈良県神社庁への登録は「宇須多岐」、また参道階段脇の石柱にも「宇須多岐」と表示されています。

加夜奈留美命神社

明日香村栢森

地元では「滝本神社」や「葛神さん」と呼ばれていました。祭神は加夜奈留美命ですが、この神様は古事記にも日本書紀にも登場せず、「出雲国造神賀詞」という祝詞に登場します。大穴持命（大己貴命、大国主神）が国土を天孫に譲って出雲（島根県）へ去る時に、自らの和魂と子女の御魂を大和に留めて皇室の守護とします。神賀詞祝詞には「賀夜奈流美命の御魂を飛鳥の神奈備に坐せて鎮め祭る」とあり、これがこの神社のはじまりとされています。天長六年（八二九）に、飛鳥坐神社が鳥形山に遷された時、加夜奈留美神の本霊は旧地に留まったといわれています。その社地は所在が不明となり、現在の社は、明治十一年（一八七八）に富岡鉄斎が栢森の「葛（頭）神社」を加夜奈留美命神社の故地として復興したものです。

大仁保神社

明日香村入谷

集落の最高地点（標高四五〇メートル）に鎮座しています。仁徳天皇を祀っていますが、氏神は宇須多伎比売命です。明治四十四年（一九一一）に飛鳥川上坐宇須多岐比賣命神社に合祀されましたが、大字（大字）の住民により、この神社が継承されてきました。本殿の脇には、通称「天空展望台」があり、

大仁保神社からの展望

晴れた日には遠く六甲山やあべのハルカスまでを見晴らすことができます。

【橿原市所在の神社】

人麿神社
橿原市地黄町

地黄町に鎮座し、柿本人麻呂を祭神としています。解体修理で発見された棟札銘から、康永四年（一三四五）の建立とみられ、隅木入春日造の本殿は、南北朝時代の特徴をよく表しています。石灯籠と狛犬は明治十四年（一八八一）の奉献です。毎年五月四日には、無病息災や豊作を祈る野神祭の一つである「すすつけ祭」が行なわれます。地黄町の地名は、漢方で用いられる薬草のジオウ（地黄、古名　佐保姫）を盛んにつくっていたことに由来するといわれています。重要文化財。

入鹿神社
橿原市小綱町

小綱町に鎮座し、素戔嗚尊と蘇我入鹿が合祀されており、全国でただ一つ入鹿を祭神とした神社です。この地域はもと蘇我氏の領地であり、入鹿が幼少時を過ごしていたとの伝承があります。江戸時代初期建造の本殿は橿原市の指定文化財で、木造の素戔嗚尊像と蘇我入鹿像が安置されています。

牟佐坐神社
橿原市見瀬町

岡寺駅のすぐ西側に位置します。身狭（＝牟佐）は大和国高市郡の地名で、阿智（知）使主が率いて帰化した東漢氏（→86頁）の本拠地とされています。『五郡神社記』（一四四六年）では、渡来人の身狭村主青が生雷神（公）を祀ったのがはじまりとしています。孝元天皇即位の宮地と伝わり、境内には孝元天皇軽境原宮跡の石碑があります。

『日本書紀』によれば、壬申の乱（→96頁）では、「高市社に居る事代主神」と「身狭社に居る生霊神」が高市県主許梅に神がかりし、「神日本磐余彦（神武）天皇の陵に馬および種々の兵器を奉れ」ば、大海人皇子を守護すると神託したといいます。金綱井（橿原市今井町・小綱町付近）で両軍が戦った時のことですが、乱では大海人皇子軍が勝利し、即位後に身狭坐生霊神に史上初となる神位が授けられました。この身狭社については、牟佐坐神社のほか、橿原市大久保町の生国魂神社などの説があります。生国魂神社は、江戸時代に神武天皇の陵とされた丸山にありましたが、大正時代（一九一二〜二六）の集落大移転に伴い現在地に遷座しました。なお、高市社については、橿原市雲梯町の河俣神社とも比定されています。

宗我坐宗我都比古神社

橿原市曽我町

蘇我氏の本拠地ともいわれる曽我町にあります。曽我は古名を蘇我と記し、竹内宿禰の第三子石川宿禰が、蘇我の大家を賜り河内（大阪府北東部から南東部）から移り住み、蘇我の姓を名乗ったと伝えられています。蘇我馬子がこの地で社殿を造営し、始祖夫妻をお祀りしたとされ、地元曽我の人たちからは、「曽我ンさん」と呼ばれ親しまれてきました。

鷺栖神社

橿原市四分町

『延喜式』神名帳に記される「鷺栖神社」に比定されています。口碑によると、藤原宮跡南方、現在の上飛騨町日高山にある八幡神社が旧地だとされ、藤原宮の鎮守神とも伝えられます。藤原氏の祖神を祀ることから、藤原不比等により藤原京遷都に際して日高山に移されたという伝えもあるといいます。

鴨公神社と旧鴨公村

鴨公神社は、橿原市高殿町の藤原宮大極殿跡の土壇上の神社で、社殿はなく、クスノキの巨木を御神体として石柵で囲んでいます。

鴨氏は奈良時代以降、平安、鎌倉時代までこの辺りで暮らしていたとされ、『万葉集』には、鴨君足人の香具山の歌（巻三―二五七）があります。享保年間（一七一六〜三六）の『大和志』は、式内社の高市御縣坐鴨事代主神社について、「高殿村に在り、今、大宮と称する。又の名を鴨公の森」とあり、鴨公神社に比定しています。一方『出雲国造神賀詞』では、高市郡の事代主神は宇奈提なる地に鎮座するとされ、現在の河俣神社に比定する説があります。

昭和九年（一九三四）から同十八年まで行なわれた大宮土壇付近の発掘調査により、当地が藤原宮大極殿跡であることが確認されました。日本の古代都城研究史

鴨公神社跡

上、宮域の中の主要施設が発掘調査という方法で明らかにされた最初の成果でした。調査結果を受けて昭和二十一年（一九四六）に史跡、昭和二十七年に特別史跡となっています。

明治二十二年（一八八九）に町村制が施行され、高市郡高殿村・醍醐村・別所村・上飛騨村・飛騨村・縄手村・法花寺村が合併して鴨公村が誕生しました。昭和三十一年には、磯城郡耳成村ならびに高市郡畝傍町、鴨公村、八木町、今井町および真菅村が合併し、橿原市が誕生しています。

大宮土壇跡北側には鴨公小学校がありましたが、昭和四十九年に大極殿跡より現在の橿原市縄手町に移転しています。

【桜井市所在の神社】

談山神社

桜井市多武峰

藤原鎌足を祭神としており、「多武峰寺（妙楽寺）」と呼ばれていました。鎌倉時代の寺伝によると、天武天皇七年（六七八）に、唐より帰国した鎌足の長男の定恵が、鎌足の遺骨の一部を摂津国阿威山（大阪府高槻市、茨木市）から多武峯山頂に改葬し、十三重塔を建立したのがはじまりとされています。同九年に講堂を造営して妙楽寺と称し、大宝元年（七〇一）に、神殿を建て鎌足の神像を安置したとされています。明治時代の神仏分離により談山神社となり、多武峰の聖霊院を本殿、護国院を拝殿、東西の透廊と楼門で囲む一郭を本社とし、それまでの講堂は拝所、十三重塔は神廟となりました。日本唯一の木造の十三重塔（一五三二年再建）、同じ室町時代の権殿（旧常行堂）、幕末に再建された本殿（漆塗極彩色・三間社春日造）そのほか多くの建造物が重要文化財。和銅八年（七一五）の銘がある粟原寺三重塔伏鉢は国宝。絹本著色大威徳明王像や刀剣類六振などは重要文化財。定恵は、白雉四年（六五三）に遣唐使にしたがって学問僧として唐にわたり、

談山神社十三重塔

天智天皇四年（六六五）に百済経由で帰朝したことが『日本書紀』に記されています。『藤氏家伝』「貞慧伝」によると、定恵は帰国した三ヵ月後に毒殺され、大原の第で亡くなっています。

若桜神社・稚桜神社

桜井市谷・池之内

若桜神社は桜井市谷に、稚桜神社は桜井市池之内に鎮座しています。『日本書紀』によると、履中天皇が皇妃と磐余市磯池で遊んだ時、時ならぬ桜の花びらが杯に散ったため、桜の木を探させたところ、掖上室山（御所市）でみつかりました。献上されたその桜を清水湧き出る泉のそばに植え「桜井」とし、宮の名前も「磐余稚桜宮」にしたといいます。両神社ともにそれを由来とし、『延喜式』神名帳にある「若櫻神社」の比定地としています。若桜神社では、すぐ近くにその井戸といわれるものがあったとされ、境内に復元されています。桜井の地名のおこりは、この井戸にあるといわれています。

石寸山口神社・高田山口神社

桜井市谷・高田

石寸山口神社は桜井市谷に鎮座し、高田山口神社は桜井市高田に鎮座しています。現在、式内社であった山口神社は比定をめぐって意見がわかれており、この二つの山口神社が候補とされています。石寸山口神社は、「双槻神社」と呼ばれていたことから、用明天皇の磐余池辺双槻宮の跡地とする説がある一方、石寸山の水上にあったので石寸水分社とする説（『大和志料』）もあります。高田山口神社は神殿がなく、神木を御神体としています。

4 古墳

飛鳥・藤原地域の古墳の動向

古墳時代から飛鳥時代へ

古墳時代は、特殊に発達した墳丘墓(ふんきゅうぼ)（墳丘を持つ墳墓）、すなわち古墳の造営によって特徴づけられる時代区分です。古墳は、三世紀から七世紀の長期間にわたり、東北南部から九州までの汎日本列島的規模で活発に造営されました。

古墳の墳丘形態は、「前方後円墳(ぜんぽうこうえんふん)」「前方後方墳(こうほう)」「円墳」「方墳」の四種類が代表的なものですが、最大の古墳である大阪府堺市の大山(だいせん)古墳をはじめ、墳丘の全長が二〇〇メートルを上まわる巨大古墳約四〇基は、すべて前方後円墳です。古墳は、前方後円墳を頂点とした墳丘の形態差による序列（前方後円墳―前方後方墳―円墳―方墳）と、墳丘規模の大小によって、階層性を視覚化する機能を有していました。こうしたことから、古墳時代には、支配者層が同じ形式の墳墓である古墳を明確な階層性を持って共有し、その政治的連帯と秩序を視覚的に確認する社会システムが存在したと考えられています。

飛鳥時代は古墳が終焉を迎えた時代です。飛鳥時代がはじまる六世紀末前後を境に、前方後円墳はほとんどつくられなくなり、有力古墳は大型の円墳・方墳に変化します。飛鳥時代を通じて、古墳の規模は小さくなり、造営数も段階的に減少し、平城遷都（七一〇年）の頃には全くつくられなくなります。古墳時代社会で重要な役割を果たした古墳の機能が、中央集権的な国家体制が整備されていく中で変質し、ついにはその意味を失ったと評価できます。

飛鳥時代の特殊化した古墳を「終末期古墳」と呼びますが、その定義は曖昧です。なお、飛鳥時代を古墳時代終末期とする時代区分もありますが、近年はほとんど用いられません。

古墳の小型化と墳形変化

飛鳥時代における古墳の墳丘規模の縮小、墳形の変化の過程はおおむね三段階に整理できます。

第一段階は、六世紀末前後の前方後円墳の消滅と、有力古墳の大型円（方）墳化です。一部の地域を除いて前方後円墳はほとんどつくられなくなり、大王や王族、全国の有力豪族らは大型の円墳または方墳を造営するようになります。飛鳥・藤原地域におけるこの時期を代表する古墳として、赤坂天王山古墳（方墳・四五メートル）、植山古墳（長方形墳・三〇×四〇メートル）、石舞台古墳（方墳・五〇メートル）、与楽カンジョ古墳（方墳・三六メートル）、段ノ塚古墳（八角墳・四二メートル）、小山田古墳（方墳・八〇メートル以上）、菖蒲池古墳（方墳・三〇メートル）などがあります。『日本書紀』によれば、当時最有力の豪族であった蘇我氏は、蘇我馬子の「桃原墓」を盛大に造営し、子の蝦夷、孫の入鹿は多くの民を徴発して生前から自身らのために「大陵」「小陵」を築造しました。前者は石舞台古墳が比定され、後者の「大陵」は一辺の長さが八〇メートルを上まわる飛鳥時代最大の方墳である小山田古墳の可能性が指摘されています。蘇我氏以外の豪族もそれぞれ本拠地に大型円（方）墳を造営しました。七世紀中葉の段ノ塚古墳は、八角墳の初現として重要な位置を占めています。

第二段階は、乙巳の変（六四五年↓90頁）で蘇我氏が滅亡した七世紀中葉から第Ⅲ四半期にかけてのさらなる古墳の縮小化と築造数の減少です。飛鳥・藤原地域におけるこの時期を代表する古墳として、岩屋山古墳（方墳・四〇メートル）、カナヅカ古墳（方墳・三五メートル）、小谷古墳（方墳または円墳・三〇メートル）、牽牛子塚古墳（八角墳・二二メートル）、カヅマヤマ古墳（方墳・二四メートル）、鬼の俎・雪隠古墳（長方形墳・四〇メートル）などがあります。この時期の古墳の縮小化にかかわる史料として、『日本書紀』大化二年（六四六）三月の条にみえる「大化薄葬令」があります。古墳の墳丘・石室の規模、築造に動員できる役夫の人数と日数などが、身分に応じて具体的に規定されていますが、規定に合致する古墳の実例は少ないです。

第三段階は、壬申の乱（→96頁）を経て中央集権体制がほぼ確立した七世紀第Ⅳ四半期から八世紀初頭までで、事実上の古墳の終焉時期にあたります。飛鳥・藤原地域におけるこの時期を代表する古墳として、野口王墓古墳（八角墳・三七メートル）、中尾山古墳（八角墳・一九・五メートル）、マルコ山古墳（六角墳・二四メートル）、キトラ古墳（円墳・一三・八メートル）、高松塚古墳（円墳・二三メートル）などがあります。八角墳の造営は、七世紀中葉以降の動向として重要です。八角墳は大王（天皇）陵もしくはそれに準ずる一部の皇族墓として限定的に採用され、それ以外の古墳との差別化が図られました。特に七世紀第Ⅳ四半期以降は築造数の激減により、天皇陵である八角墳は隔絶的な存在となります。八世紀に入る頃には急速に火葬が広まり、古墳は完全な終焉を迎えます。

埋葬施設の変化

古墳の埋葬施設は、大きく「竪穴系埋葬施設」と「横穴系埋葬施設」にわけられます。竪穴系埋葬施設は、弥生時代以来の系譜を引く、いわば在来的な埋葬施設で、竪穴式石室、粘土槨、木棺（石棺）直葬などが代表的なものです。これに対し、横穴系埋葬施設は、古墳時代になってから大陸の影響を受けて成立した埋葬施設で、横穴式石室、横口式石槨などが代表的なものです。飛鳥時代の古墳の埋葬施設は、横穴系埋葬施設が基本で、竪穴系埋葬施設はまれです。

七世紀前半までの大型方（円）墳は、巨石を使用した大型の横穴式石室を採用しています。畿内地域の大型横穴式石室は、平林式→天王山式→石舞台式→岩屋山式→岩屋山亜式の順に型式変化します。七世紀前半の石舞台古墳石室に代表される石舞台式石室は、巨石化と大型化がピークに達したものです。七世紀中葉には切石積で壁面構成の整った岩屋山式石室が有力古墳に採用されるようになり、その後、急速に小型化して七世紀第Ⅳ四半期には横穴式石室はほとんどみられなくなります。

七世紀前半の寺崎白壁塚古墳は、飛鳥・藤原地域で最も古い横口式石槨です。七世紀中葉までの横口式石槨は石槨の前面に前室を設けますが、七世紀後半には前室を失ったものが現われます。石英閃緑岩など硬質の石材を刳り抜いて構築する鬼の俎・雪隠古墳タイプの横口式石槨や、高松塚古墳石槨などにつながっていく軟質の凝灰岩切石を組みあわせて構築する横口式石槨などがあります。野口王墓古墳の横口式石槨は、石室的要素の強い一定規模の墓室空間を持ち、七世紀第Ⅳ四半期としては突出した存在です。

❖古墳の分布と主要古墳

飛鳥時代の政治的中心であった飛鳥・藤原地域には、古墳時代後期から飛鳥時代にかけての代表的な古墳が多く分布しています。宮都の主要施設が集中する飛鳥盆地内には古墳の分布はみられず、その周辺部に古墳の集中する地域があります。特に飛鳥盆地の南西にあたる「檜隈」「真弓」を中心とした丘陵地帯は、飛鳥時代の主要古墳が集中する一大墓域です。

古墳の築造数が激減した七世紀第Ⅳ四半期以降には、古墳被葬者は天皇とその近親者にほぼ限定されたと考えられ、そうした数少ない古墳が檜隈周辺に集中して分布しています。藤原宮・京の中軸線を南に延長したライン上に野口王墓古墳（天武・持統陵）が位置し、中尾山古墳・高松塚古墳・キトラ古墳などもほぼこのラインに近い位置にあることから、「飛鳥の聖なるライン」として意図的な配置を推測する説もあります。

野口王墓古墳

明日香村野口

対辺の長さ三七メートル、復元高七・七メートルの五段築成の八角墳。外表は二上山凝灰岩切石を使用した貼石・敷石を施しています。裾には外周石敷がめぐります。文暦二年（一二三五）の盗掘にかかわる実検記録『阿不幾乃山陵記』の記述によれば、埋葬施設は「瑪瑙」切石を用いた横口式石槨です。全長七・七メートル、「内陣」（玄室）の長さ四・二メートル、幅二・八メートル、高さ二・四メートル、「外陣」（羨道）の長さ三・五メートル、高さ二・二メートルの規模を有しています。玄室入口には両開きの金銅製扉があります。玄室には、格狭間のある金銅製の棺台があり、その上に朱塗りの漆塗木棺がおかれ、棺内には人骨、紅色の衣服、石帯などがありました。また、棺の隣には金銅製「桶」（蔵骨器）がおかれていました。漆塗木棺は持統天皇二年（六八八）に「大内陵」に葬られた天武天皇の所用棺、蔵骨器は大宝三年（七〇三）に「飛鳥岡」で荼毘に付され、「大内山陵」に合葬された持統太上天皇の遺骨をおさめたものと理解できます。被葬者の比定が最も確実な古墳の一つです。宮内庁により、天武天皇・持統天皇の檜隈大内陵に治定され、管理されています。

野口王墓古墳の石室内イメージ

平田梅山古墳

明日香村平田

全長一四〇メートルの西向きの前方後円墳。大規模な背面カットによって形成した南向きの傾斜地に築造され、墳丘南面では後円部・前方部とも三段築成です。南くびれ部に造り出しを持ちます。墳丘表面には貼石を施し、盾形周濠がめぐっています。六世紀後半築

平田梅山古墳

造。欽明天皇檜隈坂合陵として宮内庁により管理されています。

カナヅカ古墳

明日香村平田

明治時代に破壊されましたが、一辺三五メートルの二段築成の方墳に復元されます。墳丘背後には大規模なカット面があり、墳丘前面には幅六〇メートルにおよぶテラス面があります。諸記録から埋葬施設は岩屋山式の横穴式石室で、全長一六メートルに復元されます。七世紀中葉の築造。欽明天皇陵陪塚（大きな墓のそばにある小さな墓のこと）として宮内庁により管理されています。

鬼の俎・雪隠古墳

明日香村平田・野口

「鬼の俎」と呼ばれる横口式石槨の底石が原位置に露出し、「鬼の雪隠」と呼ばれる石槨上部がその下方に転がり落ちています。石槨は内法の長さ二・八メートル、幅一・五メートル、高さ一・三メートルに復元されます。鬼の俎の東側にも別の横口式石槨底石が存在していましたが、細かく割られて転用されています。現在は橿原考古学研究所附属博物館に移設されています。本来は横口式石槨二基を並列した東西約四〇メートルの長方形墳と推定されます。俎・雪隠の部分は欽明天皇陵陪塚として宮内庁により管理されています。

中尾山古墳

史跡　明日香村平田

対辺の長さ一九・五メートル、高さ四メートル以上の三段築成の八角墳。下段・中段の外表は花崗岩の根石をならべた上に拳大から人頭大の石材を小口積にし、さらに上部に根石と同様の石材を垂直に積み上げています。上段は版築の封土が露出しています。裾には外周石敷が三重にめぐり、外周石敷を含めた対辺の長さは三二・五メートルになります。凝灰岩（竜山石→33頁）製の沓形石造物を墳頂部の装飾に用いたと推定されています。埋葬施設は南に開口する横口式石槨で、内部空間は幅・奥行き・高さとも約九〇センチメートルです。床石・四壁石・天井石各一石で構成し、四隅に柱状の隅石を立てます。床石は石英閃緑岩、天井石は花崗岩、それ以外は凝灰岩（竜山石）の切石を用いています。壁面は丁寧に磨かれ、全面に水銀朱を塗ります。床面中央の六〇センチメートル四方の範囲

中尾山古墳

は一段削り込まれ、火葬骨をおさめた蔵骨器をおくための台が設置されていたと考えられます。七世紀末から八世紀初頭の築造。被葬者については早くから慶雲四年（七〇七）に飛鳥岡で荼毘に付され、檜隈安古岡上陵に葬られた文武天皇の可能性が高いとされています。

高松塚古墳

特別史跡

明日香村平田

直径二三メートルの二段築成の円墳。埋葬施設は南に開口する横口式石槨で、内法の長さ二六四・八センチメートル、幅一〇三・二センチメートル、高さ一一三・四センチメートル。床石四、東西壁石各三、北壁石一、南壁石（閉塞石）一、天井石四の二上山凝灰岩（→34頁）切石一六石で構築されます。槨内壁は全面に漆喰を丁寧に塗布し、それを下地として極彩色の壁画を描きます。各壁の中央には、北に玄武、東に青龍、西に白虎の四神図を描きますが、南の朱雀は盗掘時の破壊により失われています。天井中央には星宿図、東西壁中央上部には日月像を描きます。東西壁の北寄りには女子、南寄りには男子の人物群像を四体ずつ計一六体描きます。床面には木製棺台の設置痕跡があり、東壁には十三世紀の盗掘時に棺台・漆塗木棺が接触した傷があります。長さ約一九九・五センチメートル、幅約五八センチメートルの底板部分をはじめ、多量の漆塗木棺の破片、銅釘のほか、金銅製透彫金具・金銅製六花形座金具・金銅製円形金具・銅製座金具などの棺金具類が出土しています。副葬品としては海獣葡萄鏡・ガラス玉・銀装大刀金具類などがあります（→206頁）。七世紀末から八世紀初の築造。被葬者に関する議論は多く、高市皇子・弓削皇子・忍壁皇子など天武天皇諸子や、阿倍御主人・石上麻呂など高位高官の貴族を候補とする説があります。昭和四十七年（一九七二）、はじめて極彩色壁画が発見され、大きな話題となりましたが、その後壁画の生物被害が進行しました。平成十八年から十九年（二〇〇六〜〇七）には国宝壁画修復のために石槨が解体され、現在は国営飛鳥歴史公園事務所内の文化庁保存修理施設に保管されています。特別史跡。壁画は国宝（絵画）。

高松塚古墳

キトラ古墳

特別史跡

明日香村阿部山

直径一三・八メートルの二段築成の円墳。埋葬施設は南に開口する横口式石槨で、内法の長さ二・四メートル、幅一・〇四メートル、高さ一・二四メートル。床石四、東壁石四、西壁石三、北壁石二、南壁石（閉塞石）一、天井石四の二上山凝灰岩（→34頁）切石一八石で構築されます。天井は深さ一〇センチメートルの屋根形に刳り込みます。槨内壁は全面に漆喰を丁寧に塗布し、それを下地として極彩色の壁画を描きます。各壁の中央には、北に玄武、東に青龍、西に白虎、南の朱雀の四神図を描きます。天井中央には天文図、東西壁寄りに日月像を描きます。高松塚古墳のような人物群像はありませんが、四壁下部に四体ずつ獣面人身の十二支像を描きます。床面には長さ二〇二センチメートル、幅六六センチメートルの棺台の設置痕跡があります。多量の漆塗木棺の破片、銅釘のほか、金銅製鐶座金具・金銅製六花形飾金具・銅製座金具などの棺金具類が出土しています。副葬品としては、ガラス玉・銀装大刀金具類などがあります。築造時期は、七世紀末から八世紀初頭。昭和五十八年（一九八三）のファイバースコープ調査で、高松塚古墳に次ぐ壁画古墳であることが判明しました。その後の内部調査で壁面の漆喰層が落下する危険性があることが判明し、平成二十二年（二〇一〇）までに壁画の剝ぎ取りが行なわれました。壁画は現在国営飛鳥歴史公園キトラ古墳周辺地区にある文化庁キトラ古墳壁画保存管理施設に保管されています（→225頁）。特別史跡。壁画は国宝（絵画）。

牽牛子塚古墳・越塚御門古墳

史跡

明日香村越

牽牛子塚古墳

牽牛子塚古墳は、対辺の長さ約二二メートル、高さ四・五メートル以上の八角墳。墳丘斜面は二上山凝灰岩（→34頁）切石の貼石を施し、裾部には同じく凝灰岩切石の犬走り状の石敷がめぐり、さらに外側は川原石敷としています。埋葬施設は二上山凝灰岩の巨石一石を刳り抜いた南に開口する横口式石槨。中央の間仕切りで二室構造とし、両室とも長さ二・〇八メートル、幅・高さとも約一・二メートルで、高さ一〇センチメートルの棺台をつくり出します。開口部は幅一・三八メートル、高さ一・〇二メートル、厚さ三〇センチメートルの凝灰岩切石（内部閉塞石）で閉塞します。石槨の周囲は石英安山岩の切石で囲まれ、特に開口部前面には幅二・六二メートル、高さ二・二四メートル、厚さ六〇センチメートルの巨大な石英安山岩切石（外部閉塞石）を立てます。夾紵棺片、七宝亀甲形飾金具、ガラス玉、歯牙などが出土し、被葬者の一人は三〇～四〇歳代の女性と推定されています。

　牽牛子塚古墳の南東に接して、越塚御門古墳が築造されています。墳形は明らかではありませんが、石英閃緑岩を使用した鬼の俎・雪隠古墳タイプの横口式石槨を埋葬施設とします。内法の長さ二・三六メートル、幅九五センチメートル、高さ六〇センチメートルで、鉄釘・漆塗木棺片が出土しています。両古墳の状況は、七世紀後半の築造と考えられること、牽牛子塚古墳が八角墳であることを含め、『日本書紀』天智天皇六年（六六七）の斉明天皇と間人皇女を「小市岡上陵」に合葬し、大田皇女を陵前の墓に葬ったとする記事とよく符合します（→62頁）。牽牛子塚古墳の墳丘は版築盛土の地耐力が低下し、石槨にも大きなひび割れが生じていたため、墳丘全体を軽量盛土とコンクリートで覆って保護し、墳丘を復元する整備が行なわれました。

岩屋山古墳

明日香村越

一辺四〇メートルの二段築成の方墳で、上段は多角形の可能性があります。埋葬施設は南に開口する両袖式横穴式石室で、全長一七・七八メートル、玄室の長さ四・八六メートル、幅一・八メートル、高さ約三メートル、羨道の長さ約一三メートル、幅約二メートル、高さ約二メートル。全体を石英閃緑岩の切石積とし、奥壁二段上下各一石、玄室側壁二段上段二石・下段三石、羨道側壁一・二段構成とし、天井石は玄室二石、羨道五石です。岩屋山式石室の標式。羨門部の天井面には幅六センチメートル、深さ二センチメートルほどの溝が切られており、扉などの施設があったと推定されます。築造時期は七世紀中葉。墳形を八角墳とみて斉明天皇（→56頁）の初葬地と考える説があります。

マルコ山古墳

明日香村真弓

対辺の長さ約二四メートル、高さ約五・三メートルに復元される二段築成の六角墳。埋葬施設は南に開口する横口式石槨で、内法の長さ二・七二メートル、幅一・二九メートル、高さ一・四三メートル。床石四、東西壁石各

三、北壁石二、南壁石（閉塞石）一、天井石四の二上山凝灰岩（→34頁）切石一七石で構築されます。天井は深さ七センチメートルの屋根形に刳り込み、側石の組みあわせのための目印として朱線が確認されています。床面を含め内面全面に漆喰を塗りますが、壁画はありません。大規模な盗掘にあっていましたが、壮年男性の人骨のほか、漆塗木棺片・鉄釘・銅釘・金銅六花形飾金具・金銅製大刀金具・山形金物・露金物・責金具・尾錠などが出土しました。七世紀末から八世紀初頭の築造。

カヅマヤマ古墳

明日香村真弓

丘陵南斜面を大規模にカットして築造された、一辺約二四メートルの二段築成の方墳。埋葬施設は両袖式の横穴式石室で、全長五メートル以上、玄室復元長三・二メートル、幅一・七メートル、羨道復元長三・六メートル、幅一・六メートル。結晶片岩板石をいわゆる磚積とし、壁面に漆喰を塗ります。玄室床面は結晶片岩板石敷とし、中央に板石積の棺台を設け、いずれも漆喰を塗ります。土器類、刀子、漆片、鉄釘などが出土し、七世紀後半の築造と考えられます。古墳は地滑りによって大きく損壊しており、正平地震（一三六一年）の被害である可能性が指摘されています。

真弓鑵子塚古墳

明日香村真弓

直径約四〇メートルの二段築成の円墳。埋葬施設は南に開口する右片袖式横穴式石室で、玄室の天井はドーム状に高くせり上がります。全長一七・八メートル、玄室の長さ六・五メートル、幅四・三メートル、高さ四・三メートル、羨道の長さ六・六メートル、幅二～二・二メートル。玄室の北側に長さ三・七メートル、幅二～二・二メートル、高さ二・二～二・四メートルの奥室を設けています。土器類・銀象嵌刀装具・鉄鏃・獣面飾金具・馬具などが出土しています。築造時期は、六世紀中葉から後半。渡来系豪族の墓と考えられています。

東明神古墳

高取町佐田

丘陵南斜面を大きくカットして平坦面を造成し、墳丘を構築しています。墳丘は改変が著しいですが、外周石敷（対角の長さ約三六メートル）を有する八角墳の可能性が指摘されています。埋

東明神古墳の石室

葬施設は南に開口する横口式石槨で、ブロック状に加工した二上山凝灰岩(→34頁)を約五〇〇個積んで構築されます。内法長さ三・一二メートル、幅二・〇六メートルで、両側壁は高さ一・二九メートルまでは垂直に積み上げ、それより上部は約六〇度の傾斜で内傾させています。鉄釘・漆膜・金銅製棺金具などが出土。七世紀後半から末の築造。持統天皇三年(六八九)に没した草壁皇子墓の可能性が指摘されています。昭和五十九年(一九八四)に、実物大の石槨復元実験が実施され、現在、奈良県立橿原考古学研究所附属博物館前庭に展示されています。

五条野丸山古墳

史跡

橿原市五条野町・見瀬町・大軽町

全長三一八メートル、後円部径一五五メートル、前方部幅二一〇メートルの前方後円墳で、最大の後期古墳。明治初年にW・ゴーランドが調査を行ない、巨大な横穴式石室の存在を報告しています。平成三年(一九九一)、偶然石室が開口し、市民らが撮影した内部の写真が新聞に掲載されたことをきっかけに、宮内庁による現況調査が実施されました。横穴式石室は全長二八・四メートル、玄室の長さ八・三メートル、羨道の長さ二〇・一メートルで、全国最大規模。玄室内には凝灰岩(竜山石→33頁)製刳抜式家形石棺二個がおかれています。後円部の一部が畝傍陵墓参考地として宮内庁の管理を受けています。築造時期は六世紀後半で、被葬者を欽明天皇あるいは蘇我稲目(→66頁)とする説があります。

五条野丸山古墳

植山古墳

史跡

橿原市五条野町

東西約三〇メートル、南北約四〇メートルの長方形墳。墳丘の東・北・西には大規模な掘り割りがコの字形にめぐります。二基の横穴式石室が東西に並列し、六世紀末にまず東石室がつくられ、七世紀前半に西石室が追加されます。東石室は全長約一三メートルの両袖式横穴式石室で、阿蘇溶結凝灰岩(馬門石。阿蘇ピンク石とも)製の刳抜式家形石棺を安置しています。西石室は全長約一三メートルの横穴式石室で、玄門部に扉を受ける凝灰岩(竜山石)製の閾石があります。両石室とも閉塞土によって開口部を塞がれた状態が確認されました。掘り割り背後の丘陵上には延長一一四メートルにわたって掘立柱塀が設置され、建てかえられながら藤原宮期まで存続します。東石室の被葬者を竹田皇子（→61頁）、西石室の被葬者を推古天皇（→56頁）とし、「科長大陵」に改葬される前の竹田皇子および推古天皇の初葬地とする説が有力です。

菖蒲池古墳

史跡　橿原市菖蒲町

一辺三〇メートルの二段築成の方墳。背後に大規模なカット面があるほか、東側に特殊な堤状遺構（東辺外堤）があります。埋葬施設は南に開口する両袖式横穴式石室で、玄室の長さ七・二メートル、幅二・五メートル。羨道は天井石を失い、側壁も埋没しています。半加工の自然石を用い、大量の漆喰で表面を仕上げています。凝灰岩（竜山石→33頁）製家形石棺二個を直列に安置しています。ほぼ同型同大で、浮彫りの装飾があり、内面を漆塗り仕上げとしています。石室主軸方向が北で西へ一四度振れ、東に隣接する小山田古墳と共通します。七世紀中葉の築造。七世紀後半以降掘り割りが埋められ、少なくとも七世紀末（六九〇年代）には官衙などとして利用されたことが判明しています。被葬者を蘇我蝦夷・入鹿父子（→67頁）とする説、蘇我倉山田石川麻呂（→68頁）・興志父子とする説があります。

小山田古墳

明日香村川原

平成二十六年（二〇一四）の発掘調査で新たに発見されました。一辺の長さが八〇メートル以上の飛鳥時代最大の方墳であり、最後の大古墳です。墳丘は削平され、大部分が県立明日香養護学校の敷地となっています。墳丘北辺には北斜面・底面に貼石を施した底面幅約三・九メートルの掘り割りがあります。墳丘側は丁寧に加工した結晶片岩板石を基礎として、同じく丁寧に加工した室生火山岩（榛原石→35頁）板石を階段状に少しずつずらしながら積み上げた特殊な構造の外表施設を有しています。埋葬施設は大規模な横穴式石室で、石材の抜き取りから幅二・六メートル前後に復元される羨道の一部が確認されています。七世紀中葉の築造。造営直後に墳丘外表の石材が撤去され、少なくとも七世紀末（六九〇年代）には跡地が官衙や墓地として利用されるなど、特殊な状況が明らかにされています。石室主軸方向が北で西へ一四度振れ、菖蒲池古墳と共通します。『日本書紀』皇極天皇元年（六四二）に蘇我蝦夷・入鹿父子が「双墓」を造営し、「大陵」「小陵」と呼んだという記事にみえる蘇我蝦夷の「大陵」説のほか（→67頁）、舒明天皇（→57頁）の初葬地とする説があります。

石舞台古墳

特別史跡　明日香村島庄

一辺約五〇メートルの方墳で、空濠・

外堤を含めた規模は一辺約八〇メートルに達します。墳丘の大部分は古く失われ、横穴式石室の天井石が露出しています。石室は国内有数の巨石石室であり、石舞台式石室の標式。両袖式で西南方向に開口し、全長二〇・五メートル、玄室の長さ七・七メートル、幅三・五メートル、高さ四・八メートル、羨道の長さ一一・七メートル、幅二・五メートル、高さ二・四メートル。玄室奥壁二段、側壁三段、羨道一、二段積みで、玄室の天井石は二石を用いています。最大の天井石は重量七七トンと推定されています。床面には石組の排水溝があります。外堤下に小古墳群の存在が確認されており、造営にあたってそれらを破壊したと考えられています。地名考証や古墳の規模などから、早くから蘇我馬子（→66頁）の桃原墓に比定する説があります。

石舞台古墳

細川谷古墳群

明日香村細川・上・阪田

冬野川に沿った明日香村細川・上・阪田を中心に六世紀後半から七世紀初頭にかけて形成された約二〇〇基の小古墳からなる群集墳。右片袖式で高い天井を持つ横穴式石室や、ミニチュア炊飯具・釵子・指輪などの副葬といった渡来的要素が認められ、飛鳥地域に集住した渡来系氏族の墓域と推定されます。都塚古墳、打上古墳はその盟主墳的位置を占める代表的古墳です。

都塚古墳

史跡　明日香村阪田

「金鳥塚」とも呼ばれます。一辺四一×四二メートルの方墳で、高さ三〇〜六〇センチメートル、幅一メートル

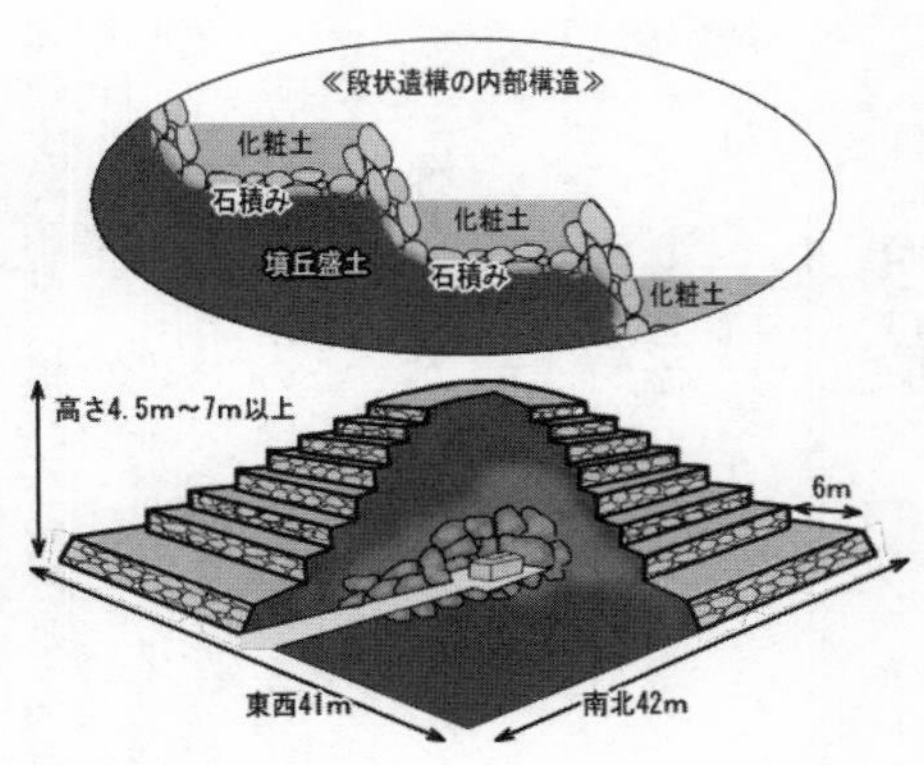

都塚古墳の構造

程度の川原石積の段が六段以上ある多段築成。埋葬施設は南西に開口する両袖式横穴式石室で、全長一二・二メートル、玄室の長さ五・三メートル、高さ三・五五メートル、羨道の長さ六・九メートル。石英閃緑岩の自然石積で、玄室は中央部が高い疑似アーチ状天井を有しています。玄室には二上山凝灰岩（→34頁）製刳抜式家形石棺を安置しています。築造時期は六世紀後半。

段ノ塚古墳

桜井市忍阪

外鎌山南麓の粟原川を見下ろす尾根の突端を大規模に造成して築造されています。墳丘は二段築成の八角形で、南正面の稜角を面取りするように幅の狭い一辺（隅切部）を加えます。下段の対辺間距離は約四二メートル、高さは約一三・五メートルを測ります。下段の裾は丁寧に加工した室生火山岩（榛原石→35頁）の板石を積み上げた外表施設で覆われます。墳丘は三段の台形状をなす壇の上に載っており、最下段の前面幅は九〇メートルを超えます。壇の最下段の裾にも自然石の貼石がみられます。埋葬施設は横穴式石室と推定され、近世の記録では石棺二個が安置されているようです。宮内庁により舒明天皇の「押坂内陵」に治定されています。『日本書紀』によれば舒明天皇は皇極天皇二年（六四三）に「押坂陵」へ改葬され、『延喜式』にも「押坂内陵」の記載があります。付近に他の候補となるような古墳もないことから、被葬者は舒明天皇である可能性が高いと考えられます。最初の八角墳として位置づけられます。

赤坂天王山古墳

史跡　桜井市倉橋

一辺約四五メートルの方墳。埋葬施設は南に開口する全長一五・三メートル以上の両袖式横穴式石室で、天王山式石室の標式。玄室には二上山凝灰岩（→34頁）製刳抜式家形石棺を安置しています。石棺の南小口面に、蓋から身にまたがる四八センチメートル四方の方形刳り込みがあり、その内側が貫通しています。六世紀末から七世紀初頭の築造。被葬者を崇峻天皇五年（五九二）に「倉梯岡陵」に葬られた崇峻天皇とする説があります。

文殊院西古墳

特別史跡　桜井市阿部

安倍文殊院境内に所在します（→149頁）。小規模な円墳と考えられ、埋葬施設は南に開口する花崗岩切石積の両袖式横穴式石室です。玄室の長さ五・一メートル、幅二・九メートル、高さ二・七メートル、羨道の長さ七・三メートル、幅二・三メートル、高さ一・八メートル。玄室奥壁、両側壁は見かけ上横長の長方形に整形した切石を、

文殊院西古墳の玄室

レンガを積むように五段に互目積にしています。両側壁には各二ヵ所ずつ、一個の石材に刻線を入れて二個の石にみせかけた部分があります。羨道は両側壁とも切石四石一段とし、天井石は玄室一石、羨道三石の巨石を用いています。開口部の側壁から天井にかけて扉を嵌め込むための幅三センチメートルの溝があります。築造は七世紀後半。

小谷古墳

橿原市鳥屋町

直径または一辺の長さが約三〇メートルの方墳または円墳。埋葬施設は南に開口する切石積の両袖式横穴式石室で、現状で全長一一・六メートル、玄室の長さ約五メートル、高さ二・七メートル、幅二・八メートル、羨道の幅一・九メートル、高さ一・八メートル。岩屋山式石室。凝灰岩（竜山石→33頁）製刳抜式家形石棺を安置しています。七世紀中葉の築造。県史跡。

沼山古墳

橿原市白橿町

白橿近隣公園内にあります。直径一八メートルの円墳。埋葬施設は南に開口する横穴式石室。全長九・四五メートル、玄室の長さ約四・九五メートル、幅二・九五メートル、高さ四・二五メートル、羨道の幅・高さ一・八メートル。玄室の天井が高い右片袖式石室で、ミニチュア炊飯具が出土しており、渡来系集団との関連が想定できます。築造時期は六世紀後半。

与楽古墳群

高取町与楽・寺崎

貝吹山南麓の高取町与楽・寺崎を中心に六世紀後半から七世紀前半に形成された約一〇〇基の小古墳からなる群集墳。高い天井を持つ片袖式横穴式石室、ミニチュア炊飯具・釵子・指輪の副葬といった渡来的要素が認められ、東漢氏（→86頁）など渡来系氏族の墓域と推定されます。盟主的位置を占める与楽鑵子塚古墳・与楽カンジョ古墳・寺崎白壁塚古墳の三基は継起的に築造された首長墳です。

陵墓と陵墓比定

古代の陵墓は、律令体制の弛緩とともに次第に管理ができなくなり、中世以降次第にその所在地も忘れ去られていきました。

近世になると陵墓探索の機運が高まり、松下見林『前王廟陵記』、蒲生君平『山陵志』、谷森善臣『山陵考』など多数の考証が行なわれ、また幕府が荒廃した山陵を修繕する「修陵」がたびたび実施されました。現在治定されている飛鳥時代以前の陵墓の多くは、「元禄の修陵」「文久の修陵」に際して決定されたものです。

天武天皇と持統天皇を合葬した「檜隈大内陵」に治定されている野口王墓古墳は、元禄修陵時には天武・持統天皇陵とされましたが、北浦定政『打墨縄』（一八四八年）が文武天皇陵に比定し、文久の修陵でも文武天皇陵とされました。

その後、明治十三年（一八八〇）に京都高山寺で『阿不幾乃山陵記』が発見され、天武・持統天皇陵であることが改めて確定しました。これを受け、翌年には野口王墓古墳が正式に天武・持統天皇陵に、それまで天武・持統天皇陵に治定されていた五条野丸山古墳が陵墓参考地に治定替えされました。天武・持統天皇陵は『諸陵雑事注文』（一二〇〇年）に諸陵寮が管理する「大和青木御陵」としてみえ、文暦二年（一二三五）の盗掘事件の顛末は藤原定家『明月記』をはじめ、多くの史料に記録があります。現在、内部を観察することはもちろんできませんが、こうした諸史料から、野口王墓古墳は被葬者の比定が最も確実な古墳の一つとされています。

その一方で、歴史学的、考古学的研究の進展により、江戸時代以来の被葬者の比定が疑わしい陵墓は少なくありません。

天皇・皇后・皇太后・太皇太后の墓所を「陵」、その他の皇族の墓所を「墓」といい、あわせて陵墓と呼びます。宮内庁では、全国で陵一八八ヵ所、墓五五五ヵ所のほか、陵墓の候補地として陵墓参考地四六ヵ所を管理しています。

飛鳥・藤原地域には多数の陵墓がありますが、飛鳥時代前後の被葬者を葬ったとされる陵墓としては、欽明天皇檜隈坂合陵（平田梅山古墳）、崇峻天皇倉梯岡陵、舒明天皇押坂内陵（段ノ塚古墳）、斉明天皇越智崗上陵（車木ケンノウ古墳）、天武天皇・持統天皇檜隈大内陵（野口王墓古墳）、文武天皇檜隈安古岡上陵（栗原塚穴古墳）、奈良時代に岡宮天皇と追尊された草壁皇子の真弓丘陵の諸陵に加え、大伴皇女（欽明天皇皇女）押坂内墓、吉備姫王（敏達天皇皇孫茅渟王妃）檜隈墓の諸墓があります。

このほか、五条野丸山古墳の後円部墳頂は陵墓参考地とされ、またカナヅカ古墳、鬼の俎・雪隠古墳などは欽明天皇陵陪塚として、やはり宮内庁が管理しています。

なお、鏡女王（中臣鎌足の妻）押坂墓は民間の所有で、宮内庁所管の陵墓ではありません。

与楽鑵子塚古墳

史跡　高取町与楽

与楽カンジョ古墳の北方約三〇〇メートルの南へ派生する丘陵上に立地します。直径二八メートル、高さ七～九メートルの二段築成の円墳。墳丘南側に片袖式横穴式石室が開口します。玄室は長さ四・二メートル、幅三メートル、高さ四・二メートルと天井が非常に高いです。一メートル大ほどの花崗岩自然石を強い持ち送りに積んでいます。羨道は長さ五・四メートル、幅一・四メートル、高さ一・八メートル。木棺があり、二回の追葬があります。鉄製馬具・金銅製耳飾・ミニチュア炊飯具などが出土。六世紀後半の築造。

与楽カンジョ古墳

史跡　高取町与楽

一辺三六メートルの二段築成の方墳。埋葬施設は南に開口する両袖式横穴式石室で、玄室の長さ六メートル、幅三・八メートル、高さ五・三メートルと天井が極めて高くなっています。巨石を用い、奥壁四段、側壁五段、天井は一石。羨道は長さ約五メートル、幅一・七～二メートル。玄室中央に長さ三メートル、幅一メートルほどに復元される漆喰の高まりがあり、棺台と考えられています。金銅製耳環・銀製指輪・鉄鑿・砥石などが出土。築造時期は六世紀末から七世紀前半。

寺崎白壁塚古墳

史跡　高取町寺崎

一辺約三〇メートルの方墳とみられます。埋葬施設は南に開口する切石積の横口式石槨で、長さ二・二メートル、幅一・一メートル、高さ九〇センチメートルの石槨に、長さ約八・二メートル、幅一・五～一・八メートルの前室と羨道が取りつきます。石材間には漆喰が充填されています。土師器・須恵器・鉄釘などが出土しました。七世紀前半の築造。

5 その他の著名な遺跡

さまざまな遺跡（生産・祭祀・饗宴・生活施設、防衛通信施設遺跡など）

飛鳥地域には、宮殿・寺院・古墳の他にも、多くの遺跡があります。まず、注目されるのは宮殿に付属する官衙（役所）や邸宅です。飛鳥地域の官衙は、斉明朝からみられ、天武朝に充実していきます。これらは宮殿の中や隣接地だけではなく、飛鳥寺の北西の石神遺跡（迎賓館）や飛鳥水落遺跡（漏刻）などにも配置されています。また、飛鳥宮の東方に酒船石遺跡（天皇祭祀）などもあります。天武朝になると、富本銭をつくっていた飛鳥池工房遺跡なども本格的に稼働します。

一方、邸宅あるいは公的施設と考えられる遺跡は、飛鳥中心部から、やや離れた山間部につくられます。蘇我氏（→66頁）の邸宅と考えられる島庄遺跡や甘樫丘東麓遺跡などは、比較的近くにありますが、五条野内垣内遺跡・五条野向イ遺跡などは丘陵上につくられ、上の井手遺跡などは、丘陵の山麓につくられています。このように邸宅は、飛鳥周辺部に配置されていたことがわかります。

これらの宮殿を中心として、官衙・邸宅などのほかにも、飛鳥を守る施設も、近年確認されつつあります。森カシ谷遺跡や佐田タカヤマ遺跡は、古代の情報通信施設と考えられる「烽」と推定され、「ヒフリ」地名とあわせて、飛鳥防衛の観点からの検討が進められています。さらに八釣マキト遺跡では、大規模な掘立柱塀が確認されており、これが囲む範囲が注目されます。

飛鳥池工房遺跡

史跡

明日香村飛鳥

飛鳥時代後半の天武・持統朝を中心に操業された、大規模な工房の遺跡です。飛鳥寺の東南にあたる二股にわかれる谷の斜面に、多種多用な工房が営まれていました。金・銀・銅・鉄を用いた金属加工、ガラス・水晶・琥珀・鼈甲などの宝玉類の加工、漆を用いる工房、瓦の生産、そして富本銭の鋳造などが行なわれていました。谷筋は堤で区切られ、段々畑のように廃棄物を沈殿する構造でした。廃棄された炭層は土嚢袋で一〇万袋以上にも相当する膨大な量で、その中から捨てられた未成品や屑、道具類など、工房の実態を示す遺物が多数みつかりました。工房の規模と内容、木簡などから、この工房が朝廷と深く結びついた重要な工房だったと考えられます。ここは古代の手工業生産技術を集積した総合工房でした。遺跡は谷の出口付近にある三条の東西塀を境に、北地区と南地区にわけられます。北地区は飛鳥寺の南面大垣に沿う道路までの空間を占め、石敷井戸や掘立柱建物などが配置されていました。八〇〇〇点にのぼる木簡には寺院の資材管理にかかわる木簡が多数含まれており、飛鳥寺および、道昭（→84頁）が営んだ飛鳥寺東南禅院ともかかわりの深い施設と考えられています。南地区は工房にあたり、谷の斜面をひな段状に造成して工房を配置していました。西の谷の奥に金・銀・ガラス工房、東の谷の両側に銅・鉄の工房がおかれ、炉跡は三〇〇基以上もありました。遺跡名は近世のため池の名称によるもので、平成三年（一九九一）のため池埋め立ての際にみつかり、その後、奈良県立万葉文化館の建設にあたり、事前調査として一万四〇〇〇平方メートルが発掘調査されました。現在、遺跡は国の史跡に指定され、奈良県立万葉文化館に遺構が整備されています。

酒船石遺跡

史跡

明日香村岡

飛鳥宮跡の東方の丘陵とその北側谷底にある祭祀遺跡です。北接して、飛鳥最大の総合工房である飛鳥池工房遺跡があります。平成四年（一九九二）以降の調査で、丘陵頂部には謎の石造物である酒船石が座しており、丘陵の頂部を削平し、低い部分に版築で積み土を施していることがわかりました。丘陵中腹には、石英閃緑岩（飛鳥石）切石を一列にならべ、この上に凝灰岩質細粒砂岩（天理砂岩）切石を積み上げた石垣がめぐっています。その総延長は、等高線に沿って七〇〇メートルにおよび、復元される石垣の高さは、一五〜二一段（二・二五メートル）もあります。この丘陵西側（宮殿側）斜面には、砂岩石垣よりも低い高さで、三重の石列・石垣が確認され、裾部には砂岩切石の石敷が敷かれていました。宮殿からみると、石の山にみえていたものと考えられます。この遺跡は『日本書紀』斉明天皇二年（六五六）是歳条「田身嶺に、冠らしむるに周れる垣を以てす。〈以下割注　田身は山の名なり。此をば大務と云ふ。〉復、嶺の上の両つの槻の樹の辺に、観を起つ。号けて両槻宮とす。または天宮と曰ふ。時に興事を好む。廼ち水工をして渠穿らしむ。香山の西より、石上山に至る。舟二百隻を以て、石上山の石を載みて、流の順に控引き、宮の東の山に石を累ねて垣とす。時の人謗りて曰はく、『狂心の渠。功夫を損し費すこと、三萬余。垣造る功夫を費し損すこと、七萬余。宮材爛れ、山椒埋れたり』といふ。又、謗りて曰はく、『石の山丘を作る。作る随に自づからに破れなむ』といふ。〈以下割注　若しは未だ成らざる時に拠りて、此の謗を作せるか。〉」の記事にある「宮東山の石垣」に該当する遺跡と推定されます。その後、平成十二年には、丘陵北側の谷底の調査で、亀形石造物を含む導水施設がみつかっています。砂岩を積み上げた湧水施設の中央の塔から流れ出した水を木樋で小判形石造物に流し、その水槽で濾過させ、亀形石造物の背中の水槽に溜める構造です。冷たく清らかな湧き水を濾過させ、神聖な亀の背中に溜めることで、この水を「聖なる水」としたと考えられます。また、導水施設の周囲には、一二メートル四方の石敷があり、西側の斜面には石垣が、東側の斜面には階段状の石段があります。導水施設の構造や、周囲から隔離された立地にあることから、祭祀に利用されていたことが推定されます。階段をのぼると、酒船石があり、酒船石も祭祀に利用されたと考えられることから、酒船石遺跡は、斉明朝に造営された天皇祭祀にかかわる遺跡と推定できます。

酒船石遺跡にある天理砂岩の切石石垣

石神遺跡

明日香村飛鳥

古代の大規模な宮殿関連遺跡で、飛鳥寺の北西、飛鳥水落遺跡の北に隣接する位置にあります。遺跡の名前は明治三十五年（一九〇二）と翌年に須弥山石（→229頁）と石人像（→231頁）が掘り出された場所の小字名の石神にちなみ、後の発掘調査でその周囲に石敷や石組溝、建物などが多数存在することがわかっています。須弥山石は、外面の上部に山岳、下部に波形の紋様を表し、内部を刳り抜いた噴水石です。現状で三段、高さ二・三メートルですが、本来は四段以上あったとみられ、仏教世界の中心とされる須弥山をかたどった石造物と考えられます。『日本書紀』には「須弥山」が推古朝に一回と、斉明朝に三回登場し、斉明朝ではいずれも蝦夷など化外の民の服属儀礼と饗宴の場に須弥山がつくられました。石人像も噴水石であることから、須弥山石とともに用いられたと考えられます。発掘調査の結果、石神遺跡は七世紀代を通じて何度も整備をくりかえされたことがわかっています。中でも七世紀中頃には掘立柱建物の主殿を長い建物で長方形に囲む区画が東西にならび、石敷の広場と井戸が設けられており、『日本書紀』の須弥山の記事もふまえたうえで、新羅や蝦夷などに対する服属儀礼と、それに伴う饗宴儀礼の施設だったと推定されています。東北地方産の内面が黒色の土師器も蝦夷饗応の記事と関連すると考えられてきましたが、近年の研究ではこれらの多くは斉明朝より後の天武朝頃の遺物とみられています。石神遺跡は天武朝頃に全面的な改修がなされました。整地土から鉄鏃などの武器類が多数出土したことから、武器庫のような施設の存在が推定され、『日本書紀』にみえる小墾田兵庫とのかかわりも考えられています。その後、藤原宮期になると建物群は大きく改変され、官衙的な施設になったとみられています。石神遺跡の北側は七世紀前半には沼沢地でした。後に溝がつくられるなどしますが、溝の埋土からは大量の木簡が出土しました。中でも具注暦木簡は暦の実物としては最古の例として注目を集めました（↓204頁）。

飛鳥水落遺跡

史跡

明日香村飛鳥

飛鳥寺の北西、石神遺跡の南に隣接してある漏刻台の遺跡です。漏刻を据えた楼閣建物の周囲には石貼の溝をめぐらし、その外側には、楼閣建物の周囲を廊状建物が囲みます。さらに周辺はバラス敷の広場となっていたようです。楼閣建物は一辺一一メートル四方で、中央を除き、四間四方の総柱建物です。柱は直径四〇センチメートルで、一見、掘立柱建築にみえますが、地下に礎石が据えられています。さらに礎石間も人頭大の石でつなぎ、地中梁工法によって固めていました。基壇は五〇センチメートル程の高さで、周囲に石貼の溝をめぐらせています。このことから、この建物は楼閣風の頑丈な建物であることがわかります。一方、建物の中央には、花崗岩の大石が設置されており、その上には大小二つの黒漆塗水槽が据えられていた痕跡がありました。また、この建物に向けて東石貼溝の下をくぐって東から木樋が引き込まれており、銅管によって建物内部に導水していることがわかりました。その余水は、北石貼溝の下をくぐって北方の石神遺跡内へ、また、漏刻で使った水は、西石貼溝の下をくぐって、西方の飛鳥川へと排水されていました。楼閣建物の周囲には、長廊状建物が囲

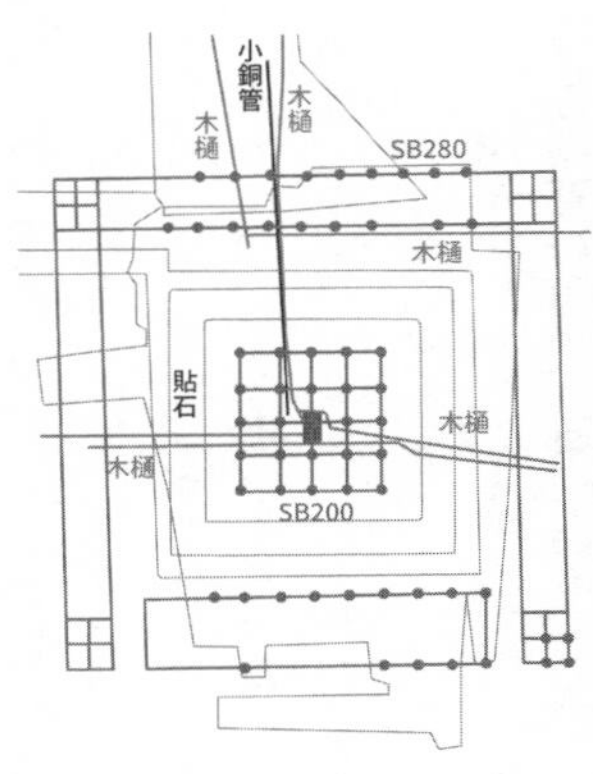

飛鳥水落遺跡の図面

飛鳥水落遺跡

み、四隅には隅楼が聳えています。楼閣建物は七世紀中頃の造営で、建物内で水を巧みに利用した施設であること、須弥山を立てた石神遺跡に隣接することから、『日本書紀』斉明天皇六年（六六〇）五月条「皇太子、初めて漏剋を造る。民をして時を知らしむ」の記事に該当する、わが国初の漏刻台の遺跡と判明しました。中国や朝鮮半島の漏刻の記録から復元すると、建物の中央に多段式の漏刻があり、大石の上に据えられた小型水槽は、時刻目盛りを刻んだ箭を浮かべる受水槽であり、楼閣の二階には、時を知らせる鐘や鼓を設置していたのでしょう（→51頁）。

飛鳥寺西方遺跡

明日香村飛鳥

飛鳥寺旧境内地の西方に広がる遺跡で、現在は鎌倉時代後期から南北朝につくられた蘇我入鹿の首塚があります（→353頁）。飛鳥寺西地域は『日本書紀』に「飛鳥寺西」「飛鳥寺西槻下」「甘樫丘東川上」などと幾度となく現われ、乙巳の変の発端となった中大兄皇子と中臣鎌足の出会いの場となった場所であり（→90頁）、孝徳天皇即位に伴って大槻の樹の下で群臣たちが誓いを行なった場、斉明・天武朝には蝦夷や隼人などに対する服属儀礼の場など、「飛鳥寺西」は「槻樹（ケヤキ）」とともに、歴史上のエポックに必ず現われる場所でした。発掘調査は飛鳥寺西門の外側にある入鹿首塚から飛鳥川までの範囲で実施されており、石敷・バラス敷・石組溝・土管暗渠のほか数棟の掘立柱建物・塀が確認されています。遺跡は大きく七世紀前半と後半の二時期に区分できますが、七世紀後半には、ほぼ全域が石敷・バラス敷の広場となっていました。槻樹については、残念ながら確認されていませんが、首塚の場所あるいは首塚西隣接地の石敷が抜かれていた場所が候補になります。

甘樫丘東麓遺跡

明日香村川原

甘樫丘の東麓にある遺跡で、蘇我氏の邸宅に関連する遺跡です。発掘調査では七世紀から八世紀初頭にかけて、谷を大規模に造成し、活発な活動があったことが判明しました。七世紀前半には、中央にある谷の東側に石垣を設け、谷の西と東に平坦面を造成します。そこに倉庫と推定される総柱建物などを配置しています。谷の入口付近では被熱面や建物・溝が確認され、製品は不明ですが、工房がありました。また、焼土層からは、七世紀中頃の土器とともに、焼けた壁土・炭化材が出土しており、北側の尾根上には柵がめぐらされています。遺跡の時期や場所・立地、火災の痕跡から、『日本書紀』皇極天皇三年（六四四）十一月条「蘇我大臣蝦夷・兒入鹿臣、家を甘檮岡に雙べ起つ。大臣の家を呼びて、上の宮門と曰ふ。入鹿が家をば、谷の宮門と曰ふ。男女を呼びて王子と曰ふ。家の外に城柵を作り、門の傍に兵庫を作る。門毎に、水盛る舟一つ、木鉤数十を置きて、火の災に備ふ。恒に力人をして兵を持ちて家を守らしむ」や、皇極天皇四年六月十三日条「蘇我臣蝦夷等、誅されむとして、悉に天皇記・国記・珍宝を焼く」の記事との関連が注目されましたが、遺構の状況から判断して、蘇我氏の邸宅中心部ではないと推定されます。七世紀後半には、谷を大規模に埋め立てて整地し、掘立柱塀で囲まれた官衙風の建物群を造営します。さらに七世紀末にも再び整地を施し、建物や炉などを設けますが遺構は多くありません。また、北側の尾根を挟んだ北方の谷でも、七世紀前半に大規模な整地を施し、建物が建てられていることから、甘樫丘東麓の広範囲にわたって大規模な土地利用があったことがわかります。

川原寺裏山遺跡

明日香村川原

川原寺伽藍の北西にある板蓋神社がある丘陵の南斜面裾で確認した川原寺に関連する埋納遺構です。埋納遺構は、直径三〜四メートル、深さ約二メートルの土坑です。土坑からは火災にあった三尊塼仏・塑像片・緑釉塼などが大量に出土しています。また、富寿神宝（八一八年初鋳）・承和昌宝（八三五年初鋳）が出土しており、埋納土坑の年代が平安時代以降であることがわかります。このことから、平安時代前半に川原寺が被災し、その時に焼失した仏像・仏具を埋納したと考えられます。

川原下ノ茶屋遺跡

明日香村川原

川原寺南大門と橘寺北門の間には、幅約一二メートルの東西道路が通過していました。川原下ノ茶屋遺跡は、小山田遺跡の南にあたり、この東西道路の延長部で、南北道路との交差点にあたります。東西道路は路面幅一一・五メートルで、北側溝は石組、南側溝は素掘りの溝で、いずれも約一メートルの幅を持ちます。この道路に交差する南北道路は、南方へは両側に素掘りの側溝を持つ路面幅二・七メートルの南北道路です。一方、北方へは側溝は確認できていませんが、幅三メートルの範囲で南北に榛原石（→35頁）が敷き詰められていました。検出状況から、これは路面強化のための地下地業と考えられます。この北側丘陵上には「旦波国多貴評」とある木簡が出土した小山田遺跡があることから、小山田遺跡への進入路と考えられます。東西道路は橘寺北門前など数ヵ所で確認されており、少なくとも八〇〇メートルは地形の影響を受けず、一直線に施工されていることから、飛鳥宮から川原寺と橘寺の間を通過し、下ツ道まで直線で施工された可能性が高いと考えられます。飛鳥宮に向かう七世後半の幹線道路と考えられます。

五条野内垣内遺跡

橿原市五条野町

七世紀後半の邸宅あるいは官衙と推定される遺跡です。甘樫丘から西方にのびる植山古墳と同一丘陵に位置しており、春日神社を隔てた東側に位置します。丘陵上を削平して建物群が建てられており、その配置は四面廂に復元される正殿を中心に、前殿・前々殿を配置し、脇殿は地形の関係で、正殿に対して対称の位置にはありません。これらの建物を掘立柱塀が囲み、入口は南東に配置されています。

五条野向イ遺跡

橿原市五条野町

七世紀後半から末の邸宅あるいは官衙と推定される遺跡です。甘樫丘から西方にのびる尾根上を削平して建物群が建てられています。七間×四間の正殿を中心に、後殿と東脇殿があります。西半は削平のため残されていませんが、西脇殿も想定され、コの字形の建物配置をしていたと考えられます。これらの建物群を掘立柱塀が囲み、南面中軸線上に南門があります。

飛鳥寺瓦窯

明日香村飛鳥

飛鳥寺旧境内の南東にある丘陵西斜面につくられた飛鳥寺所用瓦を焼成していた瓦窯です。この丘陵の東側谷部には、飛鳥池工房遺跡があります。瓦窯は花崗岩風化土の岩盤を刳り抜いた登窯で、全長一〇メートル程あります。さらに隣接して、瓦窯が確認されていることから、この場所には複数の瓦窯が設けられていたと考えられます。瓦は飛鳥寺創建時の丸・平瓦が出土しています（→139頁、200頁）。

上の井手遺跡

明日香村奥山

飛鳥資料館建設に伴って確認された飛鳥時代の邸宅跡です。奥山の丘陵の南側にあたり、戒外川の北に位置しています。南には古代官道の山田道（→128頁）が通過しています。発掘調査では、七世紀後半の石組暗渠・掘立柱建物のほか、古墳時代前期の溝・井戸や、八世紀末の火葬骨壺がみつかっています。石組暗渠は七〇メートルを超える長大なもので、大規模な整地を施した上に、掘立柱建物が建てられています。皇子宮や有力豪族の邸宅の可能性が高い遺跡です。

古宮遺跡

明日香村豊浦・橿原市和田町

明日香村豊浦から橿原市和田町にかけて広がる遺跡です。水田の中に古宮土壇があり、「ヨノミの木（エノキ）」が生えています（→395頁）。明治時代には金銅製四環壺が出土したことなどから、長らく推古天皇の小墾田宮推定地とされていました。発掘調査では、七世紀前半の石組大溝、玉石組小池と、池から流れでるS字形に屈曲する石組溝や石敷からなる庭園、掘立柱建物が発見されました。雷丘東方遺跡で「小治田宮」墨書土器が出土したこともあって（→116頁）、古宮遺跡は蘇我氏の邸宅にかかわる遺跡の可能性が指摘されています。

雷丘北方遺跡

明日香村雷

雷丘の北方の平地にある邸宅あるいは官衙と推定される遺跡です。七世紀後半には、四面廂の正殿と、その東西に、南北にならぶ脇殿、さらに南方にも長大な東西棟の建物があります。南の脇殿は桁行一七間の長大な建物で、東西に廂を持ちます。北の脇殿の桁行は不明なものの、やはり東西に廂がつくと考えられています。これらの建物を掘立柱塀で囲んでいます。建物群は藤原京の条坊区画に沿うと考えられていることから、少なくとも南北二町を占めると考えられています。建物配置や出土遺物からは、この遺跡が邸宅か官衙かの特定は難しい状況です。

平田キタガワ遺跡

明日香村平田

欽明天皇陵（平田梅山古墳）の南に広がる庭園遺跡と推定されています。昭和六十一年（一九八六）の発掘調査で、はじめて遺跡の存在が確認されました。部分的な調査で、遺跡の全貌は不明です。東西方向に直線にのびる高さ一・六メートルの石垣があり、底にも石を敷き詰めていることから、池の護岸と池底と推定されています。この北側の平坦面も、残存状況は良くないものの、石敷であったと推定されています。現在、吉備姫王墓にある猿石（→228頁）は、欽明天皇陵の南側の小字「池田」から、江戸時代に出土したとされており、苑池とみられるこの遺跡と猿石の関係が注目されます。

島庄遺跡

明日香村島庄

石舞台古墳を含めた西側に広がる苑池や邸宅・宮殿の遺跡です。蘇我馬子の嶋家は「飛鳥河の傍に家せり。乃ち庭の中に小なる池を開れり。仍りて小なる嶋を池の中に興く。故、時の人、嶋大臣と曰ふ」と『日本書紀』にあり、飛鳥川の川辺にあって庭園を持つ邸宅であったことがわかります。その後、嶋皇祖母命（糠手姫皇女と吉備姫王）が居宅を営み、壬申の乱に先立ち、大海人皇子が嶋宮に宿泊していました。「嶋宮」の史料上の初出です。『万葉集』（巻二－一七〇～一八九）の一連の挽歌から、草壁皇子がこの嶋宮に居住していたことがわかります。その後、嶋宮は奈良時代まで存続していました。発掘調査では、島庄遺跡の七世紀代の遺構は、大きく四時期の変遷がみられました。七世紀第Ⅰ四半期には一辺四二メートルの方形池が築造され、方形池は九世紀までは存続し、現在も水田の畦の形状として遺存しています。この池は石積の護岸を持ち、池底にも石を敷き詰めていますが、池中に島は確認されていません。これを蘇我馬子の嶋家の池という考えもありますが、庭園の池ではなく、貯水池的な性格とみる向きもあります。この池の南には五間×三間の大型建物群が展開しています。第Ⅱ四半期には方形池の北東に、自然の川を模した石積溝がつくられています。その南に隣接して四間×二間の建物と小池がつくられました。また、方形池の南方にも、重複して小規模な建物群が建てられています。第Ⅲ四半期には石積溝などは埋められ、方形池の南方に小規模な建物が散在します。第Ⅳ四半期になると、正方位にあわせた建物群が方形池の北や南に展開します。これらの遺跡の変遷と、史料にみられる馬子の嶋家や二人の嶋皇祖母命の居宅、草壁皇子の嶋宮は年代的に重なります。

島庄遺跡の水路と建物群

佐田遺跡群

高取町佐田

高取国際高校建設に伴って確認された遺跡です。遺跡は小谷遺跡・北ノ尾遺跡・横ヶ峯遺跡で構成される古墳時代から近世までの複合遺跡です。紀路に面した西側の丘陵上に位置し、六世紀後半から七世紀中頃にかけての古墳が複数存在しており、これに後続する七世紀中頃から後半にかけての掘立柱建物・竪穴建物・塀が確認されています。北ノ尾遺跡や横ヶ峯遺跡では丘陵を平坦に造成し、その縁に塀をめぐらせ、この中に建物群が建てられていました。また紀路に面した尾根上には土塁状施設がみられることや、出土遺物に瓦・磚・硯などがあり、一般集落ではなく公的施設と考えられ、飛鳥を守る外城的施設が想定されています。紀路を挟んだ東側には檜前上山遺跡があり、類似の性格が考えられています。

森カシ谷遺跡

高取町森

紀路に面したすぐ西側の尾根上にある烽火台の遺跡です。尾根の先端には直径二二〇メートル程度の地山整形をした高まりと、その頂上に直径三～四メートル、深さ二・二メートルの大型土坑を穿ち、南西側に通路がついています。高まりの周辺には逆茂木状の柵が多数ならび、北東側には掘立柱施設もみられます。高まりの各方面には橋脚状遺構がみられ、監視用のテラス状施設が想定できます。尾根のつけ根側の平坦面には掘立柱建物・竪穴建物・大壁建物があり、掘立柱建物には櫓風の建物もあります。この遺跡は森カシ谷塚古墳によって壊されることから、藤原京期以前の遺跡であることがわかります。これらの遺構は、高まりと大型土坑が炬火施設とみられ、櫓風建物やテラス状施設が周囲を監視する施設で、掘立・竪穴・大壁建物は兵士が駐留したり、炬火材を保管する建物と推定できます。佐田タカヤマ遺跡や「ヒフリ」地名などを含めて、古代の烽遺構と推定されます。

森カシ谷遺跡

佐田タカヤマ遺跡

高取町佐田

マルコ山古墳の南西の尾根上にある烽火台の遺跡です。尾根の先端には直径一二メートル程度の地山を整形した高まりがあり、その頂部に直径二メートル、深さ二・七メートルの大型土坑が穿たれています。この土坑にも細長い通路がつき、土坑埋土には炭や灰が混じり壁面も煤けていたことから、何かを燃焼していたと推定されます。この高まりの斜面にも、小穴が多くみられました。尾根のつけ根側は平らに削平され、大壁建物・掘立柱建物・塀がみられます。これらの遺構と重複して、七世紀中頃の古墳があることから、一連の遺構は七世紀中頃以降のものと考えられます。遺跡が眺望のきく尾根上にあることや、何かを燃焼した大型土坑がみられることは、森カシ谷遺跡と共通します。両者は六〇〇メートルの距離で目視できることから、当遺跡も烽火台の遺跡と推定されます。

八釣マキト遺跡

明日香村八釣

飛鳥東方の尾根上にある掘立柱塀跡です。細い尾根の稜線上に一～一・七メートル間隔に一五基の柱穴がならんでいます。柱径は三〇センチメートル程度と復元され、稜線にあわせるようにならんでいます。時期は決定できないものの、七世紀中頃の古墳よりは新しいと考えられます。周辺の地形からみて、尾根そのものを基壇に見立て、掘立柱塀が尾根線上にならんでいる景観が復元できます。この掘立柱塀が何を囲っているのかは明確ではありませんが、その位置・立地・構造からみて、飛鳥中心部を守る施設とも推定されます。なお、類似の遺構が、酒船石遺跡向イ山地区でも、確認されています。

明神山烽火MAPプロジェクト

古代の高速情報通信網として、烽火が使われたことが考えられます。飛鳥地方では、高取町の複数の遺跡で烽火台がみつかっているほか、「ヒフリ（火振り）」など烽火との関連がうかがえる地名が多く確認されています。飛鳥から西北に約一六キロメートル離れた王寺町の明神山は、大和平野が一望できる位置にあり、高安城と都のあった飛鳥を結ぶ烽火網の中継拠点だったとも考えられます。その明神山山頂で実際に烽火をあげて、伝達ルートや周囲からどの程度みえるかを推定・検証する「明神山烽火MAPプロジェクト」が、王寺町や研究者らによって令和四、五年度に行なわれました。烽火のみえ方は天候などに大きく左右されることから、明神山から飛鳥までをさらに中継する複数のルートが整備されていた可能性があります。

6　瓦・土器・木簡その他出土品・埋納品

埋蔵文化財の宝庫

飛鳥・藤原の地は埋蔵文化財の宝庫であり、著名でもまだ未発掘の遺跡や知られていない遺跡など、数多い遺跡が地下に眠っています。遺跡は「遺構」と「遺物」という二つの要素で構成されます。遺物には、屋根瓦・柱など建物や工作物の一部、土器・木製品・金属器・石器・玉類などの道具類、文字や絵が描かれた木簡・金属板・石板類、人間や動物の骨・歯、貝殻、植物の実や種子などがあります。遺構や遺物は、ある時代、ある社会の政治・経済・文化・風習など社会のあり方や生活そのものの痕跡といえます。土の中に残された遺構・遺物を通して、当時の人々の日常生活が復元でき、精神世界をも垣間みることができます。遺跡の発掘調査では、出土した遺構・遺物が整理されて報告書としてまとめられ、歴史を解明するのに役立てられます。過去の出土品や埋納品が再調査され、重要な歴史的事実が新たに判明することも多くあります。

❖飛鳥・藤原地域から出土した瓦塼

日本における瓦づくりは、飛鳥からはじまりました。崇峻天皇元年（五八八）にはじまる日本最初の本格的な寺院である飛鳥寺（→75頁）の建立に際して、百済から瓦づくりの技術者（瓦博士）が渡来し（『日本書紀』）、飛鳥寺の瓦を製作したのです。その後、飛鳥・藤原地域で天皇や国によって寺院が建立されるごとに新しい文様の瓦が創作され、同様の瓦が各地に普及しました。持統天皇八年（六九四）に藤原宮ではじめて宮殿に瓦が使用されるまで、ほぼ一世紀の期間、瓦は寺院建築の独占物でした。瓦と同じく、粘土を焼成してつくる塼も瓦とともに伝来し、タイルやレンガのように使用され、寺院空間を荘厳しました。

飛鳥寺の瓦

飛鳥寺（→75頁）で最も古い創建瓦は、百済の寺院や宮殿から出土する瓦に非常によく似た百済系の瓦です。飛鳥寺では軒平瓦は使用されませんでした。軒丸瓦の文様は素弁蓮華文です。素弁とは花弁（蓮弁）に子葉（小さな花びら）を表さないものをいいます。飛鳥寺の素弁には、花弁先端に三角形状の切り込みを持つ「花組」と半球状のふくらみを持つ「星組」の二種類があります。花組・星組の瓦は文様だけでなく、技術にも違いがみられます。花組・星組の瓦は飛鳥寺創建期の六世紀末から七世紀前半にかけて流行し、飛鳥や近畿中枢部の寺院跡で出土しています。創建期の飛鳥寺の瓦を焼いた窯は寺域東南方の丘陵裾で発見されています（→194頁）。

飛鳥寺の瓦（上：花組　下：星組）

百済大寺の瓦

飛鳥寺での百済直系の瓦の製作以後、七世紀前半には素弁蓮華文の瓦が流行しました。そうした中、舒明天皇による舒明天皇十一年（六三九）の百済大寺（吉備池廃寺→139頁）の造営を契機に、新たな文様として単弁蓮華文が登場します。単弁とは花弁に一枚の子葉を表すものです。軒平瓦も採用されました。軒平瓦の文様は忍冬唐草文のスタンプを型押しした忍冬唐草文軒平瓦と三重弧文をひいた上にスタンプを押したものでした。忍冬唐草文のスタンプは、もとは法隆寺で使用されていたものでした。なお、舒明天皇十三年に建立された山田寺の瓦は百済大寺に近い単弁形式の瓦（山田寺式）で、四重弧文軒丸瓦が組みあいます。

川原寺の瓦

六六〇年代に天智天皇によって建立された川原寺（→140頁）の軒丸瓦（川原寺式）は、花弁に二枚の子葉を持つ複弁蓮華文の祖型と考えられます。蓮華文の周囲（外区）には面違い鋸歯文を表しています。四重弧文軒平瓦がセットになります。川原寺の瓦は荒坂瓦窯（五條市）や境内の川原寺瓦窯で生産されたことがわかっています。複弁蓮華文の採用の背景には、唐の影響が考えられます。天智天皇九年（六七〇）の火

川原寺の瓦

災後の伽藍再建を契機に創作された法隆寺の瓦（法隆寺式）や藤原京にある小山廃寺（→144頁）の造営を契機に創作された雷文縁複弁蓮華文の小山廃寺式は、川原寺式をベースにつくられた文様と考えられます。

大官大寺の瓦

明日香村小山、橿原市南浦町に所在する文武朝の大官大寺跡（→146頁）からはおおぶりの複弁蓮華文軒丸瓦と均整唐草文軒平瓦が出土します（大官大寺式）。蓮華文の周囲には、大粒の連珠文を表現します。また、連珠文の外側は無文とします。こうした文様構成の瓦は、唐の都・長安の大明宮跡や大宗陵から出土する瓦にみられることから、遣唐使などを通じた唐直伝の文様とも考えることができます。軒平瓦の均整唐草文は、垂下花弁形の中心飾から左右対称に唐草文を派生させています。外区には連菱文や線鋸歯文を飾ります。大官大寺の均整唐草文は、奈良時代の軒平瓦の基本となった平城宮の軒平瓦へと受け継がれていきます。

藤原宮の瓦

藤原宮は瓦をはじめて採用した宮殿です。藤原宮からは複弁蓮華文軒丸瓦と偏行唐草文軒平瓦（藤原宮式）が出土します。同様の特徴を持つ軒瓦の組みあわせは、天武天皇九年（六八〇）創建の薬師寺にみられます。文様は薬師寺がやや先行しますが、ほぼ同時に製作されたと考えられています。藤原宮で使用する膨大な量の瓦は、大和を中心に各地に生産地を配置して生産されました。大和では日高山瓦窯、久米瓦窯、高台・峰寺瓦窯、西田中・内山瓦窯、安養寺瓦窯など、大和以外では讃岐（香川県）の宗吉瓦窯や淡路（兵庫県淡路島）の土生寺瓦窯、近江（滋賀県）の石山国分遺跡瓦窯、和泉（大阪府南西部）、阿波（徳島県）などの地域で藤原宮の瓦が生産されたことが推定されています。

文様塼

飛鳥・藤原地域の寺院からは塼が出土します。その多くは無文ですが、一部に文様を施した塼が見受けられます。

岡寺には天人文、鳳凰文を表した特殊な文様塼（一辺約四〇センチメートル、厚さ八・〇センチメートル）が伝わります。天人文塼は岡本宮の腰瓦と伝えられてきましたが、その文様から判断して岡寺にかかわる遺物とみることができます。重要文化財（考古資料）。

川原寺の平安時代の火災に伴い破損した大量の塑像や塼仏を埋納した土坑がみつかった川原寺裏山遺跡からは、緑釉水波文塼が出土しています。波や渦を表したもので、白色粘土で焼き上げ、緑釉を施したものです。日本最古の緑釉の焼き物とされています。用途については、法隆寺伝橘夫人念持仏の底面にみられるような波の立つ水面を表現したもので、仏像を安置した須弥壇の上面に敷き詰められ、蓮池を表現したものと考えられます。

❖飛鳥・藤原地域から出土した土器

飛鳥・藤原地域の土器には、土師器・須恵器などがあります。この時代の土器は、古墳時代から古代への変換点を示すもので、大きな画期となっています。土師器では、精製された緻密な胎土で、内面に暗文、外面にミガキ・削り調整をする土器が出現します。一方、須恵器では、古墳時代からの杯身と蓋が逆転し、高台がつき、蓋につまみを持つものへと変化していきます。これらの変化は、仏具など金属器の影響を受けたと考えられます。また、同一器種に大中小があり、杯・椀・皿・高杯などの器種構成が多様化するのも特徴です。これらを「律令的土器様式」と呼んでいます。この七世紀の土器は、時間の経過とともに、その型式が少しずつ変化していきます。現在は飛鳥Ⅰ～Ⅴの五段階の変遷が明らかとなっており、これにより、遺跡の時代を特定しています。

土師器・須恵器のほかにも、舶来の土器も出土しています。特に、飛鳥・藤原地域では新羅土器の壺や硯などが出土しており、これらによって、東アジアとの交流を土器からも証することができます。

雷丘東方遺跡出土の井戸枠

雷丘東方遺跡には、「小治田宮」と書かれた墨書土器が出土した井戸跡が残されていました。同遺跡からは井戸枠も出土しており、そのうち辺材部が残されたものは、年輪年代法による測定で七五八年頃に伐採された木材であることが判明しました。『続日本紀』によると、淳仁天皇は天平宝字四～五年（七六〇～七六一）に小治田宮へ行幸しており、出土した井戸枠の木材の伐採時期と近いことから、奈良時代の小治田宮がこの時期に造営されたことが推測されています。なお、出土した墨書土器については八世紀の末頃につくられたものとみられています。

雷丘東方遺跡出土の井戸枠

❖ 飛鳥・藤原地域から出土した木簡

『日本書紀』には、高句麗から来日した曇徴という僧が、推古天皇十八年（六一〇）に紙と墨の製作技法を伝えたと記されています。それ以降、文書による行政処理が律令国家の形成とともに進んでいったと考えられます。文書や荷札などには、紙だけでなく木簡が使われました。木は紙に比べて丈夫で、小刀で削って修正・再利用できます。木のこうした性質を利用して、墨などで木片に文字を記したものが木簡であり、古代の下級役人は「刀筆の吏」と呼ばれました。貴重な紙に比べて簡単に手に入る木簡は、字の練習などにも使われました。木簡は数多く出土しており、編纂された史料とは異なり古代人が使った生の文字資料であるため、信憑性が高く、実態をあらわにすることが期待できます。

日本列島における木簡使用は、遅くとも六世紀後半には開始されたとみられていますが、王都とその周辺部、屯倉を中心とした地方拠点で限定的に使用されていました。七世紀中頃でもこの傾向はそうかわらず、飛鳥・難波といった王都とその周辺部にとどまっていました。天武朝になると、木簡の出土点数が飛躍的に増大し、出土する遺跡も地方への広がりが顕著になります。この時期までの木簡には、朝鮮半島の木簡の影響が色濃く認められています。七世紀後半から八世紀前半にかけては、百済の滅亡による遺民の日本列島への大量移入や、六六八～七〇一年の唐との国交途絶期における新羅との交流の影響により、倭国の固有語の中に漢字を体系化する試みが認められます。木簡文化の発展をもたらした背景には、律令国家の形成に伴う地方支配と文書行政の進展、仏教の地方への浸透があったものと考えられます。

飛鳥・藤原地域から出土した木簡には、人名、当時の冠位や職名、日本各地域の地名、米や鯛・鮎などの物品名などが書かれていました。「天皇」という称号が記された最古の木簡や「乙丑年」（六六五年）の年紀を記した荷札木簡などもあります。遺構の年代や性格、当時の支配制度、都と地方との交流などを木簡から探ることができます。この時期のよく知られた木簡としては、以下のようなものがあります。

暦木簡

石神遺跡（→190頁）から出土した具注暦（注をそなえたという意味で、吉凶などが書かれた暦）木簡で、長方形の板に書かれていたと推定されますが、円盤形の木製品に再利用されていました。木簡の表裏には、「十二直」という暦注に用いられる語句や月の満ち欠けなどが記載されていました。干支の組みあわせなどから、持統天皇三年（六八九）三月から四月の元嘉暦を記した暦木簡であると判断されており、現存する日本最古の暦です。元嘉暦は中国南朝の宋の何承天が作成し、四四五年に施行され、五〇九年まで使用された暦ですが、この木簡は元嘉暦の実物が世界ではじめて発見された事例です。

石神遺跡出土の具注暦木簡

地名＋五十戸と書かれた石神遺跡の荷札木簡

石神遺跡からは、「（表）乙丑年十二月三野国ム下評」「（裏）大山五十戸造ム下部知ツ」と記された木簡が出土しました。このような年次の記された木簡を「紀年木簡」と呼びます。この地名＋五十戸の表記により、全国初の戸籍とされる庚午年籍よりも前の六六五年に、五十戸（さと）制が施行されていたものと推定されています。「評」の下におかれた「五十戸」は、天武天皇十年から十二年（六八一～六八三）の間に「里」と書かれるようにかわりました。

「評」と書かれた藤原京の荷札木簡

七世紀の地方行政区分である「こおり」の用字をめぐる「郡評論争」に決着をつけたのが、藤原宮跡（→117頁）から出土した大宝元年（七〇一）前後の年紀を持つ「阿波評」と記された木簡です。大宝律令までは「評」、施行後は「郡」と表記していたことが判明しました。阿波は、後の安房国安房郡（千葉県南部）です。『日本書紀』の記載が「郡」であることから、大化の改新の詔の信憑性にかかわる問題とされましたが、大宝元年の大宝律令による国・郡・里制の施行以前に、全国に評がおかれていたことがわかり、七世紀中頃に国・評・五十戸制が成立しており、全国支配体制が整備されていたと考えられます。

「天皇」木簡

飛鳥池工房遺跡から出土した木簡で、「天皇」と書かれていました。一緒に出土した木簡は天武朝のものが中心で、天武朝の段階に天皇という称号が使われていたことが確認できる出土資料として貴重です。

「大嘗祭」に関連する木簡

飛鳥池工房遺跡から出土した木簡で、天武天皇六年（六七七）に、三野国刀支評・加尓評（美濃国土岐郡・可児郡。現在の岐阜県）から、大嘗祭で用いる次（主基）の米をおさめた際の荷札とみられます。三野国内で複数の主基郡が選ばれており、三野が国をあげて大嘗祭に奉仕したことを示す史料です。また「三野国加尓評久々利五十戸」という記載から、この頃には国・評（後の郡）・五十戸（後の里）という地方行政制度があったことが知られます。

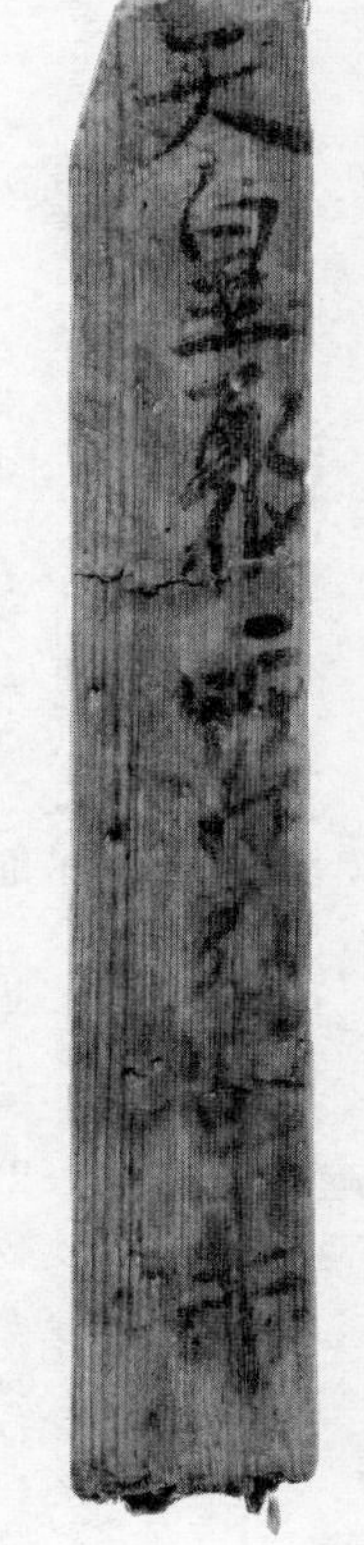

「天皇」と書かれた木簡

❖高松塚古墳・キトラ古墳の出土品

高松塚古墳とキトラ古墳はともに七世紀末から八世紀はじめにつくられた終末期古墳です。もともと副葬品が少なく、両古墳とも鎌倉時代に盗掘されているため、出土した遺物はさほど多くありません。

高松塚古墳の石室（石槨）からは漆塗木棺の残欠と銅釘、棺の飾金具類、副葬品とみられる海獣葡萄鏡一面、大刀の金具類、ガラス玉、琥珀玉などがみつかっています。主要なものは重要文化財に指定され、飛鳥資料館で収蔵・展示されていますが、近年、一部の遺物が奈良県立橿原考古学研究所に残されていたこともわかりました。また、人骨から壮年の男性一体がおさめられていたことが判明しています。このほか、発掘調査では土師器や須恵器の破片が少量出土しています。

高松塚古墳出土の海獣葡萄鏡

海獣葡萄鏡は鏡背面の中央に伏獣形の鈕があり、それを中心として葡萄唐草文と獣、鳥や虫などの華麗な文様をあしらっています。面径一六・八センチメートル、白銅質で鋳あがりも良好です。同じ鋳型でつくられた銅鏡が、中国西安の独孤思貞墓（六九八年）など複数知られています。

大刀金具としては柄や鞘につける銀製の金具類があり、中でも吊り下げるための帯を取りつける部分の装飾である山形金具には走獣文が透かし彫りされています。正倉院宝物などに類例のある中国風の唐大刀がおさめられていたと考えられます。また、象嵌のある鉄製の帯執金具も出土しています。

ガラス玉は青色の小玉が約一二〇〇点（重文指定品は九三六点）、やや大ぶりな丸玉が八点（同六点）あります。

棺は杉板に布をかぶせて黒漆塗りし、内面はさらに鉛白と朱を塗っています。飾金具には金銅製の透飾金具と、釘隠とみられる大小の円形金具、鐶金具などの軸部から脱落したと推測される座金具があり、円形金具のうち一点はわずかに切り込みがあって、痕跡的な形状ではありますが六花形であることが最近判明しました（→177頁）。

一方、キトラ古墳の石室内からは、被葬者がおさめられていた木棺の残欠や飾金具、副葬品とみられる刀の金具類や玉類、盗掘にかかわるとみられる中世の土器などが出土しました。

木棺は漆塗りで、金銅製鐶座金具、金銅製六花形飾金具、銀鐶付金銅製六花形飾金具などの飾金具が取りつけられていたと考えられます。大刀は二振以上あったとみられ、金で直線とS字文を象嵌した鉄地銀張金象嵌帯執金具や、刀装具、刀身の断片があります。銀装大刀は全面を黒漆で仕上げ、正倉院の大刀にも匹敵する優美なものであったと考えられます。鉄地銀張金象嵌帯執金具は腰から吊り下げる帯を通す双脚足金物の鐶の部分で、銀装大刀とは別の大刀とみられます。玉類には琥珀玉やガラス小玉、直径一ミリメートルほどのガラス粒があります。主な出土品は重要文化財に指定されています。

石室内からは被葬者の人骨と歯牙も発見され、分析により五十歳から六十歳代の男性とわかっています（→178頁）。

❖飛鳥寺の塔心礎埋納物

奈良文化財研究所による飛鳥寺跡（→139頁）の発掘調査が昭和三十一年と三十二年（一九五六、五七）に行なわれ、塔跡の地下二・七メートルにある巨大な心柱の礎石と、多数の遺物がみつかりました。文献史料によると飛鳥寺の塔は鎌倉時代の建久七年（一一九六）に火災で焼失し、舎利数百余粒、金銀器物などが掘り出されたとされています。発掘調査ではそれを裏づけるように塔跡の中央の土坑から二つの石をあわせた石櫃がみつかり、その中に鎌倉時代につくられた舎利容器と木箱があり、飛鳥時代のものとみられる多数のガラス玉類などがおさめられていました。いったん掘り出された埋納物の一部が再びおさめられたものです。飛鳥寺には百済からもたらされた舎利が用いられ、百済の技術者が造営に関与していますが、百済にみられるガラス・金・銀・銅の入れ子の舎利容器は飛鳥寺の出土品にはありません。建久年間に持ち出され、そのままになったのかもしれません。

出土品には多数のガラス玉類、銀象嵌のあるガラス玉、トンボ玉、金・銀の延板と粒、ヒスイやガラス製の勾玉、琥珀玉、真珠、耳環、金銅製打出金具、歩揺、刀子、挂甲、蛇行

飛鳥寺の塔心礎埋納物

状鉄器、馬鈴、砥石状石製品、雲母などがあり、これらは飛鳥時代のものと考えられます。『日本書紀』によると推古天皇元年（五九三）正月十五日に「仏の舎利をもって法興寺（飛鳥寺）の刹の柱の礎の中に置く」とあり、翌十六日に「刹の柱を建つ」と記されています。出土品は塔心礎の舎利坑内におさめられたものと、心柱（刹柱）の周囲におかれたものと考えられ、挂甲などの武具や馬具類、金銅製打出金具など、心礎上面の周辺に当初の位置のまま埋まっていた遺物は後者にあたります。ガラス玉類や金銀、真珠など仏教の七宝にあたるものだけでなく、武具や馬具のような古墳の副葬品と共通するものがおさめられていることが特徴で、古墳時代から飛鳥時代への過渡期につくられたわが国で最初の本格的仏教寺院にふさわしいといえるでしょう。

❖飛鳥池工房遺跡の出土品

飛鳥池工房遺跡はその規模と扱っている物品、出土した木簡の内容などから、国家的な工房だと考えられます。その出土品は当時の手工業生産の実態を知る貴重な資料です。

遺跡内の谷筋に堆積した廃棄物層を中心に、工房関連遺物が多数出土しました。金・銀用の坩堝とともに金三三点、銀五四点が出土し、貴金属を潤沢に扱っていたことがうかがわれます。色とりどりの多数のガラス片とガラス小玉の鋳型や坩堝、原材料の鉱物からは、ここで緑色の鉛ガラスの生産や、輸入ガラスを材料とした再加工をしていたことがわかります。銅に関する遺物は飾金具・帯金具・人形などの銅製品、銅切屑、鋳銅用の坩堝と鋳型、溶銅・銅滓などがあります。鉄関係では斧や鑿、刀子、釘、錠の部品、鉄鏃などの多彩な鉄製品と、その様（木製の製品見本）が出土しているとともに、一・八トンにおよぶ鉄滓、鍛造剝片、金床石、鍛冶道具類などがあり、炉に伴う鞴の羽口も約一五〇〇点あります。ほかにも砥石約五〇〇〇点、漆付着土器約五〇〇〇点など、膨大な量の工房関係遺物がみつかっています。

飛鳥池工房出土の富本銭

数ある遺物の中でも著名なのは富本銭です。富本銭の未成品と鋳型、鋳棹などが出土し、遺跡内での層位的検証や共伴する木簡などから、ここでの富本銭鋳造が七世紀代に遡ることが確認されました。富本銭は和銅元年（七〇八）初鋳の和同開珎に先立つ最古の鋳造貨幣であり、『日本書紀』天武天皇十二年（六八三）四月の「今より以後、必ず銅銭を用いよ」という記事に対応する銅銭と考えられます。

工房群のある南地区から出土した木簡には「詔小刀二口針二口」「大伯皇子宮」「舎人親王」「穂積□□」「散支宮」「石川宮鉄」などの記載があり、宮廷や皇族との強い関係性を示しています。また、飛鳥寺東南禅院に関連するとみられる北地区からは約八〇〇〇点もの木簡が出土し、飛鳥時代の一大史料群となっています（→189頁）。

❖山田寺跡の出土品

山田寺跡の発掘調査では古代寺院の実態を示す多彩な遺物が出土しています。中でも倒壊したまままみつかった東面回廊の建築部材と（→106頁）、膨大な量の瓦類が特筆されます。

東面回廊は現存する法隆寺より古い建築物としても貴重です。保存処理した建築部材を組み立て、再現した展示が飛鳥資料館で公開されています。山田寺で使われた瓦には華麗な文様が採用されており、単弁八葉蓮華文の軒丸瓦と重弧文の軒平瓦は山田寺式と呼ばれています。

多数の出土品の中でも白眉は銅板五尊像です。中国製とみられる精緻な半肉彫りの小型の尊像で、当時としても貴重なものだったに違いありません。また、堂内の荘厳に用いた銅板を叩きのばした押出仏や、焼き物の塼仏も多数出土しています。ほかに建築に用いた飾金具や風鐸の破片、さまざまな調度品や漆器なども出土しています。土器類には土師器や須恵器などがあり、中には「山田寺」と墨書された土器もあります。また、三彩陶器は国産としては初期のものとされています。石製品には石灯籠の破片や、獅子が浮き彫りされた階段の部材があります。また、礎石は柱座に蓮弁を表す特徴的な造形で、古くに持ち出されたものが多く、一部は大阪市の藤田美術館、京都市の北村美術館におかれています。

出土品と建築部材の主要なものは、重要文化財に指定されています。

山田寺跡出土の銅板五尊像

藤原京のトイレからの出土遺物

藤原京では、道路の側溝の水を自宅に引き込み、水流の上で用を足した水洗トイレと考えられる遺構がみつかっています。住宅の敷地内で浅く細長い穴を掘り、一本の溝で敷地内に流水を穴に引き入れ、もう一本の溝で汚水を同じ側溝に流していたとみられます。こうした遺構がトイレであったことは、状況証拠となるいくつかの出土遺物から推定できます。「籌木(ちゅうぎ)」という糞ベラは、木簡などを一枚ずつにほぐし、お尻をぬぐうのに用いられました。ウリ・ナス・シソ・ノブドウなどの種子や魚の小骨などが残っていれば、食べかすの可能性があります。ハエの蛹(さなぎ)の殻や、糞を食べるコガネムシが出土することもあります。さらに、寄生虫の卵が周辺の土より異常に多いことも有力な証拠となります。

藤原京の左京跡（桜井市西之宮）からは、籌木などの出土遺物とともに、ブタやウシを常食していた人の寄生虫（ブタは有鉤条虫(ゆうこうじょうちゅう)、ウシは無鉤条虫）の卵も発見されました。ブタやウシを食べる習慣のある中国や朝鮮半島などからの使節や移住者が滞在して使ったトイレの可能性があります。また、藤原京跡で最初にみつかったトイレ遺構では、穴の中に木の杭が四本立てられ、多数の木片（籌木）が埋まっていました。そこからは人間に特有の回虫(かいちゅう)・鞭虫(べんちゅう)・肝吸虫(かんきゅうちゅう)・横川吸虫(よこかわきゅうちゅう)という四種の寄生虫の卵の殻が科学的な調査で確認されました。回虫・鞭虫からは生の野菜・野草を、肝吸虫・横川吸虫からは火が通っていない淡水魚を食べていたことがわかりました。

7 仏像・古墳壁画・石造物

飛鳥時代の彫刻・工芸品・絵画

わが国の仏像は、中国・朝鮮半島からの渡来仏の受容にはじまり、飛鳥寺の造営に伴って仏像造立が本格的に開始されました。飛鳥時代前半の飛鳥彫刻の特徴としては、アーモンド（杏仁）形の眼に、アルカイック・スマイルと呼ばれる口元の微笑み、さらには正面観を重視した左右相称性などがあげられます。飛鳥時代後半の白鳳彫刻になると、前代までの正面観を重んじ、側面や背面を省略した観念的な作風から、立体性を伴った写実的な作風へと変化します。これにより面長の顔はふくよかな丸顔に、眼は杏仁形から半眼へと変化し、体軀も抑揚をつけてつくられます。さらに服制も両肩を覆う通肩のほか、左肩のみを覆った偏袒右肩が現われ、形体も立像や坐像のほか、倚像も出現します。

わが国では飛鳥時代に入って本格的に仏像制作が開始されますが、その様式の源流は仏教が誕生したインド、そして中国に求めることができます。これらの国では現在でも数多くの石窟寺院が残されており、インドのアジャンター石窟寺院壁画の蓮華手菩薩は、法隆寺金堂壁画（勢至菩薩像）の源流といわれています。さらに蓮華手菩薩は、頭部・胴部・脚部をそれぞれ異なる方向に曲げたトリバンガ（三曲法）と呼ばれる描写法で表現されていますが、こうした優美な動きは薬師寺金堂薬師三尊像の両脇侍（日光菩薩・月光菩薩）に認めることができます。

この時代は堂内荘厳においても新たな展開がみられ、山田寺や川原寺から出土した塼仏は、堂宇の壁などを荘厳するために製作され、法隆寺の玉虫厨子の内部や中国の石窟寺院にみられる千仏像のような世界が表現されていたと考えられています。また、岡寺では堂塔の須弥壇羽目面に天人塼・鳳凰

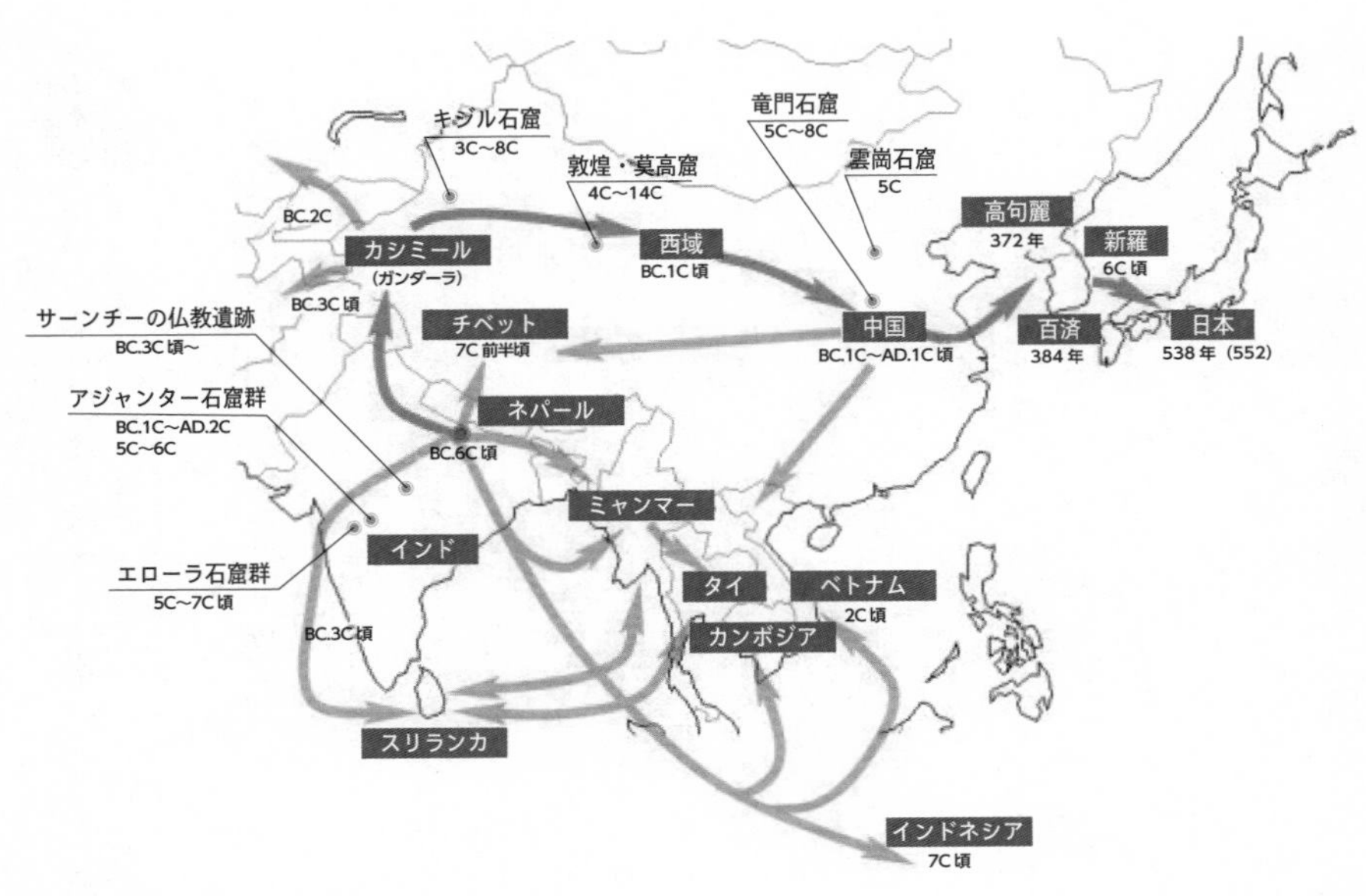

仏教の伝播経路とインド・中国の石窟群

塼の文様塼が使われていました。

須弥壇は、仏像を安置するために設けられた壇（台）であり、仏教的な世界観における須弥山を模ったもので須弥座と同義です。須弥山は宇宙の中心に聳える山で、頂上には帝釈天が住むとされていました。

飛鳥時代の代表的な工芸品としては、法隆寺の玉虫厨子、中宮寺の天寿国（曼荼羅）繡帳、法隆寺献納宝物の竜首水瓶などがあり、いずれも国宝に指定されています。玉虫厨子は、推古天皇（→56頁）の念持仏と伝わっており、錣葺の屋根の宮殿内に仏像が安置されていました。厨子の須弥座の背面には須弥山図が、また左右の側面には敦煌莫高窟の壁画にもある捨身飼虎図（釈迦の前世の物語を絵画化した本生図の一種）などが描かれています。天寿国繡帳は、銘文によれば、聖徳太子死去を悼んで妃の橘大郎女がつくらせたものといいます。「天寿国」とは、阿弥陀仏が住む西方極楽浄土とする説が有力です。竜首水瓶は、胡瓶と呼ばれるササン朝ペルシャに源流を持つ水瓶で、胴部に有翼の天馬（ペガサス）と竜が描かれていますが、竜の造形や毛彫の手法などから、日本でつくられたものとみられています。

一方、高松塚古墳やキトラ古墳の壁画は、中国・朝鮮半島の古墳の石室に描かれた壁画と、四神図・日月像・男女群像・十二支像などは、そのモチーフやデザインに共通性がみられ、中国の陰陽五行思想に基づいて石室を一つの宇宙に見立て、被葬者の魂を鎮めたものと考えられています。

飛鳥・藤原の仏像

以下、飛鳥とその周辺地域に現存する仏像のうち、主だったものを取り上げます。

釈迦如来坐像（飛鳥大仏）

像高二七五・二センチメートル　銅造　明日香村飛鳥・飛鳥寺（安居院）蔵　重要文化財

飛鳥寺 釈迦如来坐像

本像は、『日本書紀』によれば推古天皇十三年（六〇五）に推古天皇が「丈六」（一丈六尺、約四八〇センチメートル。坐像はその半分）像と繡仏（刺繡で制作された仏）の制作を鞍作鳥（止利仏師）に命じてつくらせました。完成は『日本書紀』によれば推古天皇十四年、『元興寺伽藍縁起并流記資財帳』（元興寺伽藍縁起）では推古天皇十七年ですが、大型金銅仏の制作期間を考えると推古天皇十七年の完成が妥当であると思われます。現在は独尊ですが、石製仏壇の本尊両脇には孔が穿たれていることから、当初は左右に脇侍をしたがえた三尊像として制作されたと思われます。

面長な顔に杏仁形の眼、そして口角がやや上がったアルカイック・スマイルと呼ばれる微笑をたたえ、こうした神秘的な表情は飛鳥時代の仏像の特徴といえます。飛鳥大仏は鎌倉時代の建久七年（一一九六）に火災にあい、顔の大部分と右の手のひらの半分ほど、頭髪の一部が当初のままの可能性が高く、身体は後世の補修によるものと推定されます。しかしながら、現存するわが国最古の丈六像として、また制作背景を知ることができる仏像として貴重であるといえます。

銅造仏頭（旧山田寺仏頭〈旧東金堂本尊〉）　像高九八・三センチメートル　銅造　奈良市登大路町・興福寺蔵　国宝

興福寺 銅造仏頭

本仏頭は『上宮聖徳法王帝説』裏書によれば、天武天皇七年（六七八）に制作がはじまり、天武天皇十四年に開眼供養が行なわれた講堂本尊であったことが記され、当初は丈六の薬師如来坐像であったと推定されています。その後、治承四年（一一八〇）、平重衡の南都焼討によって焼失した興福寺東金堂本尊にかわるものとして、文治三年（一一八七）に山田寺より移座されました。東金堂は応永十八年（一四一一）に焼失しますが、奇跡的に頭部のみが残り、応永二十二年に再興された本尊台座内に安置されました。その後、長く人々の眼に触れることはなかったのですが、昭和十二年（一九三七）に興福寺東金堂の解体修理中に現在の本尊台座中より発見されました。

はちきれんばかりの丸みのある面部に、なだらかな弧を描く眉とそれに呼応した切れ長な眼を配し、その表情からは若々しくのびやかな美しさが感じられます。本像は紀年銘の数少ない七世紀後半において、制作年代が明らかな唯一の像であるとともに、作風・技法においてこの時代の基準作例として極めて重要な像であるといえます。

騎獅文殊菩薩像

像高一九八・〇センチメートル　木造　桜井市阿部・安倍文殊院蔵　国宝

獅子に乗る文殊菩薩を中心に、左前方（向かって右）に獅子の手綱を執る優塡王と先導役の善財童子、右方（向かって左）の前後に仏陀波利三蔵（須菩提）と最勝老人（維摩居士）を配します。このような五尊形式を「渡海文殊」と呼びます。この一群は従来より快慶作であることが指摘されていましたが、近年の修理の際、文殊菩薩の頭部内から建仁三年（一二〇三）の年紀と「巧匠（アン［梵字］）阿弥」の墨書が発見され、改めて快慶の造立であることが確認されました（最勝老人のみ一六〇七年の補作）。文殊菩薩像はヒノキ材の寄木造で彫眼とし、肉身には粉溜（木地に膠を塗り、その表面に細かい金粉を蒔きつけたもの）を、着衣には彩色を施し、高い髻や服制などには中国宋代の仏像や仏画の影響が指摘されています。文殊菩薩像は智慧の文殊に相応しい理知的な表情を浮かべ、さらに肉身各部はみずみずしい張りを持ち、全体に溌剌とした活気がみなぎっています。文殊菩薩像が制作された建仁年中に快慶は多くの仏像を制作しますが、そうした中にあって本像は円熟期の快慶の手腕がいかんなく発揮された快心の作であるといえます。

日羅立像

像高一四四・六センチメートル　木造　明日香村橘・橘寺蔵　重要文化財

橘寺は聖徳太子生誕の地とも伝える古刹で、本像は円頂で、左手に宝珠、右手は与願印を示した僧形像で表されます。一般的にこうした尊容は地蔵菩薩像に多いのですが、寺伝では聖徳太子の師である日羅の像と伝えています。

橘寺 日羅立像

頭から蓮台までを針葉樹の一木造とし、両手先および持物は後の時代に補われています。本像は木の量感をそのまま生かした重厚な体軀が特徴で、特に大腿部の重量感を誇示した表現には目を見張るものがあります。量感豊かな体部の表現や鋭く刻まれた衣文の表現などは平安時代前期にみられる顕著な特徴であり、制作年代は九世紀と考えられます。

地蔵菩薩立像

像高一五二・四センチメートル　木造　明日香村橘・橘寺蔵　重要文化財

現在、日羅立像とともに聖倉殿に安置されている等身程の地蔵菩薩立像で、右手に錫杖を、左手には宝珠を持つ一般的な地蔵菩薩の姿で表されます。一木造で制作され、両手足先および持物は後の時代に補われています。全体に量感豊かで日羅立像と共通する作風を示していますが、日羅像に比べて表情は穏やかなものとなり、さらに脚部の表現はやや控えめに変化していることから、制作年代は十世紀前半と考えられます。

持国天立像・多聞天立像

持国天立像／像高一九三・四センチメートル　多聞天立像／像高一九四・八センチメートル　木造　明日香村川原・川原寺（弘福寺）蔵　重要文化財

持国天像・多聞天像ともに針葉樹の一木造で、両肩から先は別材で後世に補われています。現状、

川原寺　持国天立像（上）
多聞天立像（下）

素地を呈していますが、当初は彩色像であったと考えられています。両像ともに肩や胸の肉取りは厚く、特に腰周りの肉付けは重量感に富み、岩座を踏みしめる動勢からは、仏法を守護する四天王の力強さがよく表れています。九世紀前半の神将像に比べて、憤怒相や動勢がやや控えめに表現されている点から十世紀はじめの制作と考えられます。

如意輪観音菩薩坐像

像高四八五・二センチメートル　塑像　明日香村岡・岡寺蔵　重要文化財

本堂に安置される如意輪観音坐像で、現存する塑像の作例としては最大を誇ります。平安時代以降の密教系の如意輪観音は六臂（六本の手）像が一般的ですが、本像は二臂の姿です。また、現在は結跏趺坐していますが、当初は半跏踏み下げ姿であったと考えられ、頭と胸の一部を除く大部分は後の時代に補われています。本像のように厳かにしかも力強さを感じさせる面差しは奈良時代後半の像に多く、その頃に制作されたものと考えられます。後世の修理が多い点は惜しまれるのですが、奈良時代後半に制作された大型塑像の現存唯一の作例として、また二臂の如意輪観音の古例として本像は貴重であるといえます。

岡寺 義淵僧正坐像

義淵僧正坐像

像高九三・〇センチメートル　木心乾漆造　明日香村岡・岡寺蔵　国宝

本像は寺伝によれば岡寺の創始である義淵僧正像と伝え、義淵僧正は奈良時代前期の高僧の一人に数えられます。奈良時代後半に流行した木心乾漆造で制作され、顔全体に刻まれた深い皺などの表現から老僧であることがわかります。一方で体軀は奥行きが深く、さらにゆったりと膝を組んだ落ちつきのある姿からは、年齢を感じさせない義淵僧正の学徳の高さが見事に表現されています。類例の少ない奈良時代後半の肖像彫刻像において、本像は作風や技法を考えるうえで重要な作例といえます。

十一面観音立像

像高二〇九・一センチメートル　木心乾漆造　桜井市下・聖林寺蔵　国宝

もとは大神神社の神宮寺であった大三輪寺（大御輪寺）の本尊でしたが、明治時代の廃仏毀釈に際して、聖林寺に移安されたと伝えられています。本像は左手に宝瓶、右手は垂下して蓮華座に立った姿

石位寺 伝薬師三尊像

で制作されています。張りのある面部に威厳に満ちた表情を浮かべ、体軀は胸のふくらみが豊かで各部のバランスが整った理想的なプロポーションを表しています。さらに柔らかくうねる天衣や、しなやかな指先の表現など、細部に至るまで入念に造形されており、木心乾漆像の一つの到達点を示した像であるといえます。

伝薬師三尊像

像高一一五・四センチメートル　石造　桜井市忍阪・石位寺蔵　重要文化財

石位寺の本像は、丸味のある三角形の岩の中央には椅子に腰かけた如来を、左右には合掌して立つ菩薩像を彫り出しています。石造でありながらも弾力を感じさせるみずみずしい体軀の表現や、わずかに微笑を浮かべた優しい顔立ちなどは七世紀後半の特徴であり、この頃に制作されたと考えられます。石造の多くは屋外に安置されることが多いために風化が著しいのですが、本像は保存も良好であり当初の像容を留めている点は貴重であるといえます。

金屋二尊石仏

総高二一〇センチメートル　石造　桜井市金屋　重要文化財

二枚の岩に彫られた二尊は釈迦如来と弥勒如来と伝えられ、やや表面が風化していますが、ともに量感豊かな安定感のある姿で、身体を包み込む衲衣は自然に表現され、作者の技巧の高さがうかがえます。制作年代については諸説ありますが、作風から平安時代後半から鎌倉時代と考えられます。

飛鳥地域の塼仏

塼仏は唐から伝来したと考えられ、七世紀後半に飛鳥地方の寺院を中心に流行しますが、八世紀に入ると次第に塼仏の遺品は少なくなります。飛鳥地方では山田寺の金堂跡や塔跡の周辺から数多くの塼仏が出土し、これらは上面に黒漆を塗り、その上に金箔を押しています。出土状況や形状から、堂塔内の周囲の壁面に、独尊あるいは連座の塼仏が貼り詰められていたとみられています。また、橘寺、川原寺裏山遺跡、南法華寺（壷坂寺）からも、如来倚像を中尊とし、菩薩立像を両脇侍とした方形三尊塼仏と呼ばれる塼仏が出土しています。それぞれ尊容が共通しているほか、周囲に配された天蓋、飛天、菩提樹なども近似した図像を示しています。

仏像の種類と制作技法

仏像は人々の願いや悩みに応じて制作されるためその姿は多種多様で、それぞれの役割に応じて如来・菩薩・明王・天の四つに分類することができます。

如来

如来は仏の中では最高位であり、悟りをひらいた存在で覚者とも呼ばれます。仏教の開祖である釈迦如来や、病気を治し寿命をのばす薬師如来、極楽浄土に人々を導く阿弥陀如来などは古くから日本で信仰されます。如来の尊名は印相と呼ばれる手の形で判断できます。釈迦如来の代表的な印相は施無畏印・与願印、阿弥陀如来は来迎印・定印・説法印といったように、それぞれ固有の印相を持っています。如来は出家をした釈迦の姿がモデルで、頭部には螺髪と呼ばれる粒状の髪型を表し、多くは衲衣と呼ばれる衣をまとったシンプルな姿で表現されます。なお、如来では大日如来だけが例外的に、菩薩のように髻を結い、上半身には「条帛」と呼ばれる襷のような衣を掛け、宝冠や装身具をつけています。

菩薩

菩薩は悟りをひらく修行をしつつ衆生を救済する存在です。出家前の釈迦がモデルとなっていて、王侯貴族の服装をもとにした宝冠や胸飾りなど豪華なアクセサリーを身につけています。菩薩像の多くは髪を結い上げ、上半身が裸で、条帛を掛け、下半身は「裙（裳）」と呼ばれる巻きスカートをはいています。菩薩の代表格は観音菩薩で、現世利益をもたらす仏として幅広い信仰を集めました。また衆生の願いに応じて姿をかえるのも特徴で、頭部に十一の頭を持つ十一面観音菩薩や数多くの手を持つ千手観音像などは観音菩薩が姿をかえたものです。

明王

明王は平安時代初期に中国から伝えられた密教特有の仏で、仏教の教えに背く者を導く役割を持っており、その多くは憤怒相を表し、多面多臂の姿でつくられます。代表的な尊像としては不動明王があげられ、右手に羂索、左手に剣を持ち、火焔光背を背負った姿で表され、九世紀に京都の東寺で空海がつくらせた像（東寺講堂不動明王坐像）を嚆矢として、以降、多くの不動明王像が制作されました。

天

天はバラモン教やヒンドゥー教など仏教以外の神々が仏教に取り入れられ、仏教の守護神となったものです。天部はさまざまな役割を持っていますが、大別すると仏教やそれを信仰する人々を守護する護法神の役割を持つものと、人々に福をもたらす福徳神としての役割を持つものがあります。前者には四天王や十二神将などがあげられ、後者は大黒天、歓喜天などが有名です。また仏は通常男女の区別はありませんが、天では例外的に男女の違いがあり、四天王や大黒天などは明らかに男性の姿ですが、吉祥天や弁財天などは女性の姿で表現されます。

続いて、仏像の制作技法について紹介します。仏像の表面には漆や金箔、彩色が施されているため、どのような素材が用いられているのか判別できないことがあります。しかし、素材を知ることはその仏像が制作された時代背景を考えるうえで重要な要素です。日本の仏像には、金属・木・土（粘土）・漆・麻布・石などさまざまな素材が用いられています。

金銅仏

金属の仏像は蠟型鋳造が一般的で、まず粘土で大まかな形をつくり、その上に蜜蠟をかぶせて細部をつくります。その後、蜜蠟の上から形が崩れないよう土で覆った後、窯の中で熱すると蠟が溶けて蜜蠟部分に空洞ができ、この空洞部分に金属を流し込みます。内部が冷えて固まった後、ヤスリやタガネで細部を仕上げ、金メッキを施して完成となります。

塑像

土でつくられた仏像を塑像と呼びます。はじめに骨格となる心木をつくり、土がつきやすいよう荒縄を巻いておきます。その後、心木の上から藁の繊維などを混ぜた荒土をつけて大まかな形をつくり、さらにその上から紙の繊維を混ぜた中土をつけて形を整えていきます。そして、目の細かい仕上げ土で細部を仕上げた後、彩色や漆箔を施せば完成です。塑像は金属や木彫に比べて耐久性は低いのですが、細かな造形が可能であり、さらに他の素材に比べて修正が容易に行なえるのが利点です。昔は「攝・捻」と呼ばれ、奈良時代を通して盛んに制作されました。

塼仏

塼仏は塑像と同じく土が素材ですが、塑像と異なり仕上げに焼成する点が大きな違いです。塼仏はまず図像のもとになる型（雌型）を用意し、その型に土（粘土）を押し当て、型から粘土を取り出した後は、焼き固めて黒漆を塗り、金箔や彩色を施します。塼仏の用途は形状や大きさから二つに大別され、単独で礼拝の対象として用いられたものと、堂内の荘厳として用いられたものがあります。

乾漆像

乾漆像は漆と麻布でつくられた仏像のことで、塑像と同じく奈良時代に流行しました。古くは「即・塞」と呼ばれ、乾漆技法には脱活乾漆と木心乾漆の二種類があります。脱活乾漆像は、まず像の原型を土でつくり、その上から漆を塗った布を貼り重ねます。その後、背中を切り開いて中の土をかき出し、空洞になった内部に心木を入れて補強します。仕上げに木粉や小麦粉を混ぜた漆で細部をつくり、その上から金箔や彩色を施して完成となります。木心乾漆は土の原型が木におきかわったもので、奈良時代後半に流行しました。

木彫像

日本の仏像の素材で最も多いのが木で、平安時代以降の仏像のほとんどが木で制作されています。木彫像の技法は三種類あり、頭と体の中心部分を一木の木で制作する技法を一木造と呼び、肩から先や両足先は別材で補います。また干割れを防ぐため内部を刳り抜く内刳りを行ないます。割矧造は一木造と同じく頭と体を一本の木で制作しますが、一旦木を割り離して内刳りを施した後、再び組みあわせる技法で、一木割矧造とも呼ばれます。寄木造は頭や体の中心部分を複数の材からつくり出す技法で、部材ごとに内刳りを行なうため干割れが入りにくく、軽量で、部分ごとに分業が行なえる点も特徴といえます。また、大きな仏像をつくる場合、一木造や割矧造と異なり大木が必要ないという点も寄木造の大きな特徴といえます。

石像

石は入手しやすく安価な素材のため、石像は、飛鳥時代にはすでに制作されていました。一見すると堅牢にみえるのですが、重量があるため移動が難しく堂外に安置されることが多いことから、風雨にさらされて劣化が早いという難点があります。石像は丸彫のものや崖に直接刻まれた磨崖仏などがあり、多くは加工しやすい花崗岩や凝灰岩が用いられました。

古墳壁画

古代、墳墓の壁面に絵画を描く風習は世界中で例があります。中でも中国や朝鮮半島の高句麗では多彩な古墳壁画が知られており、四神や日月、星を描くことなど、題材や技法の面でもわが国とのつながりがみられます。

古墳時代には北部九州を中心に装飾古墳がつくられましたが、それらは幾何学文や単純な図像を描いたり、彫刻したものです。飛鳥時代になると寺院の堂内に壁画が描かれるようになったと考えられますが、飛鳥時代も終わり頃になってはじめて古墳に壁画が描かれます。現在、古墳壁画としては昭和四十七年（一九七二）に発見された高松塚古墳壁画と、その後にみつかったキトラ古墳壁画の二例だけが知られています。どちらも凝灰岩の切石を組みあわせた狭い石室（石槨）の内面全体に漆喰を塗り、その上に壁画を描いています。極彩色の大陸風壁画である高松塚古墳壁画は古代史ブームの立役者となり、記念切手も発行されて知名度も抜群です。両古墳とも国が保存管理していましたが、近年、カビの被害が抑えられないなどの問題から、高松塚古墳では石室石材ごと、キトラ古墳では漆喰層を、壁画を守るために古墳から取り出して修理することとなり、将来的に現地へ戻すことを目指しながら、現在は当面の間の措置として保存管理施設での保存と公開が行なわれています。

❖高松塚古墳の壁画

高松塚古墳の石室（石槨）内には天井に星宿、壁に日月と四神および男女の群像が描かれています。大陸風の極彩色壁画として飛鳥時代を代表する絵画であり、昭和四十九年（一九七四）に国宝に指定されています。

天井の星宿は、中国式の星座を描いたものです。古代中国の主要な星座である二十八宿が東西南北の七宿ずつ方形に配置され、中央にある北極と四輔を取り囲んでいます。星座は円形の金箔と赤い線で表現されています。

東壁の中央上部に金箔で表した日像、西壁には銀箔の月像があり、山岳と霞の上に浮かぶさまが表現されていますが、盗掘のため大きく損傷しています。

各壁面の中央には四神が描かれており、東壁の青龍、西壁の白虎、北壁の玄武（→53頁）が残っています。南壁は朱雀と推測されますが、盗掘と土砂流入の影響で失われています。

高松塚古墳壁画　西壁女子群像

高松塚古墳壁画　白虎

青龍と白虎は頭を南にむけています。青龍と白虎の尻尾が股をくぐり立ち上がる姿は唐で八世紀頃に流行したとされ、中国の四神の図像を取り入れたものと推測されます。

東西壁の南側には男子群像、北側には女子群像がそれぞれ描かれています。赤・緑・黄・白といった色とりどりの衣服を身につけ、手には大刀袋や椅子、袋、蓋、如意などを持っています。中でも女子群像はカラフルな襞のあるスカートをはいており、振り返ったり正面を向いたり、動きと奥行き感のある描写です。人物像には唐の絵画と共通する要素が認められますが、衣装は中国式ではないので、唐の画風を取り入れて描いた絵画といえるでしょう（→177頁、206頁）。

❖キトラ古墳の壁画

キトラ古墳の石室（石槨）内には天井に天文図と日月、壁に四神と十二支が描かれていました。高松塚古墳とともに二例しか知られていない大陸風の極彩色の古墳壁画です。令和元年（二〇一九）に国宝に指定されています。

天井の天文図は中国式の星座を描いたものです。高松塚古墳と異なり三五〇以上の星で七二以上の星座を表して全天を描いています。中心が天の北極にあたり、赤い同心円で周極星の範囲である内規、天の赤道、観測限界を示す外規を示し、見かけ上の太陽の通り道である黄道を偏心円で示しています。このような科学的要素を持つ全天を表した本格的な天文図（星図）としては世界最古の実例とされ、中国で最も古い「淳祐天文図」（十三世紀）と比べてもその古さは格別です。ただし、黄道の位置が間違っている点や、星座の書き直しが認められる点、後世のものと比べて数が少ない点なども、これが実用の天文図ではなく絵画であることを示す留意すべき特徴といえます。キトラ古墳の日月像は天井の刳り込み部分の斜面に描かれており、山岳と霞に浮かぶ日像を金箔で、月像を銀箔で表し、日像には烏の一部らしき図像がみられます。

四神は高松塚古墳とよく似ており、大きさは一まわり小さいものが各壁面の中央に描かれています。白虎が高松塚古墳と異なり北向きである点、玄武の中央部分がよく残っている点、南壁の朱雀（→53頁）がほぼ完全に残っている点、青龍は流入土で覆われほとんどみえない点が相違点です。

各壁面の下部には十二支が描かれています。十二支は獣の頭に人間の身体をしており、「長袍」という袖の長い服を着て、右手に槍状の武器や、盾らしきものを持っています。石室の東西南北の壁に、各方角にあわせて三体ずつ描かれていました。子・丑・寅・午・戌・亥の六体と、蛍光X線分析で泥の下にある辰・巳・申の図像が確認されています。

天文図と四神や十二支は季節や時間の順調な運行と、被葬者を邪悪なものから守護する目的で描かれたと考えられており、石室の中に一つの世界をつくり出しています（→178頁、206頁、207頁）。

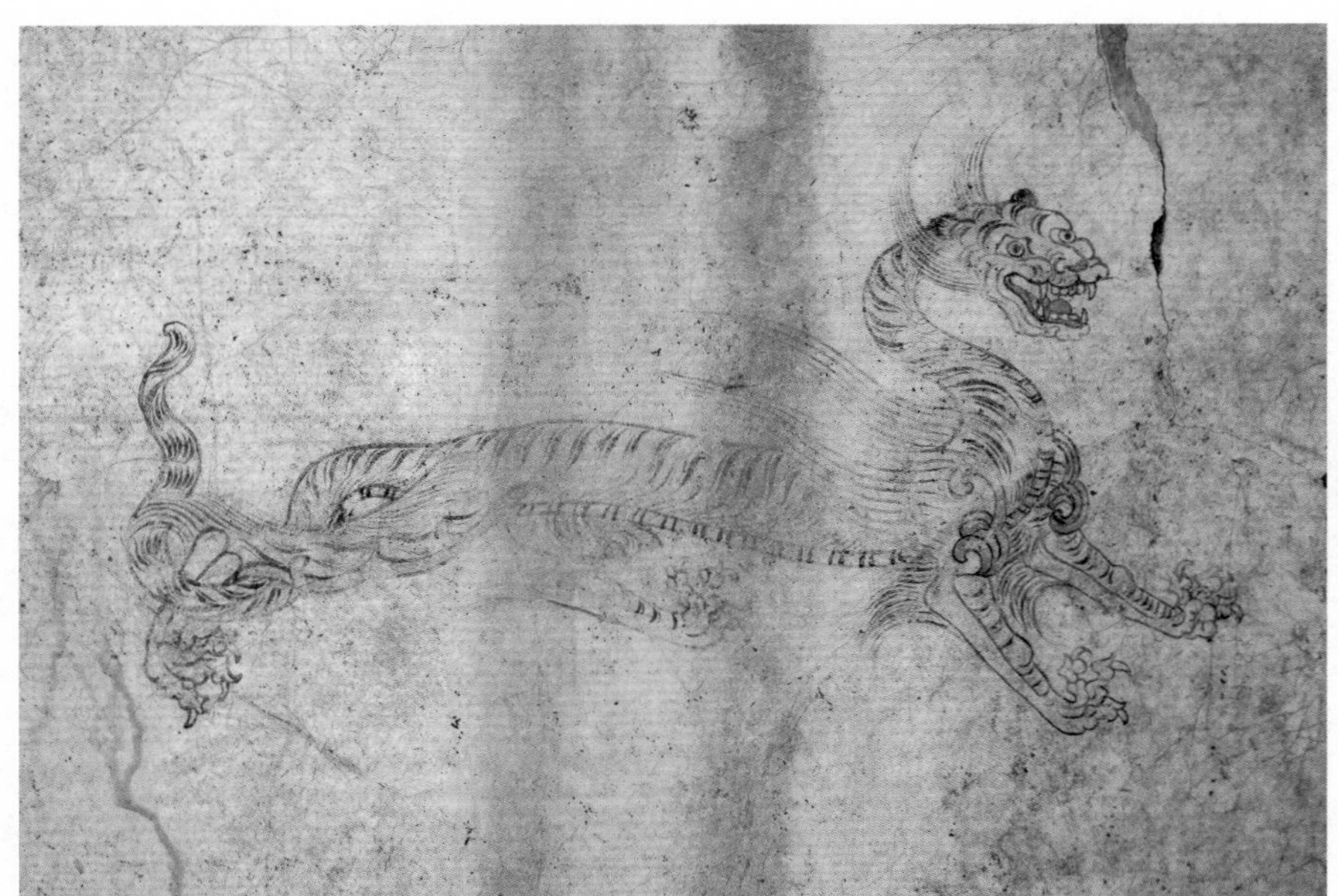

キトラ古墳壁画　白虎

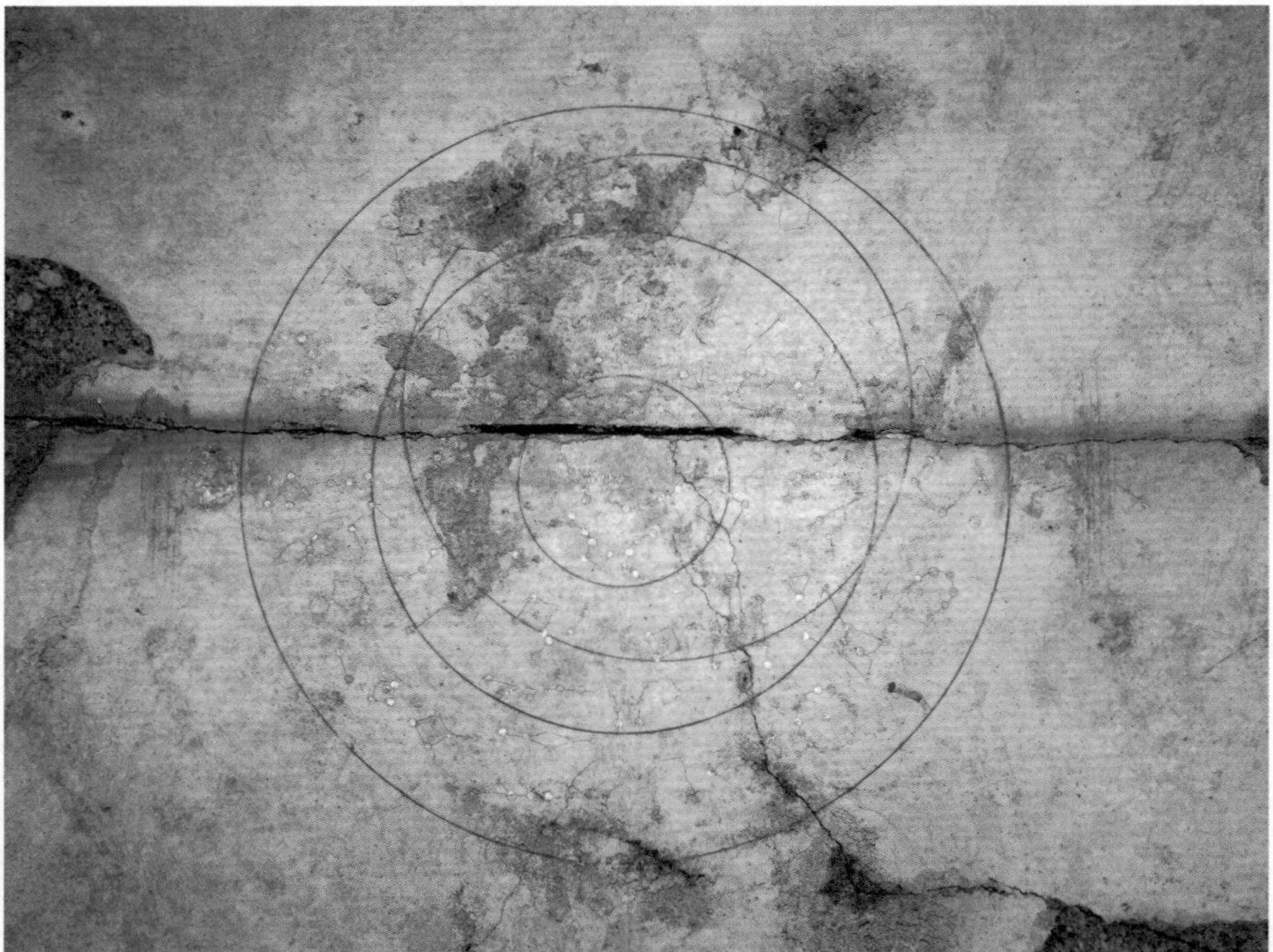

キトラ古墳壁画　天文図

飛鳥・藤原の石造物

飛鳥・藤原地域では、猿石、亀石、二面石、須弥山石、石人像、酒船石、亀形石造物、出水の酒船石・ミロク石、豊浦の文様石など、謎を秘めた多種多様な石造物がみつかっています。花崗岩系の硬い石英閃緑岩（飛鳥石）を加工・彫刻したものです。石造物の出土した遺跡やその年代から、これらの多くが制作されたのは、斉明天皇（→56頁）の時代であったと考えられています。硬い花崗岩を彫刻する技術は当時の日本にはまだなく、多くは朝鮮半島から渡来した石工によってつくられたものと推測されています。

これらの石造物のうち、益田岩船は古墳の石室の加工途中でヒビが入ったため放置されたもの、出水の酒船石は噴水用石造物と一体となった飛鳥京跡苑池の導水施設であったことが判明しました。

益田岩船

橿原市白橿町

貝吹山の東峰、通称「岩船山」の頂上近くに位置する巨大な石英閃緑岩の石造物です。加工が中断されていて、完成品ではないと考えられます。牽牛子塚古墳の横口式石槨とよく類似していることから、斉明天皇（→56頁）の合葬墓になる予定でしたが、亀裂が入ったために放棄されたものだとする見方があります。東西約一一メートル、南北約八メートル、高さ約四・七メートルもあり、真上からみると長方形をしていますが、山側の下半部は埋っています。頂上面と東西の側面には帯状の溝が彫られ、頂部平坦面の中央には幅約一・六メートルの浅い溝があり、溝の中には正方形の穴（一辺一・六メートル、深さ一・三メートル）が二つならんで彫られています。東西面はほぼ垂直に

益田岩船

切り立ち、南北面はゆるやかに傾斜しているので、逆さになった石の船のようにみえます。側面には鑿の跡が残されています。

猿石

明日香村平田・吉備姫王墓

吉備姫王墓の檜隈墓とされる墓前にならべられている滑稽な顔をした四体の石像です。江戸時代に、欽明天皇陵とされる平田梅山古墳（→175頁）南方の「池田」の水田から掘り出され、陵の前方部南側に設置されたと伝えられます。明治初年頃、吉備姫王墓に移され、現在に至っています。猿石は花崗岩製で、南北ほぼ一列にならべられており、北から順に「女」「山王権現」「僧」「男」と呼ばれています。猿石の性格については、平田梅山古墳の外堤に立てられて、墓域を示す記念物的なものであったとする説、欽明天皇陵の邪気を払う辟邪の目的で配置されたとする説があります。また、石像はそれぞれ別々のものではなく、伎楽などの仮面劇で用いられたもので、それぞれの石像が役割をになってドラマを演じているものとする説もあります。たとえば、山王権現の性器を露出した全身像は人の表現で、怪獣（鬼）を背にしていない坊主頭の像は僧侶（鬼を排する神通力をもつ聖職者でドラマの主人公的人物）、帽子をかぶった像は身分の高い人（翁）、他の石像は身分の低い農民というように、祭祀の場で演じる役割に応じて顔につけた仮面を表すものというものです。さらに、それぞれが「伎楽の演者」を表現したものとする興味深い説があります（→333頁）。橘寺の二面石、高取城跡の猿石、光永寺の人頭石は、猿石と同一場所で出土したと考える説があります。

猿石（右：山王権現　左：女）

高取城跡の猿石

高取山の山中にありますが、吉備姫王墓の四体の猿石と同類のものと考えられます。高取城の二ノ門を出て城下町へ下る大手筋と飛鳥方面へ下る岡口門への分岐点におかれています。城の石垣に転用するため飛鳥から運ばれてきたという説や、城郭の境目を示す結界石とする説があります。

人頭石（顔石）

高取町観覚寺・光永寺

光永寺の山門を入り、裏のほうにまわった前庭にあります。高さ一メートルほどの菱形の花崗岩を利用したものです。顔の左側半面が彫られており、右側にあたる裏面は石の自然面のままです。大きな鼻と耳、前に突き出した顎に特徴があり、猿石とは異なった顔つきをしています。顔石の頭部上面には、寺に運ばれた後に加工されたと思われる楕円形の穴が穿たれ、手水鉢として使用されています。

二面石

明日香村橘・橘寺

橘寺（→148頁）の境内の本堂脇にある石像です。高さ一メートルほどの花崗岩を加工したもので、江戸時代に境内に運ばれてきたものです。寺伝によると、人の心の善悪二業一心を表したものといわれ、一面は醜く、一面は優しい顔をしています。左は「左悪面」と呼ばれて寺の外を、右は「右善面」と呼ばれて本堂の方を向いています。人の心の善悪二相を表しているとしても、なぜつくられたのかはよくわかっていません。裏面は平に加工されており、もとは他の石と組みあわせて使ったものと考えられます。

須弥山石

重要文化財

明日香村奥山・奈良文化財研究所飛鳥資料館

石神遺跡（→190頁）から、明治三十五年（一九〇二）から翌年にかけて、石人像（→231頁）とともに発見されました。須弥山石は、三つの花崗岩製の石からなり、全体の形は、だるま落とし形で、総高約二・三メートルを測ります。上の二石の外面には山岳の文様、下石には波状の文様が浮き彫りされています。下石と二段目の石との文様が連続していないことから、本来は四石で構成されていたものが、下から二石目が失われたと考えられています。須弥山石の内部は空洞で、下石の内面は臼状に彫り込まれており、水槽としています。下石外部の底から水槽内に水を引く導管の細工があり、また、水槽の底には、外に向かって四ヵ所に小孔があきます。水槽内に水が入れば、水が外に流れ出る仕掛けになっています。水が波形をぬらすさまは、大海を彷彿とさせます。須弥山石は、全体として仏教でいう大海に浮かぶ聖なる高山をかたどったものとみることができます。現物および四石にて復元したレプリカが飛鳥資料館に展示されています。

須弥山石

飛鳥時代の採石技術と石材運搬・加工技術

採石技術

古代の石材採石法には、掘割技法や矢穴技法があります。掘割技法とは、石材を溝状に掘り囲んだ後、岩盤につながる下面に掘込みを入れ、梃子棒で持ち上げるなどして切り離す採石法で、直方体の切石を岩盤から連続的に切り出しました。矢穴技法は岩盤に矢穴を列状に掘り、矢と呼ばれるクサビ状の鉄製道具を矢穴に差し込み、ゲンノウ（鉄製の槌）で矢を叩いて石の割れ目を徐々に広げて採石する技法です。

飛鳥時代、日本では軟質の凝灰岩を中心に掘割技法で石材の採掘が行なわれたのに対し、朝鮮半島では矢穴技法によって、硬質石材を採石するようになりました。高取城跡の石垣調査では、矢穴のある石造物の一部がみつかっており、飛鳥から運ばれたとみられています。一方、明日香村の酒船石などには、その矢穴と同年代（十六世紀末頃）の矢穴が残されています。

運搬技術

石舞台古墳の石の総重量は、推定で二三〇〇トンもあり、最大の巨石は二つの天上石で、南側が約七七トン、北側が約六四トンと推測されています。こうした巨石の運搬には、巨石を載せるための「修羅」と呼ばれる木製の橇、修羅の下に入れて摩擦抵抗を小さくするための「ころ」と呼ばれる丸太、修羅の上の巨石を綱で引っ張るための「ろくろ」などが使用されたと考えられています。戦国時代から安土桃山時代の築城で石垣の巨石を運ぶ際にも、修羅を用いていたことが当時の絵巻物からわかっています。

大阪府藤井寺市の三ツ塚古墳の周濠底部から、大小二基の修羅と梃子棒が一九七八年に発見され、国の重要文化財に指定されました。梃子棒は梃子の原理によって、巨石を持ち上げたり、立てるために用いられたと考えられます。当時の修羅やろくろを復元し、石舞台古墳の築造の謎に迫るための再現実験も行なわれています。

加工技術

古墳時代の大型石材の加工は、石棺など埋葬施設の一部に限られ、凝灰岩製石棺の成形・仕上げが削り技法でなされていました。

飛鳥寺の造営が開始された六世紀末には、寺院造営技術の一環として、朝鮮半島より硬質石材を加工する技術が伝来したものと推定されます。

この時代に伝来した硬質石材の加工技術は、自然の塊石の形状を利用し、ノミによる敲打で平面を整えるという簡易なものであったとみられています。飛鳥時代の中頃につくられた須弥山石などの石造物は、飛鳥石を彫り込んでつくられました。しかし、硬い飛鳥石を精緻に加工する技術は、当時の日本にはまだなく、多くは朝鮮半島からきた石工によってつくられたと考えられています。

飛鳥時代の古墳は「終末期古墳」として一括されていますが、石材加工・利用の面では変遷がみられます。飛鳥時代前半の築造とみられる岩屋山古墳は、石英閃緑岩（飛鳥石）の切石を用いた「岩屋山式石室」と呼ばれる精美な横穴式石室で知られています。畿内の横穴式石室は、自然石の多段積から石舞台古墳のような巨石の少段積を経て、切石積へと変化しました。岩屋山式石室とその後の横口式石槨とは、切石石室の壁面や目地に漆喰を使うという点で共通しています。

飛鳥地域の古墳では、六世紀から七世紀中頃にかけて硬質の花崗岩などが使用され、七世紀後半以降になると軟質の二上山凝灰岩を使うように変化します。切石への需要が拡大した飛鳥時代後半には、採石と運搬・加工が比較的容易な軟質石材を、掘割技法によって大量に利用していました。二上山麓の採石跡では、掘割技法の痕跡が確認されています。束明神古墳では、二上山凝灰岩を用いた大型石室がつくられました。

高松塚古墳とキトラ古墳では、凝灰岩切石を組みあわせて横口式石槨を築き、その表面に漆喰を塗った上に壁画が描かれています。国宝に指定された壁画は、二上山凝灰岩と石材加工技術に支えられていました。二上山凝灰岩は、牽牛子塚古墳、野口王墓古墳の墳丘の貼石、藤原宮大極殿の切石積基壇外装でも用いられており、それらは複雑な仕口や規格性をそなえている点でも共通しています。

律令国家体制の整備過程においては、加工石材を用いた宮殿・寺院・古墳などが多く造営されたため、石材の需要に対応した石工集団の専業化や、石材加工技術の進展と凝灰岩切石の大量生産が行なわれたと考えられます。

石人像

重要文化財

明日香村奥山・奈良文化財研究所飛鳥資料館

須弥山石とともに石神遺跡（→190頁）から出土した石人像は、一つの花崗岩に寄り添うように、男女が浮き彫りされています。高さ一・七メートル。男の体内には足下から細い孔が穿たれており、胸元でY字形にわかれて、一本は男が持つ杯へ、もう一本は女の口まで貫通しています。石人像は地下に埋没した管を通じて水を汲みあげ、杯や口から水があふれ出る噴水施設とみられます。須弥山石と石人像の二つの石造物は、饗宴の場での水を使った演出装置であったと考えられます。『日本書紀』の斉明紀の記述や、須弥山石と石

石人像

人像が出土したことから、飛鳥寺の西や石神遺跡などは、ヤマト政権の支配下に入った蝦夷など辺境の民に対する服属儀礼、それに伴う饗宴を行なう場であったと考えられます。須弥山石や石人像は、その儀礼・饗宴を壮麗に整える舞台装置であったのでしょう(→333頁)。現物および噴水機能を復元したレプリカが飛鳥資料館に展示されています。

酒船石

明日香村岡

飛鳥宮跡のある真神原の東の丘陵線上に存在する長さ約五・五メートル、幅約二・三メートル、高さ約一メートルの扁平な形をした奇妙な花崗岩の巨石です。細長い形は南北の両側が打ち欠かれたためで、巨石の全体の姿は定かではありません。平らな巨石の上面には、円形や楕円形の彫り込み(池)とそれをつなぐ数本の直線状の溝が穿たれています。東端の半円形の池からは三本の溝が放射状にのび、中央の溝は大きな楕円形の池を貫いて西端までのび、先端はシャベル型の彫り込みになっています。楕円形の池からはもう一本の細い溝が東北方向にのび、わずかに輪郭の一部が残された円形の池らしきものにつながっています。三本の中の左右の溝からは、細い溝が短く分岐し、外側の円形の池にそれぞれつながっています。左右の溝の先端部は、石が割られていて、円形の池があったかどうかもよくわかりません。左の溝はもう一つの細い溝を西南方向に分岐しますが、その先は石が割られていて残っていません。酒船石の下には、一メートルほどの石が据えられており、酒船石は元の位置と設置状況をほぼ留めています。酒船石の東南方では、「車石」と呼ぶ長さ一メートルほどの長方形石が一六個発見されています。上面に幅一〇センチメートルほどの浅い直線溝が穿たれており、酒船石への導水用の石造物と考えられます。酒船石は、水の流れをみて占うなど儀礼に使った施設とする説があります。なお車石は現

酒船石

物の一部が飛鳥資料館に移設展示されています。

出水の酒船石

京都市左京区南禅寺下河原町・野村碧雲荘

明日香村大字岡小字出水で、大正五年（一九一六）、水田の排水路下で二つの石造物が掘り出されました。一つは、長さ四・三メートルの石で、上面に先端が尖る浅い凹を彫っており、もう一つの石は、長さ三・二メートルの石で、上面に幅一〇センチメートル、深さ二〇センチメートルほどの溝を、滑り台のように傾斜をつけて彫り込んでいます。その先端には円形の貫通孔が穿たれています。二石は、加工や出土の状況から組みあう関係にあり、導水施設の可能性が指摘されていました。平成時代の発掘調査の結果、その出土位置が確認され、また二つの石造物が新たに出土しました。これらの石造物は一連のもので、護岸に石積、底面に石敷を施した大規模な池を持つ遺跡（飛鳥京跡苑池→122頁）の遺物で、導水・噴水施設を構成していたことがわかりました。飛鳥京跡苑池は、南北二つの池と池を仕切る渡堤、北池から北にのびる水路、祭祀が行なわれたとみられる導水施設などで構成されることが、その後の発掘調査でわかりました。出水の酒船石の現物は京都の野村碧雲荘の庭石となっており一般公開はされていませんが、レプリカが飛鳥資料館に展示されています。

出水の酒船石（写真は、出土地近くで組み立てられた時に撮影されたもの）

亀石

史跡　明日香村川原

明日香村川原には、「亀石」という交差点があり、その近くの周遊歩道沿いに不思議な石造物があります。長辺が

亀石

五メートル近い甲羅のような形をした花崗岩の巨石に、ユーモラスな表情をした亀のような顔（目と口）が下端部に彫られ、「亀石」と呼ばれています。この石の用途は不明ですが、境界を表すための石造物としてみる場合、天皇家の終末期古墳が築造された檜前と、宮殿や寺院が配置された飛鳥の小盆地との境界にあたること、亀石が西南を向いていること、神仙思想との関係などから、「この世とあの世をつなぐ役割を果たした」とする説があります。

亀形石造物

明日香村岡

酒船石遺跡（→189頁）のある丘陵の北側の谷間の奥で、石敷広場や階段状石垣・川原石積の石垣、そして石敷広場の中央で小判形石槽と亀形石造物が発見されました。亀形石造物は、丸く彫られた両目、四本の指の表現が施された両足が特徴的です。小判形石造物の南側では、地下からの湧き水を地上に導水する湧水施設がみつかっています。湧水施設から流れ出る湧き水は、木樋などで小判形石槽にそそがれ、さらに亀形石造物の鼻の穴から甲羅部分の水槽に流れて溜まった後、尻尾部分から北側に取りつく石組水路によって北へと流されていきます。亀形石造物は、全長約二・四メートル、幅約二メートルで、湧き水の上澄みを貯める施設であったと考えられます。亀形石造物が出土した空間は、東西南の三方を丘に囲まれた神聖な空間で、清らかな谷の水を用いる祭祀に使われたと考えられています。なお、復元展示している石敷などの施設は天武・持統朝頃に改修されたもので、斉明天皇時代の石敷はその下層に存在しています。施設は、九世紀まで存在していたことがわかっていますが、当初の湧水施設は機能しなくなり、曲げ物の桶から水をそそいでいたようです。

酒船石遺跡の亀形石造物（手前）と小判形石槽、湧水施設

弥勒石

明日香村岡

明日香村大字岡小字木ノ葉の木ノ葉堰付近、飛鳥川右岸に「弥勒石」と呼ばれる石造物があります。飛鳥川の川底から掘り出し、現在地に運びあげたと伝えられ、もとは井堰の基礎であったといわれています。大きな丸みのある角柱形の石ですが、素朴な彫りで顔が刻まれています。後面（東側）は自然な形状ですが、正面（西側）と左右側面に面取りが施されています。高さ二・五メートルを測ります。近在の人々の信仰を集め、親しみを込めて「ミロク

さん」と呼ばれており、下半身の病にご利益があるとかで、祠にはたくさんの草鞋が奉納されています。

マラ石

明日香村祝戸

国営飛鳥歴史公園祝戸地区への入口園路の付近にある石造物で、男性器を模して斜めに突き立っています。本来は真っすぐに立っていたともいわれています。長さは一メートルほど。飛鳥川を挟んだ対岸には「フグリ山」と呼ばれる丘があり、「マラ石」と一対のものとする説もあります。古代の子孫繁栄や農耕信仰の対象なのか、坂田寺の境界なのか、謎の石造物です。マラ石の命名は、仏教考古学者の石田茂作によるものといいます。

立石

明日香村豊浦・岡・上居・立部

明日香村の各所に存在する石造物です。立地や大きさ、形状はさまざまで、その目的や用途も不明ですが、境界を示す標石という説があります。豊浦（甘樫坐神社境内）、岡（岡寺北方の山中）、上居（県道多武峯見瀬線沿い）、立部（定林寺跡）、川原（川原寺東方の飛鳥川沿い）で確認されていますが、発掘調査時に発見された川原の立石は現在では埋め戻されています。また小原にも存在するとされていますが、その所在は不明です。立部の立石はかつては「乳母石」とも呼ばれていたようです。

文様石（豊浦の文様石）

明日香村豊浦・向原寺

向原寺（→141頁）境内に、表面に火炎文のような文様を浮き彫りした長さ八〇センチメートルほどの文様石があります。一つの石造物の部分と考えられます。また、豊浦集落南端の丘陵下にある江戸時代中頃に築かれた用水用の石組トンネルでは、四個の文様石が確認されています。その一つには、獣形の足とみられる浮き彫りが彫られています。これら石造物も、もともと豊浦の地におかれていたものと考えられます。

竜福寺層塔

明日香村稲渕・竜福寺

明日香村稲渕の竜福寺境内には竜福寺層塔があります。天平勝宝三年（七五一）、「朝風」（→370頁）の南に葬られた人の供養のために、竹野王により造立されたことが、刻銘から知られており、「竹野王の石塔」と呼ばれています。在銘の石造層塔では日本最古のものとされています。二上山凝灰岩製で、現在の高さは一・八メートルですが、本来は五層の石塔であったことが絵図から読み取れます。各層の屋根と軸部は別材で、現在は三重目の屋根と四重の軸部までが残っています。初重軸部の四面に細字で銘文が刻まれ、東の面にはインドのアショカ王が世界中に立てたという石塔の伝説が記されています。竹野王は『続日本紀』や長屋王家木簡にもその名がみえ、長屋王の近親の女性であったと推測されています。朝風の地から稲渕に石塔が移された時期については、よくわかっていません。

飛鳥の遺跡と日本考古学の父

大森貝塚を発見したエドワード・モースの名はよく知られていますが、同時期に数多くの日本の遺跡を調査し「日本考古学の父」と呼ばれているのが、ウィリアム・ゴーランドです。ゴーランドはイギリス生まれで、お雇い外国人として一八七二年から八八年まで十六年間も日本に滞在しました。

ゴーランドは、一八八二年、八四年、八八年と三度も飛鳥の地を古墳の調査で訪れました。四〇六基の古墳を日本滞在中に調査し、写真記録に加えて、古墳の分布図や墳丘の測量図も残しています。ゴーランドは、大阪造幣寮の化学兼冶金技師として招聘されており、考古学の専門家ではありませんが、発掘調査のレベルは現在でも通用するほど高く、イギリスへ帰国して九年が経過した一八九七年に古墳の研究成果を発表しています。ゴーランドが帰国する際には、大阪造幣局（「寮」から改称）の応接所であった泉布観で送別会が開かれました。なお、造幣局関係の資料には「ガウランド」と記されています。

ゴーランドは、飛鳥で五条野丸山古墳、欽明天皇陵、吉備姫王墓の猿石、野口王墓古墳、岩屋山古墳など多くの遺跡を調査しています。岩屋山古墳の石室については「舌を巻くほど見事な仕上げと石を完璧に組み合わせてある点で日本中のどれ一つとしておよばない」と記しています。真の文武天皇の陵とみられる中尾山古墳では、硬質石材である竜山石と花崗岩・閃緑岩を組みあわせた精巧な横口式石槨が近年確認されました。堅牢な石材を使って磨き上げた荘厳なつくりで、被葬者の権威の高さがうかがえます。技師であったゴーランドが飛鳥で中尾山古墳の石槨内部をみていたならば、さらに驚嘆したことでしょう。

ゴーランドは、また熱心な登山家でもあり、「日本アルプス」の命名者として著名です。その日本アルプスの名は、イギリスの宣教師ウォルター・ウェストンによって紹介され、世界中に広まりました。

8 中世の居館と山城跡

中世の大和国では守護は任命されず、宇智・吉野・宇陀の南三郡以外は、事実上の大和守護であった興福寺の支配体制下にありました。興福寺では、一乗院と大乗院の両門跡が確執しあい（両門体制）、興福寺の衆徒の筒井氏と国民（春日社の神人）の越智氏が両門跡ともつながって勢力を二分するほどになり、大和永享の乱などの武力衝突が大和国内で頻発しました。応仁の乱では、越智氏は西軍側、筒井氏は東軍側に加わりました（→107頁、108頁）。

中世の大和では、村の集落内やその近くに国人（土着の武士）の居館（平城）が築かれ、防衛上の要所に山城（詰め城）が築城されました。飛鳥・藤原地域では、おおむね西部が越智氏の、東部が多武峰などの支配下にあり、居館跡として越智城や小山城がありました。自然地形を生かした山城跡として、雷ギヲ山城・雷城・奥山城・飛鳥城・岡城・祝戸城・畑城・五条野城・平田城・野口吹山城・野口植山城・冬野城などが確認されています。また多武峰の周辺稜線上にも諸郭が築城され、争乱時の防衛ライン（多武峰城塞群）とされました（→109頁、110頁）。

これらの山城は、複数の平坦面の曲輪を階段状に重ねた「連郭タイプ」（冬野城・小山城・奥山城・祝戸城・野口植山城・平田城など）と、一つの大きな曲輪（主郭）とそれを囲む空堀などからなる「単郭タイプ」（雷ギヲ山城・雷城・野口吹山城・飛鳥城・畑城・岡城など）に大別されています。その多くは、永禄六年から十年（一五六三～六七）に、多武峰方と松永久秀方の抗争下で築かれた対峙戦用の臨時築城とみられています。

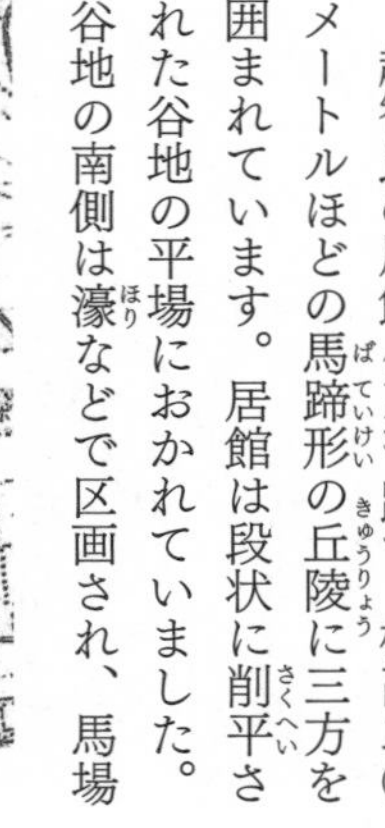

越智氏居館（越智城）跡

高取町越智

越智氏の居館（平城）跡で、標高二〇メートルほどの馬蹄形の丘陵に三方を囲まれています。居館は段状に削平された谷地の平場におかれていました。谷地の南側は濠などで区画され、馬場があったとみられています。丘陵の南西側および東側の頂上には、郭跡があり堀切や空堀跡がよく残されています。越智氏は居館以外に貝吹山城・高取城・佐田城などの山城を有しており、それらの中でも貝吹山城と高取城の両山城は、政庁的な機能をもそなえた居城に発展したと考えられています。十六世紀の半ばには、越智氏家中の対立もあって両山城が越智氏惣領と庶流それぞれの拠点とされていました。

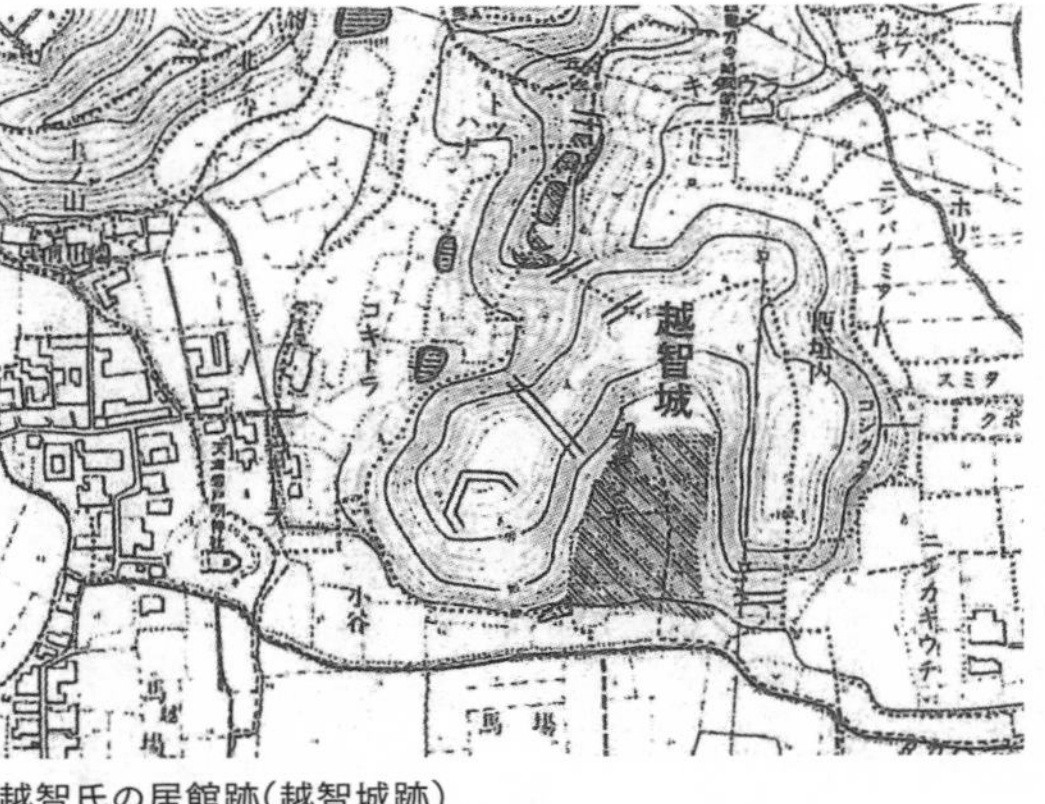

越智氏の居館跡（越智城跡）

貝吹山城跡

高取町与楽・橿原市南妙法寺町

大和盆地を北側に一望できる貝吹山（標高二一〇メートル）の頂上付近にあった山城で、築城は南北朝時代（十四世紀）とされています。越智氏の居館を守るための物見砦や詰め城であったと考えられますが、越智氏の中心的な軍事拠点として城郭が拡張され、防備機能が強化されました。頂上の主郭を中心として、四方の尾根上に諸郭が設けられて、連郭を構成していたようです。幾度も戦場と化して筒井氏や松永氏によって占拠されています。

（上）貝吹山城跡遠景
（下）貝吹山城跡頂部の主郭

高取城跡

史跡

高取町高取

標高五八四メートルの高取山山頂に築かれた山城です。高市郡一帯をおさめていた越智氏が、奈良と吉野を結ぶ要衝である芋峠（芋ヶ峠）を監視し、南朝方の第一線を防備するため、南北朝時代の元弘二年（一三三二）頃に築いたといわれます。石垣はなく、堀を掘った土で土塁を固めただけのカキアゲ城で、山の地形をならして築いた曲輪を幾段にも重ねて逆茂木や板塀で防御しました。貝吹山城とともに越智氏の広域的な拠点となりました。安土桃山時代には、大和国郡山城主となった豊臣秀長の重臣本多氏によって、天守閣・石塁などを持つ城郭に改築されました。その美しさは「巽高取 雪かとみれば 雪でござらぬ 土佐の城」とうたわれています。本丸石垣の隅石（壁面の角の長方形の切石）などには、飛鳥地域の古墳からの転用石が多く使われています。国宝の両界曼荼羅で有名な子嶋寺（高取町観覚寺）の山門は、高取城の二ノ門を明治三十六年（一九〇三）に移築したものです。江戸時代の三代将軍徳川家光の時代から明治維新まで、高取藩植村氏の居城として十四代にわたり存続しましたが、明治六年に再び廃城となりました。近世山城の中では異例の高さと城郭規模の城で、城下町の麓からの比高が四四六メートルあります。美濃岩村城（岐阜県恵那市）・備中松山城（岡山県高梁市）とならび日本三大山城に数えられます。

冬野城跡

明日香村冬野

明日香村冬野にあり、多武峰周辺に築かれた多武峰城塞群の中でも最大規模の山城で、多武峰の南を守りました。南北朝時代から戦国時代まで、多武峰を舞台に三度の合戦が行なわれ、冬野城ではその度に激戦がくりかえされました。承元二年（一二〇八）には吉野金峯山と多武峰との争いがあり、金峯山の衆徒が橘寺方面から多武峰に侵入して多武峰の堂宇や僧房を焼き払い、冬野城も陥落しています。永享元年から同十一年（一四二九～三九）にかけておこった大和永享の乱では、越智氏らが後南朝勢力をおしたてて多武峰を中心に幕府軍に抵抗しました。しかし、ついに多武峰は全山消滅して越智氏も没落しました（後に復活しています）。また、永正三年（一五〇六）には赤沢朝経の大和侵入があり、それに抵抗する越智氏などの大和の勢力が多武峰に拠り、冬野城を改修利用したと考えられます。松永久秀の大和侵攻の折にも冬野城は、越智氏側の防戦の拠点となっています。

小山城跡

明日香村小山

明日香村小山の集落内にある小山氏の居館跡です。小山氏は越智氏の傘下の氏族で、数少ない飛鳥の土豪の一つでした。中ツ道に沿って北方より敵が攻めてきた時に、防衛ラインとなる越智氏の出城として重要な地点にありました。内郭（居館）と外郭の二重構造であり、外郭の集落は環濠集落としての機能を持っていました。巨大な横堀の存在から、丘陵裾の内郭に複数の居館がならぶ姿が復元されるといいます。また集落の西に接する西山という丘陵の稜線を超えて城郭の突出部が築かれており、西側へ踏み込む構造をみせています。

野口植山城跡

明日香村野口

明日香小学校のすぐ西側の小さな丘が野口植山城跡で、築城時期、築城者は不明です。野口植山古墳とも呼ばれています。この野口植山古墳（野口植山城跡）が、額田王の墓ではないかとの伝説があり、頂上にある歌碑の裏に、額田王が葬られたとされる由縁が刻まれています。それによると持統天皇の崩御後に、天武天皇と額田王の孫にあたる葛野王が、額田王の墓をこの場所に移したとされています。天武・持統天皇陵である野口王墓古墳は、野口植山城跡のすぐ西側にあり、葛野王は額田王の墓を天武・持統陵古墳のある方向に向けてつくったことになります。

越智氏の菩提寺

高取町越智には越智氏の菩提寺であった光雲寺があります。高取藩ゆかりの禅寺でもあり、境内には越智氏の墓や高取藩々士の墓、梅原猛による観世元雅の碑などがあります。本堂は黄檗宗ならではの建築様式で、奈良県の有形文化財に指定されています。南北朝時代初期の貞和二年（一三四六）に興雲寺と称して建立されたのがはじまりで、室町時代初期の文安三年（一四四六）に復興開基したとされています。天正年間（一五七三〜九二）には越智氏の没落で衰退しましたが、天和年間（一六八一〜八四）に黄檗宗の鉄牛禅師が再興し、元禄十一年（一六九八）に寺号を光雲寺と改名しています。山門前には、越智氏の家臣・鳥屋陣羽守の二人の息子が織田信長の命を受けた筒井順慶の追手から逃れたという伝説のある厄除け杉があります。

9 文化的景観・古民家・伝統的町並みなど

奥飛鳥の文化的景観と飛鳥・藤原地域の伝統的町並み

文化的景観とは「風土に根ざして営まれてきた人々の生活や生業のあり方を表す景観地」と定義され、私たちが自然や風土と共生する中で育んできた原風景ともいえます。

飛鳥・藤原の地に住まう人々が風土や自然環境に適応しながら、長い年月をかけて築きあげてきた文化的景観やその構成要素でもある棚田（たなだ）や石垣などの風景、大和棟（やまとむね）の民家、歴史的な社寺・集落・邸宅・墓碑などに関連する場所などは、この地域特有の情緒やたたずまいを持った美しい景観を形成しています。

奥飛鳥では、飛鳥川に沿った河岸段丘や山裾、山の緩斜面上にいくつかの集落が展開しています。棚田や家屋は、飛鳥川の川石や山を切り開いた際に出土した石材を用いた石積（いしづみ）を伴っています。集落の中には、急な茅葺（かやぶき）の本屋根と緩やかな瓦葺屋根の落棟とを組みあわせた「大和棟」の民家が点在しており、石積などとあわせて独特の集落景観を形成しています。また、奥飛鳥地域の集落では、飛鳥川に降りる階段をしつらえた「アライバ」が現在も機能しています。谷の斜面を開発した棚田では、飛鳥石（石英閃緑岩（せきえいせんりょくがん））による伝統的な石積が残され、井手が農業用水を供給しています。また、豊穣と子孫繁栄を祈願する綱掛け神事が継承され、盆迎え・盆送りが飛鳥川沿いの集落を通じて行なわれるなど、飛鳥川と強く結びついた生活が営まれています。こうした飛鳥川と結びついた生活と農業を中心とした伝統的な生業を伝える稲渕（いなぶち）・栢森（かやのもり）・入谷（にゅうだに）の全域と祝戸（いわいど）・阪田（さかだ）の一部が、国の重要文化的景観に選定されています。

飛鳥・藤原地域の近世の町場としては、今井と八木が際立っていました。ともに現在の橿原市内にあり、その間はわずか八町（約九〇〇メートル）でした。八木が越智氏による市の開設から出発し、下ツ道（中世には中街道）と横大路という主街道の交差点として発展したのに対し、今井は本願寺の保護の下で寺内町として計画的につくられたことにより、町場としての商工業的な機能が異なり、両者が共存できたと考えられます。明治時代中期以降に鉄道建設が進んだ中で、今井は駅の建設を回避しました。一方、八木には畝傍駅ができましたが、町の発展にはあまり結びつかず、高度成長期になり八木の町並みの外で発展したことから、どちらも近世的な町並み景観が現在まで保存されてきました。

❖大和棟の古民家

奈良盆地を中心に河内・山城南部地方に多くみられる切妻造民家の一形式です。主屋部分を急こう配の切妻の茅葺とし、両妻を漆喰で塗り込めて塀のように一段高くし、両端の数列を瓦葺とした「高塀」にするのが大和棟の基本型です。大和棟は高塀造ともいわれ、両端の高塀の上に載せる飾り瓦は鳩の形が多く、「鳩衾」と呼ばれました。両側または片側の妻には、緩こう配の瓦葺の落棟をつけ、片方の妻に煙出しのヤグラを載せます。両端に瓦がならんだ茅葺の本屋根と、妻の落棟の瓦葺屋根という二重の構成が大和棟の特徴であり、日本の民家で最も美しい対照構成美を示すものと評価されました。切妻の主屋の下は田の字をした四間取の居室が普通で、瓦葺の落棟の下は土間の「カマヤ（竈屋）」となりました。瓦葺と茅葺の境に架けられた「煙返し」の大梁は、高塀を支えるとともに、竈の煙が居室に流れないようその上を壁にしました。

大和棟の発生は、田畑輪換農法（→28頁）による棉栽培や木綿業などの副業の活発化により、大和の農民が経済力に富んだ十八世紀のはじめ頃と考えられています。大和棟（高塀造）は、庄屋や組頭などの家格の表現形式ともなりました。明治時代以後、急こう配の大和棟の主屋はつくられないようになっています。最近は、茅葺屋根の部分がトタンで覆われていたり、煙出しが取り払われたものも増えています。

井村家（大庄屋）

明日香村八釣

八釣村の井村家は、江戸時代後半の飛鳥地方の大庄屋（→24頁）でした。古文書（「大和國高附帳」）には、現在の明日香村内だけでなく吉野郡や奈良市の地名も記されています。長くこの地の大庄屋であった井村家には、高取藩の殿様がたびたび来て、裏にある堀の鯉を愛でたと伝えられています。井村家には、今も美しい大和棟の家屋が残されており、屋根の葺き替えの際には、屋根に飾られていた雌雄の河童の瓦が見つかっています。

八釣の井村家の大和棟

森村家（大庄屋）

重要文化財

橿原市新賀町

森村家は、中世以来の旧家で江戸時代には大庄屋をつとめていました。広い敷地に主屋・内蔵・別座敷・表門をはじめ米蔵・納屋が建っています。主要な建物は享保十七年（一七三二）頃のものです。主屋は、茅葺（現在、鉄板葺）の切妻造で、四方に本瓦葺の庇をつけた大和棟の最も古い例です。その規模は大きく、東半分を土間・釜屋部分とし、西半分の居室は、三室を三列にならべた整形九間取としています。主屋の上手に接続する別座敷は床・棚・書院をそなえた座敷で、良質の材料を用いており、上層の家の姿を示しています。表門は、表側道路に面して建つ長屋門で、規模が大きく、家格の高さを表します。主屋・奥座敷などの主な建物は質がよく、保存状況も良好でこの地方の上層の家構えをよく伝えています。江戸時代中頃に遡る大規模な大和棟の家屋は極めて少なく重要文化財に、また庭園は奈良県の名勝に指定されています。

❖飛鳥・岡両大字の町並み

甘樫丘展望台に立ち、和田池や石川池のある西側をみると、連坦した市街地開発が行なわれてきた橿原市の菖蒲町・石川町・五条野町・白橿町地区などと、明日香村特別措置法（→375頁）などで開発の抑制を図ってきた明日香村との行政界が明確にわかります。東側の小盆地を振り向けば、大字飛鳥の伝統的な町並みが足下にみえます。明日香村では、飛鳥坐神社の門前町であった大字飛鳥と岡寺の門前町であった大字岡などに伝統的な町並みが残されています。明日香村の岡・飛鳥の両大字や橿原市の今井町・八木町などでは、主屋に「つし（厨子）二階建」が用いられています（→381頁）。

旧大鳥家住宅

明日香村飛鳥

飛鳥坐神社参道に北面して建つ町家で、明治三年（一八七〇）の建造です。主屋と離れがあり、つし二階建、切妻造・桟瓦葺の主屋は、土間上に煙出しを設け、軒裏を漆喰で塗籠にしています。内部は通り土間と床上を整形四間取としています。離れは納屋、座敷、厩舎、物入からなります。主屋・離れともに虫籠窓で外観を飾っています。虫籠窓は、明かり取りや通風のために、明治時代までの町家の二階部分に使われた標準的な窓です。参道の歴史的景観を今に伝え、奈良盆地らしい屋敷囲いとなっています。主屋・離れともに登録有形文化財（→387頁）。

森家住宅

明日香村飛鳥

飛鳥坐神社参道に南面して建つ町家で、天保年間（一八三〇〜四四）の建築です。現在は簡易郵便局と酒店になっています。この建物は高取藩の殿様が通る時の休憩所になっていたといわれています。上段の間の床の壁に貼られていた絹本の墨彩画、紙本の襖絵は近年屏風に表装されています。

岡本邸

明日香村岡

明日香村の大字岡の本町通りは、かつては商家や旅籠が軒を連ねており、「市場筋」とも呼ばれて定期市も開かれていました。特に花井家は江戸時代末の様子を今に伝えており、高取藩の殿様が休憩に立ち寄ったといい、上段の間や玄関も当時のまま残されています。大字岡への南西側の入口（飛鳥川沿い）にある岡本邸は、古いたたずまいの門構えを残しています。岡本邸では、大字岡側と飛鳥川との落差を利用し、大型水車によって大量の米をついていました。高取藩主植村侯の御用米は、最も味の良い細川米があてられ、岡本邸の御用米専用の水車により精米されていました。広い敷地の中に引き込まれた水路と水を落とすための巨大な石垣を県道側からみることができ、往時の姿を今に伝えています。

❖今井町の町並みと飛鳥・藤原地域の寺院建築

橿原市の今井町は、称念寺を中心として中世末に形成された寺内町で、重要伝統的建造物群保存地区に選定されています。周囲を環濠と土居で囲んで防衛した現在の町割りが成立したのは近世初頭とみられ、東西南北に何本も直交した街路の割付けや、多数の伝統的な町家が継承されています。一向宗（浄土真宗）の本山であった大坂本願寺（石山本願寺）が織田信長に攻撃されると、今井町の門徒衆は信長に敵対し、武装解除を条件についに自治権を認めさせました。

代々今井町の惣年寄の筆頭をつとめた今西家の住宅（重要文化財）は、大棟の両端に段違いに小棟をつけ、入母屋造の破風（前後で喰違いをみせます）、外壁は白漆喰塗籠、本瓦葺の城郭風の建物で、八つ棟造ともいわれています。棟札、鬼瓦銘より慶安三年（一六五〇）に建てられたと考えられます。

今井町ではその他に称念寺本堂と豊田家住宅など七件の住宅が重要文化財に指定されています。

飛鳥・藤原地域周辺の中・近世寺院建築では、称念寺以外に、瑞花院本堂、正連寺大日堂、久米寺多宝塔（以上橿原市）、少し離れて長谷寺本堂（桜井市）が国の文化財に指定されています。

今西家住宅

【寺院建築】（国の指定文化財）

岡寺仁王門・書院

重要文化財　明日香村岡

岡寺の仁王門は、入母屋造。本瓦葺の三間一戸（正面の柱間が三つあり、その中央の一柱間が戸口）の楼門で、正面の両脇に仁王像ともいわれる金剛力士像を安置し四隅の上に阿吽の獅子と龍・虎を据えた珍しい形態です。（→148頁）慶長十七年（一六一二）の再建ですが、昭和時代の解体修理でほとんどの部材に古材が使われていたことが判明しています。文明四年（一四七二）の大風で転倒し、翌年から再建が開始されながら完成しなかった三重塔の部材を転用したものといわれています。なお、現在の三重塔は昭和六十一年（一九八六）に再建されたものです。

書院は、本堂の北西にあり、切妻造・こけら葺（一部銅板葺）で東西両面に庇がつきます。主室に床・棚・書院を備え、鉤の手には四室を並べた本格的な構成です。建築年代は明確ではなく、安土桃山時代から江戸時代の初期と推定されています。

称念寺本堂

重要文化財　橿原市今井町

称念寺は、大和五ヶ所御坊の一つ「今井御坊」と呼ばれた浄土真宗本願寺派の寺院で、寺内町としての今井町の形成・発展を支える拠点寺院でした。本堂は大規模真宗寺院の標準的平面形態を有しています。太鼓楼・庫裡・客殿・対面所などもあります。本堂は大きな入母屋造本瓦葺で、令和四年（二〇二二）に屋根の修復保存工事が完成しました。屋根の解体工事で肘木裏面から寛永十八年（一六四一）の墨書がみつかり、今西家住宅とほぼ同時期の建設と判明しました。墨書には「今井大工金兵衛」とあり、今西家住宅の棟木にも同じ名があるため、同一人物が建設にかかわっていたと推測されています。江戸時代中期と末期に、改造や大規模修理・意匠変更が行なわれています。

称念寺に伝わる古文書群も重要文化財で、桃山時代から昭和時代におよぶ一一三四点の史料は、宗門史料としても、地域史料としても高い価値を有しています。真宗の宗門にかかわるものが中心で、中近世移行期の今井郷惣中宛の織田信長朱印状・明智光秀書状などのほか、本山や末寺などとの間で授受された史料や土地・水利にかかわる史料が豊富に存在します。代々住持をつとめた今井氏にかかわる史料、特に摂津（大阪府北中部、兵庫県南東部）の豊臣家直轄地に関する今井兵部宛の豊臣秀吉朱印状や、紀州徳川家とのかかわりを示す史料は、僧侶と武士の両様の性格を持つ今井氏の身分をよく示しています。二代目住持の今井兵部は、西本願寺十三世の良如から本山同様の法事の執行を認められています。今井氏は代々兵部と名乗り、織田・豊臣・徳川氏に仕え、武士と僧侶を兼ねていましたが（「武釈兼帯」）、延宝七年（一六七九）に武士を返上して釈門に帰しました。

瑞花院本堂

重要文化財　橿原市飯高町

瑞花院は、もとは「吉楽寺」といいました。嘉吉三年（一四四三）の棟木銘があります。建立年代も古く、多くの瓦にこの時代の刻銘があり、貴重な存在です。

正蓮寺大日堂

重要文化財　橿原市小綱町

橿原市の小綱町に鎮座する入鹿神社と同じ境内にある正蓮寺は、もとは「普賢寺」といいました。文明十年（一四七八）の上棟札があり、竣工は文明十七年とされています。しかし、康正二年（一四五六）の墨書もあり、完成までには約三十年かかっています。応仁の乱の動乱期の影響とも考えられますが、室町時代の小規模な仏堂として貴重です。本尊の大日如来坐像も重要文化財。

久米寺多宝塔

重要文化財　橿原市久米町

久米寺の境内にあります。焼失した塔にかわり、京都の仁和寺から移築されたものです。昭和六十年（一九八五）の解体修理時に移築が裏づけられ、現在の場所に移されました。建立は、様式手法から江戸時代初期と考えられます。頭貫・木鼻・須弥壇など細部に禅宗様が濃厚に表れています。当初材をよく保持し、京都風のおだやかな手法を持ち、均衡のとれた多宝塔です。屋根は厚い板を用いたとち葺です。

長谷寺本堂

国宝　桜井市初瀬

長谷寺は、真言宗豊山派の総本山で、西国三十三所観音霊場の第八番札所です。長谷寺本堂は、江戸幕府による大規模な造営になる近世初期の代表的な寺院本堂です。現在の本堂は、慶安三年（一六五〇）に完成した間口九間、奥行九間に達する巨大な建築です。内部は正堂と礼堂・相の間からなり、正面には舞台を張り出し、礼堂とともに懸造としています。本堂は国宝で、繋廊、鐘楼その他の建物にも、本堂と同時期に建設されたものが多く、重要文化財となっています。全体として高い完成度を持ち、観音信仰において中心的な役割を果たした建築として、特に高い価値を有しています。銅造・木造の十一面観音立像などの仏像は重要文化財。銅板法華説相図および法華経などは国宝。

文化財とは

文化財とは、文化財保護法において「有形文化財」、「無形文化財」、「民俗文化財」、「記念物」、「文化的景観」および「伝統的建造物群」と定義されています。重要な「有形文化財」、「無形文化財」、「民俗文化財」、「記念物」については、重要文化財や史跡・名勝などとして国が指定して、法に基づく保護の対象としています。特に価値の高いものや、重要なものについては、「国宝」（有形文化財）、「重要無形文化財」、「重要有形民俗文化財」、「重要無形民俗文化財」、「特別史跡」、「特別名勝」、「特別天然記念物」として国が指定し、重点的な保護対象としています。「有形文化財」、「無形文化財」、「民俗文化財」、「記念物」は、都道府県や市区町村においても条例に基づく指定が行なわれています。

　また、国や地方自治体の指定を受けていない上記の文化財のうち、その価値に鑑み、保存および活用のための措置を講じるため、国が登録を行なうものが「登録文化財」です。同様に都道府県や市区町村においても、条例に基づく「地方登録文化財」があります。登録制度は、多様な文化財をリスト化して緩やかな規制の対象とし、その保存および活用を図るものです。

　「文化的景観」「伝統的建造物群（伝建）」は、都道府県や市区町村（伝建は市町村のみ）がそれぞれに定めたものの中から、特に重要または価値が高いと判断されるものが国により選定され、「重要文化的景観」「重要伝統的建造物群」となります。また「埋蔵文化財」や文化財の保存・修理に必要な伝統的技術・技能である「文化財の保存技術」も保護の対象になります。

　飛鳥・藤原地域には、多くの文化財が存在しますが、中でも宮殿跡や寺院跡、古墳などの遺跡を数多く擁していることから「史跡」指定が卓越しています。とりわけ「特別史跡」に関しては二市一村で七（宮跡が一、寺院跡が二、古墳が四）を数え、全国でも類を見ないほど集中しており、この地域の特質をよく表しているといえます。

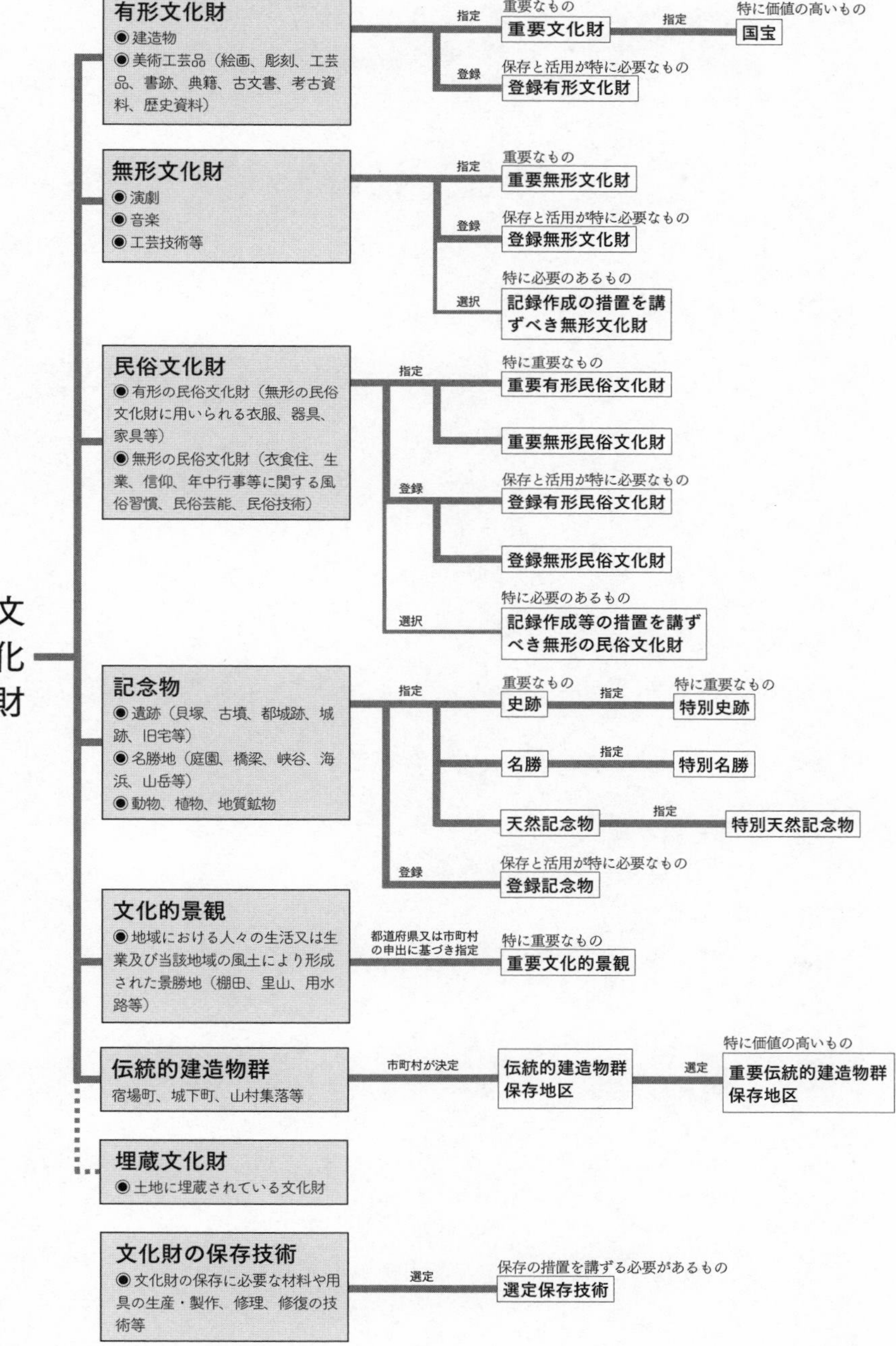
文化財
有形文化財
◉建造物
◉美術工芸品（絵画、彫刻、工芸品、書跡、典籍、古文書、考古資料、歴史資料）
指定
重要なもの
重要文化財
指定
特に価値の高いもの
国宝
登録
保存と活用が特に必要なもの
登録有形文化財
無形文化財
◉演劇
◉音楽
◉工芸技術等
指定
重要なもの
重要無形文化財
登録
保存と活用が特に必要なもの
登録無形文化財
選択
特に必要のあるもの
記録作成の措置を講ずべき無形文化財
民俗文化財
◉有形の民俗文化財（無形の民俗文化財に用いられる衣服、器具、家具等）
◉無形の民俗文化財（衣食住、生業、信仰、年中行事等に関する風俗習慣、民俗芸能、民俗技術）
指定
特に重要なもの
重要有形民俗文化財
重要無形民俗文化財
登録
保存と活用が特に必要なもの
登録有形民俗文化財
登録無形民俗文化財
選択
特に必要のあるもの
記録作成等の措置を講ずべき無形の民俗文化財
記念物
◉遺跡（貝塚、古墳、都城跡、城跡、旧宅等）
◉名勝地（庭園、橋梁、峡谷、海浜、山岳等）
◉動物、植物、地質鉱物
指定
重要なもの
史跡
指定
特に重要なもの
特別史跡
名勝
指定
特別名勝
天然記念物
指定
特別天然記念物
登録
保存と活用が特に必要なもの
登録記念物
文化的景観
◉地域における人々の生活又は生業及び当該地域の風土により形成された景勝地（棚田、里山、用水路等）
都道府県又は市町村の申出に基づき指定
特に重要なもの
重要文化的景観
伝統的建造物群
宿場町、城下町、山村集落等
市町村が決定
伝統的建造物群保存地区
選定
特に価値の高いもの
重要伝統的建造物群保存地区
埋蔵文化財
◉土地に埋蔵されている文化財
文化財の保存技術
◉文化財の保存に必要な材料や用具の生産・製作、修理、修復の技術等
選定
保存の措置を講ずる必要があるもの
選定保存技術

文化財の体系・種類

『万葉集』をはじめとする文学

1 飛鳥・藤原地域に関連する古代の文学

『万葉集』

『万葉集』の時代から現代に至るまで、和歌は脈々と受け継がれてきており、日本文学において重要な位置を占めています。和歌は、漢詩という中国の定型詩の影響を受けて、形成されたと考えられています。和歌の代表的な形は、短歌ですが、ほかにも長歌や旋頭歌、仏足石歌も含まれます。

『万葉集』は全二十巻、四五〇〇余首の和歌が収録されています。最終的には大伴家持によってまとめられたと考えられていますが、巻ごとのばらつきもあり、何人かの編者の手が加わり、複雑な過程を経て成立したものと推定されています。また収載されている歌々の作者は、天皇から、貴族、遊女、そして東国の防人や名もない農民に至るまで実に多様です。宮廷の宴席での歌から労働歌的なものまで多様な歌いぶりをみることができるのが特徴となっています。

『万葉集』のもう一つの特徴に、和歌が詠まれた時代の幅広さがあります。最も古い歌は、仁徳天皇の時代の磐姫皇后（磐之媛）の歌とされているもので、五世紀頃になり、時代的な範囲は約三百年間にもおよぶことになります。しかし中心を占めるのは、七世紀半ばからの約百三十年間、飛鳥時代から奈良時代にかけての和歌です。時代に幅があることから、宮廷の歴史や生活の歴史などの変遷などをみることができます。律令国家が形成され、日本独自の文化が形成された時代で、『万葉集』はその新しい文化の代表的存在といえます。その一方で、国際的な文化的環境の中にあった時代でもあり、この時代の歌には国際色が豊かに反映されています。皇族・貴族・官人たちは、中国の史書や詩文などに親しみ、僧侶たちは中国語に訳された経典を読んでいました。公的な場では、漢詩文の素養が重視されました。

また、『万葉集』中に登場する地名は多く、その総数は延べ三〇〇〇近くもあり、東北から九州までの広範囲におよんでいることも特徴の一つです。そうした数多くの万葉故地で、万葉の森・万葉植物園・万葉公園が整備され、万葉植物の植栽や万葉歌碑の設置、周遊コースの設定などが行なわれています。数多い全国の万葉故地の中でも、特に飛鳥・藤原地域では『万葉集』にうたわれた地が良好に保存されており、その特色ある歴史的風土は、国民共有の財産となっています。さらに、著名な万葉歌人はもとより、歌を捧げられ、また互いに交わした人々に、歴史上の人物も多数登場します。作品やその背景を通して、歴史的事件を取り巻く人間模様や、現代にも通じる人情の機微をも味わうことができます。

『万葉集』は、同じテーマや内容を持つ歌ごとにまとめ、編纂されていて、伝説や物語に伴う歌を集めた巻などもあります。全体としては、「雑歌」「相聞」「挽歌」に大きく分類され、さらに四季ごとにも区分されています。「雑歌」は、相聞・挽歌以外の公式な場での歌で、行幸や遊宴、旅など、さまざまな折の歌や、晴れがましい歌が多く含まれています。自然も豊かに詠み込まれていますが、それらはすべて「雑歌」に含まれます。「相聞」はお互いの消息を交わしあう意で、多くは男女間の恋愛の歌です。親子・兄弟姉妹・友人など親しい間柄で贈答された歌も含まれます。「挽歌」は人の死を悲しみ、追悼する歌です。挽歌の由来は、中国の葬儀で柩の車を引きながらうたった葬送歌で、呪的・儀礼的な意味を持つものとされています。しかし「万葉挽歌」は、殯宮挽歌など多様なものを含んでいます。井上靖や堀辰雄のように、「万葉挽歌」に関心を深め、古代人の感性に心を寄せて作品を創作した近・現代の文芸家も現われました。

元号の制定と「令和」の由来

飛鳥時代には元号がはじめて用いられました。最初の元号は「大化」で、六四五年が大化元年とされています。元号が連続的に使用されるようになったのは「大宝」からです。大宝元年は七〇一年で、やはり飛鳥時代のことでした。

天皇の即位、祥瑞の出現、災異、辛酉や甲子の年などの理由で改元がされましたが、十二支と十干を組みあわせた干支による従来の紀年法も併用されました。元号制度は、紀元前一一五年に中国（前漢）で生まれ、紀元前一四〇年に遡及して「建元」という元号が定められました。「正朔を奉じる」といわれるように、従属国は宗主国の正統な暦を使用することが求められたため、自国の元号の使用は、服属していないことの意思表示となりました。元号は、日本や朝鮮半島の三国などでも用いられましたが、現在では元号を用いている国は、世界中で日本だけです。

「令和」の元号は、『万葉集』巻五の「梅花の歌三十二首」の漢文の序にある「初春の令月にして、気淑く風和らぎ」という一節からとられました。この漢文の作者は、当時大宰帥であった大伴旅人という説が有力です。「梅花の歌三十二首」は、天平二年（七三〇）の正月、大伴旅人の邸宅に山上憶良など交遊のあった歌人を招いて宴を開き、「園梅」を題に各自が一首ずつ歌を詠んだものです。

『万葉集』の貴族の歌や『懐風藻』の作品は、漢籍の教養がもとになっており、『文選』の「帰田賦」には、「仲春令月時和気清」という似た詩文があります。江戸時代初期の十七世紀末頃、契沖が著した『万葉代匠記』では、この類似性がすでに指摘されています。しかし、「令月」という言葉は、中国では二月を指すのに対し、『万葉集』のこの漢文では歌が詠まれた一月も含まれるなど、日本の風土を念頭にした独自の表現とされています。

『古事記』

『古事記』は、序文によれば和銅五年（七一二）の編纂で、日本で最初の文学書とされています。序文と上・中・下の三巻からなり、序文には『古事記』の成立過程が上表文の形式で記されています（→98頁）。上巻は神代の神話で構成され、中巻は神武天皇から応神天皇まで、下巻は仁徳天皇から推古天皇までのできごとを記録しています。『日本書紀』に続く正史である『続日本紀』には、『古事記』への言及がありませんが、『万葉集』では、歌の題詞（和歌の前に書きおかれた作歌の事情や季節、場所などの説明）や左注（和歌の後におかれる補足説明）に『古事記』の名称が出てくることから、『古事記』も奈良時代に知られていたことがわかります。国学が勃興した江戸時代後期には、本居宣長によって『古事記』の価値が発見されて『古事記伝』が著されました。

なお『古事記』の読み方については「こじき」のほかに、「ふることふみ」という説があります。「古事」は「古伝承」を意味しているといいます（→305頁）。

『懐風藻』

『懐風藻』は、天平勝宝三年（七五一）の序文を持つ日本最古の漢詩集です。天智朝から奈良朝までの約八十年間の漢詩一一六首がおさめられています。書名は、先哲の残した遺風を懐う、という意の「懐風」と、「あや」のある詩文という意の「藻」を集めたものという意味です。序文は、天智朝において学問・文芸が盛んになり、多くの漢詩が創作され、壬申の乱により灰燼に帰したことを歎き、それ以後多くの詩人が誕生したことを述べます。奈良時代における日本漢文学史を正確に描写していると考えられています。編者は未詳ですが、天智天皇ゆかりの人物とみられており、大友皇子の曽孫にあたる淡海三船とする説が有力です。

『懐風藻』におさめられた詩のほとんどは五言詩で、七言詩はわずか七首だけです。漢詩の作者は、文武天皇・大友・川島・大津など天皇の皇子・諸王・諸臣・一般官人・僧侶など六四名で、人物伝が付される作者もいます。侍宴応詔など公的な宴の詩が最多で、遊覧の詩がこれに続き、述懐・詠物・

七夕などの詩もわずかに含まれます。公宴詩は、七一〇年から七二〇年代の長屋王時代に集中しています。長屋王邸で開かれた新羅の使節団をもてなす宴では、官人たちが彼らに贈った漢詩が多くおさめられています。漢詩による文学活動を外交の席でみせることは、日本の文化水準の高さを示す意味があったと考えられます。また、外国の使節団と価値観を共有するために、漢詩文による文学活動が重要な役割を担ったことが想定されます。『懐風藻』の傾向は、中国の初唐の漢詩に似通っているといわれています。また東晋の政治家・書家である王羲之の『蘭亭集序』は、八世紀初頭に日本に伝来し、古代文学に影響をおよぼしたと考えられています（→307頁）。

『日本霊異記』

『日本霊異記』は、薬師寺の僧景戒が著した平安時代前期の仏教説話集です。正式名称は『日本国現報善悪霊異記』で、弘仁年間（八一〇〜八二四）の完成とみられています。日本の仏教説話集としては最も早いもので、独特な日本仏教通史のような形になっています。雄略天皇から嵯峨天皇までの説話一一六条を上・中・下三巻にわけ、年代順に漢文で記述しています。

悪の種をまけば悪の報いが、善の種をまけば善の報いがあるという、仏力による因果譚の説話を集成した書で、官寺仏教とは異なる民間仏教草創期の信仰の様態を知るうえで貴重であり、『今昔物語集』などの説話文学の源流ともなり、以後の仏教文学に大きな影響を与えたとされています。唐臨が七世紀半ば頃に撰述した『冥報記』など、中国の説話集との類縁を示す所収話も多くありますが、『日本霊異記』では、すべて日本のできごととなっています。仏験の霊異がわが国にもおよんだことの不思議を随喜し、日本を天竺・唐土に比肩すべき土地としてとらえようとしています（→311頁）。

『藤氏家伝』

『藤氏家伝（家伝）』は天平宝字四年（七六〇）頃に成立した藤原氏の家伝で、上巻の「大織冠伝」と下巻の「武智麻呂伝」からなります。撰者は、上巻は恵美押勝（藤原仲麻呂）、下巻は僧延慶とされています。正史（『日本書紀』と『続日本紀』）にはない記述が多く、史的価値が高いとされています。

上巻は、藤原（中臣）鎌足と定恵と藤原史（不比等）の伝記で、下巻は、藤原武智麻呂の伝記です。ただし、上巻の「不比等伝」は現存していません。上巻では、すなわち鎌足が、主君である中大兄皇子に対して的確な諫言を与え、理想的な治世を実現させたことを記しています。押勝が「大織冠伝」を編纂した目的は、祖先を顕彰するだけではなく、諫臣としての系譜が藤原南家代々に続くべきものという解釈の成立と、武智麻呂の系統である南家に優位な形で展開していくことにあったと考えられています（→313頁）。

2 『万葉集』で詠まれた聖地・聖樹など

聖なる山、川、木

『万葉集』には、当時の生活空間を構成していた事物がうたわれており、古代の日常生活を知るうえで貴重な史料となっています。飛鳥の山や川などの地形や植物をうたった歌が多くあり、これらは「聖なるもの」への視座や心性を伝えるものでもあります。大和三山、三輪山・二上山・忍坂山など飛鳥・藤原地域からみえる聖なる山、飛鳥（明日香）川や泊瀬（初瀬）川のような聖なる川、聖なる淵や井泉、聖なる樹木などの名を歌に詠み、寿ぎ、その神秘性を称賛することは、生命力の活性化・繁栄・永遠性などを祈る意味を持っていたと考えられます。

飛鳥京、藤原京、平城京、平安京と続いた古代日本の主要な宮都は、すべて盆地に立地しており、「神奈備山」などの聖なる山を周囲や中軸線上に望むことができ、聖なる川が帯のように流れていました。『万葉集』の「藤原宮の御井の歌」の長歌（巻一－五二→303頁）からは、藤原宮が東の香具山、北の耳成山、西の畝傍山、いわゆる「大和三山」によって護られる地を選んでいたことが読み取れます。また古来、水の湧く場所は神聖な場で、祭祀の対象となりました。宮都の選地にあたっては、聖なる山や川などとの位置関係が重視され、前後左右の景観的なバランスも考慮されたと考えられます。

「社」という漢字は、その土地の神を意味し、『万葉集』では「モリ」や「ヤシロ」と読まれました。こうした表記は、神の来臨する自然のモリから、ヤシロ（社）が発生したことを示すとともに、モリから神の鎮座する人為のヤシロへという過渡期とも考えられます。

また、整った円錐形をした美しい山容の山や丘で、鬱蒼たる森林で覆われた場所は、「神奈備（カムナビ〕」と呼ばれており、神が坐す（いらっしゃる）神聖な場所を意味しました。「神奈備」とは、「カム（神）＋ナビ（連体助詞＋ビ〈場所を表す〉）」と考えられています。『万葉集』にもうたわれた飛鳥の神奈備山がどこにあったのかは不明ですが、ミハ山、豊浦山一帯（現在の甘樫丘）、雷丘、南淵山、岡寺山などに求める見解があります。

『万葉集』では、三輪山または飛鳥の神奈備山をたたえる語として、「三諸（ミモロ）」が用いられます。このミモロは、「モリ」に尊敬を表す「ミ」がついたものと考えられています。神とかかわる聖なる山・森・樹などは、みなモリとして表現されました。神奈備山から、巨木や樹形の美しい木、岩（磐）や泉などを囲んだ聖地、移動可能なヒモロキ（神籬。祭祀を行なう時に神を臨時に迎えるための依代となるもの）までが、「モリ」と表現されました。

槻（ケヤキ）やスギなどの聖なる樹木（斎槻・斎ひ槻、神杉）を詠んだ万葉歌も多く残されています。神木・聖樹とされる樹木は、現在も神社などで多くみられますが、神木や聖樹を伐ると、神が怒り、祟りをもたらすと考えられてきました。『日本書紀』や『古事記』には、槻樹の広場・両槻宮・海石榴市・熊白樫・厳白樫など聖樹に関連する名称がしばしば表れ、古代の生活と聖なる樹木との強いつながりが感じられます。

聖地（山・丘・森・原）

香具山

香具山は、「香久山」とも書かれ、「天　香具山」「天香久山」とも称されました。畝傍山・耳成山とあわせ、大和三山の一つに数えられ、『万葉集』には、香具山・畝傍山・耳成山が詠み込まれた「藤原宮の御井の歌」（巻一―五二～五三→303頁）や、「香具山は　畝傍を惜しと　耳梨と　相争ひき……」ではじまる大和三山による恋争いを詠んだ中大兄皇子（天智天皇→58頁）の歌（巻一―一三～一四）があります。

大和三山の中で「天の」と冠されるのは香具山のみであり、最も神聖視され、大和国支配のシンボルの山として崇められました。神事に用いる陶土の採集場所として畝傍山とともに知られ、埴土や波波迦（→292頁）を用いて占いをしました。『伊予国風土記』『大和国風土記』の逸文によると、天上世界の山が二つにわかれて地上に落ちたものであり、もう一つの山は伊予国の天山（愛媛県松山市の天山）だとされます。「天の」と香具山に冠されることの背景には、そういった神話性が共通認識としてあったことを物語っています。

『万葉集』では、舒明天皇（→57頁）が香具山にのぼり、国見をした時に詠んだ次の歌があり、国の統治において重要な意味を持った山であったと考えられます。

大和には　群山あれど　とりよろふ　天の香具山　登り立ち　国見をすれば　国原は　煙立
ち立つ　海原は　かまめ立ち立つ　うまし国そ　あきづしま　大和の国は（巻一－二）

大和には多くの山があるが、中でもとりわけ立派に装っている天の香具山に登り立って国見をすると、広々とした国土にはかまどの煙があちらこちらに立ちのぼっている、広々とした海原にはカモメがしきりに飛び交っている。なんとよい国だ、あきづしま（蜻蛉島）大和の国は。

国見とは、その土地をおさめている王が春先に小高い山にのぼって、国土を讃美する儀礼で、五穀豊穣を祈りました。香具山は他の山々と対比されており、大和の中でも、国見を行なう特別な山であったことがわかります。また『万葉集』では次の持統天皇（→57頁）の歌が有名です。

春過ぎて　夏来たるらし　白たへの　衣干したり　天の香具山（巻一－二八）

春が過ぎて夏が来たらしい。真っ白な衣が乾してある、天の香具山に。

暦法の施行に伴い、季節感の定着した持統朝において、衣替えの夏への季節の推移を実感したものと考えられています。ちなみに『新古今和歌集』では、「春過ぎて夏来にけらし白妙の衣干すてふ天の香具山」という形で伝わっており、百人一首にも収載されています。

三輪山

三輪山は奈良盆地の東辺にあって、ひときわ形の整った円錐形をしています。秀麗な山容から神の鎮座する神奈備山として信仰されてきました。『古事記』や『日本書紀』には、大物主神の三輪山伝説が記載されています。現在も大神神社（三輪明神）は本殿を持たず、三輪山そのものが神体山となっています（↓310頁）。『万葉集』によると、飛鳥から近江（滋賀県）に遷都する時（六六七年）、額田王（↓62頁）は三輪山にわかれを告げる長歌と反歌を詠んでいます。

味酒　三輪の山　あをによし　奈良の山の　山のまに　い隠るまで　道の隈　い積もるまでに　つばらにも　見つつ行かむを　しばしばも　見放けむ山を　心なく　雲の　隠さふべしや（巻一―一七）

（うまさけ）三輪山よ、（あをによし）奈良の山の、山の向こうに隠れるまでに、道の曲がり角が、幾重にも重なり見えなくなるまでに、ずっと見続けて行きたいのに、幾たびも眺めていたい山なのに、心もなく雲が隠してよいものであろうか……。

三輪山を　然も隠すか　雲だにも　心あらなも　隠さふべしや（巻一―一八）

三輪山をそんなに隠してよいものか。せめて雲だけでも心があって欲しい。この気持ちを理解して欲しい……。隠してよいものか。

朝夕に慣れ親しんだ山、大物主神を祀り、怒れば祟りをなす山として畏れ敬われた三輪山。そのような三輪山とわかれ、都移りする今、丁重にわかれを惜しみ、神の心を慰めるような歌でもあり、飛鳥に暮らす人々の三輪山への思いがわかる歌です。なお額田王は、豊かな才能を発揮した万葉初期の歌人でした。

次の「大神大夫の長門守に任ぜられし時に、三輪の河辺に集ひて宴せし歌二首」もあります。「大神大夫」とは、三輪山信仰を背負う大神氏の氏上である大神高市麻呂（↓310頁）のこととみられています。「三諸」はここでは三輪山のことで、「三輪河」は泊瀬川の三輪山付近での名です。第一首目は、長門へ赴任する高市麻呂が送別の宴で詠んだ歌とするのが通説です。

三諸の　神の帯ばせる　泊瀬川　みをし絶えずは　我忘れめや（巻九－一七七〇）

三諸の神がめぐらせている泊瀬川の水の流れが絶えない限り、私は皆さんのことを忘れたりはしない。

後れ居て　我はや恋ひむ　春霞　たなびく山を　君が越え去なば（巻九－一七七一／作者不詳）

あとに残された私は恋焦がれることでしょう。春霞のたなびく山をあなたが越えて行ってしまったら。

また柿本人麻呂は、亡き妻に対する挽歌「柿本朝臣人麻呂の、妻死して後に泣血哀慟して作りし歌二首（泣血哀慟歌）」の中で、三輪山と左右の龍王山と巻向山を、「大鳥の羽易の山」としてうたっています（巻二－二一〇）。飛鳥からは、三つの山が重なり、空に飛び立ちそうな鳥の頭と両翼にみえるためですが、鳥は挽歌に多くうたわれており、死者の魂の象徴とも考えられています。三山が羽易にみえる橘寺の山門近くには、この歌の歌碑が立っています。

二上山

奈良県と大阪府との境に位置し、飛鳥や藤原から西をみやると、二こぶの山がみえます。それが二上山（→17頁）です。現在では「にじょうさん」と呼びますが、『万葉集』では「ふたがみやま」と呼んでいました。大津皇子（→63頁）は謀反の疑いをかけられ、捕われて処刑されたあと、二上山に移葬されたとされています。雄岳の頂上近くの古墳が大津皇子の陵墓に治定されていますが、二上山麓で発見された鳥谷口古墳を大津皇子の真の墓とする説が近年出されています。

『万葉集』には、大伯（大来）皇女（→64頁）が弟の大津皇子をしのんだ六首の歌が載っています。伊勢の斎宮から都に帰京した同母姉の大伯皇女は、弟の死を哀傷した人々の心にひびく歌を残しました。それが次の歌です。

斎王の始まり ― 斎王と文学作品

斎王とは、天皇の御杖代（神や天皇の杖代わりとなって奉仕する者）として、天照大神に仕えるために選ばれた未婚の皇族をいいます。斎王は、「卜定」と呼ばれる亀の甲羅を使った占いで選ばれました。壬申の乱の後に、天武天皇が勝利を祈願した天照大神に感謝し、大伯（大来）皇女を伊勢に遣わしたのが実際の斎王のはじまりといわれています。また『日本書紀』によれば、崇神天皇は天照大神を王宮内にお祀りしてきた形を改め、皇女の豊鍬入姫命につけて大和の笠縫邑に祀らせました。垂仁天皇は、皇女の倭姫命に天照大神の祭祀を託しました。倭姫命は、天照大神を奉じてよき地を求めて諸国を巡幸した末に、神風の伊勢の国にたどりつきました。そして大神の託宣によって大神を遷座したのが伊勢神宮のはじまりで、倭姫命は伝説的な初代の斎王とされています。

斎王は飛鳥時代から鎌倉時代頃まで約六六〇年間存続し、『源氏物語』『伊勢物語』などの古代から中世にかけての文学作品に多くの斎王が登場します。

うつそみの　人なる我や　明日よりは　二上山を　弟と我が見む
（巻二－一六五）

この世の人である私は、明日からは二上山を弟として見ることでしょう……。

甘樫丘

『万葉集』には、甘樫丘（→16頁）という名前は出てきません。しかし、同歌集に出てくる「神岳」や、「故郷の豊浦寺の尼の私房に宴せし歌三首」（巻八－一五五七～一五五九）のうちの一首目、丹比真人国人の歌に出てくる「明日香川行き廻る岡」の推定地の一つとされています。

明日香川　行き廻る岡の　秋萩は　今日降る雨に　散りか過ぎなむ（巻八－一五五七）

明日香川が流れめぐる丘の秋萩は、今日降る雨に散ってしまったろうか。

二上山遠景

豊浦寺は、甘樫丘の北西麓にあり、「向原寺」とも呼ばれました（→141頁）。ハギは『万葉集』の中で最も多くうたわれている植物です。『万葉集』では、国字の「萩」はまだ使われておらず、漢字で「芽子」などと表しました。国営飛鳥歴史公園甘樫丘地区では、展望台へ続く「万葉の植物園路」があり、『万葉集』や『古事記』『日本書紀』などに出てくる植物名を学ぶことができます。

「出雲国造神賀詞」の中の大倭国の神奈備

『延喜式』祝詞にみられる「出雲国造神賀詞」とは、出雲国造が代がわりごとに宮廷に参上し、諸々の国造の総代として寿詞を奏上したものとされます。これは天皇の治世と長寿を言祝ぎ、朝廷への服属を誓う奏上儀礼と考えられています。神賀詞奏上儀礼の史料上の初見は、『続日本紀』の霊亀二年（七一六）で、天長十年（八三三）までの間に一五回の記録があります。出雲国造の祖先は、高天原から派遣されてきた天穂日命とされていました。神賀詞の中では、大穴持命（大己貴命／大国主神）が、皇孫の大倭国の近き守り神として、自らの和魂を大御和の神奈備（現在の大神神社）に、阿遅須伎高孫根命を葛木の鴨の神奈備（現在の高鴨神社）に、事代主命（事代主神）を宇奈提（現在の橿原市雲梯町）に、賀夜奈流美命を飛鳥の神奈備（現在のミハ山、岡寺山など諸説ある）に鎮座させ、自らは杵築宮に籠ったとあります。なお、『万葉集』には、雲梯の杜を詠んだ歌が二首残されています。

飛鳥の神奈備山推定地（ミハ山と岡寺山）

ミハ山・フグリ山

明日香村祝戸にある通称「フグリ山」は、飛鳥川を挟んで祝戸にある専称寺の真向かいに位置しています。境内からみると端正な山容をしています。このフグリ山の尾根続きの祝戸公園東展望所付近の山が「ミハ山」で、飛鳥宮跡から真南の位置にあります。「ミハ山」山頂には磐座群があり、飛鳥の神奈備山に比定する説があります。「フグリ山」とその南東に座す「マラ石」とは一対のもので、男性器を成しているといわれています。

岡寺山（岡山）

多武峰の丘陵中、岡寺の背後、藤本山の万葉展望台の手前にピークのある低い円錐形の山で、飛鳥宮の真東に位置することなどから飛鳥の神奈備山とする説があります。岡寺はこの山の中腹にあり、龍蓋池の水源地ともなっています。岡寺山の頂上から尾根伝いに藤本山へかけては、多武峰城塞跡岡道地区として登録される中世の遺構が認められます。

南淵山遠景

雷丘

雷丘（→17頁）は、高さ約一一〇メートルほどの小さな丘ですが、『万葉集』において印象に強く残る歌があります。それが次の柿本人麻呂の歌です。

大君は　神にしいませば　天雲の　雷の上に　廬りせるかも
（巻三―二三五）

大君は神であられるので、隠れる雷山に宮を構えていらっしゃいます。

「天皇の雷岳に御遊びたまひし時に……」という題詞を持ち、雷丘の天皇行幸時に詠まれたものとされます。この天皇については、天武天皇、持統天皇など諸説あります。「大君」は天皇をさし、雷神を下におき、したがえて、天皇が君臨しているという、天皇の威厳を最大限に強調した歌となっています。

南淵山

南淵山（→17頁）は明日香村稲渕の東方の山で、島庄の石舞台古墳から南方に屏風のように連なってみえます。飛鳥川と冬野川が合流する明日香村祝戸は、神仙境とされた吉野への門戸にあたる禊の聖地であったとし、飛鳥の神奈備山を、二つの川の聖水を帯にしている南淵山とする説があります。天武天皇五年（六七六）五月に、南淵山と細川山の草木を伐ることを禁じる勅が発せられ、その山容の清浄性が保たれていたことがわかります。『万葉集』では、柿本人麻呂が天武天皇の子、弓削皇子に献じたとされる歌など数首で南淵山が詠まれています。

御食向かふ　南淵山の巌には　降りしはだれか　消え残りたる（巻九－一七〇九）

（御食向ふ）南淵山の山肌には、いつぞや降った薄ら雪が消え残っているのであろうか。

枕詞となっている「御食向かふ」の「御食」は、神または天皇に捧げる食事のことで、粟、味鴨、酒、蜷（タニシなどの巻貝）などを奉ります。そのため「南淵山」の「みな」にかかるとされています。

忍坂山（外鎌山）

忍坂山は、三輪山の南東方に位置し、三輪山とは初瀬（泊瀬）川を挟んで対峙しています。横大路の延長線を東に引くとこの山の頂上に達するため、道路の基準点として利用されたと考えられています。泊瀬山とも呼ばれました。『万葉集』では、「走り出の宜しき山（山が連なる良い山）」、「出で立ちのくはしき山（そびえ立つさまが美しい山）」（巻十三－三三三一）と詠まれました。嶽山から西にのびる（走り出る）稜線の西端がこの山で、円錐形の整った山容をしているのでそのように称えられました。現在は「外鎌山」と呼ばれています。

外鎌山の西南（舒明天皇陵の東北）側には、鏡女王の陵墓に治定されている墳墓があります。近くには、中大兄皇子が贈った歌に鏡女王が応じたという次の歌の碑もおかれています。

秋山の　木の下隠り　行く水の　我こそ益さめ　思ほすよりは（巻二－九二）

秋の山の木々の下をひそかに流れてゆく水のように、表には見えなくても私の思いの方がまさっているでしょう。あなたが私を思って下さっているよりは。

鏡女王は、額田王との唱和の歌（巻四－四八八、四八九）が『万葉集』にあることなどから、二人は姉妹とする説がありましたが、舒明天皇と血縁関係にある人物であるとみられています。また、『興福寺縁起』には、鏡女王は中臣（藤原）鎌足の正室で、鎌足の病気平癒を祈願して天智天皇八年（六六九）に山階寺を建立したと記されています。

泣沢の森（畝尾都多本神社）

泣沢（哭澤）の森とは、香具山の西麓に位置する橿原市木之本町の畝尾都多本神社（→162頁）だとされます。同社の祭神は哭澤女神で、伊奘冉尊（伊邪那美命）が火の神を生み、火傷を負って亡くなったとき、夫である伊弉諾尊（伊邪那岐命）が妻の死体のまわりに這いつくばって泣き、その涙から生まれた神です。なお、この神話は、葬送の場で行なわれた死者を復活させる呪術的な儀礼の一つである「哭礼」（わかれの言葉を大声で泣き叫ぶ儀式）の日本での起源とされています。

この畝尾都多本神社は、本殿はなく、空井戸を御神体として、水の神、延命の神として信仰を集めてきました。境内地は全体が森林で、北方が一段低い地形になっており、古代の埴安池（→281頁）の一部もしくは水源地であったと考えられています。

『万葉集』では、高市皇子の死を悼んだ柿本人麻呂の長歌（巻二－一九九～二〇一）に対する「或る書の反歌一首」として、檜前女王の歌があります。

泣沢の　神社に神酒据ゑ　祈れども　我が大君は　高日知らしぬ（巻二－二〇二）

泣沢の神社に神酒を捧げてお祈りしたのだが、わが大君は高く日の神として天上をおさめになってしまわれた。

この歌には、『類聚歌林』という歌集に「檜隈女王の泣沢神社を怨む歌」として掲載されているとの注があります。作者については、柿本人麻呂と檜前女王の二つの説が当時からあったことになります。なお、『類聚歌林』は『万葉集』に先行する歌集であり、山上憶良が撰者だとされます。正倉院文書や平安時代以降の文献にもその名がみえますが、現存はしていません。

泣沢の森と呼ばれる畝尾都多本神社

真神原

古代人の動物や自然に対する感じ方は、枕詞や地名にも表れていたと考えられます。『日本書紀』には、蘇我馬子が「初めて法興寺（飛鳥寺）を作る。此の地を飛鳥の真神原と名づく」とあります。現在の地名には残っていませんが、飛鳥の中心地一帯は真神原と呼ばれていたようです。「真神」とは、ニホンオオカミを神格化した呼び名で、オオカミは、聖獣として崇拝されてきました。

『大和国風土記』逸文によると、昔、飛鳥の地に老いたオオカミがいて多くの人を食べたので、土地の人は恐れて「大口神」と呼び、オオカミの住む場所を「大口真神原」と名づけたといいます。真神原は、恐れと神聖さが混じった特別の場所であったようで、柿本人麻呂は高市皇子への挽歌で「かけまくも　ゆゆしきかも　言はまくも　あやに恐き　明日香の　真神の原に……」（心にかけて思うのもはばかられることよ。言葉に出して言うにも、まことに畏れ多い明日香の真神の原に……）とうたっています（巻二－一九九）。

また『万葉集』には、「大口の真神原」という用例で二首みえます。「大口の」は、枕詞で、口が大きい意で、オオカミすなわち、真神にかかるとされます。

三諸の　神奈備山ゆ　との曇り　雨は降り来ぬ　天霧らひ　風さへ吹きぬ　大口の　真神の原ゆ　思ひつつ　帰りにし人　家に至りきや（巻十三－三二六八／作者不詳）

神奈備山から、雲が広がり雨が降り出した。天に霧が立ち込め、風も吹いてきた。大口の真神の原を、もの思いに沈みながら帰って行ったあの人は、もう家についたのであろうか。

これは、夫が妻の家を出た後、予期せぬ天候の変化がおこり、夫の身を案じる妻の気持ちを詠んだ歌です。もう一つは、舎人娘子による雪の歌です。

大口の　真神の原に　降る雪は　いたくな降りそ　家もあらなくに（巻八－一六三六）

大口の真神原に降る雪よ、ひどくは降らないでくれ、この辺りには家もないのだから。

真弓の岡・佐田の岡

日並皇子と呼ばれた草壁皇子（↓63頁）は、嶋宮という離宮に住んでいて（↓124頁、196頁）、没後は真弓の岡に葬られました。『万葉集』には、柿本人麻呂が皇子に捧げた挽歌と、草壁皇子の舎人（天皇や皇族の護衛などをつとめる従者）たちが、皇子の死を悼んでつくった二三首の挽歌群（巻二－一七一～一九三）が残されています。人麻呂は、長歌の前段で、草壁皇子とその死を天地開闢以来の神話の連続性の中に位置づけ、皇子に特別の意味合いを持たせています。長歌の中段では、天武天皇による統治や昇天（死）に言及しており、後段では即位を待望された草壁皇子の死を嘆き悲しんでいます。

人麻呂は、その長歌の中で、皇子が眠る真弓の岡のことを次のように詠んでいます。

……つれもなき　真弓の岡に　宮柱　太敷きいまし　みあらかを　高知りまして……（巻二－一六七）

それまでゆかりのない真弓の岡に宮殿の柱を立派にお営みになり、甍（瓦葺の屋根）を堂々とおつくりになって……

また、舎人たちの哀傷歌では、草壁皇子が眠る「真弓の岡」が二首で、「佐太（佐田）の岡辺」が五首で詠み込まれています。皇子の籠るところは「真弓の岡」、舎人たちが奉仕するところは「佐田の岡」と詠みわけられています。佐太は高取町佐田にあたり、同地区にある束明神古墳（↓180頁）を草壁皇子の墓とする説が有力です。真弓の岡と佐田の岡を詠んだ舎人の歌を一首ずつ紹介します。

朝日照る　佐田の岡辺に　群れ居つつ　我が泣く涙　やむ時もなし（巻二－一七七／作者不詳）

朝日の照る佐田の岡辺に相群れて侍宿しながら、われらが泣く涙はやむ時もない。

とぐら立て　飼ひし雁の子　巣立ちなば　真弓の岡に　飛び帰り来ね（巻二－一八二／作者不詳）

鳥小屋をこしらえて飼っている嶋の宮の雁の子よ、巣立ったならば、皇子が鎮まり給う真弓の岡に飛び帰ってきておくれ。

「柿本人麻呂の挽歌」

『万葉集』には挽歌が多く収録されています。柿本人麻呂が殯宮の時に詠んだ殯宮挽歌は、その中でも有名です。「殯」とは、人が死んでから埋葬まで、遺体を殯宮（あらきのみや・もがりのみや）や喪屋に安置する期間のことです。

人麻呂の挽歌としては、「草壁皇子挽歌」（巻二―一六七～一六九）、「高市皇子挽歌」（巻二―一九九～二〇二）、「明日香皇女挽歌」（巻二―一九六～一九八）、川島皇子挽歌（巻二―一九四～一九五）、妻の死を悼んだ「泣血哀慟歌」（巻二―二〇七～二一六）、さらに自らの死をめぐって詠まれた「臨死自傷歌」（巻二―二二三～二二七）などが著名です。

日本最初の職業的詩人といわれる人麻呂の歌人人生は、持統朝とほとんど重なっています。天皇の行幸の際の従駕歌や皇子たちへの殯宮挽歌など、宮廷にかかわる長歌形式の儀礼歌が多く、「吉野賛歌」では、国見という伝統的な儀礼を行なう持統天皇を誉めたたえています。人麻呂による高市皇子や草壁皇子の殯宮挽歌では、天武天皇は天降った日の皇子として神格化されています。『万葉集』の中で最長の長歌として知られている挽歌が「高市皇子挽歌」です。その前半では、大海人皇子（天武天皇）の意を受けて、壬申の乱を最前線で戦い勝利に導いた高市皇子の姿が、後半では、主人を失った高市皇子の宮に仕える人々の悲しみや葬送のさまがうたわれています。

人麻呂は『文選』などの漢詩文からも作歌の発想を得ており、日本神話の時代から続く歌謡の伝統と中国の漢詩文の影響を統合したとされています。

矢（八）釣山

『万葉集』には、舎人娘子の雪を嫌った歌（↓270頁）とは逆に、柿本人麻呂が降る雪にこと寄せて、主人である新田部皇子を賛美した歌があります。新田部皇子とは、天武天皇の皇子の中で、最年少の皇子で、母は中臣（藤原）鎌足の娘・五百重娘（大原大刀自・藤原夫人）です。

やすみしし　わが大君(おほきみ)　高光る　日の皇子(みこ)　しきいます　大殿(おおとの)の上(うへ)に　ひさかたの　天伝(あまづた)ひ来(く)る　雪じもの　行き通ひつつ　いや常世(とこよ)まで（巻三－二六一）

（やすみしし）我が大君の、（高光る）日の御子である新田部皇子が、お住まいになる宮殿の宮に、（ひさかたの）天から流れ降ってくるこの雪のように、絶えず通い続けて、いつまでもいつまでもお仕えいたしましょう。

続く、次の一首に雪の日の矢釣山が詠まれます。

矢釣山(やつりやま)　木立(こだち)も見えず　降りまがふ　雪につどへる　朝楽(あしたたの)しも（巻三－二六二／刑部垂麻呂）

矢釣山の木立も見えなくなるほどに、乱れる雪の中で、大勢集まってにぎにぎしくしている朝は、なんとも愉快なことよ。

雪の日の朝に出仕の人々が、新田部皇子の邸宅に集まった様子を「雪につどへる」と、その場の雰囲気を「楽しも」と表現し、主人である皇子を長歌(ちょうか)とあわせて間接的に誉めたたえています。矢釣山(やつりやま)は明日香村八釣(やつり)の山のことと推定されます。天武天皇と雪の日に相聞(そうもん)の歌（巻二－一〇三～一〇四）を交わしたという五百重娘がいた大原の里（明日香村小原(おおはら)）にも近く、その山麓近くに新田部皇子の邸宅があったと考えられます。八釣には、顕宗(けんぞう)天皇の近飛鳥八釣宮(ちかつあすかのやつりのみや)があったともいわれています。

今城谷

『万葉集』では、雲や霧を詠み込んだ歌が多くあります。雲や霧は、火葬の煙に見立てられ、死者や遠く離れた人などをしのぶ歌の中でうたわれています。当時は、嘆きの息や、雲そのものに死者の霊魂を認め、また湧き出でるさまから生命の表象とされていたと考えられています。

『日本書紀』には、斉明天皇の皇孫の建王（→63頁）が薨去した際、「今城谷」の上に殯宮（葬儀の準備などが整うまで、遺体を棺におさめて、しばらく仮においておくための建物）を建てて、王を安置したことが記されています。その時に斉明天皇が建王の死を悲しんで詠んだのが次の歌です。

今城なる　小丘が上に　雲だにも　著しく立たば　何か歎かむ（『日本書紀』一一六）

今城の小丘の上に、せめて雲だけでもはっきりと立ったならば、どうしてこれほど嘆げこうか。

雲が立ってくれたら、それを王の霊だと眺めて心が慰められるのに、という嘆きのこの歌を詠んだ後、斉明天皇は群臣たちを前にして、自分の死後は必ず建王と合葬するように命じたとされています。殯宮をつくったという今城谷の所在地は、諸説あってまだわかっていません。万葉の時代には、自然現象は特別な意味合いを持つものとして詠まれることが多かったと考えられます。

聖地（川・橋・池）

飛鳥川

飛鳥川（→19頁）は「明日香川」と表記され、『万葉集』の中に多く詠まれています。万葉びとは暮らしの中の一部としてこの川をとらえていたようです。川の流れに恋心を重ね、恋人や亡き人をしのぶ歌も多く残されています。『万葉集』では、飛鳥川の流れの速さや移りゆく淵や瀬が、月日の流れの早さの比喩としても用いられました。やがて、鴨長明の『方丈記』の冒頭にみられるような、人の世の移ろいやすさ、無常観へとつながり、日本独特の河川観が形成されていきました。

山部赤人の「神岳に登りて、山部宿祢赤人の作りし歌」の長歌と次の反歌（巻三－三二四〜三二五）は、川霧のおぼろなイメージが憧れの心情を浪漫的に表しており、飛鳥川を詠んだ万葉歌の中でも、とりわけ名歌といわれています。

明日香川　川淀去らず　立つ霧の　思ひ過ぐべき　恋にあらなくに（巻三－三二五）

明日香川の川淀に消えることなく常に立っている霧のように、消えてしまうような恋とは違うのだ。私のこの飛鳥古京への想いは。

飛鳥川にかかる玉藻橋は、国営飛鳥歴史公園石舞台地区と南側の同祝戸地区を結ぶ公園橋で、その名を『万葉集』に出てくる「玉藻」から採っています。玉藻とは、多年草の沈水植物であるエビモのことで、冬は根株を残して枯れますが、暖かくなるとまた茎葉をのばします。流水域では最も普通の在来種で、水中茎から多くのびた細長い葉が水の流れに沿ってなびくさまがしなやかにみえます。

明日香川　瀬々に玉藻は　生ひたれど　しがらみあれば　なびきあはなくに（巻七－一三八〇／作者不詳）

明日香川の瀬々ごとに玉藻は生えているけれど、しがらみがあるのでなびき寄ることができずにいるよ。

恋する男女を隔てる障害があることを嘆いた歌です。玉藻は流れになびくのに、しがらみ（堰）が邪魔になってなびくことができないと、想う人にあえないことを深く嘆いています。石舞台側から玉藻橋をわたる手前が、飛鳥川と冬野川の合流点で、この歌の歌碑があります。

飛鳥川の石橋など

『万葉集』には、明日香皇女の城上の殯宮の時に、柿本人麻呂がつくったという長歌一首と短歌二首が載せられています。明日香皇女は天智天皇の皇女で、忍壁皇子の妃です。

飛ぶ鳥の　明日香の川の　上つ瀬に　石橋渡し　下つ瀬に　打橋渡す　石橋に　生ひなびける　玉藻もぞ　絶ゆれば生ふる　打橋に　生ひをれる　川藻もぞ　枯るれば生ゆる……（巻二―一九六）

（飛ぶ鳥の）明日香の川の、上流の瀬に石橋をならべ渡し、下流の瀬に打橋を渡している。その石橋に、のびてなびいている玉藻も、切ればまた生えてくる。その打橋に生い茂っている川藻も、枯れればまた生えてくる……

明日香川　しがらみ渡し　塞かませば　流るる水も　のどにかあらまし（巻二―一九七）

明日香川をしがらみでせき止めしていたら、流れる水も皇女が遠ざかることも、ゆっくり流れていただろうに。

「石橋」とは、飛石のことです。「打橋」は、川の中に杭を打ち、橋桁を渡して橋板を張った板橋のことです。「しがらみ」とは、杭を打ち、木や竹を横に組んで、川の流れをせき止める柵のことです。

この歌から上流側に石橋（飛石）、下流側に板橋があったことがわかります。『万葉集』には、石橋を詠んだ歌がほかにもあり、飛鳥川に五、六ヵ所の飛石があったようです。稲渕には今も石橋が一ヵ所だけ残っています。集落近くの細い道を飛鳥川へと下りるとその飛石があり、川を渡ることができます。その位置は『万葉集』の時代

飛鳥川の石橋

のままといわれ、そばに、次の和歌を刻んだ歌碑がおかれています。

明日香川　明日も渡らむ　石橋の　遠き心は　思ほえぬかも（巻十一―二七〇一／作者不詳）

『日本書紀』には、天武天皇の没後に、人々が橋の西で天皇の死を悼んだ記事（六八七年）があり、「橋」が出てきます。この橋は、殯宮がおかれた浄御原宮南庭との位置関係から、下ツ道から川原寺と橘寺の間を通り、飛鳥宮に至る道路の渡河点にあったと考えられます。また『万葉集』には、「小墾田の板田の橋」（巻十一―二六四四）が詠まれ、阿倍山田道（→128頁）の渡河点におかれた橋と考えられます。

冬野川（細川）

明日香村祝戸で飛鳥川に合流し、傾斜が急な谷あいを流れ下る冬野川は、「細川」とも呼ばれます。

ふさ手折り　多武の山霧　繁みかも　細川の瀬に　波の騒ける（巻九―一七〇四／柿本人麻呂歌集）

（ふさ手折り）多武の山にかかる霧が深くなったからか、ここ細川の瀬に波音が激しく立っている。

この歌の題詞には天武天皇の皇子・舎人皇子（→65頁）に献上した歌とあります。「多武の山」は多武峰のことであり、多武峰を水源と

冬野川

する冬野川の下流で、瀬の波音が高くなっているのは、多武峰に立ちこめた霧が深く雨が降っているためか、と上流に思いをはせた歌です。世間の噂の激しいことを喩えてもいるという説もありますが、普段は、ささやかに流れる冬野川が、激しく音を立てて流れるさま、恐ろしいことがおこる前触れのような風景を表現しています。また多武峰の一つである「細川山」を詠んだ歌もあります。

南淵の　細川山に　立つ檀　弓束巻くまで　人に知らえじ（巻七－一三三〇／作者不詳）

南淵の細川山に立っている檀の木よ。お前を立派な弓に仕上げて弓束を巻くまで、人に知られたくないものだ。

「南淵」は、冬野川と飛鳥川の合流点を含め、飛鳥川を遡った明日香村稲渕付近の広い地をさします。マユミ（檀・真弓）の名は、この木で弓をつくったことに由来するとされます。「弓束巻く」とは、サクラの樹皮や革を弓の中央部に巻きつけ、弓手で握りやすくする弓の仕上げの作業のことです。「マユミの木が成長するまで、この木を人に知られたくない」とし、マユミを自分が目をつけた女性に喩えてもいるようです。

檜隈川

飛鳥駅前、国道一六九号線沿いを北行する高取川（→19頁）の古称が檜隈川です。一方で、駅の北で東から高取川へ道に沿って流れ込む小さな川を檜隈川だとする説もあります。本居宣長の『菅笠日記』には、「皆で探し歩いてみたけれど、小さな流れが一つ二つあるだけで、檜隈川だといいきれる川はみつからず、里人さえも知らなかった」と書かれています。川は流れる地域によって名称をかえます。

さ檜隈　檜隈川の　瀬を早み　君が手取らば　言寄せむかも（巻七－一一〇九／作者不詳）

（さ檜の隈）檜隈川の瀬が早いので、あなたの手を取って渡ったら、人々は噂をするであろうか。

泊瀬川

泊瀬川（初瀬川→20頁）は、笠置山地に源を発し、三輪山の麓をめぐって流れる川です。三輪山の南麓をめぐる辺りでは、「三輪川」とも呼ばれていました。かつては、水量も多く水運に使われていたことがわかっています。泊瀬川沿いの道は、伊勢（三重県）への要路でもあり、「豊泊瀬道」と呼ばれ、親しまれていました。

泊瀬川は『万葉集』に多く詠まれており、その中に次の一首があります。

泊瀬川　流るるみをの　瀬を速み　ゐで越す波の　音の清けく（巻七－一一〇八／作者不詳）

泊瀬川の水脈の流れが速いので、堰を越えてゆく波の音が清らかに聞こえる。

「みを（水脈）」は、周囲より深くなっているところをさし、「ゐで（井堤）」は田へ水を引くために川の流れをせき止めたものと考えられます。また次の但馬皇女の歌が有名です。

人言を　繁み言痛み　己が世に　いまだ渡らぬ　朝川渡る（巻二－一一六）

人の噂がはげしく煩わしいので、私の人生でまだわたったことのない朝の川をわたることよ。

但馬皇女が穂積皇子を恋する歌です。但馬皇女は天武天皇の皇女で、母は中臣（藤原）鎌足の娘・氷上娘。但馬皇女は異母兄である高市皇子と同居していましたが、同じく異母兄・穂積皇子に許されるはずのない恋心を抱きます。それが「いまだ渡らぬ朝川渡る」と表現されるのです。桜井市出雲の初瀬川・初瀬街道沿いには、但馬皇女の歌の碑があります。

磐余池

『日本書紀』には、大津皇子（→63頁）は朱鳥元年（六八六）、謀反の罪のために死を命じられたと記されています。大津皇子は、草壁皇子に次ぐ皇位継承の候補者でした。自宅の訳語田宮で謹慎処分とされ、自死しました。天武天皇の没後わずか一ヵ月のことでした。

磐余池は、大津皇子の宮の付近にあったとされる池です。『日本書紀』の履中天皇二年に、磐余池をつくったという記事があります。『万葉集』には、死に臨んだ皇子が磐余池の堤で涙を流してつくったという辞世歌が残されています。

ももづたふ　磐余の池に　鳴く鴨を　今日のみ見てや　雲隠りなむ（巻三－四一六）

（ももづたふ）磐余の池に鳴く鴨をみるのも今日を限りとして、私は雲の彼方に隠れ、死んで行くことであろう。

深い詠嘆のこもった一首です。「雲隠る」とは、死ぬことの婉曲表現ですが、貴人の死に対する第三者による表現であり、皇子の死を悼んだ他者の作ともいわれています。

島宮の勾の池・上の池

『万葉集』には、柿本人麻呂の長歌「日並皇子尊の殯宮の時に、柿本朝臣人麻呂の作りし歌」と反歌二首（巻二－一六七～一六九）に続いて、勾の池の放ち鳥が詠まれている「或る本の歌」（巻二－一七〇）が載っています。

島の宮　勾の池の　放ち鳥　人目に恋ひて　池に潜かず（巻二―一七〇）

島宮の勾の池の放ち鳥は、亡くなった皇子の悲しみに、人恋しい様子で、池に潜ろうともしない。

勾の池とは護岸の湾曲した池で、放ち鳥は放し飼いにされている鳥のことです。草壁皇子（↓63頁）の舎人たちの挽歌群の一首にも、上の池の放ち鳥に、主が亡くなってもここを見捨てないでおくれとうたいかけた歌があります。

島の宮　上の池なる　放ち鳥　荒びな行きそ　君いまさずとも（巻二―一七二／作者不詳）

島宮の上の池の放ち鳥よ、心を荒ませないでおくれ、皇子がおられなくなっても。

埴安池

埴安池の名は、『万葉集』の「藤原宮の御井の歌」（巻一―五二～五三↓303頁）や、柿本人麻呂の高市皇子（↓63頁）への挽歌（巻二―一九九～二〇二）にみえます。また、鴨君足人の香具山の歌（巻三―二五七）では、埴安池の情景が詠まれています。

『古事記』の神武天皇即位前紀では、香具山の埴土を取って八十平瓮をつくったことから、その場所を「埴安」というと地名の起源を記しています。

また、高市皇子への挽歌には、「埴安の御門の原」、「香具山の宮」、「埴安の池の堤」とあります。これらから、埴安池は藤原宮と香具山の間にあったことが推定されます。

剣池

剣池を後世にため池とした石川池（↓21頁）のほとりに、軽の池を詠んだ紀皇女の万葉歌碑があります。軽の池は剣池に近い軽の地（南側）にあった池と考えられます。

軽の池の　浦廻行き廻る　鴨すらに　玉藻の上に　ひとり寝なくに（巻三－三九〇）

軽の池の岸辺に沿って泳ぎ回る鴨でさえ、玉藻の上にただ独りで寝たりはしないのに。

独り寝の寂しさを詠んだ歌で、名歌の一つとして数えられています。紀皇女は天武天皇の娘で、同母兄に穂積皇子がいます。弓削皇子と恋愛関係にあったといわれます。

また『万葉集』には、剣池のハスをうたった作者未詳の歌があります（→404頁）。

耳成池

耳成山は、大和三山の中でも特に端正な円錐形をしており、また名を「梔子山」と呼ぶほど、クチナシの木が生い茂っていたようです。その美しい耳成山の西側にあったという耳成池には、次のような悲恋伝説と三首の万葉歌（巻十六－三七八八～三七九〇）が残されています。

昔、鬘児という美しい女性がいました。鬘児は、三人の男性から求愛を受けましたが、心を決めることができず、思い悩んだすえ、耳成池に身を投げてしまいました。鬘児に求愛した男たちは嘆き悲しみ、鬘児をしのんでそれぞれ歌を詠んだといいます。そのうちの一首が次の歌です。

耳成山公園の池

耳無の　池し恨めし　我妹子が　来つつ潜かば　水は涸れなむ（巻十六－三七八八）

耳成の池が恨めしい。私の愛おしい娘が水に沈んだら、涸れてくれれば良かったのに……。そうしたら、あの娘は死ななくてすんだのに。

橿原市木原町の耳成山公園の池のほとりに、この歌の歌碑があります。

清らかな水に棲む動物を詠んだ万葉歌

チドリ（千鳥）

水辺には多くの鳥獣が棲み、万葉びとはその声に心動かされたようです。チドリもその一つです。チドリの鳴き声は、柿本人麻呂の近江（滋賀県）の旧都をしのんだ「近江の海 夕波千鳥 汝が鳴けば 心もしのに 古 思ほゆ」（巻三－二六六）とあるように、万葉びとの心に訴えかけるものだったようです。飛鳥の地においても、次の歌が詠まれています。

わが背子が　古家の里の　明日香には　千鳥鳴くなり　妻待ちかねて（巻三－二六八）

あなたのもと住んでおられた家のある里の明日香ではチドリが鳴いているようです。山斎（池や小さな山などを持つ庭園）のできるのを待ちかねて。

長屋王の歌です。明日香から藤原京へ遷都した後の歌とされ、遷都に伴い、主を亡くした邸宅は寂れてしまったようです。そのためチドリが再び立派な庭園になることを願い、鳴いていると表現しています。「背子」（この歌の場合、男の友人）が住んでいた明日香の庭園が、荒廃していくことの物悲しさをチドリに託した歌ということになります。

カジカガエル

『万葉集』には、チドリとともに、カエル（蛙）も多く登場します。『万葉集』では、「河津」や「河蝦」などと表記されていて、その多くはカジカガエルと考えられています。明日香村埋蔵文化財展示室の前のバス停「飛鳥」のそばに次の歌の碑があります。

今日もかも　明日香の川の　夕さらず　河蝦鳴く瀬の　清けかるらむ（巻三－三五六／上古麿）

今日もまた、明日香川の夕暮れに「かわず」が鳴いている、あの瀬は清らかなことでしょう。

また次は、厚見王が、神奈備川を懐かしんで詠んだ一首で、この歌の神奈備川は飛鳥川と考えられています。

かはづ鳴く　神奈備川に　影見えて　今か咲くらむ　山吹の花（巻八－一四三五）

「かわず」が鳴いている神奈備川に影を映して、今はもうヤマブキの花は咲いているだろうか。

カジカガエルは清冽な水域の指標生物であり、雄の美しい鳴き声が鹿に似ていることから、「河鹿」という名がつけられました。チドリやカジカガエルは、当時の清らかな飛鳥川や周辺の池を象徴する生きものであったと考えられます。

ホタル（蛍）

明日香村稲渕や甘樫丘周辺など飛鳥川上流域にはホタルが生息しており、県内でも指折りのホタルの名所となっています。「飛鳥ホタル」として、明日香村の天然記念物にも指定されています。『万葉集』には、景物や素材としてホタルを詠んだ歌は見あたりませんが、「ほのかに」の枕詞として、次の長歌の一首だけにホタルが詠まれています。

この月は　君来まさむと　大船の　思ひ頼みて　いつしかと　我が待ち居れば　黄葉の　過ぎて去にきと　玉梓の　使の言へば　蛍なす　ほのかに聞きて　大地を　炎と踏みて　立ちて居て　行くへも知らず　朝霧の　思ひ迷ひて　丈足らず　八尺の嘆き　嘆けども　験をなみと　いづくにか　君がまさむと　天雲の　行きのまにまに　射ゆししの　行きも死なむと思へども　道の知らねば　ひとり居て　君に恋ふるに　音のみし泣かゆ（巻十三－三三四四／作者不詳）

飛鳥のホタル

防人の妻が夫の死の知らせを聞き、その嘆きを詠んだ歌とされています。この歌の意は、この月こそはあなたが帰ってくるかと、大船に乗った思いで待ちわびていたのに、「モミジ（黄葉）のように散ってしまった」という使者の知らせを「ホタルの光のように」ぼんやりと聞いて、地に足がつかず途方に暮れている（前段）。朝霧の中のように思い迷い、長い溜息をつき、嘆いても致し方なく、あなたの行方を追って天雲の流れに身をまかせ、射られた鹿や猪のように死のうと思うのですが、その道すら知らない、一人であなたを恋しく思いながら声をあげて泣くしかありません（後段）というものです。
なお『万葉集』では、猟獣のシカやイノシシを「シシ」と表しています。シシは獣肉を意味する語ですが、田畑に被害をおよぼす害獣も「シシ」と呼ばれました。漢字の肉・鹿猪・宍・鹿などは、『万葉集』ではみな「シシ」と読みます。鹿と猪を明確に区別していなかったようです。鹿猪が出て荒らす田のことは鹿猪田と呼び、鹿猪が立ち入らないように監視することを「鹿猪田禁る」と詠んでいます。鹿の場合は、猪とは異なり狩の対象だけでなく、自然の情景の中でも詠まれています。

聖なる木（聖樹）

ケヤキ（槻）

ケヤキの古称が「槻」です。『万葉集』だけでなく『古事記』『日本書紀』にも、ケヤキの木が多く登場します。その場所は王宮、寺院、衢などです。神聖なケヤキの木は、「斎槻」と呼ばれました。天皇が初穂を祀る新嘗屋にそびえ立つケヤキは、世界の中心に立つ聖樹（宇宙樹）であり、王宮はそのケヤキの枝で覆われた樹下に営まれるべきと考えられたようです。用明天皇の宮が磐余池辺双槻宮であったこと、斉明天皇が多武峰に両槻宮をつくったことなどからも、ケヤキの木に対する特別な思いがあったことが推察されます。双槻宮・両槻宮は、二本のケヤキの巨木の下の宮をさすと考えられます。

飛鳥寺（→75頁）の西の一帯は「飛鳥寺西の槻樹の広場」と呼ばれ、飛鳥寺の西のケヤキの木は、とりわけ著名な存在でした。乙巳の変の時に、孝徳天皇・皇極前天皇・中大兄皇子らは、飛鳥寺の西の槻樹の下で群臣を集めて忠誠を誓わせました。「樹下の誓約」と後に呼ばれた象徴的な儀式です。天武天皇元年（六七二）の壬申の乱では、飛鳥古京を守る近江朝廷側の軍営（留守司）がおかれるなど、この場所は両軍による争奪の場ともなりました。『日本書紀』には、飛鳥寺の西で多禰（種子島）人や隼人・

蝦夷らを饗応したという記事が、天武・持統朝に何度も登場します。

『万葉集』の柿本人麻呂の泣血哀慟歌（巻二―二〇七～二一六）では、軽にいた人麻呂の妻が亡くなり、亡妻の面影を求めて人麻呂は軽市を徘徊しています。軽市は、現在の橿原市大軽町にあったとされる市です（→129頁）。この歌で、人麻呂は妻と二人でみた「走出の堤に立てる槻の木」の枝葉が春先に繁茂する景状を、生前の妻の姿に結びあわせています。

また、ケヤキは神が依りつく神聖な木であったようで、

天飛ぶや　軽の社の　斎ひ槻　幾代まであらむ　隠り妻そも（巻十一―二六五六／作者不詳）

（天飛ぶや）軽の社の神聖なケヤキの木がいつの代までもあるように、いったいいつまで人目を忍ぶ妻でいなければならないのであろうか。

「軽の社」の神木であるケヤキによせて、いつまでも人目を忍ぶ関係であることを嘆く歌です。なおこの歌を記した歌碑が橿原市大軽町の春日神社におかれています。

ツバキ（椿）

『古事記』には、倭の高市の小高いところにある神聖なツバキを「その葉の広りいまし その花の照りいます」と表現し、雄略天皇をそのように天高くある日の御子としてたたえた皇后の歌があります。ツバキは、葉の常緑性と花の輝きによって、生命力のある呪的な植物と考えられ、その呪的生命力を人間に取り込むために魂振が行なわれたようです。飛鳥への玄関口でもあった海石榴市（→129頁）には、ツバキがシンボルとして植えられていたと考えられます。

ツバキの花を表現したものとして、『万葉集』には、三諸のツバキとアシビ（馬酔木）を詠んだ歌があ

ります。

三諸は　人の守る山　本辺には　あしび花咲き　末辺には　椿花咲く　うらぐはし　山そ泣く子守る山（巻十三－三二二二／作者不詳）

三諸山は人々が大切に守っている山だ。その麓には、アシビの花が咲き、頂上にはツバキの花が咲く。とても美しい山だ。泣く子どもをあやすように皆が大切にしている山だ。

またツバキを詠んだ歌には「巨勢」を詠み込む万葉歌も二首あります。

巨勢山の　つらつら椿　つらつらに　見つつ偲はな　巨勢の春野を（巻一－五四／坂門人足）

巨勢山の連なって咲いているツバキを、つらつら見ながらしのぼうではないか。ツバキの花咲く巨勢の春野を。

河上の　つらつら椿　つらつらに　見れども飽かず　巨勢の春野は（巻一－五六／春日蔵首老）

川のほとりに連なって咲いているツバキをつらつら見るけれど、いくら見ても飽きない。この巨勢の春のツバキは。

持統太上天皇の「紀の牟婁の湯」への行幸にお供した者の歌とされています。「巨勢」は、現在の奈良県御所市古瀬の辺りで、飛鳥から和歌山方面へ向かう紀路（↓128頁）の重要なルートにありました。古代の人々は言霊信仰を持っており、土地の地霊は地名に宿ると考えられていました。そのため土地の名を口にし、たたえることで、その土地の神をたたえることにつながり、神の加護を得て、旅の無事を祈ったのです。

古瀬には巨勢寺跡が残されており、近鉄吉野口駅に近い阿吽寺という巨勢寺の末寺に、一首目の歌碑があります。

アシビ・アセビ（馬酔木）

アシビは壺状の小さな花を密につける常緑潅木です。満開時に、その華やかな印象から「あしびなす栄えし君」（巻七―一一二八）と、「栄ゆ」にかかる枕詞として詠まれています。ツバキと同様に呪的な植物とみられていたようです。

処刑された大津皇子が二上山に葬られた時に、大伯皇女（→64頁）が詠んだのが次の歌です。伊勢神宮から飛鳥の都へ帰る時に、大伯皇女がこの花を見て感傷哀咽して詠んだ歌ともされています。

磯の上に　生ふるあしびを　手折らめど　見すべき君が　ありと
いはなくに（巻二―一六六）

岩のほとりに生えているアシビを手折ろうとしても、それをみせるべきあなたがいるわけではないのに……。

生命力が豊かなアシビを手折ろうとしたのは、早世した大津皇子への鎮魂の想いからだという説があります。アシビは、「かざし（花や常緑樹などを頭に挿すこと）」や「かづら（髪に飾った植物）」にも用いられました。ほかにも、ウメ、ハギ、ヤナギ（青柳）、ショウブ（サトイモ科の多年草。古名は「あやめ草」）、サクラ、ナデシコ、フジなどを万葉びとたちは「かざし」に用いました。これらを折りかざすことは、風雅な振る舞いであるだけでな

アシビの花

く、植物の生命力を自己に感染させる呪術的行為であったとみられています。『万葉集』には、アシビの花を直接袖に入れようとうたった歌もあります。

池水に　影さへ見えて　咲きにほふ　馬酔木の花を　袖に扱入れな（巻二十－四五一二／大伴家持）

池の水にその姿まではっきり映して、美しく咲いているアシビの花を、袖にしごき入れよう。

『万葉集』でうたわれたアシビは、明治時代の万葉主義歌人たちの短歌雑誌の書名（『馬酔木』→322頁）にもなりました。

モモ（桃）

『懐風藻』には桃花が多く詠まれています。モモの原産地は中国ですが、かなり古い時代に日本に伝わったようです。中国では、モモの実が不老長寿をもたらすとされ、聖なる植物とみなされました。道教の最高位の女神である西王母は、崑崙に住む仙人で、すべての女仙の長です。西王母とモモについての故事は有名で、西王母が宮廷を訪ね、前漢の武帝に、三千年に一度しか実を結ばないモモの実を与えたという話が語られています。

モモが聖なる木であることは日本にも伝わっていました。『古事記』や『日本書紀』では、邪気を払う呪的なモモの実や、瑞祥としてのモモがみえます。蘇我馬子の居宅があったとされる島庄遺跡（→196頁）の池からは多量のモモの種がみつかり、纒向遺跡からもモモの種が大量に出土しています。しかし、『万葉集』ではモモに関する歌が六例みえますが、モモを呪的なものとして詠んだ例はありません。

はしきやし　我家の毛桃　本繁み　花のみ咲きて　成らざらめやも（巻七―一三五八）

かわいらしい我が家のモモは木が茂っているので、花だけ咲いて実がならないなどということがあろうか、そんなことはあるまい。

この歌はモモの実がならないことを恋が成就しないことにたとえたものです。また「毛桃」はモモの実の表面に毛が生えていることに由来した称で、庭にモモを植えることがあったようです。

カシ（樫・橿）

『万葉集』の巻一は、雄略天皇が若菜を摘む若い女性に名のる、つまり結婚を申し込む長歌からはじまっています。この歌が『万葉集』の冒頭にとられ、雄略天皇の御製とされた理由については、『万葉集』の時代には、雄略天皇が天皇家の直接の始祖と認識されていたためと考えられています。歌の世界は雄略天皇からはじまるのです。

雄略天皇は、初瀬川で昔に出会った赤猪子（→306頁）という老女との歌の中で「御諸の　厳白檮がもと　白檮がもと　ゆゆしきかも　白檮原童女」（『古事記』）という歌を詠んだとされています。歌の意は「御諸の杜の神聖で近づきがたいカシの木の下。そのカシの木の下が忌み憚られるように、近寄り難いことだなあ。白檮原の乙女よ」というものであり、神の降臨する木として、カシの木が神聖視されていたことがわかります。

また『日本書紀』によれば、倭姫命が天照大神を最初に鎮め坐せて祀った場所は、磯城の「厳橿が本」とされています。『古事記』には、甘樫丘にある「葉広熊白檮」というカシも登場し、樹木崇拝をうたった歌が多くみられます。神武天皇が即位した場所は、畝傍の白檮原宮と名づけられたとされており、カシは橿原市の木に指定されています。

波波迦（ウワミズザクラ）

波波迦は、ウワミズザクラの古名で、「朱桜」とも呼ばれました。

『古事記』の天の石屋戸神話には、「天の香山の天の波波迦を取りて、占合ひ……」とあり、古代の「太占」と呼ばれる占いに用いられました。太占は、「太兆」「布斗麻迩」とも書き、「鹿占」ともいいます。雄鹿の肩甲骨を抜き取り、波波迦の木の皮を炭火にしたもので焼き、そのひび割れの形によって、吉凶を占いました。

波波迦の木は、天香山神社の境内にもあります。

ウワミズザクラの花

タチバナ（橘）

植物を詠んだ万葉歌の首数では、ハギ、ウメ、マツについで、四番目に多くタチバナがうたわれています。常緑樹としてのタチバナをたたえる歌だけでなく、花の香や赤く熟した実が詠み込まれます。記紀の伝説において、田道間守は垂仁天皇の命により不老不死の霊薬である「非時香菓」を求め常世の国にわたり、その実と枝を持ち帰りましたが、この非時香菓がタチバナであるとされています。タチバナは常世の国からもたらされた聖樹として尊重され、花の咲いた枝を「かづら」や「かざし」にもしたようです。大伴家持は、田道間守の伝説をうたい、タチバナとその花や実を誉めたたえています（巻十八－四一一一～四一一二）。

明日香村にある橘寺（→148頁）は、「橘の宮」という欽明天皇の別宮があった場所ともいわれており、その名前の由来は、橘の実を蒔いて樹が生えてきた地を「橘」と呼んだことに由来するとされています。橘寺は「橘樹寺」とも表記され、この地にはタチバナが多く、林になっていたといわれています。明日香村ではケヤキとタチバナを明日香村の木と花に制定しています。

タチバナの花

スギ（杉）

天に向かい真っすぐのび、大木として成長するスギに対して、万葉びとは畏怖の念を抱いたようです。『万葉集』には、特定の神社や神域において、神の依りつく木として詠まれています。次の歌は飛鳥の神奈備を詠んだ歌で、「斎ふ杉」が詠まれています。

神奈備の　三諸の山に　斎ふ杉　思ひ過ぎめや　苔むすまでに（巻十三－三二二八／作者不詳）

神奈備の三諸の山に祀られた杉のように、あなたへの思いもなくなることなどあろうか。スギに苔が生えるほど長く経っても。

この歌は、婚礼の祝い歌と考えられ、新婚の妻への不変な愛情を表現しています。「神奈備の三諸の山に斎ふ杉」は「思ひ過ぎ」の「すぎ」をおこす序詞となっています。

また『万葉集』には、三輪山（→261頁）のスギが、「三輪の神杉」や「三諸の神杉」としてうたわれています。大神神社の境内には「巳の神杉」があり、根元にある洞には白蛇が棲み、願いごとを聞き入れてくれるとされています。祭神の大物主大神が蛇神に姿をかえたという伝承が『日本書紀』などに記されており（↓311頁）、蛇は大神の化身として信仰されています。なお、スギは桜井市の木にも制定されています。

『万葉集』には、香具山のスギを詠んだ次の歌もあります。

何時の間も　神さびけるか　香具山の　桙杉が末に　苔生すまでに（巻三－二五九／鴨足人）

いつのまにこれほど神々しくなったことよ。香具山の桙を立てるように真っすぐにそびえるスギの根本に、苔が生えるまでに。

マツ（松）

常緑で、樹齢の長いマツは、昔から神の依り代と考えられてきました。マツは繁栄や長寿を象徴する植物です。正月の門松に用いられるのはそのためです。古代においては、マツの枝を結び、長寿を願う習俗があったことが、有間皇子が謀反の罪を着せられ移送された時の歌で知られます。『日本書紀』によると、斉明天皇の紀伊国牟婁の湯への行幸中に、大規模な土木工事など天皇の失政を蘇我赤兄が三つあげて、有間皇子に謀反を勧めて皇子がそれに応じたといいます。しかし、赤兄は皇子の謀反の企てを逆に密告し、皇子らは牟婁の湯に送られ、皇子は藤白坂（和歌山県海南市藤白）で絞首に処されました。謀反の罪で紀の湯に連行される途中、有間皇子が詠んだのが次の万葉歌です。

岩代の　浜松が枝を　引き結び　ま幸くあらば　またかへりみむ（巻二－一四一）

私は岩代の浜のマツの枝を結んだ。幸いにも無事だったら、また戻ってきてこのマツをみることにしよう。

岩代は現在の和歌山県日高郡みなべ町です。有間皇子は枝と枝とを結びあわせて、自分の魂の一部を草や木に結び込め、無事を祈ったようです。『万葉集』には、有間皇子の死後、大宝元年（七〇一）の紀伊国行幸時の作と考えられる長忌寸意吉麻呂や追和した山上憶良の「松が枝」「結び松」などを詠んだ皇子への追悼歌が残されています。

3 『万葉集』と飛鳥・藤原の宮都

飛鳥宮と天武天皇

天武天皇をたたえる歌

壬申の乱（→96頁）で大友皇子に勝利した大海人皇子（後の天武天皇）は、その翌年（六七三）に飛鳥浄御原宮で即位しました。飛鳥浄御原宮は、藤原京へ遷都するまでの二十一年間、天武・持統天皇二代にわたる宮となりました。壬申の乱に勝利し、飛鳥に都を移して皇位についた天武天皇をたたえた二首の歌があります。

大君は　神にしいませば　赤駒の　腹這ふ　田居を　都と成しつ（巻十九－四二六〇／大伴御行）

大君は　神にしいませば　水鳥の　すだく水沼を　都と成しつ（巻十九－四二六一／作者不詳）

一首目の大伴御行の歌では、天皇が「馬の脚が沈み込むような深い田んぼを整地して都にしてしまった」と詠んでいます。二首目の作者は未詳ですが、天皇が「水鳥のすだく（群がり集まる）水沼」を都にしたという、二首ともに天武天皇の神わざが表現されています。「大君は神にしいませば」とは、天皇の偉大さをたたえる表現で、人間わざでは実現不可能な内容を後の句に詠むことで天皇の神性さを強調しています。

「天平勝宝四年（七五二）二月二日に聞きて、即ち茲に載す」と、大伴家持がこの二首を聞いた日の日付があり、この二首が採録されたのは乱から八十年後であり、その勝利が天武天皇の偉業として伝えられてきたことがわかります。飛鳥浄御原宮周辺では、舒明天皇以降の王宮が営まれており（→116頁）、実際にはもう田んぼや沼ではなかったようですが、皇統のルーツとして天武天皇が回顧され、改めて顕彰されたと考えられます。

飛鳥宮に降る雪と大原の里

天武天皇（→58頁）の歌で唯一『万葉集』巻二の「相聞」（恋の歌）に入っている歌があります。天武天皇が藤原夫人に賜ったという次の歌で、藤原夫人とは新妻であった鎌足の娘の五百重娘といわれています。

わが里に　大雪降れり　大原の　古りにし里に　降らまくはのち（巻二―一〇三）

私のいる飛鳥浄御原宮周辺に大雪が降ったが、そなたの住む大原という古びた里にはまだ降らないだろう。

天武天皇が自慢をする歌です。それに対し、夫人は負けずに次の歌をこたえ奉っています。

わが岡の　竈に言ひて　降らしめし　雪の摧けし　そこに散りけむ（巻二―一〇四）

わたしが大原の岡の龍神にお願いして降らせたのです。だから、その雪の砕けたのがそちらに降ったのでしょう。

雪を題材に掛けあいを楽しむ天武天皇と五百重娘の微笑ましい様子が伝わってきます。大原（明日香村小原）は、飛鳥浄御原宮の北東七〇〇メートルほどで、天武天皇の「わが里」を見下ろす位置にあります。五百重娘はその大原の里の藤原邸に住んでいたことがわかります。

天武天皇への挽歌

朱鳥元年（六八六）九月九日に天武天皇が崩御し、大后であった鸕野讃良皇女（後の持統天皇→57頁）が、その死を悲しみ詠んだという挽歌があります。

やすみしし　我が大君の　夕されば　見したまふらし　明け来れば　問ひたまふらし　神岳
の　山の黄葉を　今日もかも　問ひたまはまし　明日もかも　見したまはまし　その山を
振り放け見つつ　夕されば　あやに哀しみ　明け来れば　うらさび暮らし　あらたへの　衣
の袖は　乾る時もなし（巻二―一五九）

（やすみしし）我が大君が、夕方になるとご覧になっているに違いない。夜が明ければお尋ねになるにちがいない。その神岳の山の黄葉を、今日もお尋ねになるだろうか、明日もご覧になるのだろうか。その山を振り仰ぎみながら、夕方になれば悲しみで一杯になり、夜が明けると心さびしく過ごして、この喪服の袖も涙で乾く時もない。

夫婦でみた神岳をみながら、深い悲しみに暮れる持統天皇の様子が表現されています。この歌の後には、もう一首の持統天皇の挽歌があります。天武天皇崩御後の八年、天武の命日に行なわれた法会の日の夜、夢の中で詠み覚えた歌といわれています。

明日香の　清御原の宮に　天の下　知らしめしし　やすみしし　我が大君　高照らす　日の
皇子　いかさまに　思ほしめせか　神風の　伊勢の国は　沖つ藻も　なみたる波に　塩気の

み　かをれる国に　うまこり　あやにともしき　高照らす　日の皇子（巻二―一六二）

明日香の清御原の宮で、天下をあまねくおおさめになられた我が大君、高照らす日の御子は、どのようにお思いになられたのか、神風の吹く伊勢の国は、沖つ藻も靡いている波の上に、潮の香のたちこめている国に、（うまこり）無性にお会いしたい、日の御子よ。

天武天皇と鸕野讃良は、吉野から伊勢（三重県）に入り、伊勢の神の加護を受け壬申の乱で勝利します（→96頁）。その伊勢の日のできごとは持統天皇にとって記憶に強く刻まれたのでしょう。天武天皇の崩御を悲しんで、ありし日の姿として叙述しています。

「高照らす 日の皇子」は、『万葉集』では、特に天武・持統系の天皇・皇太子をさす語として用いられ、柿本人麻呂の挽歌にも多く出てきます。日並皇子（草壁皇子）の殯宮で詠んだ人麻呂の長歌（巻二―一六七）では、統治者であった天武天皇を、天から地上に降り立ち、「高照らす 日の皇子」として、「飛鳥浄御原宮に君臨して地上を統治し、再び天上界（高天の原）に帰った」として、誉めたたえています。

古郷（ふるさと）としての飛鳥・藤原

律令国家発祥の地である飛鳥・藤原は、『万葉集』において常に回顧されたたえられるべき特別の地でした。特に飛鳥が「古郷（故郷）」であるという共通認識は、飛鳥岡本宮、飛鳥板蓋宮、後飛鳥岡本宮、飛鳥浄御原宮など歴代の宮（→116頁）が営まれた記憶に基づくものと考えられます。『古事記』はその序文において編纂の契機を天武天皇の発言に求め、『日本書紀』は飛鳥浄御原宮で政治を行なった最後の天皇である持統天皇をもって閉じていることをみても、奈良時代の人々にとって明日香が格別の意義を持つ象徴的な土地であったと思われます。

飛鳥から藤原京へ遷都した後に、古京「飛鳥」への懐旧の思いを詠んだ志貴皇子（→65頁）の次の歌はあまりに有名です。

「明日香宮より藤原宮に遷居せし後に、志貴皇子の御作りたまひし歌」

采女の　袖吹きかへす　明日香風　京を遠み　いたづらに吹く（巻一－五一）

　采女の袖を吹きひるがえす明日香風、今は都も遠く、ただ空しく吹くことよ。

「明日香風」とは明日香の里を吹き抜ける風のことです。志貴皇子が、旧都の「飛鳥」にたたずんで、廃墟を吹き抜けていく風に、都があった頃の飛鳥を追想して詠んだ歌とされています。

山部赤人は「神岳の歌」の長歌で、自然の活力がいつも満たされている世界として、飛鳥古京をたたえています。

「神岳に登りて山部宿祢赤人の作る歌（神岳の歌）」

みもろの　神奈備山に　五百枝さし　しじに生ひたる　栂の木の　いや継ぎ継ぎに　玉葛
絶ゆることなく　ありつつも　やまず通はむ　明日香の　古き都は　山高み　川とほしろし
……（巻三－三二四）

　神の降臨する神奈備山に、多くの枝をのばし生い茂っている、ツガの木の、その名のように継ぎ継ぎと、玉かずらのように絶えることなく、ずっと止むことなく通い続けたいと思う明日香の旧都は、山が高くそして川が雄大である……。

この長歌は、最小限の連対の句を用いてさまざまな明日香の表情をとらえて、聖なる明日香を荘厳したものと考えられます。形式的にも、きわめて整然とした完成度を示す歌とされています。個人的な懐旧の念ではなく、集団的感情を詠んだもので、皇統の連続と繁栄のもと、明日香の古き都に大宮人たちが連綿として通い続けることを言挙げした歌と考えられています。聖武天皇即位後、奈良から吉野への行幸の途中で詠まれたとする説が有力です。

また、藤原宮から平城宮へ都が遷った時（七一〇年）、御輿を長屋の原に停め、古郷の方を振り返り遠望しながらつくったとされる歌があります。

「和銅三年庚戌の春二月、藤原宮より寧楽宮に遷りし時に、御輿の長屋原に停まりて、古郷を廻望して作りたまひし歌」

飛鳥の　明日香の里を　置きて去なば　君があたりは　見えずかもあらむ（巻一―七八）

明日香の古郷を後にして行ってしまったなら、あなたのいる辺りはもうみえなくなってしまうのではないか。

この歌は一書に、元明天皇（→57頁）の御製と伝えられています。元明天皇の「長屋原」は、現在の天理市西井戸堂町と東井戸堂町付近になります。平城への行幸に中ツ道を利用した元明天皇は、飛鳥と平城のちょうど中間地点にあたるこの地で御輿を停めたと考えられます。夫の草壁皇子や子の文武天皇が眠る飛鳥の地がもうすぐみえなくなるであろう地点で、古郷の飛鳥・藤原に別れを告げ、新しい平城京へ向かおうとして、この歌を詠んだものと推定されます。平城京遷都後には、飛鳥は「故郷」として人々に認知されていたようです。

『万葉集』には、次の「大伴坂上郎女の、元興寺の里を詠みし歌一首」もあります。

故郷の　明日香はあれど　あをによし　奈良の明日香を　見らくし良しも（巻六―九九二）

奈良の明日香とは、平城京遷都に伴い法興寺(→75頁)が移転した元興寺の一帯のことです。「古京である明日香はよいところだけれども」と懐かしみつつ、後半では「奈良の明日香を見るのもよいことよ」と詠っています。

『万葉集』中の大伴旅人の歌には、大和の地への帰郷の思いを詠んだ望郷歌も多くあります。残されている旅人の歌は、大宰府に赴任してからのものがほとんどで、飛鳥の「古りにし里」を詠んだ二首(巻三-三三三・三三四)があります。

大宰府から平城京の邸宅に戻った旅人ですが、飛鳥への望郷の念はかわらず、「寧楽の家に在りて故郷を思ひし歌」二首を詠んでいます。その一首目は次の歌です。

しましくも　行きて見てしか　神奈備の　淵は浅せにて　瀬にかなるらむ(巻六-九六九)

晩年の旅人は、病床にありながら、飛鳥川の淵などを思い浮かべて思慕したようです。

さらに、作者は未詳ですが、藤原の「古りにし里」を詠む次の歌もあります。

藤原の　古りにし里の　秋萩は　咲きて散りにき　君待ちかねて(巻十-二二八九)

歌の意は「旧都・藤原の古さびた里の秋萩の花は、もう咲ききって散ってしまいました。貴方の訪れを待ちわびて」というものです。平城遷都後、何らかの事情でこの地に残った女性が詠んだといわれています。橿原市別所町の別所池の西南堤(大きな柳の木の下)にこの歌の歌碑があります。別所池の道路を挟んだ南側には「史跡　藤原京朱雀大路跡」の碑も立っています。

藤原宮を詠んだ万葉歌

役民の作れる歌

藤原宮は、天武・持統天皇の理想の都であったと考えられます。『万葉集』には、その藤原宮に関して二つの作品が残されています。一つは、「藤原宮の役民の作りし歌」（巻一－五〇／作者不詳）という長歌です。藤原宮の宮殿などの建設には、数万本におよぶ太い柱材と、大量の板材が必要となりました。

この歌によると、近江の田上山（滋賀県大津市）から伐りだしたヒノキ材を筏に組んだとあります。木材は瀬田川・宇治川を下り、巨椋池からは木津川を遡り、泉の津（木津。京都府木津川市）で陸揚げし、陸路で奈良山を越えて大和へ入ったと考えられます。奈良盆地に入ってからは、再び佐保川や寺川などの水系を利用し、運河をつくって藤原宮に運び込んだと考えられます。この歌には、木材調達など宮の建設の様子と、新しい宮への讃美が詠まれています。役民は全国各地から徴発され、新都造営にかかわるさまざまな役務に従事しました。

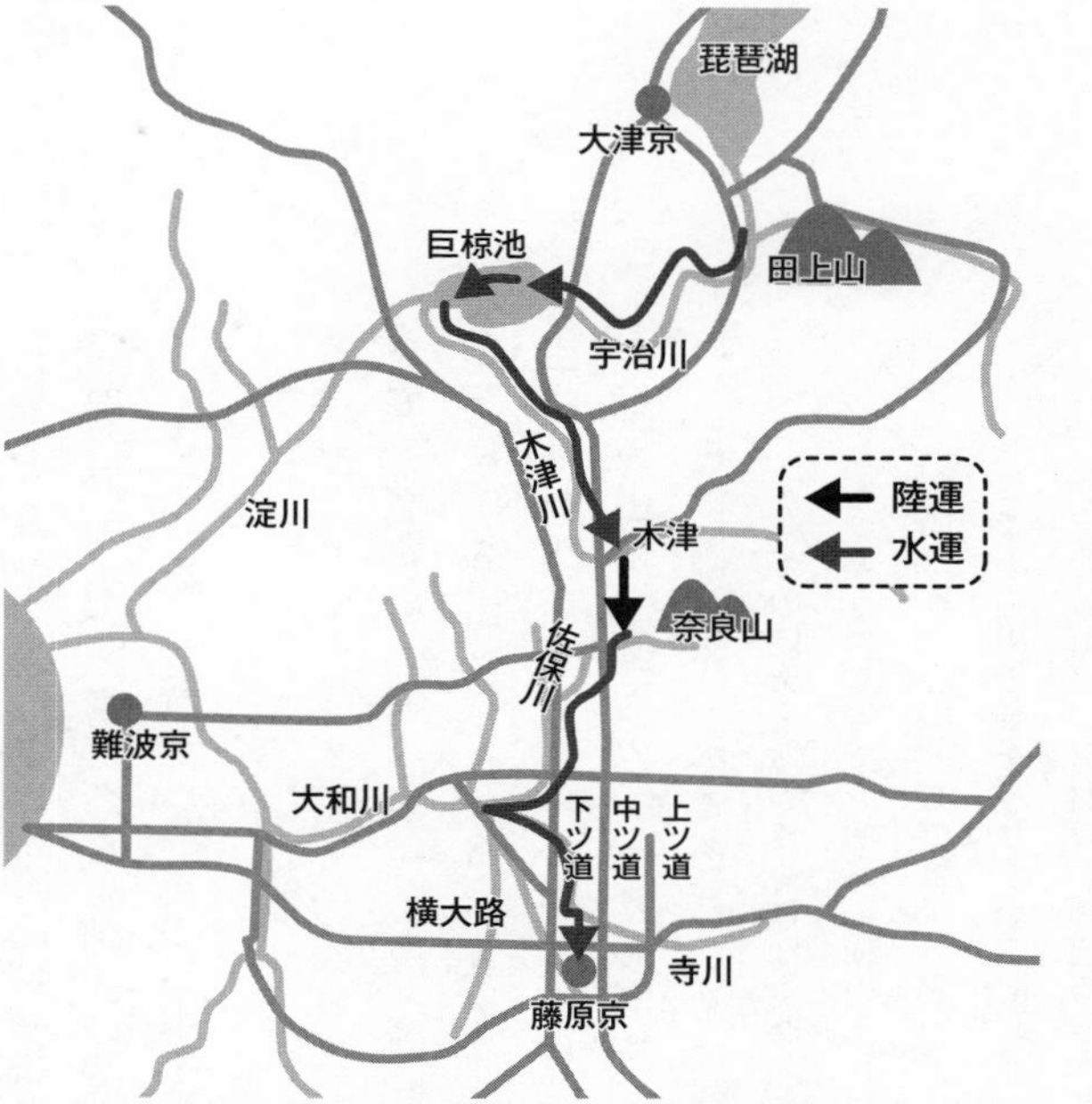

藤原宮木材の推定運搬ルート（両槻会第54回定例会資料より）

藤原宮の御井の歌

もう一つは次の「藤原宮の御井の歌」です。長歌（巻一－五二）では、藤原宮が大和三山（東に香具山、西に畝傍山、北に耳成山）と、南は吉野山に囲まれたすばらしい場所に営まれたことを讃美し、その終わりでは、宮の井戸の水を「常にあらめ御井の清水」と、聖水の永遠性をうたうことによって宮の繁栄を祈願しています。続く反歌では、その聖水を汲む宮仕えの乙女たちを羨望の眼差しをもってたたえています。

やすみしし　わご大君　高照らす　日の皇子　あらたへの　藤井が原に　大御門　始めたまひて　埴安の　堤の上に　あり立たし　見し給へば　大和の　青香具山は　日の経の　大き御門に　春山と　しみさび立てり　畝傍の　この瑞山は　日の緯の　大き御門に　瑞山と山さびいます　耳梨の　青菅山は　背面の　大き御門に　宜へ　神さび立てり　名ぐはしき吉野の山は　影面の　大き御門ゆ　雲居にぞ　遠くありける　高知るや　天の御陰　天知るや　日の御陰の　水こそば　常にあらめ　御井の清水（巻一－五二／作者不詳）

すべての国土をおおさめになるわが大君、高く輝く日の御子は、荒布の藤井原の野の上に大きな御門の朝廷をおつくりになって、埴安の堤の上にお立ちになりご覧になれば、大和の青々とした香具山は日の出る東の大御門のほうに春山として繁って立っている。畝傍のこの瑞々しい山は日の沈む西の大御門に対してめでたき山としてその山の姿をみせている。耳成の青菅山は北面の大御門に格好の姿で神々しく立っている。その名も美しき吉野の山は、南面の大御門の遠く雲の向こうにある。高々と統治なされる天の宮殿、天の宮の水こそは永久にあるだろう。御井の清水よ。

藤原の　大宮仕へ　生れつくや　娘子がともは　ともしきろかも（巻一－五三／作者不詳）

藤原の大宮に仕える者としてこの世に生まれついた乙女たちは羨ましいことよ。

4 前近代の文学と飛鳥・藤原

『古事記』と飛鳥・藤原の神話や伝説

『古事記』も、『日本書紀』も、神々の世界のことや各天皇の時代のことをまとめた書で、共通のテーマも多くあります。しかし魅力的な神々や、皇位をめぐって争う皇子たち、道ならぬ恋心に惹かれあう兄妹などがより個性豊かに描かれ、ドラマチックな物語となっているのが、正史の『日本書紀』などと比較した『古事記』の文学的特徴となっています。神話や天皇・豪族の伝承の中には、律令制以前の歴史的事実も反映されているものが多くあると考えられています。

『古事記』の上巻は神代の巻であり、高天原での神々の出現や伊邪那岐命（伊弉諾尊）・伊邪那美命（伊弉冉尊）の二神による国生み神話からはじまり、天照大御神（天照大神）の天石（岩）屋戸神話、大国主神の国譲り神話、天孫降臨神話、海幸彦・山幸彦の神話などが詩情豊かに語られています。中巻では神武東征神話、三輪山伝説、倭建命（日本武尊）伝説などが、また下巻では、仁徳天皇の皇后石之日売（磐之媛）の伝説や雄略天皇の求婚伝説・赤猪子伝説など多くの神話が載っています。『古事記』に残される数多くの飛鳥・藤原に関連する神話や伝説のうち、いくつかを紹介します。

❖神武東征神話

鵜葺草葺不合命（鸕鷀草葺不合尊）と玉依毘売（玉依姫）との間には、四柱の男子が誕生しています（『古事記』上巻）。長男の五瀬命（彦五瀬命）と四男の神倭伊波礼毘古命（神日本磐余彦天皇）は、天下をおさめるべきよい場所を求めて東へ向かいました。しかし、兄の五瀬命は紀伊（和歌山県）において戦死し、残った一行は紀伊半島を南下して熊野から大和へ入ることにしました。熊野に至った際に大きな熊が現われて一行は気絶してしまいますが、高天原の命を受けたという高倉下がもたらした剣によって目覚めます。その後、八咫烏の先導を受けたり、国つ神の服従を受けたりして刃向かう者を征討し、神倭伊波礼毘古命はついにヤマトの畝傍の白檮原宮で即位し、初代神武天皇となりました。『古事記』中巻はこの神話ではじまっていますが、『日本書紀』にも神武東征神話があり、その内容は類似しています。

❖石之日売の伝説

仁徳天皇の大后の石之日売（磐之媛）はとても嫉妬深い女性でした。天皇は石之日売が紀伊（和歌山県）に出かけていた留守中を狙って、八田若郎女を宮中に召し入れていました。それを知って怒った石之日売は、宮中には戻らず実家のある大和の葛城を目指して舟で進み、途中の山代の筒木宮に留まりました。別居状態がしばらく続きましたが、天皇は臣下を派遣して歌を贈り、また自らも出向いて歌を交わすうちに次第に打ち解け、大后は宮に戻ることとなりました。『万葉集』の巻二の巻頭歌は、この騒動の最中に石之日売が詠んだとされている歌です。

❖赤猪子の伝説

『古事記』の雄略天皇像は、いくつもの恋物語で彩られています。その中でも印象的なものが、赤猪子とのエピソードです。泊瀬川のほとりで衣を洗う引田部赤猪子という女性を、雄略天皇が見初める逸話です。天皇は赤猪子と結婚を約束し、宮（初瀬朝倉宮）へ帰ります。しかし、天皇は約束を忘れてしまい、八十年が過ぎてしまいました。天皇のお召しを待って老女になってしまった赤猪子は、天皇のもとを訪れました。再会した二人は歌を交わしますが、老いた赤猪子との結婚は実現しませんでした。赤猪子は涙を流し、あまたの贈り物を天皇から賜り、帰っていきました。

❖伊勢の婇の伝説

雄略天皇が長谷（泊瀬）にある百枝槻（ケヤキの大木）の下で宴会をした時、伊勢の国の三重の婇（采女）が、天皇に捧げる盃にケヤキの葉が落ちたのに気づかず、献上してしまいました。怒った天皇は婇の首を斬ろうとしました。婇は申し上げたいことありといって、天皇の宮殿と百枝槻をたたえ、盃に落ちた葉を縁起のよいことに見立てた雄略天皇を寿ぐ歌を奉ります。天皇はその歌に感心し、婇を許したとされています。

『懐風藻』と皇子伝

『懐風藻』（→255頁）の漢詩や『万葉集』の貴族の歌などは、当時の人々の漢籍の教養がもとになってつくられていました。漢詩が当時の外交の場で日本の文化水準の高さを示し、または使節団と価値観を共有するために重要な役割を担った一方で、大津皇子、藤原宇合、大神高市麻呂の詩など、自己の心情を率直に表現した詩情豊かな作品もあるといわれています。

❖大友皇子伝

大友皇子伝では、大友皇子（→63頁）に接した唐の劉徳高がその容姿を激賞したという「観相」の話や、不思議な夢をみた皇子が中臣（藤原）鎌足に相談をしたという逸話が載っています。皇子が朱衣の老人から日（太陽）を授かったが奪い去られたという夢で、鎌足は、ずる賢いものが隙を狙っているが、徳をおさめれば憂うるにおよびませんと答えたといいます。大友皇子伝の最後では、皇子が天命を授かりながら、それをとげ得なかったとしています。皇位の正統な継承者は大友皇子であったというのが、正史の『日本書紀』とは異なる『懐風藻』の歴史観とみられています。

❖大津皇子伝と「臨終一絶」

大津皇子伝では、大津皇子（→63頁）を「状貌魁梧　器宇峻遠」（容姿に優れ、器量も大きい）、さらには文武にも秀で、「性頗放蕩　不拘法度　降節礼士」（性格は大らかで自由であり、また偉ぶるところがない）と評しています。また皇子が朱鳥元年（六八六）の死（→280頁）に臨んでつくったとされる「臨終一絶」という次の詩が残されています。

大津皇子・大伯皇女歌碑（桜井市吉備・春日神社境内）

金烏臨西舎
鼓聲催短命
泉路無賓主
此夕離家向

金烏　西舎に臨らひ
鼓聲　短命を催す
泉路　賓主無し
此の夕　家を離りて向かふ

詩の意味は、「太陽（金烏）は西に傾き、夕べの鼓聲に命の短いことを実感する。黄泉路（死への道）には、客も主人もなくただ一人、この夕、私は死出の旅路につく」というものです。しかし、この時代に辞世の作がほとんど残っていないこと、またこの漢詩については、隋に滅ぼされた中国の陳の最後の皇帝である陳後主に類似した詩があることなどから、後の人の詩との説もあります。

❖川島皇子伝と「山斎」

川島皇子伝では、川島皇子（→64頁）を「志懐温裕、局量弘雅」（心穏やかで度量があり雅やか）と評しています。また皇子の作とされる「山斎」という次の詩が残されています。

塵外年光満
林間物候明
風月澄遊席
松桂期交情

塵外年光満ち
林間物候明らけし
風月は遊席に澄み
松桂交情を期る

「山斎」とは庭園のことですが、山荘の意にもとれます。塵外とは人里離れた場所、年光は風光のこと、物候は物事や気候のことと考えられます。風や月は遊席に澄み渡り、マツやカツラの木のように末長い友情を期すという内容です。

しかし『懐風藻』は、川島皇子が大津皇子の謀反を密告したことも伝えています。川島皇子については、朝廷の危機を救った素晴らしい忠臣とする一方、「莫逆」の友を裏切った薄情な人物という評価があることも記しています。莫逆とは、「心に逆うこと莫し」つまり生涯裏切ることのない契りや友情をいいます。川島皇子による謀反の密告が真実であったかについては、残された「山斎」の詩や川島皇子伝、そして大津皇子がおかれていた立場などから否定的な見解もあります。

❖大神高市麻呂の「従駕応詔」など

『懐風藻』には大神高市麻呂の侍宴応詔詩が一首だけおさめられています。「従駕応詔」（詩番一八）という次の詩です。

臥病已白髪
意謂入黄塵
不期逐恩詔
従駕上林春
松巖鳴泉落
竹浦笑花新

病に臥して已に白髪
意に謂へらく黄塵に入らむと
不期に恩詔を逐ひ
駕に従ふ上林の春
松巖鳴泉落ち
竹浦　笑花新し

臣是先進輩　臣は是れ先進の輩
濫陪後車賓　濫に陪る後車の賓

　春宴が開催された御苑の宮中の景色が、マツの生える岩間より流れ落ちる滝が音を立てながら飛沫をあげ、池の畔には竹やぶに沿って咲き誇る花畑が一面に広がると、美しく描かれています。高市麻呂は、老年に至って天皇従駕の列に加わることができた喜びをこの詩でうたっています。しかし、この「従駕応詔」には、高市麻呂が背負った過去や大神氏の運勢が投影されており、異色な侍宴応詔詩とみられています。死を予期して「黄塵に入らむ」とうたっていますが、その前段の「病」に臥すとは、身体の病気ではなく、境遇上の失意を意味しています。

　高市麻呂の失意の原因となったのは、中納言直大弐（従四位上）の時の持統天皇による伊勢行幸の諫止事件でした。史書・説話集や『万葉集』などにその記事が残されており、特記すべき事件だったようです（→310頁）。『懐風藻』には、藤原不比等の四男の麻呂（万里）がこの事件を詠じた「過神納言墟」（詩番九五）二首も載せられています。第一首では、官職を辞した後の大神家の凋落と高市麻呂の窮状を嘆きつつ、千年もその直諫の余沢を受けるだろう、と諫言事件を高く評価しています。第二首では、賢者は長い失意の間、無為に遊びながら国を憂い悩むが、やがて天意と通じて水魚の歓びを得るであろう、として高市麻呂の復活を予告しています。

大神氏と三輪山

❖大神高市麻呂の伊勢行幸諫止説話

『日本霊異記』上巻第二十五には、大神高市麻呂の行幸諫止説話があります。

　持統天皇は、持統天皇六年（六九二）二月の詔で、翌月に伊勢（三重県）へ行幸を行なうための準備を命じました。中納言の高市麻呂は、その時期の行幸は民の農事の妨げになるとして天皇を諫め、職を辞してまで行幸を止めようとしました。また、高市麻呂は、旱の時に自分の田を犠牲にしてまで民の田に水をわけ与えました。すると、龍神が高市麻呂の田にだけ雨を降らせました。

　説話の最後では、高市麻呂は忠臣だという称賛が付されています。『日本書紀』の記事も類似していますが、『日本書紀』には高市麻呂の田に瑞雨が降ったという記事はありません。

石上麻呂の行幸従駕歌と人麻呂の留京三首

石上麻呂は、持統天皇の伊勢行幸に従駕し、次の歌を残しています。

我妹子を いざみの山を 高みかも 大和の見えぬ 国遠みかも（巻一 - 四四）

「いざみの山」は奈良県と三重県にまたがる高見山とされており、一行は伊賀を通って伊勢に出て、大和の方向をみて詠んだ歌と考えられます。柿本人麻呂はこの時の行幸には従駕せず、飛鳥の都に残って「留京」三首を詠んでいます。

『万葉集』の石上麻呂の歌の左注には、朱鳥六年（六九二）三月三日、①天皇が広瀬王たちを留守官に残して行幸することになったこと、②中納言三輪朝臣（大神）高市麻呂が冠位を投げ捨てて御前に捧げ、農繁期前の行幸はすべきでないと重ねて諫めたこと、③持統天皇はその諫言にはしたがわずに六日に伊勢に行幸したこと、が記されています。『日本書紀』は、『万葉集』の左注にも引用されたこうした挿話を、同年二月の高市麻呂の上表文の記事に続けて載せています。

❖正史からみる大神高市麻呂

『日本書紀』や『続日本紀』に、大神高市麻呂の記事が何度か出てきます。『日本書紀』には、壬申の乱（→96頁）の際に大伴吹負の軍に入って活躍し、箸陵（箸墓）と中ツ道の戦いで近江軍の撃破に功績をあげた勇猛な将として、後には持統天皇の伊勢行幸にあたり冠を脱ぎ捨てて諫めた行政官として記されています。

『続日本紀』によれば、高市麻呂は、行幸諫止事件の十年ほど後の大宝二年（七〇二）正月に従四位長門守、翌年六月に左京大夫に就任しています。そして慶雲三年（七〇六）二月の条に「左京大夫従四位上を極官として死去」とあります。また死後には、壬申の乱における功をもって、従三位を贈られたとあります。『懐風藻』によれば享年は五十でした。高市麻呂の子孫は大神神社の社家となり、代々同社の神主をつとめました。

❖三輪山伝説と大神氏

『古事記』の崇神紀では、『日本書紀』の記事に類似した神婚説話とともに、三輪山（→261頁）の地名譚が語られています。

活玉依毘売（活玉依媛）という美しい娘のもとに夜ごと男が通うようになり、娘は身ごもります。娘は、両親の言葉にしたがい麻糸を通した針を男の着物の裾にさしました。翌朝にその糸をたどってゆくと、美和山の神社で途切れており、男が美和山の大物主大神（倭大物主櫛𤭖魂命）だったことがわかりました。その時、娘の糸巻きに残っていた麻糸が、三巻（三勾）だったので、この地を「三輪」と呼ぶようになりました。

この三輪山伝説の前段では、崇神天皇が大物主大神と活玉依毘売の娘である意富多多泥古命（太田田根子／大直禰子命）を神主として、三輪山に大神を祀ったと記しています。意富多多泥古命は三輪氏の祖とされており、大物主大神を祀る大神神社の祭主になった大神氏（三輪氏）の出自譚ともなっています。大神氏は「大三輪」とも書かれ、大和国城上郡大神郷に拠をおく有力氏族でした。

❖倭迹迹日百襲姫命と箸墓伝説

『日本書紀』の崇神紀の記事には、孝霊天皇の皇女（崇神天皇の叔母）の倭迹迹日百襲姫命と箸墓伝説があります。大物主大神を敬い祀れば太平になるとの神託が倭迹迹日百襲姫命にあったので、崇神天皇は国がおさまるようにと祀ったのですが効き目がありません。次に大物主大神は、わが子の大田田根子（大直禰子命／意富多多泥古命）を探し出して自分を祀らせよと、崇神天皇や側近らの夢に現われて語りました。そのようにすると疫病は終息し、国内は太平となりました。

倭迹迹日百襲姫命は大物主大神の妻となりました。大神は夜のみ訪れたので、姿をみせてほしいと姫が求めると、大神は櫛笥の中に美麗な小蛇となって現われました。姫が驚き叫ぶと、大神は自分に恥を与えたといって高く飛び去り御諸山（三輪山）に登りました。姫は悔いて箸でホト（陰部）を突いて自殺してしまいました。

倭迹迹日百襲姫命の墓は「箸墓」といい、夜は神がつくり、昼は人がつくったといわれています。

『日本霊異記』と飛鳥・飛鳥時代

『日本霊異記』（→256頁）の仏教説話は奈良時代のものが中心で、仏教興隆の頂点として聖武天皇の時代を位置づけていますが、飛鳥や飛鳥時代に関連する説話も多く集録されています。正史である『日本書紀』や『続日本紀』と比較すると、仏教説話集としての独自の視点で書かれており、双方が一致している記述もあれば、異なる記述もあります。同一の人物に関連する記述の中でも、記紀や霊異記のいずれかにしか記載がない事項も多くあります。

『日本霊異記』の説話には、年代、地名が詳記され、しかも実在の人物が登場します。持統天皇の伊勢行幸への諫言説話（→309頁）のほか、以下のようなものもあります。

❖小子部栖軽の説話

小子部栖軽は、雄略天皇に「雷神を捕えてこい」と命じられました。栖軽は豊浦寺と飯岡の間にある丘に落ちていた雷神を連れ帰り天皇に献上しますが、天皇は光り輝く雷神に恐れをなし「落ちていた所へかえしてこい」と命じました。この雷神が落ちていた所を雷岡（雷丘→17頁）と呼ぶようになりました。数年後、小子部栖軽が亡くなると雄略天皇は彼の忠義をたたえ、この丘に雷神を捕えた栖軽の墓を建てました。これに雷神が腹を立て墓標を踏みつぶしますが、その割れ目に足を取られ抜けなくなってしまいます。天皇は雷神を逃がし、生前にも死後にも雷神を捕えた栖軽の墓と墓標を建て直したといいます。

なおこの伝承と似た話は『日本書紀』にもみえます。

❖聖徳太子にまつわる説話

上巻第四、第五には、聖徳太子（→60頁）の説話があります。

太子は、道端で病んだ乞食に出会い、身につけた衣を与えます。数日後に死んでいた乞食を手厚く葬った太子が、後日、人をやり、墓の中を確かめてみると乞食の姿は消え失せていました。実は乞食が、仏菩薩の化身であったといいます（第四）。

片岡山伝説と呼ばれる同様の逸話は、『日本書紀』の推古天皇二十一年（六一三）十二月の条にもあり、『万葉集』にも、聖徳太子の「竜田山の死人を見て悲傷して御作りたまひし歌」が載っています。

家ならば　妹が手まかむ　草まくら　旅に臥やせる
この旅人あはれ（巻三–四一五）

『日本霊異記』にはまた、聖徳太子が多くの人の話を一度に聞くことができたことから「豊聡耳」と、また経典の疏を作成して仏法を広めたことから「聖徳」と、天皇の宮より上に住まわれたことから「上の宮の皇」と呼ばれた、太子の三つの名の由来を述べています。聖武天皇は聖徳太子の生まれかわりであったともしています。

❖道昭の説話

『日本霊異記』上巻第二十二と第二十八では、道昭（↓84頁）が船連という氏族（姓）の出身で河内（大阪府北東部から東南部）の人であり、仏法を唐に求め、玄奘三蔵の弟子となったことなどが記されます。第二十二の最後では「賛に曰はく、船の氏、徳を明かにし、遠く法蔵を求む。是れ聖にして凡に非ず、没して光を放つ」として、最大級の賛辞を贈っています。複数の説話に登場する人物は聖徳太子、行基、道昭など数名だけです。道昭に関する記述は、『続日本紀』の文武天皇四年（七〇〇）の記事などにも多く載っています。なお、『日本書紀』には、白雉四年（六五三）の記事に、学問僧の「道昭」が大使・副使やほかの学問僧とともに、大唐に派遣されたという記事があります。

『藤氏家伝』の逸話

『藤氏家伝』（↓256頁）の「大織冠伝」では、中大兄皇子（天智天皇↓58頁）と諫臣・中臣（藤原）鎌足（↓69頁）との強固な君臣関係を物語るさまざまな逸話や、それが成立した経緯などが語られています。以下のような正史などにはみえない逸話も多く載っています。

❖鎌足と中大兄皇子の出会いの経緯

「大織冠伝」は、雄大な計略（雄略）を持つ者同志として、鎌足と中大兄皇子の出会いを描いています。鎌足は蘇我蝦夷・入鹿父子の専横をただすべく、親交のあった軽皇子（後の孝徳天皇）にまず接近しました。軽皇子は鎌足が「雄略宏遠」にして非凡な計略を有していることを知り、彼に対して破格の待遇を行ないました。しかし、鎌足は軽皇子が「大事」をともに謀るにふさわしい人物ではないと判断しました。軽皇子の器量を見限った鎌足は、自分とともに蘇我氏の専横をただすことのできる主君を求めました。そして皇族の中で、自分が仕えるにふさわしい、「雄略栄徹」な中大兄皇子とめぐりあい、君臣関係を結ぶに至りました。「大織冠伝」では、国の大事を遂行しうる資質としての「雄略」をキーワードに、二人の出会いの経緯が語られています。

❖大海人皇子の長槍事件

「大織冠伝」の天智天皇七年（六六八）条には、近江大津京の浜楼での天智天皇が主催した酒宴の席上で、大海人皇子（後の天武天皇）が長槍で敷板を刺し貫くという事件がおきました。

天智天皇は大いに怒って大海人皇子を殺そうとしましたが、その時、鎌足が天智天皇を固く諫めたため、殺害を思いとどまったことが記されています。大海人皇子は、壬申の乱の際に「もし鎌足が生きていたら、このような苦しみにあわずにすんだろうに」と嘆いたとされています。「大織冠伝」における大海人の述懐は、諫臣たる鎌足の不在が壬申の乱という悲劇を招いたとするものですが、諫臣としての藤原南家の存在意義を強調するためのエピソードとして使われています。

『古今和歌集』と飛鳥川・檜隈川

「明日香川」が掛詞へと展開するイメージは『万葉集』でもみられましたが、後世には、さらにそこに「昨日」「今日」「明日」といった表現や、「淵」と「瀬」の変転という飛鳥川（↓19頁）の激しい流れの描写が加わり、歌枕化していきました。『古今和歌集』（九〇五年奏上）では、飛鳥川は次のようにうたわれています。

昨日といひ　今日とくらして　あすか河　流てはやき　月日なりけり（巻六－三四一／春道列樹）

世中は　なにか常なる　あすか河　きのふの淵ぞ　けふは瀬になる（巻十八－九三三／詠み人しらず）

これらの歌には、飛鳥川の流れの速さから、すぐに入れかわる「淵」と「瀬」の景が表現の根底にはあります。実景を叙景するのではなく、観念上の飛鳥川の様子を恋心の表出や掛詞（「淵」と「扶持」、「瀬に」と「銭に」）に展開させているといえます。ことに九三三番歌を本歌取りして、『後撰和歌集』（九五五年から九五八年頃成立）や『後拾遺和歌集』（一〇八六年完成）において、次のように恋歌の表現が展開されてもいきました。

外の瀬は　深くなるらし　飛鳥川　昨日の淵ぞ　我が身なりける（『後撰和歌集』巻九―五二六／作者不詳）

淵やさは　瀬にはなりける　飛鳥川　浅きを深く　なす世せせば（『後拾遺和歌集』巻十二―六九六／赤染衛門）

なお清少納言の『枕草子』（九九五～一〇〇四年頃完成）では、「河」の項の筆頭に「飛鳥川」をあげ、「河は　飛鳥川。淵瀬も定めなく、いかならむと、あはれなり。…（第六二段）」と、「淵」と「瀬」の定めなき様子に言及しています。『徒然草』（一三三一年頃成立。一三四九年頃の説もあり）にも、次のように飛鳥川が登場します。かつて都として華やかに栄えた明日香が「人住まぬ野ら」となったことをとらえたうえで、飛鳥川の「淵」と「瀬」の激しく入れかわる様子は、無常観を語る本段の象徴として位置づけているようです。

飛鳥川の淵瀬常ならぬ世にしあれば、時移り、事さり、楽しび・悲しびゆきかひて、花やかなりしあたりも人すまぬ野らとなり、変らぬ住家は人あらたまりぬ。……（第二五段）

また『古今和歌集』には、檜隈川を詠んだ次の歌が載っています。

さゝのくま　ひのくま河に　駒とめて　しばし水飼へ　影をだにみむ（巻二十－一〇八〇）

（ささの隈）檜隈川のほとりにウマを止めて、しばらく水を飲ませてやってください。せめて水に映るあなたの姿だけでも、みていたいのだから。

歌意は平易ですが、天照大神を祀る歌として収載されており、どうして天照大神を祀る歌に転用されたのかわかっていません。

飛鳥・藤原に関連する近世の書

近世においては、民衆による旅の機会が増加したことを背景として名所図会などの地誌が盛んに刊行されました。あわせて、国学者による古代日本文化への探求心が、「明日香」のかつての姿を解明しようとする動きを生みました。

林宗甫による『大和名所記（和州旧跡幽考）』（一六八一年序）は、大和国全体を幅広く取りあげた、この時代では最も充実した地誌で、飛鳥の社寺や御陵の案内もありました。しかし同書では、飛鳥浄御原宮のあった場所を現在の明日香村上居に比定しています。これは「浄御」と「上居」など、地名の発音の類似から故地を比定していました。

飛鳥・藤原の地に関心が特によせられるのは、契沖（一六四〇～一七〇一）の『万葉集』研究に影響を受けて、古典研究が盛んになってからでした。古典研究は神道とも結びつき、荷田春満（一六六九～一七三六）や賀茂真淵（一六九七～一七六九）を経て国学へと発展していきます。賀茂真淵の『万葉考』（一七六九～一八三五年刊行）では、飛鳥浄御原宮の比定地は明言せず、藤原宮については、「藤原宮の御井の歌」（『万葉集』巻一－五二→303頁）の表現から、「宮の所は十市郡にて、香山・耳成・畝火の三山の真中也、今も大宮殿と云て、いさゝかの所を畑にすき残して松立てある是也」と、高殿村の通称「大宮土壇」（→168頁）が宮の中心だとする説を唱えています。真淵説は、弟子の本居宣長（一七三〇～一八〇一）に継承されます。大宮土壇説は明治時代に引き継がれ、次第に定説化していきます。藤原宮が大和三山に囲まれていたことは、『日本書紀』の新益京地選定記事や『万葉集』の「藤原宮の御井の歌」の表現をみても間違いなかったのです。

本居宣長は、明和九年（一七七二）に飛鳥などを旅した際の日記『菅笠日記』（一七九五年刊行）で、飛鳥・藤原の旧跡や御陵をめぐり、『日本書紀』などの記述に基づいて先行文献を検証し、批判を加えています。その記述の随所から、わが国の「いにしへ」を生み出した当地を訪れ、当時をしのぶことに、旅の目的の一つがあったことが感じられます。この旅には、本居大平や荒木田久老らも同行し、後にそれぞれ『餌袋日記』や『やまと河内旅路の記』を著しました。

真淵の孫弟子の上田秋成（一七三四～一八〇九）も安永七年（一七七八）に飛鳥・藤原を旅し、『いはし』という紀行を残しています。ほかにも、早くに貝原益軒（一六三〇～一七一四）の『和州巡覧記』（一六九二年刊行）があり、歌人であり僧でもある梁岳（一七四八～一八二一）の『よし野の山ふみ』（一八〇九年刊行）や、蘭学者で画家である司馬江漢（一七三八～一八一八）の『吉野紀行』（一八一二年刊行）などの紀行文にも、飛鳥に立ち寄った際の記述がみられます。

5 近現代の文学・芸術作品と飛鳥・藤原

文学に描かれた飛鳥・藤原

折口信夫と『死者の書』

折口信夫（一八八七～一九五三）は飛鳥にかかわる作品を残しています。その中でも『死者の書』（青磁社、一九四三年刊）は、民俗学者であり、詩人としては釈迢空と名乗った折口が書いた唯一の小説として知られています。岡寺門前で生まれた折口の祖父である造酒之介は、飛鳥坐神社（→163頁）の神主の養子となって勤務していました。折口信夫自身は大阪生まれですが、祖父が由緒ある飛鳥坐神社にゆかりがあることを知り、幾度となく飛鳥の地を訪れ、愛着を持つようになったようです。飛鳥坐神社にのぼる階段の途中には、釈迢空名の歌碑があります。

『死者の書』は、死者の霊が主役である謡曲の「当麻」を踏襲しており、二上山（→17頁）伝承と、當麻寺に伝わる當麻曼荼羅縁起という二つの伝承に基づいています。夕日が沈む方向の二上山の東麓にある當麻寺の地は、飛鳥時代にはすでに聖地であったと考えられます。二上山の峰の間に現われた阿弥陀仏に導かれ、當麻寺に身を寄せた藤原南家の郎女（中将姫）の一途な信仰が、謀反の罪で処刑された滋賀津彦（大津皇子）のさまよえる魂を鎮めるという複雑な内容の小説です。

物語としては、持統天皇に死を賜って二上山に葬られた大津皇子が、石棺の中で長い眠りから目覚めるところからはじまりますが、雑誌に掲載された初稿では、奈良時代の藤原南家で中将姫が出奔するところからはじまっていました。「起承転結」はなく、大津皇子の霊魂が目覚めて記憶がよみがえっていく話と、ヒロインである中将姫が蓮糸で曼荼羅を織り上げていく話とが重なりあっています。

松本清張と『火の路』

松本清張（一九〇九〜九二）は、昭和四十五年（一九七〇）頃から古代史研究にも心血をそそぎ、研究者を主人公とする小説も書いています。その代表作が、当初「火の回路」と題して同四十八年から四十九年に新聞に連載された小説『火の路』（文藝春秋、一九七五年）です。同四十七年に高松塚古墳の壁画（→224頁）が発見され、古代史ブームがおこったことが、『火の路』の執筆の動機となったようです。この作品の主人公は、高須通子という大学の助手で、古代史を専攻した女性ですが、『史脈』という研究誌に「飛鳥の石造物試論」という長い論文を発表します。その内容は、酒船石・猿石・二面石・亀石など、何の目的でつくられたかわからない飛鳥一帯に点在する石造物（→227頁）が斉明天皇の頃に渡来したペルシャ人がもたらしたゾロアスター教の遺構ではないかというものでした。研究室の久保教授は、自分に無断で通子が在野の研究誌に論文を発表したことに不機嫌で、通子はついに大学を去ることになります。

ペルシャ文化が唐や朝鮮半島を経由して日本の文化に影響をもたらしたことは、それまでも指摘されていましたが、清張の説はペルシャ人が直接日本へきて、日本文化に一定の影響を与えたというものでした。

芸術作品に描かれた飛鳥・藤原

飛鳥時代は、高松塚・キトラ両古墳の壁画（→53頁、223頁）や飛鳥大仏（→213頁）の造営に象徴されるように、古代の芸術文化が花開いた時代でした。その中心地であった飛鳥・藤原は、絵画・漫画・写真など現代の芸術作品においても魅力的に表現されており、人々の琴線にふれる美しさを持っています。

❖絵画

向井潤吉（一九〇一～九五）の明日香村を描いた作品に《甘樫丘遠望》（一九七〇年）があります。向井は消えゆく民家に追い立てられるように、戦後から亡くなるまでの間に日本全国を旅し、茅葺屋根の伝統的民家のある風景を描き続けました。

平山郁夫（一九三〇～二〇〇九）の《高燿る藤原京の大殿》では、中国の長安を模してつくられたという藤原京を、金と緑を基調に想像力を駆使して幻想的に描いています。心身ともに最も充実していた時期の代表作の一つとされています。平山は、シルクロードの遺跡や仏教伝来をテーマにした作品を数多く描いています。

安野光雅（一九二六～二〇二〇）には、人々の営みの痕跡が感じられるような、身近な眺めの中に「風景」をみいだした絵画作品が多くあります。特に明日香村の風景を独自の視点で切り取って描いた絵画作品には、日本人の原風景が表されます。

烏頭尾精（一九三二～）は、明日香に生まれ育った日本画家で、ライフワークとして日本の古都を描き続けました。飛鳥・藤原・平城・平安をテーマにした作品が多く、近年の作品には《あすか・春》や《ふじはら・北方》などがあります。

また、奈良県立万葉文化館所蔵の《万葉日本画》は、現代日本画壇を代表する一五四人の各画家が、四五〇〇余首ある万葉歌の中からそれぞれ一首を選んで描いた作品です。作品には、それぞれモチーフになった万葉歌、口語訳、解説、画家の言葉がついており、視覚から『万葉集』の世界を楽しむことができます。

❖漫画

里中満智子（一九四八～）の『天上の虹』（講談社）は、里中のライフワークともいえる長編漫画作品です。作品の主人公は、後に夫の天武天皇の遺志を継いで国づくりを進めた持統天皇で、作品の中では多くの場合、讃良と呼ばれます。物語の舞台の中心は飛鳥・藤原です。想像による創作も多く含まれますが、史実で明らかな部分は改変しないというルールが貫かれています。『万葉集』の歌も多く題材とされています。

❖写真

入江泰吉（一九〇五～九二）は、生涯を通じて大和路をテーマにした写真作品を残しており、歴史に根ざしたその視点が多くの人々の共感を得ています。昭和四十年代の飛鳥を撮った入江の代表作品としては、《甘樫丘より望む飛鳥古京》《飛鳥八釣の里》《飛鳥古京》などがあげられます。

保山耕一（一九六三～）は日々かわる奈良の美しい風景を撮り続ける映像作家で、映像詩《飛鳥》などの作品が有名です。保山が撮った映像は、その日のうちに編集してＳＮＳにアップされています。

6 近現代における『万葉集』

近代以前の万葉学

『万葉集』は、江戸時代までは一部の研究者や歌人の間でのみ、読み継がれていたと考えられています。寛元四年（一二四六）、鎌倉幕府四代将軍藤原頼経の命により、仙覚（一二〇三～?）は『万葉集』を校訂し、さらに無点歌にいわゆる「仙覚新点」を加え、すべての万葉歌に訓が付されることになりました。文永六年（一二六九）には、『万葉集注釈』十巻を完成させています。その成果は画期的で、江戸時代に契沖（一六四〇～一七〇一）が現われるまで、仙覚は最大の万葉学者であったといわれています。

江戸時代の国学者による『万葉集』研究ブームに火をつけたのは、契沖の『万葉代匠記』（一六九〇年完成）と、賀茂真淵（一六九七～一七六九）の『万葉考』（一七六〇年完成、一七六八年刊行）でした。以後、真淵の門下生により多くの注釈書が出版されており、その中でも最も流布したのは、橘（加藤）千蔭（一七三五～一八〇八）『万葉集略解』（一七九六～一八一二年刊行、一八五六年再刻版刊行）でした。明治二十年（一八八七）生まれの折口信夫は、少年の時に、橘の『万葉集略解』を買ってもらっています。江戸時代後期から明治時代中頃までの『万葉集』の読者は、国学者の手になった注釈書に依存していたようです。

国民的歌集としての近代の『万葉集』

『万葉集』が国民的歌集として確立し、一般読者を獲得したのは、明治時代以降のことでした。品田悦一著『万葉集の発明』（新曜社、二〇〇一年刊）によれば、明治時代になり、近代国家「日本」の文明化した「国民」という意識を喚起する必要から、「国民の古典」として『万葉集』が認定されたといいます。『万葉集』の「国民的歌集」という社会的通念は、近代以降において、次の二つの側面から定着し、社会的に受容されたものと考えられています。

その一つは、日本の国民の真実の声があらゆる階層にわたって汲み上げられているというものです。『万葉集』に対する一般的な理解は、天皇から庶民に至るまで幅広い層が詠んだ歌集で、「素朴な感動を、雄渾な調べで、真率に表現した」ものとみられています。もう一つは、貴族の歌と民衆の歌が同一の民族的文化基盤に基づいているというものです。二つの側面が補いあうことで、『万葉集』は戦後も長く国民歌集としての地位を保ち続けてきたとされています。

アララギ派の歌人と『万葉集』

『万葉集』に関する近代的な概念や解釈が普及するうえでは、アララギ派を中心とする歌人の影響が大きく、アララギ派の進展とともに万葉尊重の空気が歌壇に浸透していきました。正岡子規（一八六七～一九〇二）は、『歌よみに与ふる書』（一八九八年発表）を著し、万葉の尊重と写実主義を唱えました。伊藤左千夫（一八六四～一九一三）らは、子規の没後にその門下の機関誌として、写実と万葉調を基礎にした短歌雑誌『馬酔木』を創刊しました。アララギ派の雑誌は、『馬酔木』から『アララギ』へと継承され、大正時代になって歌壇の一大勢力を形成しました。明治時代には、同派の長塚節に加えて、佐佐木信綱、折口信夫（釈迢空）らが、実際に飛鳥まで足を運んでいます。折口は、『万葉集』の時代（飛鳥の都以後奈良朝以前）に生きた人々を、感情や精神生活面からとらえた「万葉びと」という魅力的な語をつくり出しています。大正時代末期には、アララギ派の島木赤彦、中村憲吉が大和を二人で訪れ、岡寺門前の旅籠に宿泊して、飛鳥を詠んだ歌を多く残しています。昭和時代に入ると、斎藤茂吉（一八八二～一九五三）が『万葉秀歌（上・下）』（一九三八年刊行）を出版し、今なお続くロングセラーとなっています。茂吉は明治時代末期から東京で森鷗外の観潮楼の歌会に出るようになり、アララギ派の中村憲吉、土屋文明（一八九〇～一九九〇）や他派の佐佐木信綱、北原白秋などと知りあったようです。土屋は、昭和十年（一九三五）前後から飛鳥を何度も訪れて万葉故地の実地踏査を丹念に行ない、戦後に『万葉集私注』（全二〇巻、一九四九～五六年刊行）を出版しています。

明治時代から昭和時代にかけて、日本を代表する多くの歌人が飛鳥・藤原の地を訪れて、数々の歌を残しています。明治時代以降の歌人の中で、飛鳥を訪れた回数が飛び抜けて多いのは、折口と土屋でした。近代歌人たちが飛鳥を詠んだ作品や飛鳥とのかかわりをまとめた書に小谷稔著『飛鳥に来た歌人』（文芸社、二〇一七年刊行）があります。

『万葉集』と軍国主義

近代以降の国民の『万葉集』に対するイメージは、率直で自由闊達、かつロマン的な歌風を特徴とするというのが一般的と考えられます。一方で、『万葉集』が過度に美化され、理想化された時代もありました。特に戦前から戦時下にかけては、軍国主義に基づく国家のプロパガンダにおいて、忠君愛国の象徴として『万葉集』が喧伝された時代でした。『万葉集』は、『古事記』や『日本書紀』とともに、軍によって認められた推薦書となりました。特に防人の歌には「ますらをぶり」をたたえる万葉歌があり、模範的な教材として利用されました。そうした万葉歌の一つに、次の歌がありました。

今日よりは　顧みなくて　大君の　醜の御楯と　出で立つ我は（巻二十－四三七三／今奉部与曽布）

今日からは、家も身も顧みることなく、大君（天皇）を守る強い御楯となるために、私は旅立つのだ。

また、第二次世界大戦中に第二の国歌として愛唱された「海ゆかば」（信時潔作曲、一九三七年）は、大伴家持の長歌（巻十八－四〇九四）からその歌詞を採っています。第二次世界大戦中に、戦死または捕虜となった兵士の中には、『万葉集』を携えて戦地へと赴いた若者がいました。兵士たちの遺留品や所持品の中から『万葉集』が数多く回収されたことは、当時アメリカ海軍に所属していたドナルド・キーンの証言からも確かなようです。『万葉集』の多くが恋の歌であり、収録された防人の歌は、実際には、故郷の家族との別れを悲しんだ歌がほとんどです。出征した兵士たちは、戦場で自らを奮い立たせるために、『万葉集』を持ち込んだのでしょうか。家族との別れや故郷への慕情などを詠んだ万葉歌に親しみ、気持ちを静めるためとみたほうが真実に近いように思われます。そうした若者の中には、万葉の時代に悲劇の人生を生きた女性にはるかな思いを寄せた者もいたようです。

『万葉集』の防人の歌

『万葉集』の巻二十には、九州北部の警備に徴集された防人の歌が多く載せられています。巻十四は、東国の人々の暮らしに密着した東歌ですが、その中にも防人の歌があります。防人は、上総、下総、常陸、武蔵、相模、上野、下野、駿河、信濃などの東国から多く徴発されました。これら防人の歌は、実際には、故郷に残した親や家族との別れ、長い旅路の苦しさなどを悲しむ歌がほとんどでした。防人の妻が夫婦の別れを悲しんで詠んだ歌もあります。巻十三には、防人の妻が夫の死を嘆いて詠んだ長歌が載っています（巻十三－三三四四→285頁）。

現代における『万葉集』

戦後の民主化政策の中で、『万葉集』に関連する教育方針は、再び大きく変容します。地域の学校教育や郷土学習などでは、おおらかな歌やロマン風の歌など、万葉びとの息吹が感じられる万葉歌が教材に選ばれるようになっていきました。出版物やテレビ・ラジオの番組などでも、そうした時流に沿って『万葉集』やそれに関連する歴史的出来事を紹介したものが多くなっていきました。雅びな宮廷生活や万葉歌人を彷彿とさせる古代衣装に身を包んだ女子群像・男子群像を含む高松塚壁画の発見（一九七二年）も、そうした「万葉・飛鳥ブーム」の到来や『万葉集』への国民的関心を呼びおこす契機になったと考えられます。飛鳥・藤原をはじめとする万葉の故地は、「日本人の心のふるさと」と呼ばれるようになりました。また全国各地の自治体や社寺により、万葉植物園・万葉の森・万葉公園など万葉植物を紹介する園地も整備されました。奈良県では、昭和五十六年（一九八一）に全国植樹祭記念事業の一環として、橿原市の香具山北東麓に万葉の森が、また平成十三年（二〇〇一）には、『万葉集』を中心とした古代文化に関する総合文化拠点として、明日香村飛鳥に万葉文化館（→429頁）が奈良県によって整備されています。

牧野富太郎と万葉植物

日本植物学の父と呼ばれる牧野富太郎（一八六二〜一九五七）は、万葉植物に強い関心を持っていました。二十一世紀に入ってから、「万葉植物図」と題した約一〇枚の図と、「万葉植物目録」と題した植物名リストが遺品からみつかり、未完に終わった万葉植物図鑑を著す予定であったことがわかりました。牧野の遺志を継いだ形の「牧野万葉植物図鑑」が令和になってから刊行されました。

平成以降も、「平成・令和の万葉ブーム」と呼んでもよいほど、万葉ファンが再び拡大しつつあります。『万葉集』は、学究的な研究の視点からだけでなく、各地方の文化生活に彩りを添え、郷土愛の涵養(かんよう)や地域振興にも寄与する文化観光資源として、各地で高く評価されるようになりました。平成以降の万葉ブームの中では、旅行・交通業界などと、関連する自治体・観光協会などが連携し、地域の「万葉の故地や歌枕(うたまくら)」を訪ねる旅などを企画・実施するようになりました。「万葉歌碑めぐり」や「万葉歌人と出会う旅」などのモデルコースの設定、ガイドブックづくりなどが各地で進められ、万葉ファンの掘りおこしや拡大に寄与しています。『万葉集』の英訳も進んでおり、二十一世紀に入ってからその動きが加速していることから、「万葉ブームの国際化」も期待されます。

『万葉集』などの古典作品は、言葉で紡いだ心性を人々が過去から現在につないできたものです。その内容自体が遺産であり、文化財であるといえます。現在に生きる我々の使命として、万葉歌にみられる景観を保全し、次世代につないでいくことも大きな課題といえます。

代表的な現代の万葉学者

『万葉集』研究の第一人者と呼ばれ、飛鳥・藤原の地を深く愛した現代の万葉学者として、犬養 孝(いぬかいたかし)（一九〇七〜九八）と中西進(なかにしすすむ)（一九二九〜）の名をあげることができます。

犬養は『万葉集』の風土的研究分野を開拓するとともに、各地の万葉遺跡の保存運動や『万葉集』の普及につとめ、ゆかりの土地一二〇〇ヵ所を実際に歩いて調査しました。万葉の故地に立って、万葉歌にリズムをつけて朗々と歌うその歌声は「犬養節」と呼ばれ、多くのファンを生みました（万葉朗唱→393頁）。数多くの万葉歌碑を飛鳥・藤原の地などに残しています。明日香村名誉村民であり、明日香村には犬養万葉記念館（→429頁）が開設されています。

また、中西は『万葉集』の比較文学的研究、万葉史の研究で知られています。『万葉集』の成立過程を論じた業績は「中西万葉学」と評され、『万葉集』の故地を探訪して歌の解説を行ないました。全国の小学生に万葉の魅力を伝えるための「万葉みらい塾」や、高校生に万葉の魅力を伝えるための「万葉青春塾」も開催しています。奈良県立万葉文化館の初代館長となりました。

辰巳利文と万葉地理学

辰巳利文（たつみとしぶみ）（一八九八〜一九八三）は、実地踏査を重んじる「万葉地理学」の草分け的存在で、万葉地理研究という近代万葉研究の重要なジャンルを開いた人物です。辰巳の功績は、犬養孝（いぬかいたかし）の『万葉集』の風土的研究に継承されました。犬養は、辰巳のおこした「奈良文化学会」に入り、辰巳に連れられて大和万葉の故地を歩いたことが基となって、ついに全国の万葉故地を歩くようになり、〝歩いた万葉研究〟を志すようになったとし、また、辰巳が末永雅雄（すえながまさお）らとともに、「飛鳥古京を守る会」をおこし、ついに飛鳥保存の特別法ができたとして、まぎれもない恩師であり、「明日香村にとっても〝かけがえのない恩人〟」と述べています。「日本のふるさと」としての飛鳥・藤原という、現代につながる意識が形成される端緒をつくったことも、辰巳の功績としてよいでしょう。

伝統文化としての短歌と令和の時代

「令和」の元号が決まると、その出典とされた『万葉集』ブームが各地でおこりました。万葉の故地にも多くの人が訪れて、奈良県立万葉文化館（↓429頁）では一六万人近い入館者が令和元年度に記録されています。

しかし、それも束の間、新型コロナ感染症の世界的な大流行により人々の行動は大きく制約され、平常の暮らしを奪われました。しかし、そのことが短歌や『万葉集』に関心を寄せるきっかけとなり、コロナ禍の中でのできごとや日々の暮らしの風景、そして苦しい胸の内、さらにはそうした状況下での明日への希望などを歌にし、ＳＮＳで発信や投稿をしたりすることで、次第に心が癒され、立ち直りができたといった声も耳に入るようになりました。

『万葉集』以来の短歌という日本の伝統文化は、災難や災厄を乗り越えて再起心やレジスタンスを呼び起こしてくれるものであったともいえましょう。『万葉集』に親しみを持つ若者の中には、新型コロナ特別定額給付金をその資金として出版社を立ち上げた者もいました。『万葉集』の時代に都（首都）があった奈良弁の令和言葉で万葉歌を翻訳した書籍が同社から出版されています。身近な感覚で万葉歌を楽しめることに、多くの若者が気づくこととなり、ベストセラーとなりました。

巻五

民俗・伝承・文化

1 飛鳥時代の芸能・伝承された芸能

雅楽

雅楽は、俗楽に対する「雅正の楽」という意味で、儒教思想に基づき中国の宮廷祭祀で演奏された音楽をさしました。社会の秩序を守る規範である「礼」と、「楽」（音楽）とは関連があり、正しく行なわれれば国も安泰であるという、孔子が唱えた「礼楽思想」に基づきます。中国から日本へと伝わった雅楽の発達においては、仏教が重要な役割をはたした一方で、儒教の影響も大きかったと考えられます。「礼楽思想」に基づく雅楽は律令国家の秩序維持に重要と考えられ、その当初段階から実施体制が整えられました。しかし、実際に遣唐使により伝えられたのは、唐の宮中儀礼・祭祀終了後に行なわれる饗宴と娯楽のための音楽、「燕楽」や「散楽」でした。そのため琵琶や篳篥など、西域に起源を持つ楽器が雅楽に導入されたとみられています。雅楽の代表的演目の「蘭陵王」も、中国では散楽とされていたもので、日本の宮廷行事や法会になじむように工夫され、改変されたと考えられます。

なお、雅楽の舞は「佾舞」と呼ばれます。「佾」とは、楽舞の行列という意味で、主催者の身分に応じて異なる方陣の形を取ります。一佾は八人で、最高の天子の場合は八佾となります。『日本書紀』の皇極天皇元年（六四二）の記事は、蘇我蝦夷が蘇我氏の祖廟を葛城の高宮に建て、八佾の舞を舞わせたと記し、蘇我氏の専横ぶりを物語っています。

一方で、飛鳥時代には、隼人舞、久米舞、国栖舞など、先祖代々その土地に住んでいたとされる人々による歌舞や呪術が政権の支配下に組み込まれ、服属の儀礼として演じられました。天武天皇は、諸国から巧みに歌う男女、および伎人を貢上させています（六七五年）。地方の歌舞（国風歌舞）を集めてその一大編成を図り、優れた歌舞を宮中行事に取り込もうとしたようです。さらに、歌男・歌女・笛吹に子孫への歌笛伝習を命じています（六八五年）。

当時、優れた笛吹奏者が地方に数多くいたことがうかがわれ、地方の国風歌舞の伝承を指示したことが注目されます。久米舞と隼人舞が即位礼の「大饗」や、正月元旦の「大嘗会」に奉納されたという記事もあります。国家の儀式に歌舞を取り入れて荘厳化し、天皇の権威を高めたと考えられます。

大宝律令では雅楽寮の設置が定められ、四〇〇人を超える楽人が配置されました。律令制下の雅楽は、大歌・五節舞・久米舞などの在来楽舞と、唐楽師・高麗楽師・百済楽師・新羅楽師などからなる外来系楽舞の二種に編成されていました。日本の雅楽は、中国や朝鮮半島などから伝わった外来の音楽・舞と、神楽歌など在来の音楽・舞が融合したものと考えられます。日本では、雅楽が宮廷や寺社のさまざまな行事で奏され、貴族の教養としても浸透しました。宮内庁では現在も雅楽が引き継がれています。一方、中国では、最後の王朝である清朝の崩壊により失われてしまいました。

雅楽の発展

散楽は、約一三〇〇年前の奈良時代に中国から伝わったと考えられています。散楽は、主に曲芸や軽業・物まね・呪術・奇術など、大衆的で多種多様な内容の芸能でした。散楽は日本古来の芸能と融合しつつ、「猿楽」という芸能に発展しました。猿楽とは別に、散楽と農村で行なわれていた楽芸とが結びついた「田楽」も現われ、猿楽は田楽の影響も受けながら、現在の能・狂言に発展しました。

十四世紀頃に大成した能は、謡と囃子を伴奏に舞踊的な所作でストーリーが展開する歌舞劇で、簡素な表現形式によって人の感情を繊細に表現します。狂言は、セリフによる喜劇で、庶民の生活にみられるさまざまな笑いを描きます。能と狂言をあわせて「能楽」と呼ぶようになったのは明治時代以後で、江戸時代以前の呼び名は「猿楽」でした。

「無形文化遺産の保護に関する条約（無形文化遺産保護条約）」に基づき、能楽は二〇〇八年に、雅楽は二〇〇九年に、ユネスコの「人類の無形文化遺産の代表的な一覧表」に記載され、舞台芸能としての価値が国際的に認められました。

伎楽

伎楽は呉楽を意味し、はじめて倭国に伝来した外来の音楽劇であったと考えられます。伎楽とは、もとは古代チベットやインドの仮面劇であり、西域から中国南部（呉）を経て日本に伝わり、法会などで催されるようになりました。「伎楽」という言葉は、仏典に現われる中国語で、『法華経』に「香華伎楽を常に以って供養する」とあるように、仏に供養すべきものとされました。

『日本書紀』には、中国の呉の国で伎楽儛を学んだという百済の味摩之を、推古天皇二十年（六一二）に桜井に住まわせ、少年たちに教習させたとあり、日本の伎楽の起源は、飛鳥時代の七世紀初頭に大陸から伝えられたものと考えられています。飛鳥時代には、川原寺、橘寺、法隆寺、四天王寺、太秦寺などに伎楽の一団がおかれ、天武天皇の時代には、新羅の客らをもてなすために川原寺の伎楽を筑紫（福岡県のうち東部をのぞいた範囲）に運んだとされています。日本の仮面のルーツは、約一四〇〇年前の伎楽で使われた伎楽面と考えられます。味摩之が伎楽を教習した場所については、善信尼（→83頁）らが住持した桜井道場の推定地とされる明日香村豊浦とする説と、『大和名所図会』などに掲載されている桜井市谷の土舞台とする説があり、伎楽伝来の地という顕彰碑がそれぞれ建てられています。

また、大宝元年（七〇一）に設置された雅楽寮では、伎楽も教習されました。寺院楽として成立していた伎楽は国家儀礼にも利用され、奈良時代の東大寺の大仏開眼会では雅楽や舞楽などとともに奉納されました。伎楽はその後、雅楽などに圧倒されて徐々に衰退し、鎌倉時代には途絶えたとされています。しかし、多くの伎楽面や鎌倉時代に狛近真が著した楽書『教訓抄』が今も残され、伎楽による劇も復元されています。また、伎楽の伴奏の多くは、雅楽のレパートリーに取り入れられ後世に残りました。伎楽が後世の芸能におよぼした影響は大きいとみられています。

飛鳥の石造物と伎楽面

石神遺跡で出土した須弥山石（→229頁）は、斉明朝につくられたものと考えられ、仏教的世界観において世界の中心にある山をかたどったものとされます。また、そこで催されたという盂蘭盆会は、お盆に行なわれる行事で、祖霊を死後の苦悩世界から救済する仏事でした。須弥山石とともに発見された石人像（→231頁）の男女は、異国風の顔立ちと衣服をまとっており、杯を持つ男はひげが濃いことから伎楽面の「酔胡王」をつけた姿を表すものという見方があります。仏教の世界において、伎楽は外国からの客を迎える時にも演じられており、石人像は饗宴の場で伎楽が演じられたことを表しているのかもしれません。

また現在、吉備姫王墓におかれている猿石についても、伎楽の演者を表現したものとする説があります。それぞれ女の像の裏面は「迦楼羅」、山王権現の像の表面は「崑崙」、もう一つは「獅子」、僧は「力士」に、男の像の頭巾をかぶっているのは胡人の表現であり、「酔胡王」の伎楽面をつけた姿だという興味深い説です（→228頁）。

飛鳥・藤原地域を題材や舞台にした能や幸若舞曲

飛鳥時代から奈良時代に中国から伝わった伎楽や散楽は、日本古来の芸と結びついて、能（猿楽）の起源となりました。鎌倉時代後期には、寺社の法会や神事の際に、「翁猿楽」という呪術的な芸能を演じた猿楽の「座」（劇団）が形成され、猿楽座によって、南北朝時代には「能」と呼ばれる演劇も演じられるようになりました。能楽の大和四座（金春・金剛・観世・宝生）のルーツは、観世座や宝生座の拠点であった結崎（川西町）、外山（桜井市）など、多武峰を一つの源流とする寺川や飛鳥川の流域にあります。また、桜井市山田には、観阿弥の出身地といわれる山田猿楽座があったとされ、田原本町には、能とゆかりの深い補巌寺や秦楽寺が現在もあります。

幸若舞は、室町時代に生まれた芸能で、武将たちに愛好されました。「幸若」とは代表的な流派の名です。当初は歌舞を伴いましたが、ごく簡単な舞とともに物語を語る「語り物」へ変化しました。江戸時代には能楽とともに、幕府の式楽とされましたが、現在は、わずかに福岡県みやま市に伝わる幸若舞に面影を留めています。

飛鳥・藤原地域をその題材や舞台にした能や幸若舞曲に、次のような演目があります。

『三山』

『万葉集』の大和三山（→16頁）の恋争いや、桜児伝説、鬘児伝説（→282頁）をモチーフにした能の演目です。

融通念仏宗の開祖、良忍上人は、耳成山の麓で一人の女と出会います。女は、一人の男性のことで争った二人の女性の確執について語って消えますが、実は彼女こそ争った二人のうちの一人、桂子の霊でした。上人が弔っていると、愛を失って入水した桂子の霊、崇られて狂気する桜子の霊が現われ、生前そのままに争いはじめます。しかし、最後は上人の念仏により、ともに恨みも晴れて成仏します。

『飛鳥川』

飛鳥川（→274頁）のほとりで再会する親子をテーマにした能の演目です。

都で母を見失った少年が、再会を祈願するために吉野へ参詣します。帰路、飛鳥川をわたろうとして、田植えをしていた早乙女に危ないからと止められます。昨日はわたれたのに、と不審に思う少年に対し、女は古歌を連ねて、飛鳥川の淵瀬が雨ですぐかわるためにわたる場所もかわるのだと諭します。女は子を探す身の上を語り、心乱れて舞を舞います。そして少年の母であることがわかり、二人で都へ帰ります。

『国栖』

壬申の乱（→96頁）を題材にした能の演目です。

大友皇子に追われて吉野に逃げ込

んだ大海人皇子が、国栖に住む老夫妻の機知によって助けられます。夜になると老人夫婦は消え、入れかわるように天女が現われて舞を舞います。この時に天女が舞った舞は、「五節の舞」の起源とされています。その音楽に引かれるように、蔵王権現が姿を現わします。蔵王権現は力強く威光を示して、天武天皇が国土を改め、おさめることとなる将来の御代のことを寿ぎます。

『入鹿』

乙巳の変（→90頁）を題材にした幸若舞曲で、暴虐な振る舞いをする大臣蘇我入鹿を、中臣（藤原）鎌足が、「鎌」で誅伐した顛末が語られます。

　本曲では中大兄皇子は登場せず、鎌足は策略をめぐらした末に「鎌」で入鹿の首を斬り落とします。鎌足の名が、幼児の時に狐から与えられた鎌に由来し、その鎌で入鹿の首を切ったという、その筋書きは、院政期以降の聖徳太子伝とも符合しています（→349頁）。

『大織冠』

室町時代末期から江戸時代初期にかけて大流行した幸若舞曲です。本曲では、「大織冠」と尊称された中臣（藤原）鎌足と、子の不比等（→ともに69頁）が同一視されています。

　大織冠の美しい娘は、唐の皇帝に嫁いで宝珠を日本に届けようとしますが、竜に奪われてしまいます。大織冠と契りを結び男子を産んだ海女は、宝珠を竜宮から運び出しますが竜に襲われて絶命します。しかし、海女の乳房に隠されていた宝珠が取り出され、興福寺の本尊の眉間に無事おさめられました。

大和猿楽四座と多武峰の「八講猿楽」

　足利将軍家や大社寺の庇護のもとで、猿楽は室町時代に隆盛を迎えます。近畿を中心に各地に大小の猿楽座が発生し、その中でも人気を誇ったのが大和猿楽四座で、後世にも引き継がれていきました。円満井座が金春流に、外山座が宝生流に、結崎座が観世流に、坂戸座が金剛流と後に喜多流へと、それぞれ現在のシテ方流儀の礎となりました。この時代に結崎座から観阿弥・世阿弥が登場し、それまでの猿楽を集大成させ、現在とほぼ同等の形の能楽が整えられました。

「多武峰」と呼ばれていた妙楽寺（談山神社→169頁）への参勤は、大和猿楽四座の義務であったことが、世阿弥の『申楽談儀』などに述べられています。結崎座には、「近畿近辺にいるにもかかわらず、多武峰の催しに欠勤したものは座を追放する」という決まりがあり、非常に重要な行事であったことがわかります。

多武峰では、例年十月十六日の藤原鎌足の命日を最終日として七日間講じられた維摩八講会に付随し、十三、十四日に神事として猿楽が演じられ、「八講猿楽」と呼ばれました。大和猿楽座がつとめた六六番の猿楽は、「翁」という演目の源流とされています。この「八講猿楽」では、本物の馬や甲冑を使う派手な能楽も上演され、猿楽の新作を大和四座が上演するのが習わしでした。多武峰で演じられていた猿楽は、「多武峯様」と呼ばれた独特なものでした。

摩多羅神面

摩多羅神面

大和四座による多武峰への参勤は、十六世紀の半ば頃には廃絶されたといわれています。さらに、明治の廃仏毀釈により、妙楽寺が廃されて「談山神社」となったことも相まって、多武峰と能楽の所縁はますます疎遠になりました。興福寺の修二会、春日大社の春日若宮祭における能楽奉納は今日まで継承されていますが、多武峰参勤が、先の二つの能楽奉納にあわせて大和猿楽にとっての三大義務の一つであったことは、ほとんど忘れられていました。

しかし平成二十二年（二〇一〇）、梅原猛が談山神社に伝えられていた摩多羅神面という翁面と出会い、その翌年の談山神社権殿（旧常行堂）改修完成に伴い、観世流二十六世宗家・観世清和による摩多羅神面を用いた能楽「翁」の奉納が行なわれました。このことがきっかけとな

談山神社旧常行堂（現在の権殿　重要文化財）

り、「多武峰談山能」の開催につながりました。摩多羅神面は、通常よりも大ぶりな白色の翁面で、摩多羅神とは、能の演目の一つである「翁」の成立にとって非常に縁深い秘神です。奉納が行なわれた旧常行堂は仏教の修行をする場所で、廃仏毀釈前には阿弥陀三尊像が安置され、その背後に悪魔調伏の秘法が行なわれる「後戸」と呼ばれる空間がありました。「摩多羅神面」はその後戸に祀られていて、法会の際には、その面の前で僧侶たちによってさまざまな芸能が奉納されたといわれています。

多武峰談山能と談山能伝承会

談山神社ではその後、能楽奉納を通して現代における能楽をみつめ直す「多武峰談山能」が、旧常行堂を演能の場として、毎年奉納されています。能楽の聖地を顕彰する公演でもあり、「摩多羅神面」を使った演目の「翁」が、二十六世観世宗家・観世清和の監修のもとで上演されてきました。平成二十四年（二〇一二）から実行委員会による五ヵ年計画が実施され、平成二十九年度からは、それまでの奉納を軸に、談山能伝承会主催による新たな六ヵ年計画がはじまりました。

「翁」は、「式三番」とも呼ばれますが、古い芸能の形を残していてストーリーを持たない内容から「能にして能にあらず」といわれています。「天下泰平国土安穏」を翁が祈るという予祝の芸能で、儀礼的曲目として扱われています。鎌倉時代に遡る猿楽の祈禱芸の形を伝えており、演者は精進潔斎して舞台に臨むべきとされます。

2 祭礼・民俗行事

飛鳥・藤原地域で行なわれている祭礼・民俗行事の紹介

飛鳥・藤原地域ではさまざまな祭礼が行なわれています。特色ある祭礼が多くあり、その一部を紹介します。

男綱・女綱　成人の日・一月十一日

飛鳥川上流の稲渕と栢森では、藁でつくった男綱（稲渕）と女綱（栢森）による綱掛神事が毎年行なわれます。二つの神事は男女の対をなすだけでなく、神道と仏式により、それぞれ執り行なわれています。ともに子孫繁栄と五穀豊穣を祈るとともに、疫病や災厄が侵入するのを押し止め、住民を守護するためのものといわれています。

稲渕の綱掛神事は、飛鳥川の両岸に男綱を掛けわたすもので、毎年成人の日に行なわれます。綱の中央に男性器に見立てた長さ一メートルほどの藁束がつけられます。稲渕の集落の各家から四八株ずつ持ち寄った藁をなって綱をつくりますが、その勧請綱の長さは約七〇メートルにもなります。綱を掛け終えると、飛鳥坐神社の宮司により神事が営まれ、白米・御神酒が飛鳥川に三度にわけて流されます。

栢森の女綱は「勧請綱掛」と呼ばれ、毎年一月十一日に掛けかえられます。

稲渕の綱掛神事

栢森の女綱

勧請とは神仏の来臨を請うこと、また神仏の分霊を移し祀ること。女綱は、女性の性器を形づくったものを綱の中央につけており、栢森の男性が総出でつくります。女綱が完成すると、栢森の竜福寺の住職を先頭に小字カンジョまで運ばれます。「福石」と呼ばれる石の上に祭壇を設け、綱をいったんこの石に巻きつけて掛けます。綱掛は仏式の作法で行なわれ、供物をそなえた後で読経がはじまり、女綱を対岸にわたし、勧請綱掛は終了します。

「お仮屋」の祭祀（頭屋儀礼）

奈良県内での氏神祭祀の多くは、宮座の構成員から順番で選ばれた頭屋（当家）を中心に執り行なわれます。県内では、頭屋の家の門口や庭にお仮屋をつくって神霊を迎える「お仮屋」の祭祀が広く行なわれていました。頭屋は氏神社から神霊を家に迎えて祀り、祭りが終わればお仮屋はすぐ壊されます。神霊を迎えるためのお仮屋は、タケ・スギ・ヒノキなどの植物を使って頭屋の家の前につくられ、頭屋は家の中でお籠りをします。橿原市膳夫町では頭屋の軒下に灯籠形のお仮屋がつくられました。野外で神霊を迎える場合には、神霊用のお仮屋のほかに、植物を使って人間が入ることのできる大型の仮屋をつくり、その中に頭屋が籠りました。

奈良県内の頭屋儀礼の特徴は、スギ・ヒノキなどの常緑樹の葉を神社から運んできて、屋根や壁の材料とすることでした。奈良盆地の頭屋のお仮屋は、文献資料では近世まで遡ることしかできませんが、古代に常設の社殿ができる前の祭祀形態を伝える存在と考えられます。祭りの際にお仮屋がつくられることは全国的なものですが、鎮守の森などの植物を使ってお仮屋をつくるところは少なく、奈良県内でも急速に消えつつあります。

また、多くの集落では、お仮屋建ての前か祭礼の前に、吉野川や竜田川などに行って、禊をしたり、小石を拾ってきてお仮屋に入れたりします。桜井市の南部では、「大汝参り」といって吉野町の大名持神社へお参りし、吉野川の小石を拾ってきたあとで、頭屋宅に仮宮をつくって神霊を迎えていました。膳夫町にある三柱神社でも大汝参りが行なわれ、吉野川で汲んできた水で水垢離をとりました。一般に大和川から北側の集落では竜田川へ、南側の集落では吉野川に行くようです。

住吉の土（埴土）取り神事　二月・十一月

畝火山口神社（→161頁）のもとの境内である畝傍山山頂の土取り場に、大阪の住吉大社から、毎年祈年祭と新嘗祭に埴土を取りにくる神事です。昔は雲梯村の河俣神社で祭式の装束に着がえたため、河俣神社は「装束の宮」と呼ばれました。畝傍山の中腹の「馬つなぎ」という場所から徒歩で頂上にのぼり、「天の真名井」と呼ばれる霊水で手を浄め、埴土を取って山を下りました。この土で住吉祭礼の御神器がつくられます。近年「埴土取り」の日は、住吉大社、畝火山口神社の間で決められます。

おんだ祭（飛鳥坐神社）　二月第一日曜日

お田植祭は、五穀豊穣を祈り、春を呼ぶお祭りとして全国各地で行なわれています。飛鳥坐神社（→163頁）のお田植祭である「おんだ祭」は、西日本三大奇祭の一つとされ、二月の第一日曜日に行なわれます。神事の前後には天狗・お多福・翁・牛がささらで参拝者のお尻を叩きまわり、厄払いをします。神楽殿における奉納神事では、牛が登場する田植えの所作、天狗が翁を仲人役に結婚式、夫婦和合の儀式などが行なわれます。御供撒きでは、「福の紙（神）」が撒かれますが、この紙を手に入れると子宝に恵まれるといわれます。イネの成長と豊穣、子孫繁栄の子宝、縁結び、成育安全を願う多くの参拝者で賑わいます。

文殊お会式　三月二十五・二十六日

安倍文殊院（→149頁）において本尊の文殊菩薩を奉賛する同院最大の法要で、毎年三月二十五、二十六日に開催されます。本堂では大般若経転読法会が行なわれ、本堂前にて「智恵のお加持」の祈禱が受けられます。文殊の智恵袋を頭にあててもらい智恵を授かるというものです。また本堂舞台からは「智恵のお餅まき」が行なわれます。

盟神探湯神事（甘樫坐神社）　四月第一日曜日

盟神探湯は古代から中世において日本で行なわれていた神明裁判の一つで、熱湯に手を入れて火傷をするかしないかで事の是非・正邪を判断するものです。『日本書紀』の允恭天皇四年九月条に、氏姓制度の乱れを正すために甘樫丘にて盟神探湯を行なったという記事がみられ、これに因んで現在、毎年四月の第一日曜日に甘樫坐神社（→163頁）において盟神探湯神事が行なわれ、盟神探湯の様子を寸劇にて再現しています。

花会式（飛鳥寺）　四月八日

釈迦の誕生日である四月八日には、その降誕を祝う法会が、宗派を問わず各地の寺院で催されます。花御堂に安置された誕生仏（釈迦が誕生後すぐに、右手で天を、左手で地を指し、「天上天下唯我独尊」と言ったという姿を表した像）に甘茶をかけます。花会式のほか、「仏生会」「降誕会」「灌仏会」「浴仏会」「龍華会」「花祭」などと呼ばれます。飛鳥寺（→75頁）の花会式においても、誕生仏が本堂の前におかれ、参拝者は読経が続く中で誕生仏に甘茶をそそぎかけて手をあわせます。また、本堂正面の扉が特別に開かれ、南を向いた飛鳥大仏（→213頁）を境内から無料で拝観することもできます。

太子会式（橘寺）　四月および十月の各二十二日の前にある日曜日

聖徳太子の遺徳をしのび、徳をたたえ、追善供養を行なう法要で、「お会式」と呼ばれています。橘寺（→148頁）では春と秋の二回行なわれ、当日は、聖徳太子の恩に感謝をして一〇〇種類もの季節の食材（海と山の食材が五〇種類で対になっています）をそなえます。食材を乗せた一〇〇個の三宝を仮の安置所である経堂から、参列者が手渡しで太子殿玉殿まで運び、本尊の聖徳太子坐像にそなえます。橘寺の寺伝では、同寺は欽明天皇とその第四皇子（後の用明天皇）の離宮（橘宮）があった地とされ、用明天皇の子・聖徳太子は、敏達天皇三年（五七四）にこの地で誕生し、斑鳩宮に遷るまでを過ごしたとされています。

蹴鞠まつり　四月二十九日・十一月三日

中臣（藤原）鎌足と中大兄皇子が法興寺での蹴鞠会で出会った故事（→350頁）にちなみ、鎌足を祀る談山神社（→169頁）にて毎年四月二十九日、十一月三日の春秋二回開催されています。本殿での神事後に鞠庭へ移動し、平安装束に身を包んだ八名が円陣を組み、鹿皮でつくられた鞠を右足のみで蹴り上げつなげていく蹴鞠が実演奉納されます。勝ち負けを競わず、鞠が地に落ちないよう蹴り続けていくのを楽しむものです。

埴採神事・火きり神事・火入神事　五月一日・十一月第一金曜、土曜日

神武天皇が夢のお告げにしたがい、二人の臣下を老人に変装させ、香具山で採取をした埴（土）で祭器（天平瓮）

をつくり祀ったところ、天下を平定できたという神話に基づいて、令和元年から行なわれている神事です。令和の大嘗祭で使われた波波迦（→292頁）の枝を宮中へ奉納したことをきっかけに再現されました。

埴採神事では、五月一日に、天香山神社の宮司や臣下役の住民らが二ヵ所の聖地に出向き、白樫の鋤と赤樫の鍬で白埴と赤埴を採取します。白埴は天香山神社の、赤埴は畝尾坐健土安神社（→二社ともに162頁）のご神地からです。十一月に行なう火入神事の前夜には、天平瓮を焼成するための火を採る「火きり神事」が、畝尾坐健土安神社で火きり杵を用いて行なわれます。火入神事は、翌日「天香山埴焼奉製会」により開催され、同神社にて祭典後に野焼き会場へ移動して、前日採火した御神火を野窯に点火し、焼きあがった祭器は神武天皇を祀る橿原神宮に奉納されます。

令和元年に再現された火入神事

久米寺練供養（久米レンゾ）

五月三日

橿原市久米町の久米寺（→149頁）で毎年五月三日に行なわれる練供養で、「二十五菩薩来迎練供養会式」とも呼ばれます。境内にある護国道場から本堂（金堂）まで、約一〇〇メートルの来迎橋が架けられ、住職を先頭に、観世音菩薩、虚空蔵菩薩など二十五菩薩がその上を練り歩きます。

久米寺練供養

デンソソ祭（お峯のデンソソ）

七月二十八、二十九日

畝火山口神社（→161頁）で七月二十八日、二十九日に行なわれる夏祭りです。

この祭りの中心は、「お峰山の水取り」の神事で、二十六日（昔は二十八日）の朝、神官らが吉野川へ水を汲みに行きます。吉野川畔の大淀町土田のエノキの巨樹の下（通称ケヤキウラ、ケヤキガフチ）で修祓式をし、水を桶に入れ、持ち帰ります。農家はこの日を目途に田の仕事を終えるようにつとめたそうです。吉野川の水が持つ意義を象徴的に示す祭礼とされています。

ホーランヤ　八月十五日

橿原市東坊城町の春日神社と八幡神社の両境内を中心に、毎年八月十五日に行なわれる災厄払いの行事です。奈良県を代表する勇壮な火祭りで、地元の六つの地区が参加して行なわれます。各地区では早朝から大小の松明づくりが開始され、大きなもので長さ四メートル、直径二メートル、重さが五〇〇キログラムもある松明が持ち寄られます。午後には春日神社から八幡神社の順で、男たちが火をつけた大松明をかつぎ、掛け声をかけながら境内を練り歩きます。

ホーランヤの大松明

いのこ暴れまつり　十二月第一日曜日

桜井市高田の山口神社の山の神祭りで、毎年十二月の第一日曜日に行なわれます。神社に捧げた物を奪いあって暴れまわる子ども祭りで、俗に「いのこの暴れまつり」「いのこあらし」と呼ばれます。集落中の十五歳までの子どものいる家が輪番で頭屋を営みます。現在は集落の集荷場で行なわれますが、以前は大頭屋の当屋での行事でした。当日は、早朝から藤蔓で竹を括った御仮屋を集荷場の外につくります。御仮屋には鍬・鋤・鎌・鋸・槌などのミニチュアがつるされ、その上に神社の分霊を移した屋形を乗せ、赤飯・御神酒などの神饌をそなえます。御仮屋暴れ、膳暴れが終わると、子どもたちがヌレワラを持って集まり、それで神棚の灯明を消し、どなり暴れます。行事が終わると山口神社で屋形を次の大頭屋に引きわたします。また、この祭りに先立ち吉野町妹山にある大名持神社に参り、吉野川から「御白石」を持ち帰る大汝参りが行なわれ、山口神社に奉納されます。

夏越の祓・年越の祓

祈年祭、新嘗祭、大祓など飛鳥時代の朝廷の祭礼は、宮中をはじめ各所での恒例行事として現代まで伝わっています。全国の多くの神社では、師走の大祓は「年越の祓」、六月の大祓は「夏越の祓」として執り行なわれています。

夏越の祓では、病気や厄災から免れられるよう「茅の輪」くぐりが設けられます。この「茅の輪」による厄払いは、『備後国風土記』にある「蘇民将来伝説」を由来としています。

飛鳥坐神社の夏越の祓では、鳥居下に安置した大きな茅の輪をくぐり無病息災を祈ります。そばにある祓戸社では、夏越の祓の神事が執り行なわれます。大祓詞を唱え、身についた半年間の穢れを人形（人の形の白紙）で祓い、穢れを移した人形を藁舟で川（水）に流します。

飛鳥坐神社大祓（夏越の祓）の茅の輪

秋の宮講祭礼

明日香村では、各大字（大字）で秋の宮講祭礼が行なわれました。宮講は宮座と深くかかわっている祭礼ですが、次第に形骸化しています。於美阿志神社（檜前）や八王子神社（大根田）の秋の祭礼では、前日までに吉野川に行き、川水で身を浄め、小石を三つ持ち帰っていました。頭屋の家にお仮屋が設けられ、床の間に神饌をそなえ、行列をなして宮にわたりました。板蓋神社（川原）の秋祭りは、小石を拾ってくるところは似ていますが、昭和時代末期には吉野川ではなく飛鳥川へ行っていました。葛神社（阪田・祝戸）では、吉野川へ行き小石を三つ拾う、お仮屋を設ける、御湯を炊き、神饌をそなえ、神主がお祓いする、ならんで葛神社へ参るなどがその内容でした。阪田では、頭屋の家の床の間に掛けた中臣（藤原）鎌足の掛軸の前に二本のスス竹の幣串を立て、鎌足像に神饌をそなえたといいます。

季節の行事

若水汲み

正月元旦に、飛鳥川へミカンや干し柿を入れた手桶を持って水を汲みに行く行事。この時に汲んだ水を「若水」といい、その水で家の戸主がまず口をすすぎ、顔を洗い、家族もそうします。雑煮を炊くのにも用いられました。正月を迎えるにあたり、各家で行なわれてきましたが、現在はほとんど行なわれていません。

とんど

一般的には「左義長」といわれる旧正月の火祭り。当地域では「とんど」と呼び、開催日は集落により異なりますが、多くは一月十四日に行なわれます。竹を三角錐に組み、そこに正月飾りや古いお札などを各家から持ち寄って燃やし、無病息災を祈ります。また字の上達を願って習字の紙を燃やしたりもします。この時の火を持ち帰り、神仏の灯明としてそなえたり小豆粥や善哉を炊いたりする習わしがあります。

ジンムサン

橿原神宮で毎年四月三日に行なわれている神武天皇祭の日を「ジンムサン」と呼び、「ヨゴミモチ（蓬餅）」をつくって、神棚と仏壇にそなえました。

レンゾ

「レンゾ」とは奈良盆地の農村地域にみられる習わしで、農繁期に入る前の春の一日を農休みとし、皆で楽しむというものです。「久米レンゾ」（→342頁）や「當麻レンゾ」などのように寺社の会式、または村落の社寺の祭礼にあわせて行なわれています。本来は、農耕が本格化する前に田の神を迎える田の神祭りであったともされ、苗代に種を播く八十八夜に行なう「八十八夜レンゾ」などがあり、当地域でもこの例が多くみられました。レンゾの語源は「練道」や「連座」の転訛ともされていますが詳細は不明です。

大汝参り

奈良県内では、大和特有の「大汝参り」という民間信仰が行なわれてきました。吉野町には式内社の大名持神社があり、妹山を背にして鎮座しています。大名持神社のすぐ下には吉野川が流れ、古来、潮生淵と呼ばれてきた深い淵になっています。この名は、毎年旧暦の六月晦日に、潮生淵から熊野の潮水が湧き出ると信じられていたことに由来するといいます。潮生淵で水垢離の禊ぎを行ない、吉野川の石を拾い、水を汲んで持ち帰ります。持ち帰った吉野川の水は、自分たちの村の川に流し、一同がその水で禊ぎをするといいます。潮生淵から湧き出る水は、口に含むとピリッとしたそうです。大汝参りは、大和三山の香具山周辺や耳成山口神社の宮講を含む国中、宇陀郡までの大和中南部地域で信仰されてきました。また、ほぼ同じ主旨の祭儀が畝火山口神社（→161頁）においても行なわれています。

ハゲッショウ（さなぶり）

雑節の「半夏生」のことで、夏至から数えて十一日目にあたります。この日にあわせて「さなぶり」を行なうという大字（大字）も多く、「ハゲッショウサナブリ」という言葉もありました。集落の皆で宮などに集まり、田植えが無事に終わったことを氏神に感謝し、豊穣を祈願します。また、供物のお下がりなどで酒食をともにしました。「さなぶり」は、「早苗振り」「早苗饗」「さ（田の神）昇り」とも考えられます。ハゲッショウ（さなぶり）の日には、古くから伝わる「さなぶり餅」（別名「半夏生餅」）をつくって食べました。「さなぶり餅」は全粒小麦を主材料とした生菓子で、全粒小麦をつぶしたものと餅米を混ぜあわせた原料を蒸して搗き上げ、きな粉や砂糖、黒蜜などをかけて食べます。なおこの頃、奥飛鳥の道沿いなどでは、葉の半分白くなった多年草のハンゲショウをあちこちでみることができます（→408頁）。

ハゲッショウのさなぶり餅

八朔日待ち・風日待ち

「日待ち」とは夜に、村人たちが頭屋の家や宮に集まり忌籠りを行なうことをいいます。八朔は八月朔日の略で、もともとは旧暦の八月一日のことですが、新暦でおよそ八月三十一日もしくは九月一日にあたるとして、その頃に行なわれています。秋の豊作を祈願し、村の皆で弁当などを持ち寄り、酒食をともにする行事です。

秋祭り

おおむね宮講・宮座の祭礼が終わった翌日以降に、村びとが参加してそれぞれの神社へ参拝しました。宮講・宮座の祭礼は次第に簡素化されましたが、各大字（大字）で秋祭りが続けられています。かつては多くの大字の秋祭りで、だんじり、太鼓、子ども神輿などが練り歩きました。

だんじり（地車）

十月に、橿原市内の各神社の氏子らが、松明や提灯で美しく飾り立てた「だんじり」を曳く伝統行事です。江戸時代中頃に、氏神に五穀豊穣や家内安全を祈願して、村中を曳きまわしたことにはじまると考えられています。にぎやかに行なうほど氏神が喜ぶとされ、太鼓や鉦ではやしながら、町中を曳きまわします。橿原市内には、江戸時代末期から明治時代にかけて製作された「だんじり」がだんじり保存会によって十台（十市町七台〈十市御縣坐神社〉、今井町二台〈春日神社〉、小綱町一台〈入鹿神社〉）保存されており、橿原市の有形民俗文化財に指定されています。

ノガミ（野神）祭

奈良県では、綱掛けを行なう神事、また綱を蛇（ジャ）に見立てた信仰や行事が所々で行なわれています。これらは「ノガミ（野神）信仰」「ノガミ祭」とも呼ばれており、集落への疫病や悪霊の侵入を防ぐ意味があります。このような神事や行事は、「道切り」「辻切り」とも呼ばれ、集落の出入口に注連縄（しめなわ）や勧請縄（かんじょうなわ）を掛けます。蛇は水神の使いともいわれており、水神に対して、一年間の豊作と子孫の繁栄を祈願し、あわせて、「道切り」「辻切り」を行なったものと考えられます。ノガミ祭は、明日香村の男綱（おづな）・女綱（めづな）と同様な根源を持つ民間信仰と考えられます。橿原市では小綱町（しょうこ）、地黄町（じお）、上品寺町（じょうぼんじ）でノガミが祀られており、特に地黄町でのノガミの祭は「すすつけ祭」として知られています。

イモノメイゲツ・マメノメイゲツ

旧暦八月十五日、中秋の名月に行なわれる月見行事です。ちょうど里芋の収穫期にもあたり、収穫に感謝して新芋をそなえ、祝います。また大字（だいじ）（大字（おおあざ））によってはその約一ヵ月後の旧暦九月十三日にも月見を行ない、大豆をそなえることから「マメノメイゲツ」と呼びます。

イノコ（亥の子）

十二月、もとは旧暦十月の亥（い）の日に行なわれる行事で、小豆をまぶした「亥の子餅」をつくり、無病息災を祈願して食べるという習わしです。また子どもたちが束ねた藁（わら）（ホーレン、デンボなどという）を持って、亥の子歌をうたいながら家々の戸口や地面を叩いてまわりました。収穫を祝い、田の神を送る意味もあるとされています。現在ではこの地域でも、継承している大字（だいじ）（大字（おおあざ））はかなり少なくなっています。

オオツゴモリ

十二月三十一日の大晦日（おおみそか）のことをこのように呼んでいます。大根や人参、里芋、コンニャクなどを具材としたゴンザ（ゴンダ）という煮物を食べる習わしがあるといいます。

3 鎌足と入鹿にまつわる伝説・伝承

中臣鎌足と蘇我入鹿

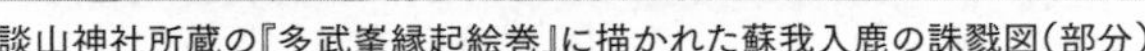

談山神社所蔵の『多武峯縁起絵巻』に描かれた蘇我入鹿の誅戮図（部分）

中臣鎌足は中大兄皇子らとともに、蘇我入鹿を暗殺し（乙巳の変→90頁）、大化の改新を遂行した歴史上の人物とされてきました。死の前日に鎌足は、天智天皇となった中大兄皇子から「大織冠」（六四七年から六六四年の間に定められた各官位制の最高位。史上、鎌足のみが授かる）と「藤原」の名を授けられました。鎌足はその後、絵画や木像などに肖像化され、神格化されて大明神ともなりました。また、鎌足にまつわる伝承や民話が、全国各地に残されています。一方、入鹿は、忠臣の模範となった鎌足と反対に、その専横ぶりが『日本書紀』に記されただけでなく、多くの説話でも、逆臣の扱いを受けることになりました。

『日本書紀』には、法興寺（飛鳥寺）西での中大兄皇子と鎌足の出会いが記されています。その法興寺蹴鞠説話の場面は、十五〜六世紀頃の成立と推定される『多武峯縁起絵巻』（談山神社所蔵）など多くの書物でたびたび絵画化されています。明治時代の中頃から第二次世界大戦まで、歴史教科書の挿し絵にもなり、広く知られるようになりました。

法興寺蹴鞠説話とならんでよく知られているのが、入鹿が斬られる乙巳の変の場面です。『多武峯縁起絵巻』には、中大兄皇子が刎ねた入鹿の首が御簾に飛びつくさまが描かれています。十二世紀の『今昔物語集』では、鎌足が大刀で入鹿に一撃をくらわせ、その後に中大兄皇子が首を打ち落としています。さらに、十四世紀の『聖徳太子絵伝』では、鎌足が持っていた鎌で入鹿の首を斬ったところ、首は飛び上がって御簾に食らいつこうとしているさまが描かれています。

『日本書紀』には、入鹿の首が刎ねられたという記述はなく、入鹿にとどめを刺した人物は皇子でも鎌足でもありませんが、中世には、入鹿は皇子や鎌足に首を刎ねられたという説話が流布し、絵画化もされたようです。入鹿の首とその形相には、殺された入鹿の妄念がよく表されています。

❖鎌足誕生にまつわる史跡と説話

❖鎌足生誕の地

『日本書紀』や『藤氏家伝』(→256頁)によると、中臣鎌足は、推古天皇二十二年（六一四）大和国高市郡藤原（現在の明日香村）の生まれで、父は中臣御食子、母は大伴智仙娘とされています。一方『大鏡』には常陸国鹿島（茨城県鹿嶋市）の生まれとされており、生誕地については大きく二つの説があります。

『多武峯縁起絵巻』には、鎌足が生まれた時、どこからともなく鎌をくわえた白い狐が現われ、生まれた子の足下に鎌をおいたため、その子の名を「鎌子」と名づけたと書かれています。この逸話にちなみ、談山神社では鎌をくわえた白狐のお守りが売られています。

❖鎌足産湯の井戸（大原神社）

『藤氏家伝』によると、鎌足は「藤原之第」（藤原の邸宅）で生まれたとあります。現在の明日香村の小原が、この「藤原」の伝承地の一つといわれています。鎌足誕生の候補地の一つが、明日香村小原にある大原神社とされており、大原神社の奥を流れる「中の川」のほとりに「藤原鎌足産湯の井戸」も残されています。小原には、鎌足の生誕伝承地とされる藤原寺があったとされています。

❖大伴夫人の墓

明日香村小原の大原神社近く、鬱蒼とした円墳のように盛り上がった場所があり、大伴夫人の墓とされています。「大伴夫人の墓・小原の里」という解説板もありますが、古墳ではないとする説もあります。大伴夫人とは、『藤氏家伝』によると大伴久比子（咋子、咋、囓）の娘である智仙娘の呼び名です。智仙娘は、中臣御食子の妻となり、鎌足を産んだとされています。

❖白い狐と鎌

一説によると、鎌足の父の御食子は、鹿島神宮に仕える神官で、若くして都に学び、帰郷後に鎌足が生まれました。鎌足が二歳になった時のこと、白い狐がやってきて（または母親の夢に出て）、赤子の鎌足の前に鎌をおいて去りました。御食子はその後妻子を伴い、再び都へ上りました。鎌足が入鹿を鎌で暗殺したという「聖徳太子絵伝」などの説は、この白い狐と鎌の説話と結びついており、鎌足は中世に生まれた軍神である勝軍地蔵の化身ともされました。

❖大化の改新にまつわる史跡と説話

❖法興寺の蹴鞠会

中臣鎌足と中大兄皇子の運命的な出会いは、皇極天皇三年（六四四）に催された法興寺（飛鳥寺）の槻の樹のもとでの蹴鞠会であったといいます。蹴鞠会が行なわれたのは、飛鳥寺の西側から飛鳥川までの一帯、現在の飛鳥寺西方遺跡（→192頁）の辺りと推定されています。

蹴鞠会の最中、皇子の右足の靴が脱げ落ち、鞠とともに転がってしまいました。それをみた鎌足はすばやく靴を拾って奉げ持ち、皇子に献じました。それ以来、中大兄皇子と鎌足は意気投合し、秘かに同志を募って入鹿暗殺の策謀を練り上げたとされています。

❖談い山・談所ヶ森

談山神社の権殿横から山道をのぼると、談所ヶ森「御相談所」の碑があります。談山神社の名は、中大兄皇子と鎌足の二人が、蘇我大臣家を滅ぼすための談合を多武峰で行ない、後に「談い山」や「談所ヶ森」と呼んだことに由来するとされています。山道をさらにのぼると御破裂山山頂の鎌足公墓所にたどりつきます。

❖御破裂山鳴動と神像破裂

❖鎌足公墓所と御破裂山の鳴動

多武峰の最高峰である御破裂山の山頂（六一八メートル）には、鎌足公墓所とされる円墳状の塚があります。国家の異変や藤原家の大事がおこると、鎌足公を葬った山が大鳴動をおこすとされてきました。最初の八九八年から一六〇七年までの七一〇年間に、合計三五回も鳴動があったとされ、そのために「御破裂山」といわれたといいます。

山の東から鳴動する時は朝廷に異変がおこり、南から鳴動する時は幕府に、北からすれば藤原氏一門に、西からすれば万民に、山の中央が鳴動すれば多武峰の寺に異変がおこると

鎌足公墓所

いわれています。多武峰の鳴動・怪異は十二世紀から十三世紀前半がピークで、中世後半になると、激減したとされています。

桜井市の多武峰街道沿いの不動滝のそばにある石は、真ん中から二つに割れていますが、御破裂山が鳴動した時に割れたと伝えられています。

❖聖霊院の鎌足像

談山神社の前身の多武峯聖霊院には、九世紀の後半頃につくられた鎌足の木像が御神体として安置されていました。この聖霊院の鎌足像は、たびたび御破裂（亀裂や欠損が生じた現象）をおこす霊像とされ、畏怖されてきました。昌泰元年（八九八）から慶長十九年（一六一四）までの間に、合計五三回も破裂したとされています。鎌足像の破裂は人々のわざわいを知らせる予兆であったといいます。多武峰周辺の村々では、

十六世紀に入ると、多武峰曼荼羅などの鎌足像を祀る祭事（後の八講祭や明神講）がはじまったと考えられています。

❖後世の鎌足信仰

❖多武峰曼荼羅

多武峰周辺などでは、神格化された中臣（藤原）鎌足の肖像画が多く描かれ、人々の信仰を集めました。中でも、朝服をつけた鎌足の姿を中央に大きく描き、向かって左下に鎌足の次子の不比等（→69頁）を、右下に長子の僧形の定恵の三人を配した画像は、「多武峰曼荼羅」と通称され、礼拝されてきました。こうした鎌足像は、理想的な政治の輔弼者としての聖徳太子信仰の影響を受けたものとみられています。

❖聖徳太子と鎌足

鎌足の伝記は『日本書紀』や『藤氏家伝』以外にほとんどなく、「聖徳太子伝」によって、聖徳太子（→60頁）とともに鎌足が語られました。中世に数多くつくられた「聖徳太子伝」の多くは、聖徳太子の生涯を描くとともに、中大兄皇子と鎌足による蘇我入鹿の暗殺をそのフィナーレとしていました。理想的な功臣としての鎌足を、聖徳太子のイメージに重ねあわせただけでなく、聖徳太子が求めた理想の政治が大化の改新（→91頁）によって完成した、と考えられたようです。

❖勝軍地蔵信仰

勝軍地蔵は、十三世紀の前半頃に誕生した戦う神仏である軍神の一つです。勝軍地蔵信仰が流布するうえで重要な役割を担ったのが、多武峰と良助法親王（一二六八～一三一八→111頁）でした。戦国期の多武峰四院の一つであった多楽院には、勝軍地蔵像が安置され、勝軍地蔵信仰を宣揚する拠点となりました。良助法親王の著書によれば、勝軍地蔵は大織冠の先祖の天津児屋根命の化身、鎌足は勝軍地蔵の垂迹（仮の姿で世に現われること）とされました。白い狐がもたらした「鎌」は、勝軍地蔵の三昧耶形（仏の証しとなる持ち物）でもあるとされています。

鎌足の武威と結びついた勝軍地蔵信仰は、神国思想の高揚など、室町・戦国時代の武家勢力から近代国家による戦争にまで大きな影響をおよぼしました。

❖八講祭・八講さん・明神講

多武峰で行なわれていた法会である談山権現講は、後に周辺諸村にも広がり、八講祭や明神講などと呼ばれ、形をかえつつも現在に継承されています。談山神社周辺の桜井市や明日香村の多くの大字（大字）では、鎌足をしのぶ「八講祭」「八講さん」「明神講」と呼ばれる祭事が行なわれました。明日香村では、上、冬野、畑、尾曽、細川、上居、阪田、祝戸の八つの大字で順番に祀っていましたが、今は大字上だけが毎年三月に鎌足公像をお祀りしています。

鎌足像礼拝儀礼で最も有名なものが、多武峰の東麓から北麓の桜井市の八つの大字（倉橋・多武峰・下居・横柿・今井谷・生田・浅古・下）が、交替で毎年三月に行なう「八講祭」です。今井谷の八講祭では、樹齢約四〇〇年の八講桜のもとに、巨大な「多武峰曼荼羅」が運び込まれ、談山神社宮司によって『談山権現講式』が読経されていました。近年は、すべての大字が談山神社の神廟拝所で行なうようになり、談山神社の神職に祭事のノウハウが蓄積されています。

明神講は、毎年一月十四日に藤原鎌足像を拝する儀礼です。明日香村八釣では、当日集会所に鎌足像を掲げ、村人が参集して『般若心経』を唱和し、講が終了した後に「とんど」を行ないます。鎌足ゆかりの地では、鎌足を神として祀る小さな儀礼が、現在まで連綿と守り伝えられてきました。

❖薬師堂

明日香村大字上にあり、薬師堂の奥にある不動の滝の水で洗顔すると、眼病に効くといわれてきました。平安時代中期に造立されたと考えられる薬師如来坐像を本尊とし、同時期の十一面観音像・四天王像・鎌足像がおさめられています。伝承によると、鎌足の子の定恵が、多武峰山上・山腹・山下に建てた「八講堂」の一寺として、薬師如来と鎌足木像を奉祀したといいます。

宝暦元年（一七五一）に著された『飛鳥古跡考』には「長安寺後方山中の不動の滝の水で七月から八月まで洗眼すると、効験があった」と書かれています。上地区には、江戸時代中期に長安寺・教雲寺・薬師堂の三ヵ寺があったようですが、長安寺と不動の滝の位置関係は、現在の薬師堂と不動の滝の位置関係と合致し、長安寺の一堂として薬師堂があった可能性が考えられます。

❖藤原鎌足公古廟（大織冠神社）

鎌足の亡骸は「摂津国阿威山」に葬られたあと、中国の唐より帰国した長男の定恵により、遺骨の一部が談山神社へ改葬されたと伝えられています。この阿威山墓は、大阪府茨木市安威の将軍山一号墳に比定され、鎌足の神霊を祀った霊廟（鎌足公古廟・大織冠神社）とされてきました。しかし、昭和時代初期に発見された大阪府茨木市・高槻市の阿武山古墳から、黒塗りの夾紵棺、大織冠と思われる冠、玉枕などが出土しており、現在は阿武山古墳を鎌足の墓とする説が有力になっています。

大阪府茨木市にある大織冠神社の創建時期は不明ですが、参道の階段中ほどの鳥居には、文政七年（一八二四）建立の銘があります。大織冠神社では、鎌足の命日に毎年廟前にて祭事が行なわれるなど、鎌足の詣り墓となっています。

なお、豊臣秀長によって多武峰の鎌足の木像が遷座され、その後帰山した経緯のある現在の大和郡山市にも、鎌足の分霊を祀った大織冠鎌足神社が残されています。

❖談山神社十三重塔の建立説話

『多武峯縁起』によれば、遣唐使の一員として入唐した定恵は、文殊の聖地として有名な五台山に立つ宝池院の十三重塔を多武峰の地に移すことを決意し、材木・瓦などを整えました。しかし、船が手狭だったために一重分を残したまま帰朝しました。その後、定恵は摂津国阿威山に葬られていた鎌足の遺骸を多武峰の地に改葬し、その上に塔を建てましたが、材が足りずに十二重となってしまい嘆息していたところ、夜半の大雨大風の後に忽然と十三重目が飛来し、塔が完成したといいます。

❖入鹿にまつわる伝承

❖入鹿の首塚

飛鳥寺（→75頁）の境内から西門を抜けて約三〇メートル西に建つ、高さ一四九センチメートルの花崗岩製の五輪塔は、「入鹿の首塚」と伝えられています。五輪塔の様式から鎌倉時代後期から南北朝時代のものとみられています。水輪は現在天地が逆になっています。明治時代の地籍図では、この場所の字は「五輪」と書かれています。石田茂作の著書には、安居院（飛鳥寺）の真西約九〇メートル離れたところに馬子塚という五輪の石塔があるとされており、入鹿の首塚は、かつては「馬子塚」と呼ばれていたようです。

なお、馬子塚と呼ばれる五輪塔は、橿原市石川町の本明寺の境内に現在あります。蘇我氏の根拠地であった石川精舎跡に建てられたものともいわれています（→137頁）。

『越智家譜伝』には、「大永三年（一五二三）二月十九日の久米寺石川の合戦に討死した三二人の追善供養のために越智家栄が建てたとある塔か。もとは橿原市久米町芋洗地蔵境内にあったという」とあります。しかし、この説についても確たる証拠はありません。

入鹿の首塚

❖入鹿神社

橿原市小綱町所在の神社で、蘇我入鹿を祭神とします。日本で唯一、入鹿を祀っている神社です。神社の伝えによると、乙巳の変（→90頁）により蘇我入鹿が中大兄皇子などに飛鳥板蓋宮で斬られた時、入鹿の首が当地まで飛んできたことから入鹿を祀ったともいわれますが、首が飛んできたという伝説は、地元には現在伝えられていないようです。

❖茂古の森など

入鹿の首にまつわる伝承は、飛鳥寺西の入鹿の首塚や、橿原市の入鹿神社のほかにもいくつか残されています。

明日香村上の気都和既神社（→165頁）にある茂古の森は、「もうこんの森」「茂古の杜」「気都和既の杜」などと呼ばれます。その名は、乙巳の変の時、中臣鎌足を入鹿の首が追いかけてきたので、飛鳥板蓋宮から細川の上流へと逃げて、「もう追いかけては来まい」と鎌足がいって休んだという伝えに由来しているといい、境内には鎌足がその際に腰かけたという石がおかれています。気都和既神社では、細川の上流の上・細川・尾曽の大

茂古の森と呼ばれる気都和既神社社叢

字(じ)（大字(おおあざ)）が宮講と祭典を一緒に行なっています。

また、橿原市曽我町には、宗我坐宗我都比古神社(そがにますそがつひこ)がありま す（→168頁）。入鹿の首は、この曽我町東端にある「首落橋」近くの角にある家の辺りに落ちたと伝わります。それゆえ、家の屋号は「オッタヤ」あるいは「オッテヤ」と呼ばれ、かつてはその横を小川が流れ、「首落橋」と呼ばれた橋があったといいます。

ほかにも、入鹿の首が大和と伊勢(いせ)（三重県）の国境の高見山(たかみやま)まで飛んでいったという伝承があります。

4 伝説・伝承の地

さまざまな伝説の地

ここからは飛鳥・藤原地域に伝わる説話の地を紹介します。

赤埴聖地・白埴聖地

橿原市南浦町・香具山

香具山の土は、古来、呪力のあるものとして神聖視されてきました。『日本書紀』には、神武天皇が宇陀から大和に入る時に、香具山の埴土を取ってたくさんの平瓮と厳瓮をつくり、天神地祇を祀れば賊軍を平定できるという夢のお告げがあり、そのお告げにしたがったことで天下を平定できたとあります。また崇神天皇の御代には、「倭国の物実（シンボル）」とされた「天香山の埴土」を、妻の吾田姫に秘かに取らせて、それをもって天下を取ろうと武埴安彦が謀反を企てたとされています。

香具山には赤埴と白埴があり、赤埴は香具山西北部で、白埴は西斜面で産出したとみられています。赤埴は山頂の斑れい岩が風化したものと考えられています。天香山神社（→162頁）の境内には「白埴聖地」、国見台付近には「赤埴聖地」の石標が建っています。また、畝尾坐健土安神社（→162頁）と香具山の間には、赤埴山という小丘があり、埴安伝承地の石碑が建っています。

月の誕生石

橿原市南浦町・天香山神社

天香山神社（→162頁）の北東にある花崗岩の巨石で、あたかも妊婦が腹帯をして横たわっているような形をしています。円形をした黒色の斑点がみられ、これを月が使った産湯の跡、また小さな斑点を月の足跡として、この石から月が生まれたという言い伝えがあります。古代より信仰する人が多いといわれます。

蛇つなぎ石

橿原市南浦町・香具山

香具山（→16頁）の北に張り出した尾根上にある巨石で、古池の南に位置します。表面には幾筋かの細い線状の文様が縦横に走っています。説明板には「香久山は俗に竜王山ともいわれ、頂上には雨の竜王とも呼ばれる高龗神を祀り、太古の昔より雨乞いの神事がよく行われた。このとき、一天かき曇り大蛇にまたがった竜王が、雨雲をもって舞い降りてきたのであろう。その大蛇を繋ぎ置いたとでもいうのであろうか」と書かれています。

月の輪石

橿原市東池尻町・御厨子神社

御厨子神社の境内（御厨子山頂の近く）にあり、幅の広い裂け目が中央に通り真っ二つにわかれています。「月の輪石」は、「根裂石」ともいわれ、御厨子神社の祭神である根裂神との関連が考えられます。御厨子神社は古い社名を「水尻神社」と称し、社のある森は「壇上の森」と呼ばれていたようです。

黒の駒

明日香村橘・橘寺

聖徳太子は、飛鳥と斑鳩（斑鳩町）の間を愛馬の黒の駒（黒駒）に乗ってかよったといいます。太子は献上された馬の中から四脚が白い「甲斐の黒駒」を神馬と見抜いたとされ、試乗するとこの黒駒は天高く飛び上り、富士山を越え、各地を経て三日後に帰還したと伝えます。橘寺（→148頁）の境内にはこの馬を模した像が建ち、現在、三代目です。

橘寺境内の黒の駒の像

蓮華塚

明日香村橘・橘寺

橘寺（→148頁）の寺伝では、聖徳太子が『勝鬘経』を講ずると、天から蓮の花びらが落ちてきて積もったといい、それを埋めたという方形の土壇があり、「蓮華塚」または「畝割塚」とも呼ばれています。聖徳太子がこの広さをもって人々に田地一畝の基準を示した遺跡であるといわれています。また、南の山に千の仏頭が現われて光明を放ち、太子の冠が日・月・星の光（三光）で輝いたといわれています。三光石はその言い伝えを今に伝えています。

橘寺境内の蓮華塚

橘寺の東には、聖徳太子が産湯を使ったという井戸もかつては残されていました。

豊年橋　明日香村越

高取川（→19頁）にかかる橋です。寛政年間（一七八九〜一八〇一）に大洪水があり、堤が決壊して田畑は浸かり、板橋も流れてしまいました。高取藩の藩医であった越村の服部宗賢（一七五二〜一八二〇）は永久に流れない橋をかけたいと決心し、貯えたお金で石橋工事に取りかかりました。橿原市の見瀬の山で広い板石をみつけ、村人はその運搬作業を手伝いました。見事な橋が完成し、以後は豊年が続いたことから、誰いうとなく「豊年橋」と呼ぶようになったといいます。現在の豊年橋は国道拡張工事でもとの位置より少し移動しています。

難波池　明日香村豊浦・向原寺

向原寺（豊浦寺跡→141頁）の南横に「難波池」と称されるごく小さな池があり、『日本書紀』の記事中の廃仏派の物部尾輿が仏像を投げ込んだ「難波の堀江」であるという伝承を持っています。また、後世の語り継ぎによると、推古天皇八年（六〇〇）に信濃（長野県）の本田善光がこの池の中で光をさしている仏像を拾い上げ、傍らの滝の水ですすぎ清めて背おって帰り、家に安置して礼拝供養したのが、信州善光寺の起源とされています。

龍蓋池　明日香村岡・岡寺

岡寺（→148頁）の正式の名称は「龍蓋寺」ですが、この由来については次のとおり伝えられています。かつて飛鳥

岡寺の龍蓋池

には悪龍がいて、雨が不要な時に急に大雨を降らせたり、田畑を這いまわって作物の芽を枯らしたりと人々を苦しめていましたが、この龍を義淵僧正が法力によって池に閉じ込め、大きな石で蓋をして改心させたことから、この池を龍蓋池、そしてその地に建立した寺を龍蓋寺と称しました。この龍蓋池は本堂の前にあり、水面上に突出した石がみえます。これが龍を封じた蓋とされ、この要石を揺らすと雨が降るともいわれています。かつての龍蓋池の大きさは本堂近くまであり、池畔では燃灯供養も行なわれていたようです。なおこの池は谷の水脈が表出する地点にあります。

瑠璃井

明日香村岡・岡寺

岡寺（→148頁）奥の院への参道中ほどに「瑠璃井」という井戸があり、現在も清冽な水が湧き出ています。『大和名所図会』には「奥の院の霊水は弘法大師龍神を祈り給ひしかば忽清泉洋々として溢満せり。諸人これを呑ば厄疾をのがるとぞ」とあります（現在は飲むことはできません）。道のつきあたりに稲荷明神社（如意稲荷社）があり、その右奥に「弥勒の窟」といわれる石窟堂があって、奥には弥勒菩薩坐像が安置されています。

龍ヶ谷の磐座と龍神社

桜井市多武峰・談山神社

談山神社（→169頁）の境内から御破裂山へのぼる登山道入口の脇に小さな滝と磐座があります。ここは天上から神を迎えて祭祀を行なう神聖な場として、古神道の信仰の姿を今に伝えています。この滝は大和川の源流の一つとなっています。また岩の上の社は、多武峰に古くよりあった水神（高龗神）信仰と、飛鳥時代に大陸より伝わった龍神信仰が習合し、「龍神社」と呼ばれるようになったようです。

閼伽井屋の井戸

桜井市多武峰・談山神社

談山神社（→169頁）の閼伽井屋は、元和五年（一六一九）の造営で重要文化財です。この中の井戸は「摩尼法井」と呼ばれ、中臣（藤原）鎌足の子の定恵が『法華経』を講じた時、龍王の出現があったと伝えられています。なお、談山神社東大門から続く参道沿いには、「妙

龍王出現の閼伽井屋の井戸

覚究竟摩尼輪」の刻銘から「摩尼輪塔（重要文化財）」と呼ばれる塔があります。塔身の上部に円盤形を刻み出した珍しい形をしています。

男淵

明日香村畑

飛鳥川（→19頁）の上流に「男淵」と呼ばれる滝つぼがあり、竜神が住んでいると伝えられていました。昔ある男がこの滝つぼに毒を流し、浮かび上がった多くの鰻を獲り、それをさばいて料理し、すべて売りました。ところが家に帰ってみると、その男の父親が、鰻をさばいた出刃包丁で割腹して死んでいました。男淵の鰻は竜神の使いであり、竜神の祟りを恐れた人々は、その後、男淵に手を出すことはなくなったといいます。

榎龍神

明日香村平田

明日香村平田の高取川沿いには、大字の住人によって「榎龍神御神体碑」が祀られています。岡寺へ行く三叉路には道しるべにもなっていたエノキの大木がありましたが、道路の工事に伴い、伐られることとなりました。その大木の空洞には蛇が二匹棲んでいて、一匹はエノキとともに切られ、もう一匹は溝にうずくまっていました。それ以来平田では災難や事故が続き、二匹の蛇の祟りだとされました。昭和三十六年（一九六一）に、かつての豊年橋（→358頁）の板石を二つに割り、現在の地にこの石碑が建てられ、それ以後は不幸事もおこらなくなったといいます。

鬼の俎・鬼の雪隠

明日香村野口・平田

一つの古墳が二つの石造物にわかれたものですが、この辺りは古く「霧ケ

鬼の俎

鬼の雪隠

峯」と呼ばれ、霧が発生して旅人が迷いやすかったようです。そのため「鬼が住んでいて、旅人などを捕えては、俎板で料理して食べ、そのあと雪隠で用をたした」という伝説になっていったと考えられます。

石舞台

明日香村島庄・石舞台古墳

石舞台（↓182頁）の名については色々な伝説があります。狐が女に化けて古墳の上で舞をみせた話や、旅芸人がこの地にやって来たが舞台がなかったので仕方なく大石を舞台に演じた、という話も残っています。

亀石

明日香村川原

大和の地がまだ湖であった頃、湖を挟んだ当麻の地と川原の地で、湖の水をめぐる争いがおこりました。その結果、湖の水は当麻のものとなりましたが、戦いのために湖に棲んでいた多くの亀が死んでしまいました。亀をあわれに思った村人は、亀の形を石に刻んで供養したといい、この石が亀石（↓233頁）だと伝えられます。今、亀石は南西を向いていますが、もし西を向き当麻をにらみつけた時、大和盆地は洪水で泥沼になってしまうという伝承があります。なお亀石は川原寺の境界を示す標石だったのでは、という説もあり、川原寺跡の構成の一つに含まれ、国の史跡に指定されています。

くつな石

明日香村阪田

明日香村阪田の谷間に鎮座する龗神社（現在は葛神社に合祀）の御神体の大石。昔ある石屋がこの石に目をつけ、切り出そうとノミを打ち込んだところ、その割れ目から赤い血が流れ、血まみれの蛇が現われました。驚いた石屋は大慌てで逃げ帰りましたが、その晩から高熱と腹痛におそわれてとうとう死んでしまいました。それ以来、村人たちは神の宿る石として祀ったといいます。

あさかじ地蔵と耳なほし地蔵

明日香村栗原・平田

明日香村栗原の「あさかじ（朝鍛冶・朝風）地蔵」は左肩が欠け、明日香村平田の「耳なほし地蔵」は両耳が欠けています。昔、栗原の地蔵と平田の地蔵

耳なほし地蔵

が喧嘩となり、栗原の地蔵は鼻を削がれて肩を割られ、平田の地蔵も両耳を削がれたためだという言い伝えがあります。この平田の地蔵は、自分は仏なので耳がなくとも心で聞くことはできるが、人間や動物は耳がなければ難儀するであろうと、耳の悪い者、耳の病気で困っている者を救っているといわれています。いつしかお供えしてある錐を患っている耳にあてて願を掛けると治ると伝えられるようになり、またそのお礼にと新しい錐を奉納する習わしも伝承され、耳なほし地蔵の堂内には多くの錐が飾られています。

なみだ地蔵　明日香村入谷・地蔵寺

明日香村入谷の地蔵寺に祀られている地蔵は、かつて「なみだ地蔵」と呼ばれていました。その昔、旅人がこの地蔵を持ち出して連れ去ったところ、地蔵が「帰らせてくれ、帰らせてくれ」といって泣いたので、もとのところに戻ってきたと伝えられています。

コグリ石　橿原市新賀町・市杵島神社

橿原市新賀町の市杵島神社にある用途不明の石で、石の上部中央から下部の底面まで、直径三〇センチメートルの穴が穿たれています。コグリ石と台石は、兵庫県高砂市で採れる竜山石（→33頁）でつくられており、飛鳥時代のものと推定されます。このコグリ石と台石が重要な国家儀式で使われた「幢幡」を立てた基礎石ではないかという新説が出されています。竜山石は、六～七世紀の大王墓（天皇陵）の石棺などに使われた高級石材で、円形の穴の形や大きさも含め、幢幡の支柱基礎にふさわしいとするものです。

岡寺の厄除け参り　明日香村岡・岡寺

日本最初の厄除け霊場であるといわれる岡寺（→148頁）では、一月から三月、本堂内にて随時「やくよけ法要」を勤修します。鎌倉時代初期の歴史物語『水鏡』の書き出しに、厄年の二月の初午の日に岡寺へお参りするとよいと書かれており、当時すでに「岡寺厄除参り」が定着していたことがわかります。岡寺の開祖、義淵僧正が悪龍を池に封じ込め、厄難を取り除いたことが、厄除けの霊場になった所以の一つとも伝わっています。

久米仙人伝説　橿原市久米町

久米仙人は、欽明天皇の御代、金剛山の麓、葛城の里に生まれたとされています。吉野山麓の龍門ヶ獄で神通飛行術を取得し、空中を自由に飛べるようになりました。その後、百数十年もの間、久米寺（→149頁）に住んでいたといわれています。聖武天皇が東大寺に大仏殿を建立する際、勅命を受けた久米仙人は神変不思議の仙術を使い、国々にある大木大石の数々を三日三夜の内に大仏殿境内まで飛ばして集めてみせました。その甲斐あって大仏殿建立は速やかに成就したと伝えられています。久米仙人の働きに深く感銘した聖武天皇は、免田三十町歩を与えたといいます。

いもあらい地蔵尊　橿原市石川町

疱瘡（天然痘）のことを昔は「いも」といいました。地名の芋洗・一口は、疱瘡を意味する「いも」に由来します。集落の入口や峠には、疱瘡が道や川を通って入ってこないように地蔵を祀りました。橿原神宮前駅の東口側にある、いもあらい地蔵尊の辺りは「芋洗芝」と呼ばれ、そばに芋洗川が流れていました。空を飛んでいた久米仙人が、川で洗い物をしていた若い妹（女性）の白い脛をみて、神通力を失って落下した場所ともいわれています。かつては現在地より少し西の国道沿いにありましたが、県道敷設のため移されました。この地蔵尊からは、飛鳥川上流の芋峠を経て吉野へ行く道につながっており、芋峠や細川の名も、疱瘡からきたという説があります。なお、女性が洗濯をしていたという伝説の場所については、久米川、吉野川、芋洗芝などの説があります。

この話には、続きもあります。久米仙人はその女と夫婦になり、修行して得た神通力は消え失せました。ところが、高市郡での新都造営の際に仙人であったことを行事官に知られ、「多量の木材を空を飛ばせて運んでみよ」と命じられました。久米仙人は一心発起して道場に籠り、心身を清め、食を断ち、七日七夜、祈り続けたところ、八日目の朝、山から多くの数の材木が工事現場に飛んできました。これを聞いた天皇は、復活した久米仙人に免田三十町を与えました。久米仙人は喜んでその地に伽藍を建て、久米寺（→149頁）を建立したと伝えられています。

5 歴史的みち筋と鉄道開通の影響など

飛鳥・藤原地域のみち筋

飛鳥・藤原の地は、奈良盆地と竜門山地の結節点にあたり、近畿各地と吉野を結ぶ重要なルート上に位置しています。西は難波（大阪府）・瀬戸内方面へ、東は伊勢（三重県）・東海道へとつながる交通ネットワークを形成していました。南は、芋峠越え、芦原峠越え、壺坂峠越えなどの竜門山地の峠道から吉野に通じ、飛鳥宮（→116頁）と吉野離宮を結ぶ古代の幹線道でした。平安時代には貴族たちの社寺参詣が盛んとなり、吉野には、最盛時に山上と山下の蔵王堂を中心として百数十も塔頭寺院があったといいます。また『扶桑略記』によれば、治安三年（一〇二三）の金峯山・高野山への参詣の途中、飛鳥に立ち寄った藤原道長は、山田寺の金堂に感嘆し、その様子を「奇偉荘厳」と表現しています。

近世になると、社寺への巡礼が広がりをみせ、一般庶民による金峯山（山上ヶ岳）への山上参りなどに峠越えの道が盛んに利用されました。岡寺（→148頁）は「西国三十三所巡礼」の第七番の札所（観音霊場）として人気のスポットとなり、吉野への経路でもあったことから、飛鳥を訪れる人も増えました。岡寺をはじめ、吉野・伊勢・橘寺・長谷寺・壺阪寺などへの方向を示す文字を刻んだ近世の道標が、飛鳥・藤原の各所に残っています。川原寺南西の県道多武峰見瀬線の北側にある道標は「右おかみち、左はいせみち」と刻まれており、寛文十三年（一六七三）の銘があります。これは年号のある道標では奈良県で二番目に古いものです。

江戸時代後半には、飛鳥・藤原の地への人々の往来が増加し、吉野への参詣や「おかげ参り」などの街道に沿った集落、門前町などが活況を呈するようになりました。おかげ参りは、江戸時代に約六〇年間周期でおこった伊勢神宮への大群参のことで、道中で「施行」と呼ばれた食事・湯茶などの接待を受け、そのおかげで参宮できるということから、その名が一般化したともいわれます。『古事記伝』を著した本居宣長は、その執筆のさなかの明和九年（一七七二）三月に、飛鳥・藤原の地を訪れて各所をめぐっています。吉野水分神社へのお礼参りと桜見物などを兼ねた松坂から吉野への旅でしたが、一〇日間におよんだ宣長の旅の紀行文が『菅笠日記』です。この時代の紀行文や今も残る道標・おかげ灯籠の文字に当時の面影が残されています。

明治時代以降になると、飛鳥・藤原の地にも次第に鉄道が整備されていき、鉄道の開通や新駅の設置が飛鳥・藤原の人々の生活に大きな影響をおよぼしました。

歴史的みち筋

中・近世の参詣・遊覧の興隆は、大和や伊勢へ向かう「みち筋」の発展を促しました。特に江戸時代後期には、国学の発達もあって、飛鳥古京の史跡や天皇陵をめぐる人々も増えました。

❖飛鳥から吉野への道（古道芋峠越え・冬野越え）

芋峠は明日香村と吉野町の境界に位置し、冬野は明日香村の最東端にあって桜井市に接しています。飛鳥と吉野は、旧芋峠を通る道でつながっていました。大海人皇子が近江（滋賀県）から嶋宮を経て吉野入りした際や、持統天皇が在位中に三一回も行なった吉野行幸などでは、この峠道が使われたと考えられています。『万葉集』には、吉野への峠越えを回想して詠んだ天武天皇の御製とされる歌（巻一―二五〜二六）や持統天皇が吉野離宮に行幸した折、柿本人麻呂が詠んだという吉野賛歌（巻一―三六〜三九）が残されています。

中世以降も奈良盆地から吉野へと運ばれる物資が行き交い、奈良盆地側は岡寺（→148頁）を経て八木まで通じていました。江戸時代には飛鳥・吉野の両名所をつなぐ道として利用され、飛鳥からは「芋峠越吉野街道」、上市（吉野町）方面からは「岡道」と呼ばれていました。この旧芋峠道は寺谷川に沿って栢森の集落を奥に入り、小峠を越え行者辻に出てから尾根沿いをのぼって三軒茶屋、芋峠神社を経て、旧芋峠へ出

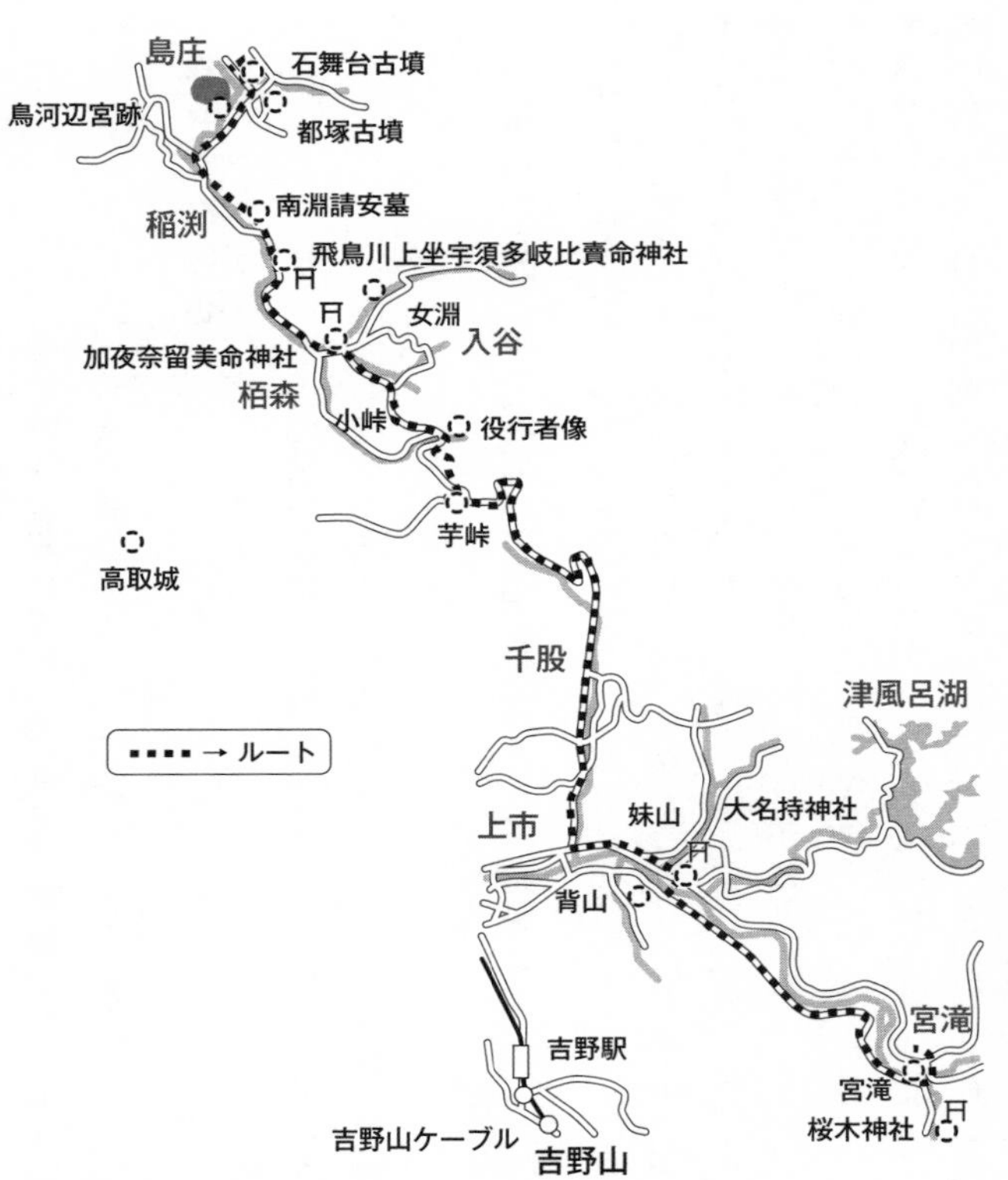

飛鳥（島庄・稲渕・栢森）から芋峠越えで吉野の宮滝へ至るルート

る道であり、人々は茶屋で一服し、神社でお参りして吉野へと向かいました。

明治時代の初めになり、材木運搬の牛車が通れるようにと、行者川に沿った地道を整理拡張し、現在の県道一五号線にあたる道がつくられました。芋峠は明日香村と吉野町の境界に位置しています。

また、多武峰から吉野への最短ルートとして、「竜在峠越街道」（いわゆる「冬野越え」）が知られていました。本居宣長は、多武峰の桜を愛でた後、冬野から竜在峠を越えて吉野へと下っています。松尾芭蕉も『笈の小文』の旅の中で、多武峰から細峠をへて竜門滝へと向かっています。竜在峠は芋峠の約二・五キロメートル北東に、細峠は竜在峠の約〇・七キロメートル東に位置しています。『万葉集』の天武天皇御製歌（巻一－二五）には、吉野の「耳我の嶺」がうたわれており、金峯山（青根ケ峯）とする説が有力ですが、旧芋峠・竜在峠・細峠からみえた吉野の山のいずれかとみる説もあります。

現在の栢森の集落に明治時代末期までの賑わいはなく、冬野の集落には数軒の家屋が静かにあるだけです。

❖多武峰への大鳥居と町石

聖林寺から北に少し下った桜井市浅古の多武峰街道の道筋に、高さ七メートル、幅一〇メートルの江戸時代に建てられた大きな鳥居があります。妙楽寺（談山神社→169頁）への一ノ鳥居で、その東側の柱の下に、「多武峰道自是五十二町　信心位初町」と記された「町石」と呼ばれる石標が建っています。仏教では、悟りに達するために五二の段階の修行が必要とされています。町石もこれにならい、寺院の参道に一町（約一〇九メートル）ごとに建てられ、一基ごとに「信心位　初町」、「念心位　二町」などと刻まれ、最後の五二町石は「第五十二　妙覚位」となり、悟りの境地にあたります。談山神社の前身である妙楽寺への町石は、承応三年（一六五四）に五二基が建てられましたが、次第に失われてしまい、今残るのは三三基です。

五二町目の町石のそばに、不思議な形の摩尼輪塔（重要文化財）が建っています。笠をかぶった丸い顔に彫られた大きな呪文のような文字は、仏を表す「種子」という古代インドの文字で、摩尼輪塔の種子は大日如来を表しています。鎌倉時代（一三〇三年）のもので、ここにも「妙覚位」という文字が刻まれています。

❖伊勢街道（初瀬街道）

大坂・河内・大和から伊勢神宮を結ぶ伊勢街道は、大和盆地の中央を東西に貫く幹線道で、「初瀬街道」とも呼ばれました。奈良盆地の平野部では古代の「横大路」（→127頁）を踏襲しています。伊勢街道沿いには、旅の道しるべとして太神宮灯籠や道標がおかれました。古代から多くの人々に利用された道で、七世紀から十四世紀まで続いた斎王（天皇にかわって伊勢神宮に仕えた皇女）も、この道を通りました。

「舒明天皇初葬地」冬野説

『日本書紀』によれば、舒明天皇は皇極天皇元年（六四二）に滑谷岡に葬られ、翌年に「押坂陵」に改葬されました。押坂陵については、桜井市の段ノ塚古墳（→184頁）とする説が有力ですが、舒明天皇の初葬地については、同じ室生安山岩（榛原石）の板石積を伴う明日香村の小山田古墳とする説があります。（小山田古墳は蘇我氏の有力者の墓とする説もあります→182頁）一方で『高市郡古墳誌』に「滑谷岡在冬野。翌年改葬于押坂陵」と記されるなど、滑谷岡は明日香村大字冬野（字天野）にあったという伝承がありますが、それに該当する古墳は冬野では確認されていません。

おかげ灯籠

明日香村岡ほか各所

おかげ参りのピーク時には、大坂から伊勢（三重県）までの街道筋は大群衆で歩くことも困難なほどであったといいます。おかげ参りの記念碑ともいうべき「おかげ灯籠」が、明日香村など各所に残っており、「おかげ」「おかげ講中」「御影年」といった文字が刻まれています。

八木札の辻

橿原市北八木町二丁目

下ツ道（→127頁）は、中世頃から「中街道」と呼ばれ、各時代を通して賑わいをみせました。伊勢街道（横大路→127頁）と下ツ道の交差点が「八木札の辻」で、江戸時代中期以降、伊勢（おかげ）参りや大峯山への参詣者などで賑わいました。八木には、札の辻を中心に古い町並みが残されており、八木札の辻交流館（橿原市指定文化財「東の平田屋」）のほか五棟の市指定文化財（建築）があります。

八木の接待場跡

橿原市八木町二丁目

大和の伊勢街道沿いでは、八木が最大の宿場町であったため、八木の人々はおかげ参りの旅人に食事や湯茶の接待をしました。その場所である「八木の接待場」の跡が、「八木札の辻」から西に少し行った場所に残されています。八木の接待場跡に二つあった太神宮灯籠のうち一つは、西へ約二〇〇メートル行った大和八木駅近くの場所に移されています。明和八年（一七七一）に設置されたとみられるその灯籠の竿には、「参宮接待連中」の銘文が刻まれています。

岡村の接待場跡

明日香村岡

岡村（明日香村岡）は、大和から伊勢へのメインルートであった伊勢街道や伊勢南街道から離れていましたが、双方につながる道筋にあり、おかげ参りの人々のために接待場を設けて飯や茶の施行を行ないました。当初は、村内はもとより周辺の村々からも、米・麦・茶・酒に加えて、さまざまな品が続々と寄せられていたといいます。また、明日香村内でも、岡寺参道のほか、各所におかげ灯籠が残されています。

❖多武峰や岡寺への西からの道

金剛山や御所方面からは、御所街道が明日香村越の集落内を通って、多武峰や岡寺に向かう道へ、それぞれ続いていました。豊年橋（→358頁）のたもとや越の集落内、岡寺の参道、その他明日香村内の各所に、参詣道であったことを示す道標やおかげ灯籠が残されています。

また、八木からは栢森を経て吉野へ向かう八木街道があり、明日香村島庄で細川・上を経て、多武峰へ通じる西多武峰街道がわかれていました。現在は多武峰と橿原市見瀬町を結ぶ県道一五五号多武峰見瀬線が整備され、島庄から多武峰の間の道路事情は格段に改善されました。なお、明日香村内には、西多武峰街道に沿うように上居や上の集落がありますが、多武峰の峠を越えた反対側には、桜井市の下や下居の集落があり、相対する形の地名が東西で残されています。

❖鉄道開通の影響

明治二十三年から二十六年（一八九〇～九三）までに、当時の大阪鉄道の奈良～王寺～桜井間に鉄道が開通し、また明治二十九年から三十二年までには、奈良鉄道の京都～奈良～桜井間が開通しました。こうした鉄道の開通により飛鳥・藤原地域の人々は大阪鉄道の畝傍駅まで出れば、汽車を利用して全国各地に行くことができるようになりました。これらの路線は戦時に国有化され、現在のＪＲ路線に引き継がれています。

❖現在の近鉄橿原線・吉野線の開通

現在の近畿日本鉄道（近鉄）橿原線にあたる大和西大寺と橿原神宮前間は、大正十二年（一九二三）までに、直系の前身にあたる大阪電気鉄道（大軌）により、奈良線に続く畝傍線として開通しています。同年、吉野口から現在の橿原神宮前駅まで吉野鉄道が延伸され、六田までつながりました。その後橿原神宮の神域拡張のため、昭和十四年（一九三九）に八木西口駅～橿原神宮駅（現在の橿原神宮前駅）間が東側に移設され、名称も現在の橿原線となりました。

吉野鉄道は、昭和三年に吉野までのびました。橿原神宮から六田までの開通に続く吉野への延伸に伴い、山上参りや桜の花見で吉野へ向かう人の多くは鉄道を使い、芋峠越えや冬野越えによって徒歩で飛鳥から吉野へ行く人は、めっきり減ることになりました。

❖飛鳥駅の設置とその影響

近鉄吉野線の飛鳥駅周辺は終末期古墳が集積し、歴史的文化的に重要な地域であり、「王家の谷」とも呼ばれています。飛鳥駅は、明日香村内にある唯一の鉄道駅となっています。明日香村御園・檜前・越・真弓・地ノ窪・下平田の各大字（大字）を含む「飛鳥駅周辺地区」は、明日香村の玄関口である飛鳥駅、国道一六九号などによる交通結節点となっています。しかし、当時の吉野鉄道には、昭和時代初期まで現在の飛鳥駅はなく、橿原神宮前駅の前身である久米寺駅を出て、岡寺駅の次は壺阪山駅でした。新しい駅（当時は停車場）を求める運動がおこり、橘寺駅が設置されました。現在の飛鳥駅の前身の橘寺駅ができたのは、昭和四年（一九二九）です。現在の飛鳥駅の位置は、周辺一帯の当時の地主であった服部家が水田であった土地を鉄道会社に寄付したことで決まった経緯があります。

かつては広範囲の人々が現在の飛鳥駅を利用していました。稲渕や栢森など奥飛鳥方面からは、朝風峠を越えて、当時の橘寺駅まで歩いて通っていました。駅の名称が飛鳥駅に改称されたのは、昭和四十五年のことです。平成二年（一九九〇）には、近鉄特急の停車駅に昇格しました。特急停車駅にかわりはありませんが、橿原神宮前駅管理の無人駅となっているのが現状です。平成二十九年以降は、駅前広場を中心とする道の駅「飛鳥」として登録を受け、駅周辺の整備を進めることにより、飛鳥・藤原地域への玄関口としての機能の充実が図られています。

朝風峠

朝風峠は、明日香村稲渕と平田を結ぶ峠で、朝風峠棚田展望台からは稲渕の棚田を一望できます。この周辺の飛鳥川左岸一帯は、「朝風」と呼ばれていたといいます。飛鳥時代には、飛鳥川の少し上流の右岸側に位置する現在の稲渕の集落はまだなく、朝風の地が稲渕集落の前身と考えられています。朝風には南淵請安の邸宅や墓があった可能性があります。奈良時代の長屋王家木簡には、旦風から来た人に米一升を支給したと書かれた伝票木簡があります。「旦」という字は日の出を表す漢字で、「旦風」は「あさかぜ」と読みます。長屋王家木簡と稲渕の竜福寺にある竹野王石塔の銘文から、奈良時代の寺が朝風に存在していたと推察され、「朝風廃寺」と呼ばれています。「朝風」という小字が朝風峠のやや北に残っており、鎌倉時代まで「朝風千軒」と呼ばれる集落があったと考えられています。

巻六

歴史的風土保存の経緯・現状と今後

1 歴史的風土保存の経緯

古都保存法の制定

「古都保存法」は、日本の往時の政治・文化の中心地として歴史的価値を有する古都の歴史的風土を保存するために、昭和四十一年（一九六六）に制定された法律で、正式には「古都における歴史的風土の保存に関する特別措置法」といいます。国土交通大臣（当時は総理大臣）が歴史的風土保存区域を指定し、また都市計画においては、その枢要（すうよう）な部分を構成している地域を「歴史的風土特別保存地区」として決定し、開発行為に一定の規制を加えることなどを定めています。古都保存法の規制に伴い、開発などが不許可となった場合には、特別保存地区内での土地の買入れも行なわれています。

古都保存法では、京都市・奈良市・鎌倉市を古都として位置づけ、他の古都の追加指定を政令で行なうこととしており、明日香村・橿原市・桜井市は、昭和四十一年に古都として指定されました。現在は京都・奈良・鎌倉の三市に、天理市・橿原市・桜井市・斑鳩（いかるが）町・明日香村・逗子（ずし）市・大津市を加えた一〇市町村が古都保存法の対象都市とされています。

飛鳥保存と一人の鍼灸師

飛鳥・藤原の地と漢方医術とは、不思議なつながりがあります。飛鳥保存の閣議決定が実現したのは、御井敬三（みいけいぞう）（一九一八〜七一）という鍼灸師（しんきゅうし）の飛鳥への思いからでした。

御井は昭和四十年（一九六五）はじめ頃に飛鳥を訪れ、千数百年の昔に漢方脈診が伝わった地であることを知り、関心を抱きました。彼は眼が不自由でありながら、素朴な風景の残されたこの地に心を打たれ、農家の柴小屋を借りて別荘にし、足しげく通うたびに飛鳥への思いが強まり、診療所を弟子にまかせて飛鳥に居を移しました。そして、飛鳥の昔ながらの風景が、明日香村に隣接する橿原市方面から次第に破壊されはじめたことに気づきました。

美しい飛鳥を次の世代につないで行きたいという御井の願いは、患者であった松下幸之助（現在のパナソニックの創業者）を通じて、昭和四十五年の正月に当時首相であった佐藤栄作に届けられました。佐藤首相が数名の大臣と飛鳥を訪れたのはその年の夏で、同年の十二月に次項の閣議決定が行なわれました。

御井敬三

「飛鳥地方における歴史的風土及び文化財の保存等に関する方策について」の閣議決定

明日香村・橿原市・桜井市など飛鳥地方は古都として指定され、古都保存法に基づく施策が講じられたものの、開発圧力に対して十分なものにはなっていませんでした。このため、昭和四十五年（一九七〇）十二月に閣議決定「飛鳥地方における歴史的風土及び文化財の保存等に関する方策について」が行なわれました。古都の中でも、とりわけ飛鳥地方の文化財・歴史的風土の保存が国の重要施策に位置づけられたのです。この閣議決定では、古都保存法や風致地区指定の拡大、史跡の指定と主要な史跡の整備、道路・河川・歴史資料館・公園・宿泊研修施設・周遊歩道などの整備、財団法人の設立などが定められました。昭和四十六年度には国営飛鳥歴史公園が事業着手され、現在は、当初の閣議決定による祝戸地区・石舞台地区・甘樫丘地区の三地区に加え、追加整備された高松塚周辺地区とキトラ古墳周辺地区をあわせて五地区、約六〇ヘクタールが概成開園しています。

古墳壁画の保存公開の経緯と寄附金つき記念切手事業

　古代史・飛鳥ブームの火つけ役となった高松塚古墳壁画（→224頁）は、昭和四十七年（一九七二）の発見から半世紀以上が経過し、その後に発見されたキトラ古墳壁画（→53頁、225頁）とともに、飛鳥地域のみならず日本の文化財保護の象徴的存在になりました。しかし、壁画の劣化が進行していたことが後に判明し、特に高松塚古墳については石室の解体が必要となり、大きな問題となりました。

　現在は、両壁画ともに最新の技術による修理が完了しています。キトラ古墳壁画は「キトラ古墳壁画体験館　四神の館」で保存公開されており、高松塚古墳壁画については、国営飛鳥歴史公園高松塚周辺地区北西エリアでの保存管理公開活用施設の整備が予定されています。どちらの壁画も古墳内への復旧を恒久保存方針としていますが、その計画は具体化しておらず、当分は保存公開施設におかれます。

　両壁画の寄附金付きの記念切手もそれぞれ発行されました。特に高松塚古墳壁画の記念切手は、記念切手史上最高の一億二〇〇〇万枚余が発行され、その寄附金を原資として、高松塚壁画館が飛鳥保存財団（現在の古都飛鳥保存財団）によって古墳近接地に整備され、模写壁画などが公開されています。

高松塚古墳壁画の記念切手

明日香村特別措置法の制定

明日香村については、村の全域にわたって貴重な歴史的風土が良好に維持されていることから、昭和五十五年（一九八〇）に「明日香村特別措置法（通称、明日香法）」が制定されました。正式には「明日香村における歴史的風土の保存及び生活環境の整備等に関する特別措置法」といいます。明日香法では、明日香村における歴史的風土の保存と住民の生活環境および産業基盤の整備との調和を図るため、明日香村の全域を対象に一種地区と二種地区に地域区分し、それぞれ古都保存法上の特別保存地区とする特別な措置が講じられています。

明日香法が制定されたことにより、遺跡などの発掘調査もより積極的に進められ、保存のための措置も一段と強化されました。また、明日香法に基づく明日香村整備基金が積み立てられ、その運用益を活用して、歴史的風土の保存や住民生活の安定にかかる事業が実施され、その不足を補うための明日香村歴史的風土創造的活用事業交付金も村に交付されています。

高松塚壁画館

2 行政セクターなどによる施策の推進

新たな法令に基づく施策の推進

景観法の制定と明日香村での取り組み

平成十六年(二〇〇四)に公布された「景観法」に基づき、明日香村では、村全域を景観計画区域として、村全体の景観づくりから大字(大字)レベルでの身のまわりの景観づくりまでを視野に入れた「明日香村景観計画」が平成二十三年に策定されました。明日香村内の四〇の大字では、歴史文化的な背景や地形的特徴を反映した土地利用がされており、周囲の環境に溶け込んだ個性的な集落景観が形成されています。多くの旧集落(古くからの集落)では、伝統的な様式を踏襲した家並みが形成され、漆喰や板張りによる仕上げの外壁、越屋根や煙出し、虫籠窓や格子窓などの伝統的意匠を持つ民家も多くみられます。明日香村景観計画は、第一部景観マスタープラン編、第二部景観形成方策編、第三部大字景観計画編の三部構成となっています。景観マスタープラン編では、景観形成の目標や基本方針など、景観形成方策編では、具体的な景観形成基準や特定区域における優先的な景観形成などが定められています。景観計画区域内での届出対象行為には、「古都保存法」および「明日香村風致地区条例」に基づく許可対象行為に加えて、より小規模な工作物や大字景観計画で規定する行為も含まれます。

明日香村の大字景観計画

「明日香村景観計画」における大字（大字）景観計画とは、各大字の特徴に応じ、大字単位で住民自らが定める計画とされ、一〇年後の姿を目標の基本とし、準備が整った大字から作成が進められています。集落を取り囲む農地や山林、河川なども含めた大字全域が対象とされており、土地利用の方針、建物や町並み、農地や山林の管理の方針に加え、大字にとって大切な資産の継承方法や伝統的な行事や祭礼の継承のための取り組みの方針など、今後の大字のあり方が示されます。計画の作成後に社会情勢の変化などにより変更が必要である場合は、住民の合意のもとに随時変更していくことも可能としています。

大字景観計画では、伝統的な町家や集落景観の保全を図るとともに、新たな宅地開発や建築を周囲の環境と調和したものとするための誘導施策が定められます。奥山・檜前・御園などの大字景観計画の事例では、大字固有の美しい景観づくりを進めるため、「建築物・工作物のマナー」が定められており、マナーとしては、守るよう努力すべき事項である「ガイドライン（努力事項）」と最低限守る必要のある「ルール（必須事項）」の二種類が設定されています。

文化観光推進法の制定と明日香村での取り組み

文化の振興を観光の振興と地域の活性化につなげ、その経済効果が文化の振興に再投資されることを目的に、「文化観光推進法」（正式には「文化観光拠点施設を中核とした地域における文化観光の推進に関する法律」）が令和二年（二〇二〇）に公布、施行されました。地域の観光関係事業者などと文化施設とが連携し、歴史的・文化的背景やストーリー性を考慮した文化資源の魅力の解説・紹介が行なわれ、来訪者が学びを深められることが期待されます。

明日香村の「明日香まるごと博物館地域計画」は、世界遺産構成資産候補である遺跡（→44頁）そのものを文化観光拠点施設とする、同法の認定計画であることが大きな特徴です。文化への理解を国内外の観光客に深めてもらうため、牽牛子塚古墳・キトラ古墳・高松塚古墳・中尾山古墳・石舞台古墳・飛鳥宮跡、飛鳥京跡苑池・飛鳥水落遺跡および酒船石遺跡の九つの世界遺産構成資産の候補資産を文化観光拠点施設として位置づけています。また別途、国の認定を受けた奈良県の「いかす・なら地域計画」では、奈良県立橿原考古学研究所付属博物館・奈良県立万葉文化館が飛鳥・藤原の地での文化観光拠点施設とされています。

行政セクターなどの連携による施策の推進

❖公衆トイレや休憩所などの設置

飛鳥・藤原の地を歩いて、あるいはサイクリングなどでめぐる人々にとって、公衆トイレや屋根付きの休憩所の存在は必要不可欠といえます。実際に現地の周遊コースを設定する際には、お弁当を食べたり、トイレ休憩を取ったりする場所をあわせて決めておくことが望まれます。これらは国や自治体などが設置していることが多く、社寺などが設置しているものもありますが、使用するために入山料・入館料などが必要な場合もあります。

明日香村内では国営飛鳥歴史公園が五地区で整備されており、各地区に公衆トイレや屋根付きの休憩所・四阿などがあり、利用者の周遊拠点となっています。また、飛鳥駅前（道の駅）、稲渕の棚田（男綱付近）、川原寺跡付近、飛鳥京跡苑池、藤原宮大極殿跡、香具山の西麓など主要な地点に公衆トイレがあるほか、古墳などの近くにある中小の公園や公共施設のトイレを利用することも考えられます。

国営飛鳥歴史公園甘樫丘地区豊浦休憩所

❖電線地中化などの推進

明日香村・橿原市・桜井市などでは、各市村の中心部や顔となる玄関口、重要な遺跡・町並みの周辺において、景観や生活環境の向上を図るべく電線の地中化を推進しています。明日香村では、川原寺跡周辺、大字飛鳥や大字岡の伝統的町並みなどにおいて、歴史的風致に配慮した電線の地中化が継続的に進められてきました。史跡周辺や伝統的町並みでの電柱と電線の地中化により、地表部の景観阻害要因の除去が進み、村のメイン通りに沿って美しい町並みと背景に広がる空などがつくり出されています。また、メインの歩行者通りを石貼り舗装にするなど、居住者や来訪者に配慮した町並み環境の向上も進められています。

❖ご当地ナンバー「飛鳥」の交付（五市町村）

ご当地ナンバーは、自動車のナンバープレートを「走る広告塔」として地域振興や観光振興に活用するため、地域の要望に応じて新たな地域名を追加して表示できるものです。令和二年（二〇二〇）五月より「飛鳥ナンバー」の交付が開始されました。対象圏域は、橿原市・高取町・田原本町・三宅町、そして、明日香村の五市町村です。なお、ご当地ナンバー「飛鳥」の圏域五市町村に寺川流域の桜井市と川西町を加えると、坂戸座以外の大和猿楽四座所縁の地（→335頁）がおおむねカバーされます。

飛鳥ナンバー（寄附金付き）
キトラ古墳の壁画に描かれた朱雀がデザインされる

「飛鳥ナンバー」のデザインには、飛鳥を象徴する朱雀が羽ばたく様子が赤やオレンジの明るい色合いで描かれ、この地域が朱雀のように飛躍するように、との願いが込められています。新車登録や移転登録時に、「飛鳥ナンバー」の着用が義務づけられ、希望者は、手数料を支払うことで、現在のナンバープレートを「飛鳥ナンバー」に変更することができます。

3 住民などによる景観の維持や伝統の継承

伝統的な町家や集落景観の保全

明日香村の集落景観の特性

明日香村の集落は、大字飛鳥は東西軸の街村、岡・島庄の両大字は南北軸の街村に分類されています。それ以外の大字では、おおむね地形を反映した土地利用がされており、まとまった塊村が形成されています。中間的な集落や、街村と塊村が組みあわさった集落もあります。

飛鳥川・冬野川上流の山地部では、大字稲渕・大字栢森・大字細川などのように、山裾の谷間を流れる河川沿いにあって、川と深いかかわりをもって形成された塊村と、広がりのある棚田とが一体となった集落景観がみられます。さらに、山間部では、大字畑・大字入谷のような

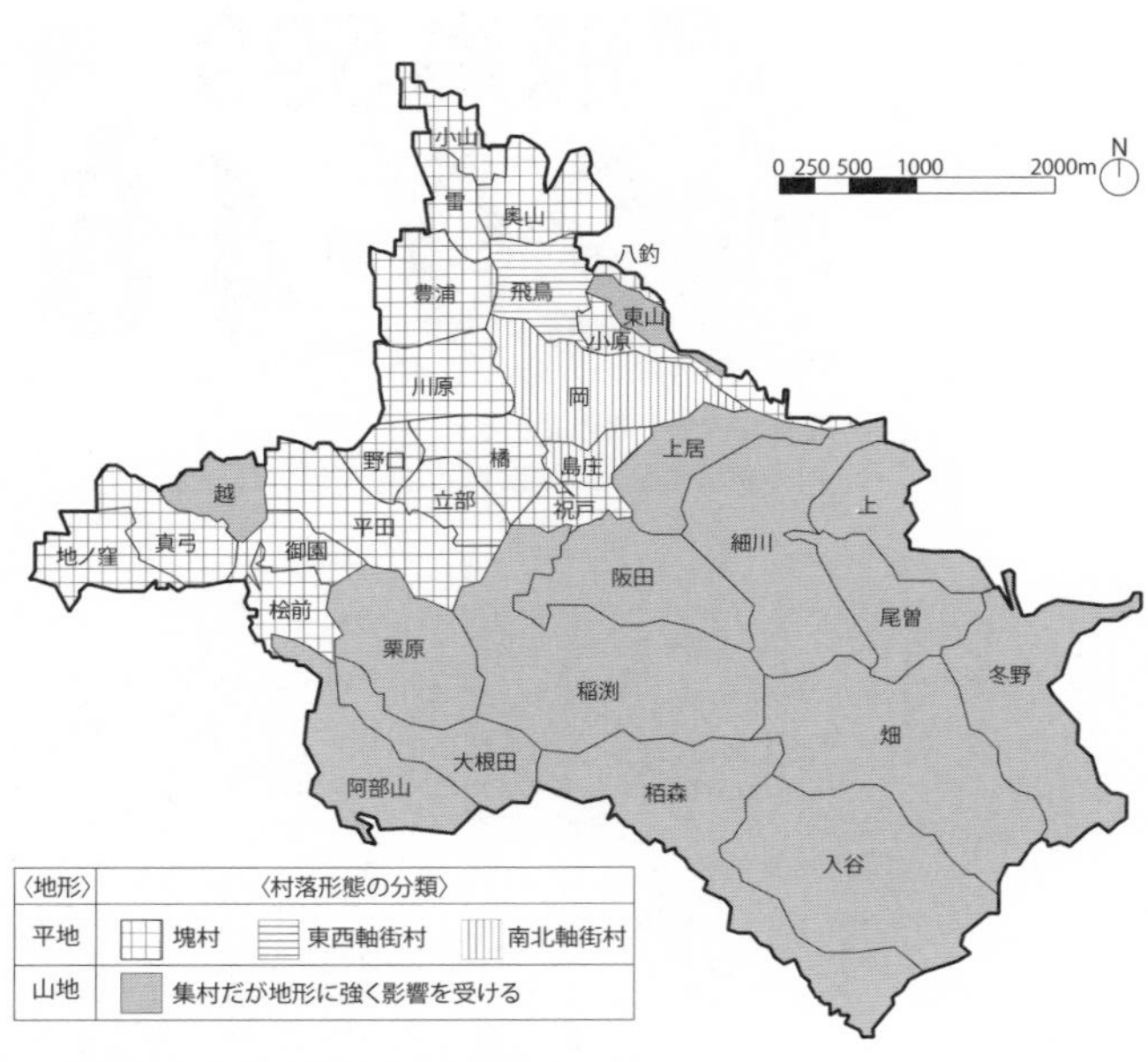

明日香村の各大字の集落形態（山本他2016）

周囲を森林に囲まれた中に民家が点在する散村的な集落も形成されています。飛鳥川上流の五大字（稲渕・栢森・入谷の全域と祝戸・阪田の一部）では、集落景観と棚田や森林を含めた「奥飛鳥の文化的景観」が、国の重要文化的景観に選定されています（→241頁）。

また、村北部の低地部では、大字奥山・大字小山などのように、周囲を農地や樹林に囲まれたまとまりのある塊村集落が立地しています。その一方で、飛鳥駅に近く鉄道の便のよい村の西部では、計画的に整備された住宅市街地もみられます。大字越や大字真弓、大字御園の旧集落などのように、敷地内の屋根の甍（瓦葺屋根）や緑と、曲がった道や石積などがつくる連続的に変化するシークエンス景観を持った伝統的集落が低い丘陵部を中心として立地しています。

伝統的な町家や集落景観の保全

飛鳥・藤原地域には、伝統的な様式の町家や、いわゆる「囲造り」の屋敷構えを持った民家が残されています。大和平野に多い囲造りとは、敷地の周囲に長屋門、納屋・稲小屋・米蔵・内蔵・離れ座敷などの付属屋を配置した分棟配置型の屋敷構えです。土塀や主屋の一部も含めて四方を完全に取り囲んでいる閉鎖型と、明日香村の通例のような開放型の囲造りとがあります。

これに対し、街村では、「つし（厨子）二階建て」などの主屋が、基本的に道路に接していました。明日香村の岡・飛鳥の両大字や橿原市の今井町・八木町などでは、主屋につし二階建てが用いられています。つし二階建ては、近世後期に完成し、明治時代後期頃まで一般的であった町家様式であり、二階部分の天井が低く、虫籠窓を

旧米谷家住宅

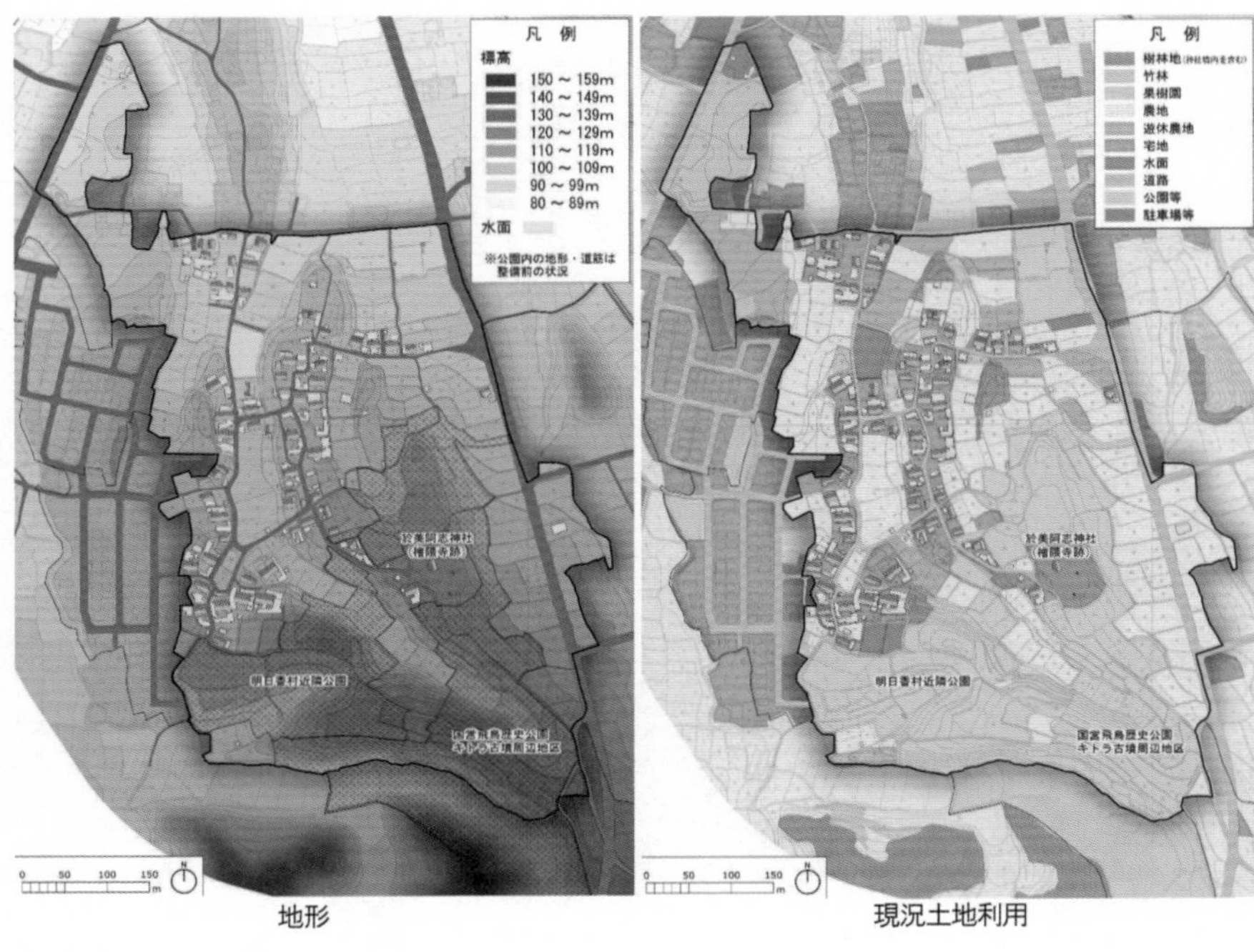

大字檜前の地形と現況土地利用（「檜前大字景観計画」より）

あけた屋根裏部屋のような空間で、建物の形状が「二階厨子（にかいずし）」と呼ばれる調度品と似ていたことが、その名の由来とされています。虫籠窓は、明かり取りや通風のために、明治時代までの町家の二階部分に使われた標準的な窓です。江戸時代には「町人が武士を見下ろさず」の禁制から、本格的な二階を持つ商家や民家は建てられず、中二階（つし二階）は物置きなどに利用されました。特に奈良や京都・大阪では、遅くまでつし二階建ての町家がつくられてきました。

一方、明日香村の旧集落部においては、地形の特徴を活かした伝統的な土地利用により、集落景観が形成されました。檜前（ひのくま）・御園（みその）の両大字では、尾根筋を南北に蛇行する古道が旧集落の主軸であり、ほとんどの主屋は、この主動線沿いに南面して建ちならんでいます。尾根筋や斜面には畑地・果樹園・樹林もあり、谷部や低地部では水田が営まれました。両集落の中心には、於美阿志（おみあし）神社（檜前→165頁）と天（てん）神社（御園）という社叢（しゃそう）を持ったお宮があり、社叢の巨木群は、集落の景観的な核ともなって、周辺一帯にまで存在感を示しています。

両大字の旧集落内では、ほぼ東西方向に棟を取る主屋の母屋と、離れ・納屋・土蔵など平屋建ての付属屋が敷地内に配されていました。母屋の屋根は大半が黒色から灰色の和瓦で、片方を入母屋に反対側を切妻とする「片入母屋・片切妻」がみられ、入母屋と切妻が混在しています。また、落棟による変化も加わり、甍の波が集落内で連なっていました。尾根筋と谷筋の高低差を解消するため敷地境界に設置された石積は、塀や生け垣とともに緩やかな曲線を描いて、道筋添いの草花や庭木とともに、温かみや懐かしさを感じさせる家並みが続いています。

なお、檜前・御園の両大字は飛鳥駅に近く、国営飛鳥歴史公園キトラ古墳周辺地区（明日香村大字阿部山）と高松塚周辺地区（同大字平田）を結ぶ動線上にあり、また大字栗原とともにかつての高市郡檜前郷の中心でもあった集落です。

大字の立地環境により家並みや家屋の配置・つくり方も異なってきます。中ツ道と阿倍山田道（→ともに128頁）が交差する位置にある大字奥山は、低地部にあって西側に水田が広がっています。西日や西風を防ぐために母屋は妻側を西とし、窓などの開口部は西側に設けないのが一般です。このため大字奥山全体としては、直線的な土地利用のもとで、美しい山並みを背景に整然とした切妻屋根が連なったリズ

大字奥山　切妻屋根が連なる景観

ム感のある集落景観が形成されています。

無住社寺などの維持

明日香村の各大字（大字）には、集落内で最も見晴らしのよい丘の上や微高地などに、お宮やお寺・墓地があります。これらは伝統的な祭礼や宮講・さなぶりなどの恒例行事、あるいは会議や懇親、墓参などの場として住民の日常的な拠り所、コミュニティの拠点となってきました。また、歴史的意義のある古文書や仏像・掛け軸なども保存されており、お宮やお寺は、地域の文化的景観を構成する重要な要素ともなっています。

こうしたお寺の中には住職がいるところもありますが、ほとんどは住職や宮司が常在していない無住社寺で、賽銭や拝観料などの収入もありません。明日香村内の神社で宮司・神職がいるのは飛鳥坐神社だけで、村内の他のすべての神社の儀式や神事をも、各大字の依頼を受けた同社宮司によって執り行なわれています。

各大字の神社や寺院をめぐりながら、散策やサイクリングをするのも、飛鳥・藤原ならではの楽しみ方の一つといえます。しかし、神社や寺院の修繕や改築の費用は大字住民によって賄われており、特に人口が減少している大字などでは、大きな経済的負担となっています。公益財団法人古都飛鳥保存財団では、無住社寺などに対する助成事業を総費用の三分の一までを限度として行なってきました。昭和六十二年（一九八七）度から令和四年（二〇二二）度までの総助成件数および額は、おおむね二一〇件で約二億六〇〇〇万円となっています。対象事業の中には、重要な古民家の茅葺屋根の葺き替えなども含まれています。こうした助成事業を今後も継続していくためには、明日香村の無住社寺などのサポーターを全国から募り、毎年度の会費や寄附金をその財源にあてるなど特別な仕組みが必要と考えられます。

棚田や里山の保全

あすかオーナー制度（棚田オーナーなど）

飛鳥・藤原地域の歴史的風土を守ってきたのは、農業を中心とするこの地域の住民の生業や生活です。しかし、従来のやり方を踏襲するだけでは、生業や生活そのものが立ち行かなくなってきています。

明日香村では、農業の担い手の減少と高齢化や耕作放棄地の増大という問題に対応し、棚田や里山などの歴史的景観を支える「農」を通じた都市との共生を図るための「あすかオーナー制度」が進められてきました。その中核的取組みが「棚田オーナー制度」であり、棚田での米づくりを通じた新しい文化の発信を目指す「棚田ルネッサンス」として、稲渕地区において平成八年（一九九六）から実施されています。地元農家がインストラクターとなり棚田オーナーの農業指導を行ない、オーナーは田植えや稲刈りなど米づくりだけでなく、周辺の草刈り、案山子づくりなど棚田の景観を守るためのイベントにも参加しています。

オーナー制度は、棚田の維持・管理や周辺一帯の景観保全に貢献するとともに、稲渕の棚田の魅力をより多くの人に知ってもらう情報発信ツールともなっており、「NPO法人明日香の未来を創る会」が創設されて自立的な運営が行なわれています。オーナー募集などの広告宣伝や行事の案内通知などは、事務局の一般財団法人明日香村地域振興公社が行なっています。

棚田オーナー

飛鳥里山クラブの活動

国営飛鳥歴史公園ボランティア「飛鳥里山クラブ」は、飛鳥地方の有する自然や歴史、文化を学び、その魅力を来園者へ伝えるとともに、里山づくりという視点から飛鳥地方の活性化に貢献することを目的として平成七年（一九九五）四月に設立されました。一般財団法人公園財団飛鳥管理センターと飛鳥里山クラブが連携し、飛鳥らしい里山の育成を進めており、飛鳥里山クラブの「里山づくり隊」は、飛鳥らしさが感じられる風景づくりを目的とした植生調査や、草刈り、郷土種の保護、体験イベントなどの活動を実施しています。

滞在型来訪者の受け入れ

国営飛鳥歴史公園内での宿泊研修施設の整備

国営飛鳥歴史公園祝戸（いわいど）地区では、昭和四十五年（一九七〇）の閣議決定（「飛鳥地方における歴史的風土及び文化財の保存等に関する方策について」↓373頁）に基づき、公益財団法人古都飛鳥保存財団が、公園管理者である国の設置管理許可を受けて、宿泊研修施設（祝戸荘）を整備し（設置当時は飛鳥保存財団）、管理運営を行なってきました。しかし、令和のはじめには財団による経営が限界に達したため、施設の所有・運営を民間事業者に委ねることとなりました。

都市公園法に基づく国の公募によって、国営公園内における宿泊研修施設の設置管理を財団にかわって行なう者が選定され、星野リゾートの子会社である株式会社祝戸荘ホテルマネジメントが、再スタートする祝戸荘の設置管理者に決定されました。株式会社星野リゾートは、明日香村真弓（まゆみ）地区でリゾート型宿泊施設「星のや」の整備も行なっています。

古民家を利用した宿泊施設の整備

明日香村大字飛鳥の旧大鳥家住宅（→244頁）は、飛鳥坐神社の参道でもある県道に北面する古民家で、長谷工グループの古民家再活用プロジェクト第一弾として令和四年（二〇二二）に改修され、宿泊施設「ブランシエラ ヴィラ 明日香」に生まれかわりました。同年には明日香村初の登録有形文化財に登録されました。木造つし二階建て、切妻造の桟瓦葺で、明治三年（一八七〇）に建てられたとされています。

原型は農家形式の架構を持つ整形四間取りの在地型町家で、カマヤ上部には煙出しの越屋根を載せています。主屋の東側はカマヤとトオリニワ形式の土間になっており、離れは農家住宅に必要な付属棟や納屋で、そのつし二階は藁置きの場所でした。主屋のつし二階の外壁は、漆喰壁で木瓜型の虫籠窓があり、鬼瓦には丸に隅立て四つ目の家紋があります。

飛鳥民家ステイを通じた体験交流の促進

明日香村などでは、国内外からの学生たちが一般の家庭に滞在して生活体験のできる「飛鳥民家ステイ」と体験交流型プログラムによる教育旅行の受け入れを、一般社団法人大和飛鳥ニューツーリズムが行なっています。

旧大鳥家住宅を改修した宿泊施設「ブランシエラ ヴィラ 明日香」の外観

農業や郷土料理づくり体験などのほか、史跡めぐりや歴史探検ガイドツアーなど、飛鳥や周辺地域ならではのプログラムが準備されており、台湾やマレーシアなど海外からの受け入れも積極的に行なわれています。明日香村のほかに、橿原市・高取町・桜井市・宇陀市・下市町・奈良県が連携自治体となっています。

漢方の産業化や伝統的郷土料理の復元

漢方薬の伝統

薬用植物や動物・鉱物を原料にしてつくられるのが「生薬」で、「漢方薬」は、生薬を伝統的処方にしたがって混合してつくられます。「漢方医学」は、古代に中国や百済などから伝わった伝統医学が日本で独自の発展を遂げて完成したものです。その漢方医学で使用される薬が漢方薬で、中国の薬と思われがちですが、日本独自の呼び方です。

飛鳥地方を含む中南和地域は、現在も漢方薬の生産や薬草の栽培で知られています。奈良県は、「大和物」と呼ばれる品質の良い薬用作物の産地でした。奈良時代の正倉院御物の中には古代の薬物が含まれており、他に例をみない貴重な資料とされています。「東大寺献物帳」の『種々薬帳』には、光明皇后が献納した六〇種類の薬物名・数量・質量などが記され、漆塗りの櫃におさめられた約四〇種類の生薬が現存しています。

飛鳥時代から行なわれてきた寺院での施薬（病人に薬を調薬して施すこと）という伝統が、地場産業としての薬産業の基礎となりました。施薬は次第に民間へと移行し、家業として売薬業を営む地域が形成され、発展しました。特に江戸時代以降は、漢方薬や漢方医学とゆかりの深い奈良県の中南和などで薬草栽培が盛んに行なわれ、農家の貴重な換金作物となりました。

漢方の産業化への取り組み

奈良県は「漢方のメッカ推進プロジェクト」を立ち上げ、この地域の伝統と強みを生かした生薬の供給拡大と漢方の産業化に取り組んでいます。「大和物」の漢方薬の代表が、セリ科の多年草のヤマトトウキでした。ヤマトトウキは、セロリに似た芳香があり、その根が重要な生薬の「当帰」になります。滋養強壮・鎮痛・補血を目的に、婦人病薬などとして現在も多用されており、製薬メーカーなどから国産化が期待されています。明日香村では、集落営農により、除草剤を使わずにヤマトトウキなどを育てています。その明日香村産の高品質なヤマトトウキをはじめ奈良県産の五種類の和漢エキスを配合した「ならこすめ」ブランドの化粧品セットなどが、開発・販売されています。

また、明日香村の高松塚古墳周辺や石舞台古墳の近くでは、複数の民間企業などにより、遊休地などを活用したタチバナ（橘）の植樹活動が行なわれています。大和郡山市から広がった「なら橘プロジェクト」では、奈良市と明日香村を結ぶ幹線道路「中ツ道」の街道沿いや奈良市内の寺院の境内など多くの場所でタチバナの苗木の植樹が進められています。

『万葉集』にも多くうたわれたタチバナなどミカン科の樹木の実の皮を乾燥させた「橘皮」は、生薬として珍重されてきました。奈良県内では「大和橘」のブランド化を図る動きが進められています。タチバナの実や花などを利用した商品開発も行なわれており、タチバナの花から分離した「橘花酵母」を使った奈良県独自のビールの開発も進行中です。

「蘇」の復元製造

古代の貴重な滋養薬に、牛乳を加工・発酵させた「蘇」がありました。『唐大和上東征伝』では、

再現された飛鳥の蘇

鑑真が来日した際に蘇を携えていたとされます。蘇は薬用のほか、貴族の宴席料理や仏教行事にも用いられました。『延喜式』によれば、蘇を朝廷に貢納する貢蘇が、ほぼ全国的に命じられていました。貢納量が多いのは、百済や高句麗からの渡来人集団を定住させたという記録のある国でした。藤原実資の『小右記』には、藤原道長が貴重な滋養薬であった「蘇蜜煎」を服用していたことが記されています。蘇の効能は、五蔵を補い、大腸に利き、口瘡を治すというものでした。

香具山の南麓の西井牧場では、「飛鳥の蘇」を食品として復元製造しています。飛鳥資料館が昭和六十二年（一九八七）に特別展示「万葉の衣・食・住」を開催した際に古代食として再現したものを商品化したもので、搾りたての生乳を火にかけ、七～八時間じっくり撹拌してつくられます。表面はサックリとした歯ざわりで、甘さの控えめな上品な味わいです。

飛鳥鍋の復活と普及

一説には、牛乳と唐風の若鶏料理と結合させて、牛乳で若鶏を煮る「飛鳥鍋」を生み出したのは渡来人であったともいわれています。また、妙楽寺（談山神社→169頁）の修行僧たちが寒さをしのぐために、飼っていた鶏の肉をヤギの乳で煮るようになったのが、飛鳥鍋の起源という説もあります。孝徳天皇にはじめて牛乳を献上したという記事が『新撰姓氏録』にみられますが、牛乳は皇族や貴族階級しか手に入らない貴重な薬でした（→80頁）。現在の飛鳥鍋を考案したのは、明日香村小山の薮内増治郎（旧飛鳥村の村長）で、名古屋コーチンをつぶし、ヤギの乳で煮たのがはじまりといわれています。それを橿原観光ホテルが開業の翌年の昭和二十八年（一九五三）、薮内氏に依頼して郷土料理として復活し、提供したといいます。現在は飛鳥地方の冬の郷土料理として広く普及しており、飲食店やホテル・民宿などで人気があり、また家庭料理としても親しまれています。

一般的な飛鳥鍋のつくり方は、鶏ガラスープに昆布やカツオでとった和風だしを加え、白菜・ゴボウなど多くの野菜やキノコなどと鶏肉を入れ、最後に牛乳で煮込みます。鶏ガラスープと牛乳の割合は七対三くらいが目安ですが、好みにあわせます。味付けに少量の白味噌、醤油、砂糖、ショウガなどを味付けに用いることもあります。具材がほぼ煮えたら牛乳を鍋にそそぎ、煮立て過ぎないように注意します。うどん、餅などを最後に入れていただくこともあります。

伝承芸能の保存活動への取り組み

明日香村伝承芸能保存会

明日香村には、『古事記』『日本書紀』の時代より受けつがれてきた伝統的な芸能があります。明日香村文化協会の中で活動してきた「八雲琴（やくもごと）」、「南無天踊り（なもでおどり）」に、「飛鳥蹴鞠（けまり）」と「万葉朗唱（まんようろうしょう）」の会を加えた四つの部門が、明日香村の無形文化財として継承発展させることを目的に、新たに「明日香村伝承芸能保存会」を設立し、活動しています。

八雲琴

南無天踊り

「なもで踊り」とは、江戸時代前期の頃より明治時代末まで奈良盆地で広く行なわれていた雨乞いの行事で、時代が進むにつれて歌舞音曲を伴う農民芸能へと進化し、県内のあちこちの神社に、その様子を記した絵馬が残されています。この絵馬や古老の話をもとに、明日香村文化協会が戦後、一時絶えていた「なもで踊り」を復活させたのが現在の「南無天踊り」です。『日本書紀』によれば皇極天皇元年（六四二）、皇極天皇は「南淵の河上」で祈雨祭祀を行なっています。それは稲渕の飛鳥川上坐宇須多岐比賣命神社が鎮座する辺りであったともされますが（→165頁）、かつて同社境内で行なわれていた「なもで踊り」は、「本なもで」と称され、内宮（稲渕の南淵請安墓に残された談山神社）では「仮なもで」が行なわれていたといい、関連性もうかがえます。伝承芸能保存会の「南無天踊り」は五部構成で、第一部では皇極天皇の雨乞いの儀式、第二部では実際に村内の各大字（大字）で行なわれていた雨乞行事のさまを物語っているといいます。

八雲琴

江戸時代の文政年間（一八一八〜三〇）に創案された二弦琴の一種で、素戔嗚尊（須佐之男命）の詠んだ「八雲立つ」の歌に因んで名づけられ、神事などに奏されました。「出雲琴」ともいいます。『古事記』にある、須佐之男命から大国主神に伝わった「天の詔琴」が発祥ともされています。古墳時代の遺跡からも二・四・六弦などの琴が出土しています。飛鳥寺の山本雨宝（震琴、一九〇三〜八八）は自ら演奏するにとどまらず、口伝の曲を採譜するなど継承・普及につとめました。この八雲琴を継承するために「明日香の響保存会」が設立され、現在は明日香村伝承芸能保存会の部会として、各種式典・イベントでの演奏、後継者の育成、普及を行なっています。

飛鳥蹴鞠

蹴鞠のはじまりは中国、戦国時代の斉（紀元前三八六〜二二一年）に遡るといいます。軍事教練としてはじまり、後には競技として宮廷内で行なわれていました。日本には飛鳥時代に伝来したと考えられます。皇極天皇三年（六四四）正月条に法興寺（飛鳥寺）の槻の樹の下で「打毬」が行なわれたとあり、その際の中大兄皇子と中臣（藤原）鎌足の出会いのエピソードは有名です（→350頁）。飛鳥蹴鞠は、これにちなみ飛鳥寺を日本での蹴鞠の発祥の地として蹴鞠を復元する取り組みを行なう会です。ボランティアを原則とし、飛鳥蹴鞠の再現と技術向上・普及、調査・研究、文化体育行事への参画といった活動をしています。

万葉朗唱

万葉学者の犬養孝（一九〇七〜九八）は、「万葉歌は歌うもの」という考えのもと独自の旋律に乗せて万葉歌をうたい上げる「犬養節」で親しまれ、多くの人に『万葉集』を広める取り組みを行ないました。それを受け継ぎ、各人が思い思いの旋律に乗せて万葉歌をうたい楽しむというのが万葉朗唱で、明日香村伝承芸能保存会のもと「明日香村で万葉の歌を朗唱する集い」や村内外の各種イベントで活動をしています。

4 樹木・草花や作物による景観形成など

飛鳥・藤原地域の田畑・社寺・公園・橋詰などには、貴重なランドマークとなり、また周囲の景観と一体となって、情緒やたたずまいを形成している名木が多く残されています。それらは、しばしば写真コンクールなどの恰好の題材にもなってきました。こうした名木は、人々に親しまれる存在であるとともに、自然と人々の営みが一体となった飛鳥・藤原地域の魅力をつくり出しています。また、田畑や公園・遺跡などでは、周囲の景観に彩を添え、季節感をも感じさせてくれる草花や作物の播種や植栽を行ない、歴史的風致の維持向上を図る取り組みも行なわれています。優れた風致の維持や飛鳥・藤原の地域らしさの創出にも寄与しています。

『万葉集』などには、飛鳥・藤原地域の現代の田園景観にも風情や詩情を添えている野の花などの草花や作物（景観形成植物）を、古代の万葉びとの感覚で詠んだ歌が多く残されます。さらに、万葉の時代には、布は非常に貴重であり、植物などを原料に染色を行ないました。色が落ちたらくりかえし染め直しをして使ったようです。飛鳥・藤原地域では、伝統的な材料による草木染めも行なわれています。

飛鳥・藤原の名木と風致の維持

飛鳥・藤原地域の代表的な名木としては、以下のような事例があります。古宮土壇のエノキは写真コンクールの定番スポットで、石舞台古墳のソメイヨシノは夜桜でも知られています。甘樫丘展望台のソメイヨシノなどは、重要な歴史的視点場の前景をなすとともに、樹木のシルエットによって、飛鳥の小盆地からも展望台の場所を確認できるランドマークになっています。

大字川原（小山田地区以外）では、板蓋神社、庚申さん、照葉樹に囲まれた龍神さん（川原寺跡の龍神社）、クスノキの巨木のある天王さん（八阪神社）の四ヵ所を、春と秋の祭典までの半年単位の当番制で、当番の頭屋が清掃を行なうという取り決めによって、名木周辺の管理が行なわれています。なお龍神さんは、空海が東南院において龍王を招待したところといわれ、未発掘のまま大字川原の財産となっています。また、天王さんについては、斉明天皇の殯宮跡地とする言い伝えもあります。

古宮土壇のエノキ（榎）

橿原市和田町から明日香村豊浦の水田風景の中にあるエノキで、田に水を張る六月とヒガンバナの咲く九月には、写真愛好家に特に人気の場所となっています。「古宮土壇」と呼ばれてきた場所ですが、土壇の南方で七世紀の庭園跡がみつかっています（→195頁）。

エノキは「ヨノミ」とも呼ばれ、その実は食用にされていました。『万葉集』には、エノキを詠んだ次の歌があります。

我が門の　榎の実もり食む　百千鳥　千鳥は来れど　君ぞ来まさぬ（巻十六－三八七二／作者不詳）

私の門口にあるエノキの実をついばむたくさんの鳥。鳥は群がり来れど、あなたは私のもとに来てはくれない。

古宮土壇のエノキ

明日香村中央公民館東側のクスノキ（楠・樟）

明日香村大字川原の中央公民館の東側附近にあるクスノキの大木で、新しい村役場からも至近の位置にあります。「天王社（八阪神社）」と呼ばれるお宮の敷地にありますが、祠は現在なく、このクスノキが御神体のようにそびえ立ち、村中心部のランドマーク的存在にもなっています。

呉津孫神社のムクロジ（無患子）

明日香村栗原の呉津孫神社の境内広場にあり、全国的にも有数のムクロジの巨樹といわれています。瘤状の大きな根の張りが特徴で、石段の上の広場入口にそびえ立っています。『日本書紀』の雄略天皇十四年（四七〇）正月の条には、身狭村主青らが呉の国（中国）の使とともに呉国の奉った手末才伎らを率いて帰り、呉人を檜隈野にはべらしめたので「呉原」と名づけたとあります。呉津孫神社は、本来は呉人の祖神を祀った神社とみられています。

ムクロジの実と果皮

ムクロジはムクロジ科の落葉高木で、秋になると美しく黄葉し、たくさんの球形の果実をつけます。果実は直径二センチメートルほどで、熟すと半透明の黄褐色になります。明日香村栗原の呉津孫神社の境内でも、葉を落とした木にぶら下がっていたり、地面に落ちているムクロジの果実が簡単にみつかります。この果実の中には硬い種子（殻）が一個あり、無病息災や厄除けに効能があるとされています。種子はやや艶のある黒色で、正月の羽根つきの球や数珠にも使われ、中国では唐代から数珠に用いられていたようです。

ムクロジは漢字で「無患子」と書き、「患いを無くす」ということで縁起が良いとされています。寺社の境内によく植えられており、病気を患わないようにと「無患子守」「無病御守」などの名で、その種子を用いたお守りが売られていたりします。

また、果皮は漢方では「延命皮」と呼ばれ、サポニンを含みます。水に浸けてこすると泡立つので、明治時代まで洗浄剤に用いられました。果実にサポニンを含むムクロジやエゴノキは、別名でセッケンノキとも呼ばれました。

稲渕の棚田のイチョウ

川原寺跡の照葉樹

川原寺跡（龍神社）の照葉樹

川原寺跡(かわらでら)（→140頁）の敷地東側には、飛鳥川や一部は県道多武峰見瀬(とうのみねみせ)線に沿うように、カシ類などの照葉樹の大木がならんでいます。県道を挟んで南側の橘寺(たちばなでら)や、飛鳥川の向こう側の飛鳥宮跡・飛鳥京跡苑池(えんち)にもほど近い場所です。県道沿いの一際高くこんもりした照葉樹群の下には、龍神社（龍神さん）と呼ばれる祠がおかれており、その周囲には人も立ち入らず、霊木的な存在になっています。

橘寺門前のイチョウ（銀杏）

橘寺(たちばなでら)（→148頁）の西側門前の大イチョウで、晩秋には、落ち葉が敷き詰められて黄色い絨毯(じゅうたん)のようになります。この地の象徴的存在でもあります。

稲渕の棚田のイチョウ

明日香村大字稲渕(いなぶち)の棚田(たなだ)の西側最上部にあるイチョウです。周囲の風景に溶け込み、社寺境内や街路樹のイチョウとは、また違った趣を持つイチョウの木です。

石舞台古墳・甘樫丘展望台のソメイヨシノ

石舞台(いしぶたい)古墳（→182頁）の周囲や甘樫(あまかしのおか)丘展望台には、ソメイヨシノが列植されており、サクラの開花の時期には多くの人で賑わいます。石舞台古墳では、古墳と夜桜がライトアップされた幻想的な空間がこの時期に出現します。ま

石舞台古墳の夜桜

た、甘樫丘展望台のサクラの花が風で宙に散り舞うさまも、飛鳥ならではの風景といえます。

橿原神宮前駅のクマノザクラ

橿原神宮前駅の中央口広場では、将来の飛鳥・藤原地域の名木となることを願って、クマノザクラが令和三年（二〇二一）に植栽されました。大宝元年（七〇一）に藤原宮大極殿の南門前に立てられたという七本の幢幡に見立てて、古都飛鳥保存財団により七本の若木が植栽され、橿原市に寄贈されたものです。クマノザクラは、飛鳥・藤原の地と比較的近い紀伊半島の自生種で、ヤマザクラより開花期が早く、ほぼ百年ぶりに発見されたサクラの新種であることが確認されています。

談山神社の薄墨桜（エドヒガン）

かつては多武峰一帯に薄墨桜が自生しており、鼓の材料として利用されてきました。現在では樹齢約六〇〇年の一本が談山神社（→169頁）の境内に残るのみで、大切に保存されています。桜井市の天然記念物に指定され、「小つづみ桜」の呼称がつけられています。

万葉の草花や作物による景観形成

飛鳥・藤原地域の景観形成に用いられている草花・作物には、ナノハナ・レンゲソウ・ヒマワリ・ハス・キバナコスモス・コスモス・ソバ・ヒガンバナなどがあります。また、明日香村などでは、刈

雪景色の中の「ススキ」

り取った稲藁を心棒の竹や丸太の周囲に積みあげた「ススキ」などを田んぼの中に配置し、秋から早春にかけての風物詩とするような取り組みも、通常の農作業の一環として、あるいは稲渕での「棚田オーナー制度」(↓385頁)として行なわれています。九月下旬の「彼岸花祭り」や十月中旬の「レンゲ種蒔き」などイベントも開催されています。

また、奥飛鳥などでは、ハンゲショウ(半夏生)やヤマブキなどを道端や沢沿いでみることができます。これらの草花や作物、道端の野草などは、飛鳥・藤原地域の田園景観と調和しつつ、四季折々の景観をつくり出す重要な構成要素となり、その季節ならではの風情や詩情を醸し出しています。

以下では、万葉の草花・作物による景観形成と、関連する万葉歌を取り上げます。

ヒガンバナ(彼岸花)

秋のお彼岸の頃には、明日香村のあちこちで、鮮やかな紅色をしたヒガンバナ(別名、曼殊沙華)が見頃を迎えます。中国原産の植物で、古い時代に日本に持ち込まれた史前帰化植物とされています。棚田の畔などに多く、稲穂とのコントラストも印象的で、飛鳥の田園風景を象徴する草花となっています。特に稲渕の棚田では「彼岸花祭り」も開催され、大勢の来訪者で賑わいます。

『万葉集』には、多くの植物が登場しますが、ヒガンバナを詠んだ歌があるか否かは不明確です。しかし、一首だけ「いちし」の花を詠んだ歌があり、諸説ありますがヒガンバナをさすという説が有力です。『万葉集』中の「いちし」をヒガンバナに推定したのは、植物学者の牧野富太郎といわれています。なお、「いちしろし(く)」とは、「はっきり目立つ(って)」という意味です。

ヒガンバナ

道の辺の　いちしの花の　いちしろく　人皆知りぬ　我が恋妻は（巻十一－二四八〇／作者不詳）

路のほとりの「いちし」の花のようにはっきりと、人はみんな知ってしまった。私の恋しい妻を。

ナノハナ（菜の花）

「菜の花」とは食用の花という意味で、花の蕾と柔らかい葉や茎を食用にします。早春に明るい黄色の花を咲かせるナノハナは、春を告げる植物ともいわれています。橿原市の醍醐池に近い藤原宮跡では、一面のナノハナとサクラの花を同時にみることができます。ナノハナはアブラナ科の植物で、西アジアやヨーロッパが原産とされますが、中国でも古くから栽培され、日本へは中国経由でもたらされたといわれています。ナノハナのように茎の立った菜は、「茎立」と呼ばれたようです。「上野　佐野の茎立　折りはやし　折りはやし…」（巻十四－三四〇六）という茎立を詠んだ歌が、『万葉集』に一首だけ登場します。「折りはやし」は、折取って料理したことを意味するようです。

食用のほかに、十六世紀末頃から灯明用の菜種油の原料となりました。江戸時代から明治時代の前半にかけて、大和地方では菜種用の商品作物として、広く栽培されました。近代には、菜の花畑の夕景をうたう「朧月夜」が日本を代表する唱歌となりました。

『万葉集』では、春の野で菜を摘む女性が多くうたわれています。巻一の巻頭歌は、雄略天皇が若菜を摘む女性に求婚する場面からはじまります。この歌などから、古代には、菜摘みが春の行事として行なわれていたこと、菜摘みの場は男女の出会いが可能な場であったことが推測されます。一年の最初に芽吹く「春菜」は植物の生命力の象徴であり、それを摘んで食べることで、体内にその生命力を取り込むことができると考えられていたようです。『万葉集』の巻頭を飾るこの歌は、伝承されてきた菜摘みの民謡と、歴史的な存在であった雄略天皇の恋の歌をあわせて、巻頭歌にふさわしく創作されたものと考えられています。歌の冒頭では、以下のようにうたわれています。「ふくし」とは「掘串」と漢字で表記し、掘り取るためのへらのことです。

籠もよ　み籠持ち　ふくしもよ　みぶくし持ち　この岡に　菜摘ます児　家告らな　名告らさね……（巻一—一／雄略天皇）

かごよ、よいかごをもち、へらよ、よいへらをもって、この岡で若菜を摘んでいる娘よ。家を訪ねよう。名を告げて欲しい……。

ナンバンギセル（南蛮煙管）

ナンバンギセルは、葉緑素を持たないイネ科の寄生植物で、ススキ・ミョウガ・オギ・サトウキビなどの根に寄生し、晩夏から秋にかけて花を咲かせます。褐色の茎の先に一輪の筒型をした赤紫の花が、うつむいたように咲きます。長い茎と花の姿が南蛮渡来のキセル（煙管）に似ているというので、後世になってこの名がつきました。

国営飛鳥歴史公園石舞台地区または高松塚周辺地区では、公園ボランティア団体の「飛鳥里山クラブ」が種子の採取・播種を行なっており、運がよければススキの根元で、ナンバンギセルの赤紫色の花をみることができます。

『万葉集』では、ただ一首「思ひ草」という名で詠まれている植物が、ナンバンギセルであるとする説が有力です。思ひ草を詠んだ情緒豊かな歌が次の一首です。

道の辺の　尾花が下の　思ひ草　今さらさらに　何か思はむ

（巻十－二二七〇／作者不詳）

道端のススキの下に生えている「思い草」のように、今さら何を思い悩もうか。

「思ひ草」をナンバンギセルと最初に指摘したのは、本居宣長といわれています。下向きに咲く花の姿が、思いうなだれているようにもみえることから、「思ひ草」の名で呼ばれたものと考えられます。和歌では「尾花が下の思ひ草」などと詠まれることが多く、「思ふ」を導いたり、「思ひ種」に掛けたりして用いられます。

ススキの下でひっそりと咲くナンバンギセルは、陰ながらに忍ぶ恋を表現するのにふさわしいとも思われますが、この歌には、あなたのことを信じて思っています、というひたむきな歌だという説と、あなたのことはもう忘れると自分に言い聞かせる歌だという説があります。

ナンバンギセル

ハス（蓮）

ハス科ハス属の多年生水草で、地下茎をレンコンとして食べます。夏に白か淡い紅の美しい花を咲かせます。大きな葉は食べ物を盛るお皿に用いられました。古代には「蓮」を「ハチス」と訓み、これは花托の形が蜂の巣のようにみえることからだという説があります。ハスの原産地については、インド・エジプト・中国などの説があり、蓮華という言葉は、仏教の伝来とともにわが国に伝えられたとされます。蓮華は仏教のシンボルとして親しまれ、寺院建築の瓦や柱、仏像、仏具などに蓮華の意匠が広く用いられてきました。

藤原宮跡では、約三〇〇〇平方メートルの大極殿跡南東方向にある蓮ゾーンで多くの品種のハスが植栽されています。花の見頃は七月下旬から八月中旬で、その時期は早朝から多くの人で賑わいます。藤原宮跡では、蓮ゾーンだけでなく、季節ごとの花が植えられており、ナノハナやコスモス、キバナコスモスなど色とりどりの草花を楽しむことができます。ハスの花は、飛鳥・藤原地域の景観形成作物として欠かせない存在となっています。

この時期の藤原宮跡では、キバナコスモスも花を咲かせます。なおキバナコスモスは、コスモスとは同属（コスモス属）ですが別の種で、黄色以外の花色の品種もあります。ほかにはチョコレートコスモスという種もあります。

『古事記』の雄略天皇と老いた赤猪子が再会した場面では、二人は歌を交わしあいます（→306頁）。雄略天皇が赤猪子に結婚はできないと謝ったところ、赤猪子は涙を流して二首の歌を詠んだとされています。その二首目が次の歌ですが、「花蓮」は美しい女性の代名詞として詠まれています。日下江は河内（大阪府北東部から南東部）にあった潟湖です。

日下江の　入江の蓮　花蓮　身の盛り人　羨しきろかも（『古事記』／引田部赤猪子）

日下江の入り江に咲く蓮よ。その咲いた蓮のように盛りの年頃にある女性たちはなんと美しいことと。その人たちが羨ましいことです。

また『万葉集』には、数首でハスが詠まれています。剣池（→21頁）の蓮葉の水を詠んだ次の歌などがあります。なお、次の歌の「清隅の池」

ハス

がどこにあったかは、はっきりしていません。

み佩かしを　剣の池の　蓮葉に　溜まれる水の　行くへなみ　我がする時に　逢ふべしと　逢ひたる君を　な寝ねそと　母聞こせども　我が心　清隅の池の　池の底　我は忘れじ　直に逢ふまでに（巻十三―三二八九／作者不詳）

剣池の蓮の葉に溜まった水のように、私がゆくえなく途方にくれていた時、逢うべき定めとしてと逢ったあなたなのに、あなたと寝てはいけないと母はいう。けれども、清隅の池の底のようにじっと私は忘れません。あなたに直接逢うまでは。

アサガオ（朝顔、漢名「牽牛花」）

アサガオは、奈良時代に薬草として中国から伝来したと推定されています。中国ではアサガオを「牽牛」、その種子を「牽牛子」と呼び、牽牛子は下剤や利尿剤として利用されました。日本で牽牛花を「朝顔」と呼ぶようになったのは平安時代からとみられています。園芸植物として普及したのは江戸時代初期になってからで、文化・文政年間（一八〇四〜三〇）には急速に栽培熱が高まり、品種改良が盛んに行なわれました。

明日香村の牽牛子塚古墳（→178頁）は、江戸時代や明治時代の文献では「あさがお塚」とも呼ばれていました。墳丘が多角形（八角形）で、アサガオの花に似ていたためと考えられています。復元整備された牽牛子塚古墳周辺では、古墳名の由来となったアサガオを咲かせる取り組みも行なわれています。

『万葉集』には、「朝顔」を詠んだ歌が数首あります。その一つが、秋の野の花を山上憶良が詠んだ二首のうちの二つ目の旋頭歌体の次の歌で、秋の野の七草の最後に「朝顔の花」として出てきます。

萩の花　尾花　葛花　なでしこが花　をみなへし　また藤袴　朝顔が花（巻八―一五三八）

しかし、奈良時代の「朝顔」は特定の花をさす語ではなく、朝に咲く美しい花を「朝顔」と呼んだようです。この時代、日本ではまだ観賞用のアサガオは知られておらず、この歌の中の「朝顔」は、キキョウやムクゲなどとする説がありますが、キキョウだとする説が有力視されています。後に「牽牛花」も「朝顔」と呼ばれるようになり、平安時代中頃には、朝顔といえば「牽牛花（子）」をさすほどになりました。『古今和歌集』（九〇五年奏上）には、「朝顔」という言葉では出てきませんが、アサガオをさす「けにごし」（牽牛子）を詠んだ歌が一首だけあります。

ヤブカンゾウ（藪萱草）

『万葉集』には、「忘れ草」を詠んだ歌が数首あります。忘れ草は、ツルボラン科ワスレグサ属の多年草であるヤブカンゾウのことで、夏に橙色のユリのような花を咲かせます。忘れ草は、よく知られる恋忘れのための呪物（呪力を持ったもの）で、和歌にも詠まれています。中国原産のホンカンゾウ（本萱草）の変種とされており、ヒガンバナと同様に有史以前に中国から帰化したと考えられています。『詩経』『文選』など中国の古典に、「萱草」と書かれているのをみた万葉びとは、この萱草を「わすれぐさ」と訓み習わしたと考えられています。

なお、カンゾウにはヤブカンゾウ・ノカンゾウ・キスゲなどの種類があり、一般には花が一重のノカンゾウと八重のヤブカンゾウがよくみられます。

忘れ草を詠んだ万葉歌には、次のような歌があります。

ヤブカンゾウ

忘れ草　わが紐に付く　香具山の　古りにし里を　忘れむがため（巻三―三三四／大伴旅人）

忘れ草を私の下紐につけました。香具山のある懐かしい故郷をいっそのこと忘れられるように。

大宰府の帥（長官）として赴任していた大伴旅人が、萱草を身につけると憂苦を忘れるという中国の故事にならい、香具山のある故郷飛鳥への思いを断ち切ることをうたったもので、「帥大伴卿の歌五首」と題された歌の一つです。この時代、人々は憂いや悲しみを忘れるためにカンゾウを身につけたり庭に植えたりしました。この歌の歌碑が橿原市の本薬師寺跡（↓147頁）の前にあります。

イネ（稲）

飛鳥・藤原地域の田園風景を支えているのは棚田などでの稲作経営ですが、明日香村では、飛鳥米や古代米（赤米・黒米・緑米）が村の特産品となっています。『万葉集』の中でイネ、水田、稲作作業などを詠んだ歌は数多く、「早稲」「早稲田」「苗」「穂」といった言葉が詠まれています。稲穂の田園風景を詠み込んだ歌としては、但馬皇女が高市皇子の宮で詠んだ次の歌が著名です。

秋の田の　穂向きの寄れる　片寄りに　君に寄りなな　言痛くありとも（巻二―一一四／但馬皇女）

秋の田の稲穂が片方に寄るようにあなたに寄り添いたいのです。たとえ誰かの言葉に心痛めても。

「言痛く」は、うるさく噂を立てられることを意味します。穂積皇子への思いを抑えることができず、噂の的になろうともずっと寄りそっていたいとうたっています。この歌では、稲穂の向きが片側に寄っているさまを、稲穂の「片寄り」とうたっています。稲穂の同じ表現はほかの万葉歌にもありますが、但馬皇女の歌が最初のようです。

磐姫皇后（磐之媛）が仁徳天皇を慕って詠んだ歌五首のうちの一首にも詠み込まれています。

秋の田の　穂の上に霧らふ　朝霞　いつへの方に　我が恋やまむ（巻二－八八／磐姫皇后）

長い旅に出た仁徳天皇の帰りを待ち続ける磐姫皇后のやるせない心情を創作によって詠んだ歌とみられています。秋の田の稲穂の上に立ち込める朝霞は、いずこともなく消え去ってしまうが、私のせつない恋心は、いつになったらすっきりするのかと、天皇への愛情と嫉妬心で悩み苦しむ想いを、秋の田の稲穂の風景に仮託して表現した歌のようです。

ススキ（薄・芒）

イネ科ススキ属の多年草です。ススキの穂またはススキそのものを「尾花」といいます。山上憶良の「秋の野の花」（巻八－一五三八）の歌では、「萩の花　尾花……」の順で七草が詠まれました（↓405頁）。『万葉集』では、ハギには首数でおよばないものの、「思ひ草」を詠んだ歌（巻十－二二七〇）も含めて、ススキが数多く詠まれています。その中には次のような歌もあります。

人皆は　萩を秋と言ふ　よし我は　尾花が末を　秋とは言はむ（巻十－二一一〇／作者不詳）

みんなは萩が秋の花だというけれど、私はススキこそが秋の花だと、いいましょう。

「私はススキ派」を宣言した歌です。また、次のような歌もあります。

秋の野の　尾花が末の　生ひなびき　心は妹に　寄りにけるかも（巻十－二二四二／柿本人麻呂）

秋の野のススキの穂の先が（風に）なびくように、私の心はあなたになびいています。

カラスビシャク

ハンゲショウ

秋の野の花ではありませんが、飛鳥川の玉藻（たまも）を詠んだ次の歌もよく似た意味の歌です。

明日香川　瀬々（せぜ）の玉藻の　うちなびき　心は妹に　寄りにけるかも（巻十三－三二六七／作者不詳）

明日香川の瀬に生えている玉藻が（水の流れに）なびくように、私の心はあなたになびいています。

『万葉集』では、稲穂の「片寄り」や、ススキの穂や玉藻が風や水の流れに「なびく」といった植物の姿を、人の心が引き寄せられていくさまにたとえて、恋の歌が風景と重ねあわせながら詠まれています。

ハンゲショウ（半夏生・半化粧）

湿地などに多くみられるドクダミ科ハンゲショウ属の多年草で、六月から八月頃、はじめは下垂し、あとで直立する花序（かじょ）をのばして白い花を咲かせます。ハンゲショウの名の由来は、花期になると、花序に近い二、三枚の葉の下半分が葉緑素を失ってお化粧をしたように白く変化するさまからとする説、また花を咲かせる時期が夏至（げし）から十一日目、雑節の「半夏生」の頃にあたることに由来する説とがあります。ハンゲショウの見頃は、七月上旬から下旬頃です。

なお、雑節の半夏生の「半夏」は生薬となるサトイモ科のカラスビシャク（烏柄杓（からすびしゃく））のことで、このカラスビシャクが生える時期をさすといわれています。農家にとって半夏生は、農事暦に組み込まれた大事な節目の日で、この日までに田植えを終えるものとされてきました（→346頁）。

ハギ

ハギ（萩）

『万葉集』で最も多く詠まれている植物です。ハギは草本ではなく落葉低木ですが、山上憶良の秋の野の花を詠める歌にも、七草の最初に出てきます（→405頁）。万葉の時代には、野の草花の代表と意識されていたようですが、庭に植えて観賞用にもされました。甘樫丘の項で、「故郷の豊浦寺の尼の私房に宴せし歌三首」の一首目を取り上げています（→264頁）。この三首は一首目を丹比真人国人が、二首目と三首目は沙弥尼たちが、それぞれハギをテーマに詠んだものといいます。その三首目が次の歌です。

秋萩は　盛り過ぐるを　いたづらに　かざしに挿さず　帰りなむとや（巻八－一五五九／作者不詳〈沙弥尼〉）

秋の萩は、もう盛りを過ぎるのに、手折った萩の枝を髪に飾ることもせず、帰ろうとされるのですか。

丹比真人国人らは、故郷の豊浦寺での萩の宴に集まったのですが、屋外での宴遊の予定を、雨のために寺の尼の私房内に変更したようです。「雨だからといってお帰りにならず、盛りのハギの花を髪に挿して、ハギの歌を詠みあって宴を楽しみましょう」という意味が込められた歌とされています。

平城京への遷都後に、「藤原の古りにし里の秋萩」を詠んだ万葉歌（→302頁）やハギとオミナエシを一緒に詠み込んだ歌もあります。

『徒然草』と万葉の草花

『徒然草』は、鎌倉時代末期（十四世紀前半）の日本文学の代表的エッセイ集といわれています。著者の兼好法師（吉田兼好）は、『徒然草』の中で「家にありたき木」として、好きな樹木の名をあげて論じています。その次に「草は……」として、「ヤマブキ・フジ・カキツバタ・ナデシコ。池に浮かぶ水草は、ハチス（蓮）。秋の草は、オギ・ススキ・キキョウ・ハギ・オミナエシ・フジバカマ・シオン・ワレモコウ・カルカヤ・リンドウ・シラギク、黄色いキク。ツタ・クズ・アサガオ」（一三九段）と、好みの草花の名を列挙しています。ハギやヤマブキに加えて、フジまでが「草」に入れられています。

「秋の草」の草花には一五種類の名がありますが、多くが『万葉集』にも登場しています。これらを山上憶良の秋の七草（「朝顔」はキキョウ説を採用します）と比較すると、ナデシコ以外の六種類が含まれています。フジバカマは『万葉集』では、憶良の歌に登場するだけですが、『徒然草』では上位に入っています。また、観賞用のキクが中国から伝えられたのは奈良時代とみられており、『万葉集』にはキク（菊）の名はみられませんが、『懐風藻』では漢詩の中にうたわれています。

兼好法師は続けて、どれも、丈がのび過ぎず、墻に生い茂らないのが良い、として、「草」の総括をしています。さらに、「これ以外の珍しいもの、中国風の名が聞きにくく、花も見慣れないものなどは、さほど懐かしみを感じない（いとなつかしからず）」と持論を展開しています。兼好法師は、万葉の植物のような伝統的な草花に対する愛着を「なつかし」という言葉で表し、新来の外来種にはない趣きや親しみを感じていたようです。なお「秋の七草」のうち、キキョウとフジバカマは、環境省の絶滅危惧Ⅱ類と準絶滅危惧種にそれぞれ指定され、オミナエシは奈良県の絶滅危惧種に指定されています。

ヤマブキ（山吹）

『万葉集』にも多く登場するヤマブキは、四月頃黄金色の花を株元からのびた枝先につけ、道ゆく人の目をひきます。ハギと同様に草本ではなく落葉低木ですが、水辺などに咲く野の花と意識されていたようです。厚見王が神奈備川を懐かしんで詠んだ歌（巻八－一四三五→284頁）には、神奈備川（飛鳥川）に影を映すヤマブキの花がうたわれます。古都飛鳥への思いが込められた歌とみることができます。

『日本書紀』によれば、天武天皇七年（六七八）、天武天皇が行幸しようとした日の明け方、十市皇女が急病で亡くなっています。病名にはふれられておらず、自殺の可能性も指摘されています。『万葉集』には、高市皇子がその十市皇女に捧げたという三首の挽歌（十市皇女の薨ぜし時に、高市皇子尊の御作りたまひし歌三首）が載っています。『万葉集』に残る高市皇子の歌はこの三首だけで、その三首目が次の歌です。ヤマブキの黄色い花が咲き乱れる山中の泉とは、死者の国とされた黄泉を暗示しているともいわれています。

ササユリの保全活動（支柱の取り付け）

山吹の　立ちよそひたる　山清水　汲みに行かめど　道の知らなく（巻二－一五八／高市皇子）

山吹の花が美しく咲いている山中の清水を、汲みに行きたいと思うが、その道がわからない。

甘樫丘でのササユリの保護と案内活動

『万葉集』に比較的多く登場する草花としては、ナデシコ・オミナエシ・クレナイ（ベニバナ）・アヤメグサ（ショウブ）・ユリ（ササユリなど）・ツキクサ（ツユクサ）・カキツバタ・ムラサキ・キキョウなどがあげられます。ユリはヤマユリ・ササユリ・ヒメユリなど種類が多く、万葉歌でどの種のユリを詠んでいるのかの判別は困難ですが、近畿地方ではササユリを詠んでいることが多いと考えられます。国営飛鳥歴史公園甘樫丘地区や高松塚周辺地区では、万葉植物のササユリの保護増殖を図る取り組みが、「飛鳥里山クラブ」とともに継続して行なわれています。
甘樫丘地区での「飛鳥里山クラブ」による里山自然教室「ササユリの香る丘見学ツアー」で、六月初旬頃に開催、所要時間は一時間程度です。

万葉の草花や樹木による「草木染め」

明日香村立部（たちべ）では、草花や樹木を用いて行なう草木染（くさきぞ）めの体験教室（水谷（みずたに）草木染）が開催されており、また国営飛鳥歴史公園キトラ古墳周辺地区などでも体験イベントが実施されることがあります。水谷草木染では、村内に自生する四季折々の植物や栽培された赤米・ムラサキイモ・アイ（藍）などを使い、できるだけ古代に近い手法で、自然の材料だけで染色する体験ができます。

以下では、草木染めに使われていた代表的な万葉の植物と、関連する万葉歌を取り上げます。

「摺り染め」とハギ（萩）

『万葉集』には、草花や樹木を原料にした染料を摺（す）りつける「摺り染め」が多くうたわれています。摺り染めは、摺るための形木（かたぎ）に布をあてて、その上から染料を摺りつけて模様を染め出す方法ともいわれています。摺り染めには、花や生葉の搾（しぼ）り汁や揉（も）んだり搗（つ）いたりしたもの、あるいは植物を煎じ出してつくった染液、実や樹皮などを蒸し焼きにした黒灰やその溶液が用いられたようです。

『万葉集』には、秋の野のハギとオミナエシ（女郎花）を一緒に詠んだ歌が数首ありますが、その一首に摺り染めのことがうたわれています。

ことさらに　衣は摺（す）らじ　をみなえし　佐紀野（さきの）の萩に　にほひて居（を）らむ　（巻十－二一〇七／作者不詳）

わざわざこの着物を摺り染めにはしません。佐紀野の萩に染まっていたい。

ツユクサ　　ハンノキ

佐紀野とは、平城京北部（奈良市の佐保川西岸）の野をさすようです。オミナエシは「佐紀」の枕詞や「咲く」を導く序詞として用いられました。この歌では、花を摘んで摺り染めにすることをせずに、佐紀野の萩の花にこのままひたっていようとうたっています。それだけ、普通に摺り染めが行なわれていたことがうかがえる歌です。

『万葉集』の中では、摺り染めに用いた植物として、ハギのほかに、榛（ハンノキ）・カキツバタ（杜若）・コナギ（小菜葱）・ツキクサ（ツユクサ〈露草〉）・カラアイ（ケイトウまたはノゲイトウ）などがでてきます。なお、ツキクサはツユクサの万葉名ですが、青い花を搗いて摺り染めにすることから「搗き草」とする説や、花の色が着色しやすいことから「着き草」とする説があります。

クレナイ（紅花）とアイ（藍）

クレナイ（ベニバナ）は、『万葉集』の中の染料植物として最も多くうたわれています。赤色はそれだけ美しく、また邪悪なものの侵入を防ぐ力があると信じられていたようです。花の黄色い色素を水にさらして取り除いてから、灰汁（植物の灰を水に浸した上澄みの液）で何度も洗って、水に溶けにくい赤い色素を定着させて染色したと考えられます。

クレナイはシルクロードを通り、中国や朝鮮半島を経由して、飛鳥時代には染色材料として西域から日本に伝来していたとみられています。その名の由来は、呉（中国）からきた藍（染料植物の総称）というという説もあります。『万葉集』では「紅の末摘花」として詠まれたり、「紅の赤裳」などとうたわれています。末摘花はクレナイの別称です。また「赤裳」は、女性が腰から下に着る紅の衣で、クレナイやニホンアカネ（日本茜）などによる染色が考えられます。

次の二首の歌もそうした例ですが、はじめの春菜摘みの歌の「にほひひづちて」は、美しく濡れてという意味です。

……娘子らが　春菜摘ますと　紅の　赤裳の裾の　春雨に　にほひひづちて　通ふらむ……
（巻十七－三九六九／大伴家持）

乙女たちが春菜を摘もうと、赤裳の裾を春雨に濡らし、いっそう鮮やかにして行き来しているに違いない。

しなてる　片足羽川の　さ丹塗りの　大橋の上ゆ　紅の　赤裳裾引き　山藍もち　摺れる衣
着て　ただひとり　い渡らす児は　若草の　夫かあるらむ　橿の実の　ひとりか寝らむ　問
はまくの　欲しき我妹が　家の知らなく（巻九－一七四二／高橋虫麻呂）

二首目の歌では、紅色の赤裳とヤマアイで摺った青緑色の衣を身につけ、河内の大橋を一人でわたっていく娘子をみて、「夫がいるのだろうか、それとも独身なのか、聞いてみたいが家もわからない」と衝動にかられている自分をうたっています。赤と青を組みあわせた鮮やかな衣装に身を包んで、丹塗りの橋の上を軽やかに去っていく乙女の姿を抒情的に描写しています。

藍は、紅とならぶ大切な染料とされていました。藍の原料植物として、日本の自生種であるトウダイグサ科のヤマアイと、クレナイと同様に外来種であるタデ科のタデアイ（蓼藍）があり、やはり外来種のカラアイもあります。ヤマアイは古くからの染料植物ですが、タデアイも飛鳥時代には渡来していたようです。ヤマアイはタデアイやリュウキュウアイ（琉球藍）と異なり、「インディゴ」という青い色素を持っていません。染料植物としてはタデアイが広く用いられ、栽培されるようになりました。

ムラサキ（紫草）とツバキ（椿）

ムラサキは、夏に白青色の小さな花をつけるムラサキ科の宿根草で、環境省の絶滅危惧ⅠB類に指定されています。その根は紫色の色素を含んでおり、古代より染色に用いられました。紫色は高貴な色とされ、最も位の高い人の冠や衣服に用いられました。通説では、推古天皇十一年（六〇三）に制定された冠位十二階では、青・赤・黄・白・黒の五色の上に、「紫」を加えた六色の濃・淡の合計一二色の冠と服で冠位を表したとされています。貴重な植物であったムラサキの自生地は、天皇家の御料地とされ、人の立ち入りを制限した「しめの（標野・禁野）」とされました。

紫は　灰さすものそ　海石榴市の　八十の衢に　逢へる児や誰れ（巻十二―三一〇一／作者不詳）

紫染めにはツバキの灰を加えるもの。そのツバキの名のついた海石榴市の辻で出会ったあなたは誰ですか。

八十の衢

「八十の衢」は、多数の道が合流する地点をさします。海石榴市には、人々が行き交う市場が立ちました。歌垣も催され、この歌のように男女の出会いの場ともなったと考えられます。「灰さすものそ」は、海石榴市にかかる序詞で原文は「灰指物曾」です。紫色染めにはツバキの灰汁を媒染剤に使うと、美しい紫色が得られます。ツバキの木灰に水を加えてその上澄みをとったもので、灰汁の媒染剤を用いた紫の染色方法が定着していたことがこの歌から推察できます。

榛と橡

『万葉集』には、「榛原」を詠んだ歌や、「衣に摺りつ」など榛を染料として使ったことを詠んだ歌が多くあります。この榛は湿地などでよく生育する落葉高木のハンノキとする説が有力です。榛原は、地名ではなく榛の群生地のことです。万葉歌での「榛と染色」の結びつきは強く、ハンノキの樹皮や実を煎じた汁による染色が行なわれていたことが考えられます。榛摺は、焼いた黒灰を使って摺り染めを行なったものともいわれています。黒に近い茶色や暗褐色に仕上がり、しかも手に入りやすいハンノキは、庶民向けの衣や労働着の染料とされたようです。

『万葉集』には、「島の榛原」を詠んだ歌が二首あります。他の榛原の歌もすべて地名とともにうたわれており、この二首は、飛鳥の島（島庄）の榛原をうたったものと考えられているようです。

時ならぬ　斑の衣　着欲しきか　島の榛原　時にあらねども（巻七－一二六〇／作者不詳）

まだ時期が早いが斑模様の衣を着てみたい。島の榛原の榛の実が熟してはいないけれども。

思ふ児が　衣摺らむに　にほひこそ　島の榛原　秋立たずとも（巻十－一九六五／作者不詳）

愛する娘が衣を摺り染めにしようとしているので、島の榛原よ、美しく色づいてほしい。まだ秋ではないが。

『万葉集』では、「橡」も染料として詠まれています。橡は落葉高木のクヌギなどのドングリをつける木、またはトチノキと考えられています。榛と同様に樹皮や実の煮汁を染液として用いたと考えられます。

橡色に染めた衣は、堅牢で褪色しにくいので下層階級の服とされ、中流階級の人も普段着にしたようです。橡を用いた染色は、媒染によって色調が大きく変化し、鉄媒染を使うと黒っぽい深みのある茶色（つるばみ色）に、わら灰を使うと黄色味がかった黄橡になり、素染めでは黄色がかった薄茶色（いわゆる亜麻色）になるようです。養老律令（七五七年施行）の衣服令では、橡は一番最後で、家人や奴婢が使うものとされ、一方「黄橡」は紅の次に記されていて、上層の人が用いるものとされていたようです。

紅は　移ろふものそ　橡の　なれにし衣に　なほ及かめやも（巻十八―四一〇九／大伴家持）

紅で染めた衣は色褪せやすいものだ。橡の着馴れた衣にやはりおよばないだろう。

華やかでもうつろいやすい「紅」は、地味でも慣れ親しんだ「橡」にはかなわない、とうたっています。この歌の「橡の着なれた衣」は歌を詠んだ大伴家持の部下の妻のこと、「紅」は遊行婦女のことをさし、遊女に熱をあげている部下を、家持が諭した歌といわれています。橡は、地味でもかわらぬ色の布（妻のこと）に譬えられています。

5 飛鳥・藤原地域の現状と今後

飛鳥地方では、官民をあげた歴史的風土の保存・活用への取り組みにより、自然的環境や農村環境、歴史的文化資産などが良好に保存されるとともに、インフラ整備などによる生活の安定と利便性の向上、貴重な文化財と一体となった歴史的風土の保存による住民の意識の醸成や観光振興などを通じた地域活性化が図られてきました。その結果、史跡などの歴史的要素が周辺と調和した景観、農地・集落・丘陵・山地が調和した景観、棚田（たなだ）や里山（さとやま）などのふるさと景観、甘樫丘（あまかしのおか）などの歴史的な視点場からの眺望景観などがおおむね良好に維持されてきました。

しかし、飛鳥・藤原の地では、貴重な遺跡や壁画などの世界に誇るべき文化財の発見が相次いだ反面で、その保存をめぐって問題が生じるとともに、耕作放棄地・荒廃竹林・獣害などの拡大により農地や山林が劣化し、また歴史的な風情を醸し出す建物が空き家となり、各大字（だいじ）（大字（おおあざ））で受け継がれてきた祭りや民俗行事が継続困難となってきています。文化財と一体となってその魅力を高めてきた飛鳥地方の自然的・社会的環境は、国民共有の財産である歴史的風土の保存・活用のための担い手やそれに対する支援の不足という現実の中で危機に瀕していることが、さまざまな形で顕在化してきています。

飛鳥地方の歴史的風土の保存には、「古都保存法」（→372頁）や「明日香法」（→375頁）などの法令に基づく行為の制限が大きな役割を果たしてきました。また今世紀に入ってからは、大字景観計画などのきめ細かな施策も、景観法などに基づき導入されました。そうした規制や誘導のための方策が引き続き重要なことはかわりませんが、その一方でこの地特有の歴史的風土は、住民の生活や生業の中で形づくられ、時の経過とともに重層的に育まれてきたことも忘れられてはなりません。今後は、「静的・

現状凍結的」な保存を訴えるだけではなく、農林業の活性化、観光・交流の振興、定住の促進と関係人口の拡大など、「動的・創造的」な保存や活用のための活動を継続的に行なっていくことが、飛鳥・藤原地域の大きな課題となっています。

そのためには、国・県・村が連携して歴史的文化的遺産の発掘調査などを引き続き進め、その成果を丁寧に分析・整理し、飛鳥時代の制度・技術・文化はわが国の礎をなしたものであること、それらの多くが東アジアを中心とした世界との交流によって生み出されたことなど、飛鳥・藤原の地の普遍的・本質的な価値がより明確な形で発信されていく必要があります。

高松塚古墳壁画を例に取れば、天文学や神仙思想など多くの知識を大陸から約一三〇〇年前に受容し、独自性を加えて日本文化が形成された過程を体現するものであり、その価値の重要性に鑑み、キトラ古墳壁画とともに国宝に指定されています（→224頁）。その反面で古墳壁画の劣化が発覚し、二十一世紀初頭に十二年間におよぶ困難な解体修理が実施されたことも、飛鳥・藤原地域のみならず、わが国の文化財保存をめぐる現代の歴史としてこの地には深く刻まれています。高松塚周辺地区北西エリアで整備予定の高松塚古墳壁画の保存公開施設などでは、そうしたことについても継続的な情報発信が行なわれていくべきと考えられます。

また、農業を中心とする自然と共生した生活の中で、連綿として継承されてきた棚田などの里地・里山、古民家や地域の社寺などからなる家並み、祭礼・民俗行事などについても、それらの価値を再評価した上で、地域住民の理解・協力・参加ときめ細やかな保全と活用につとめつつ、国際的レベルの貴重な歴史的文化資産として、訴求力のある情報発信を行なうことが必要と考えられます。地域や世代を超えた飛鳥・藤原ファンの拡大と飛鳥・藤原の地に対する理解の促進のための幅広い取り組みの展開も期待されます。

そうした地道な活動を通して、わが国が世界に誇るべき飛鳥・藤原地域の歴史的風土の価値と魅力が改めて認識され、この地でしか体験しえない「まるごと博物館」としての稀有な特徴を活かした保存と活用を図り、より良い明日の飛鳥・藤原地域の実現に向けた多様な取り組みを、さまざまな主体の参加と協働により進め、次世代に継承していくことが強く望まれます。「飛鳥・藤原の宮都とその関連資産群」の世界文化遺産としての登録と、その価値や魅力についての普及啓発活動のより一層の推進は、そのうえでも極めて重要な今日的社会的課題といえるでしょう。

巻七

飛鳥・藤原を歩く

飛鳥・藤原地域は、今から一三〇〇年から一四〇〇年ほど前に首都であった場所（いわゆる古都）ですが、今は長閑な田園風景が広がり、集落や町並みがその中にみえています。背景はたたなづく青垣山です。

飛鳥時代の遺跡の多くは地中に埋もれていますが、地上に一部が復元されていたり、建物の礎石や柱跡などの位置表示がされています。見方によっては多くの情報が読み取れる空間が飛鳥・藤原地域です。また飛鳥には、由来地形と呼ばれる地形が残っています。それは、目の前の地形の凹凸や田畑の段差、田の区画やその方角などに現われます。その一つ一つが、飛鳥時代の建物や道路、水路や池などを表していることが多くあります。それに気づくことができれば、一三〇〇年以上が経った今でも、飛鳥時代の風景やその面影をみることができます。中世の山城跡などについてもそれは同様ですし、道端の道標や常夜灯などにも、この地の歴史が刻まれています。

飛鳥は、できるだけゆっくり歩いてください。少し歩くだけで風景がかわってみえ、振り返ると思わぬ展望が開けたりします。周囲の野の花や樹木にも目を向けて、飛鳥路を楽しんでいただきたいと思います。たくさんのポイントをみて回りたい方は、レンタサイクル、それも電動のものをお勧めします。飛鳥・藤原地域には高い山はありませんが、多武峰（御破裂山）など丘陵の尾根が下りてくる場所になり、起伏が多く、また複雑な地形になっています。

飛鳥・藤原地域には、有名なスポットが多くあり、夕景の名所として知られるポイントもあります。ヒガンバナ・レンゲ・サクラ・ハスなどの花の時期や実りの時期には、大勢の方がお越しになります。しかし、僅かですが、近づいてみるためや、写真を撮ろうとして、私有地や田畑の畔にまで踏み込まれる方も見受けられます。飛鳥・藤原地域は観光地であるとともに、人々が住む静かな農村でもあり、この二つの顔が飛鳥の大きな魅力になっています。住民と観光客や事業者との間に軋轢がおこらないように、マナーに気をつけながら、飛鳥・藤原地域をめぐっていただければと思います。

1 交通アクセス

飛鳥・藤原地域への電車での交通アクセス

近鉄を利用する場合

近鉄を利用する場合、飛鳥駅と橿原神宮前駅の二つがあります。

飛鳥駅については、電車の本数はやや少ないものの明日香村にある唯一の駅であり、明日香村の玄関口として機能しています。また、ウォーキング・ハイキングやサイクリングを行なう拠点となります。

橿原神宮前駅については、京都方面からの電車などが直接利用でき、利便性がよい駅となっています。一方で、明日香村ではなく橿原市内の駅ということもあり、徒歩ルートなどの起点としてはあまり適しておらず、路線バスを利用して観光される際の拠点となります。

また、ウォーキング・ハイキングのコース設定によっては、橿原神宮前駅と飛鳥駅の中間にある岡寺駅や橿原神宮前駅より一つ大和八木駅側の畝傍御陵前駅なども利用できます。

各方面から飛鳥駅への近鉄電車でのアクセス

大阪市内からのアクセス

◉大阪阿部野橋駅から「吉野」行に乗車。飛鳥駅下車。

◉所要時間：大阪阿部野橋駅 → 飛鳥駅（特急約四〇分／急行利用約四五分）

京都市内からのアクセス

◉近鉄京都駅から「橿原神宮前（かしはらじんぐうまえ）」行に乗車。橿原神宮前駅で、吉野線「吉野」行に乗り換え、飛鳥駅下車。

◉所要時間：近鉄京都駅→橿原神宮前駅（特急 約五一分／急行利用 約一時間一〇分）→（乗り換え）橿原神宮前駅→飛鳥駅（約四分）

名古屋市内からのアクセス

◉近鉄名古屋駅から「大阪難波（なんば）」行に乗車。（大和八木駅停車車両のみ）大和八木駅で、橿原線「橿原神宮前」行に乗り換え。橿原神宮前駅で、吉野線「吉野」行に乗り換え、飛鳥駅下車。

◉所要時間：近鉄名古屋駅→大和八木駅（特急 約一時間五〇分）→（乗り換え）大和八木駅→橿原神宮前駅（約五分）→（乗り換え）橿原神宮前駅→飛鳥駅（約四分）

JRを利用する場合

橿原市・桜井市内には、JR桜井線（万葉まほろば線）が通り、「桜井」「畝傍（うねび）」という駅がありますが、本数

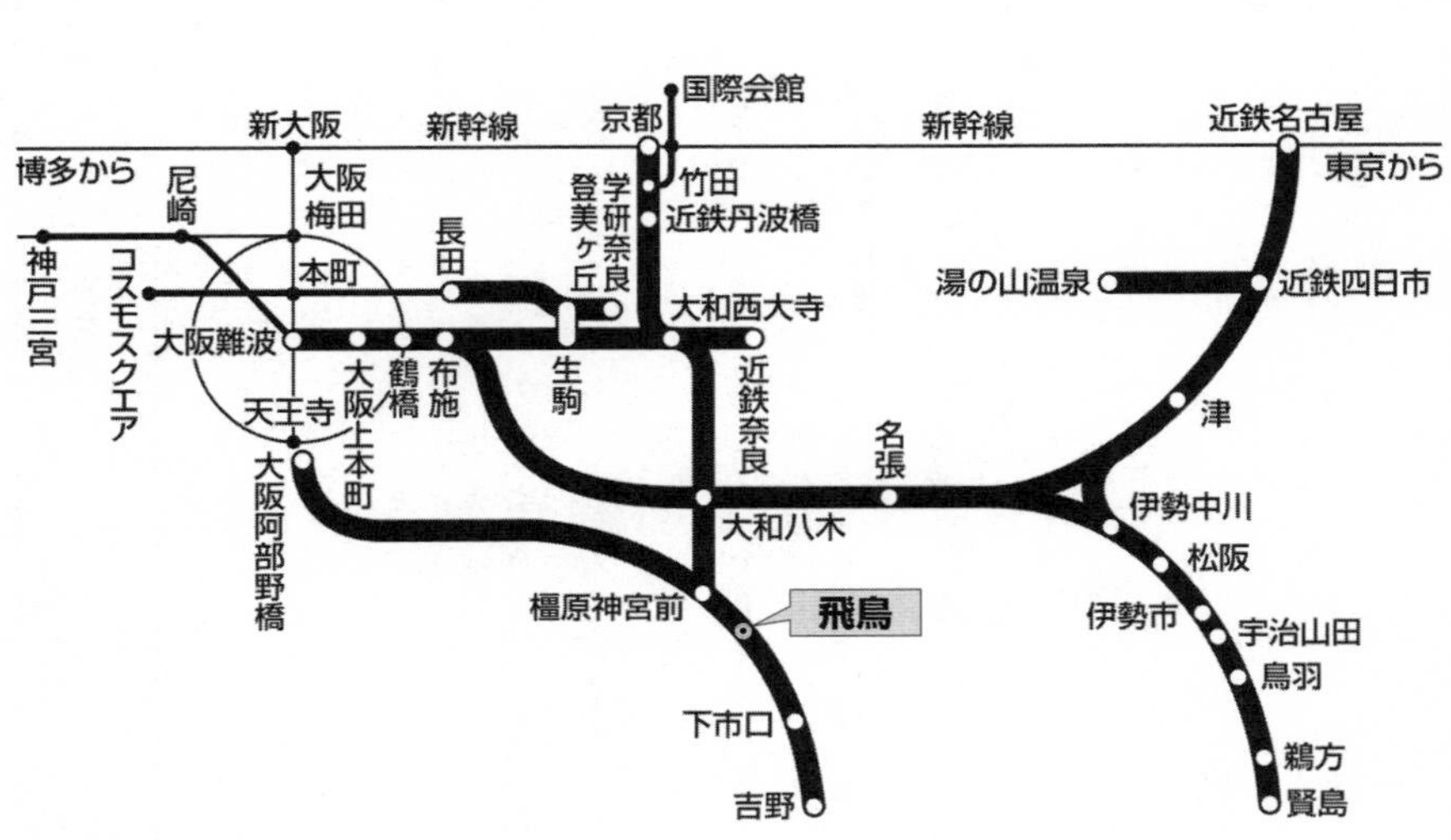

各方面から飛鳥へのアクセス

は一時間おきぐらいです。

近鉄・JRの桜井駅からは、明日香奥山・飛鳥資料館西行のバスの利用もできますが、便数は多くありません。

自動車による交通アクセス

奈良方面から車で訪れる場合、国道二四号線を南下し、橿原市で飛鳥・藤原地域から吉野方面を結ぶ国道一六九号を利用して南下するのが一般的です。所要時間は約一時間です。国道一六九号の東側の橿原市縄手（なわて）南交差点から、藤原京朱雀大路（すざくおおじ）跡の南側を東進したのち、香具山の西を右折して南進し、国営飛鳥歴史公園甘樫丘（あまかしのおか）地区の東を通って国道一六九号の飛鳥駅前交差点に至る延長六・三キロメートルの幹線道路もあります。飛鳥と藤原の地域を結ぶこの道路は、令和五年（二〇二三）の公募で「まほろばロード」に愛称が決まりました。

大阪方面からの場合は、阪神高速を経由し、近畿自動車道へ入り、美原JCTから南阪奈（みなみはんな）道路へ入り飛鳥へ向かうルートと、西名阪（にしめいはん）自動車道の大和郡山（やまとこおりやま）ICより国道二四号線を南下するルートがあります。橿原市からは国道一六九号や「まほろばロード」を南下します。

京都方面からの場合は、京奈和自動車道の木津ICより国道二四号線をそのまま南下するルート（所要時間一時間四〇分）と、近畿自動車道へ入り、大阪を経由して南阪奈道路から明日香村へ向かうルートがあります。橿原市からは国道一六九号や「まほろばロード」を南下します。

また、名古屋方面からの場合は、西名阪自動車道の針（はり）ICより国道三六九号を南下し、宇陀（うだ）市を経て西峠交差点を右折し、国道一六五号線を西へ進み、桜井市の阿部交差点を左折して飛鳥へ向かうルートが一般的です。針インターからの所要時間は約一時間です。

バス路線

赤かめ周遊バス

近鉄橿原神宮前駅から近鉄飛鳥駅の間を往還し、飛鳥・藤原地域の有名な観光スポットへアクセスします。シーズン中（春四～五月、秋九～十一月）はほぼ三〇分間隔、オフシーズンは一時間間隔で運行しています。赤かめ周遊バスや桜井飛鳥線などが何度でも乗り降り自由な「明日香周遊バス一日フリー乗車券」が便利です。

赤かめ循環バス

近鉄橿原神宮前駅と石舞台を結び、橿原神宮前駅へと戻る循環バスです。朝と夕方の時間帯だけの運行です。

桜井飛鳥線

桜井駅南口から明日香奥山・飛鳥資料館西行の奈良交通のバス路線で、一日三本のみの運行です。平日のみ運行しますが、毎年四～五月および九月第三土曜～十一月第三日曜までは土日祝も運行しています。

かしはらしコミュニティバス

大和八木駅から藤原宮跡を経由して、平日は橿原市昆虫館、土日や祝日は橿原神宮前駅（中央口）までを結ぶ路線です。

2 博物館・資料館

飛鳥・藤原の地には、多くの博物館・資料館が開設されています。史跡・遺跡に伴う発掘成果を示すものが中心にはなりますが、それだけではなく地域の歴史を総合的に展示したり、万葉集などテーマを明確にした施設や体験プログラムを展開する施設もあります。また展示においてデジタルツールの導入も進んでいます。

これら施設の常設展や特別展、またイベントを通して、さまざまなことを体験、学べるようになっています。散策の前の予習として、また散策後の再確認や再発見などにご活用ください。

◆飛鳥・藤原地域に開設される博物館や資料館

名称	解説	住所	開館時間・休館日・入館料
高松塚壁画館	昭和52年開館。高松塚古墳に隣接し、(公財)古都飛鳥保存財団が管理運営。発見当時の壁画を精密に写し取った「現状模写」をはじめ、剥落や汚れを加減した「一部復元模写」、凝灰岩に漆喰を塗り再現した「再現模造模写」、そして棺をおさめていた石槨の大きさや形を体感できる原寸の「石槨模型」を展示している。また、副葬されていた太刀装飾金具、木棺金具、海獣葡萄鏡などの副葬品レプリカを展示し、高松塚古墳の全貌をわかりやすく紹介している。壁画館の近くには、古墳から発見された被葬者の遺骨をおさめた慰霊祠がある。	明日香村平田439 ☎0744-54-3340	開館時間/9時~17時(入館は16時30分まで)、休館日/年末年始(12月29日~1月3日)、4・7・11・2月の第2月曜(祝日の場合は翌平日)、入館料/300円 団体・学生・子供料金あり ほか割引制度あり

名称	解説	住所	開館時間・休館日・入館料
奈良文化財研究所飛鳥資料館	昭和50年開館。第一展示室は、仏教伝来と蘇我氏、飛鳥の宮殿、律令国家への歩み、飛鳥の古墳、飛鳥の寺院の5つのコーナーで構成。高松塚古墳をはじめとする古墳の出土遺物、日本最初の水時計である飛鳥水落遺跡や飛鳥寺・川原寺など、飛鳥を代表する遺跡の出土品と模型などが展示されている。第二展示室では、倒壊した状態で地中より発見された山田寺の東回廊のうち、最も残存状況のよかった東側の柱間三間分の部材を本来の位置に使用して、かつての山田寺の東回廊を再現している。また庭園ではさまざまな飛鳥の石造物レプリカを展示している。	明日香村奥山601 ☎0744-54-3561	開館時間／9時～16時30分（入館は16時まで）、休館日／毎週月曜日（祝日の場合は翌平日）年末年始（12月26日～1月3日）、入館料／350円　大学生200円、70歳以上・高校生および18歳未満無料　ほか割引制度あり（庭園は無料）
奈良文化財研究所藤原宮跡資料室	飛鳥・藤原地域の宮・京・寺院・古墳などの遺跡の発掘や出土遺物（土器・瓦・木簡など）の調査・研究を行なう奈文研都城発掘調査部（飛鳥・藤原地区）の調査・研究成果を一般に公開するための展示施設。藤原京がつくられる過程、完成した都の様子、住民の暮らしぶり、平城京に移った後の姿、発掘の過程などについて、遺物や模型・パネル・映像などを用いて説明している。また屋外展示として、資料室敷地に位置する藤原京左京六条三坊より発見された遺構の一部を表示している。	橿原市木之本町94-1 ☎0744-24-1122	開館時間／9時～16時30分、休館日／年末年始　展示替日、入館料／無料
キトラ古墳壁画体験館 四神の館	平成28年開館。国営飛鳥歴史公園キトラ古墳周辺地区内にある体感型の展示施設で、本館・地下通路・別館から構成される。本館一階の「キトラ古墳壁画保存管理施設」は実物の壁画や出土遺物を保存管理する施設で、実物の壁画が定期的に期間限定で公開される。本館地階の展示室は、高精細映像や原寸大石室模型により、キトラ古墳やその時代背景などについて解説している。別館の体験学習施設では、毎週土日祝日に「勾玉づくり」など、飛鳥の歴史や自然に触れるさまざまな体験プログラムが実施されている。	明日香村阿部山67 ☎0744-54-5105	開館時間／9時30分～17時（12～2月は9時30分～16時30分）、休館日／年末年始（12月29日～1月3日）、4・7・11・2月の第2月曜（祝日の場合は翌日）※壁画保存管理施設は水曜閉室　壁画の公開は期間限定、入館料／無料（体験プログラムは有料）

奈良県立橿原考古学研究所附属博物館	昭和15年設立の大和国史館が前身。橿原考古学研究所が昭和13年以降行なってきた多くの遺跡の発掘調査による出土資料を中心に展示。遺物をもとに時代の変遷を判断する考古学の「基準資料」を多く所蔵している。常設展示では、旧石器時代から室町時代までの歴史を、出土品やパネル展示により解説している。特に前期古墳に関しては他に類を見ないボリュームの出土品が展示されている。藤ノ木古墳の出土品など、国宝1件、重文11件を含む貴重な資料が公開されている。春秋2回の特別展をはじめ、速報展「大和を掘る」などの特別陳列、企画展を実施。	橿原市畝傍町50-2 0744・24・1185	開館時間／9時～17時（入館は16時30分まで）、休館日／毎週月曜日（祝日の場合は翌平日）年末年始（12月28日～1月4日）ほか指定する日、入館料／400円　団体・学生・子供料金あり　ほか割引制度あり
奈良県立万葉文化館	平成13年開館。『万葉集』をテーマにした歴史・文化の体験と創造を提示する博物館で、美術館と図書館の機能も兼ね備えた施設。現代日本画壇を代表する画家たちによる万葉日本画を展示する日本画展示室のほか、一般展示室では『万葉集』とその時代をさまざまなアプローチで紹介している。本館の敷地は、建設の事前調査で類例のない大規模な古代工房遺跡の存在が判明し、「飛鳥池工房遺跡」として指定され、同遺跡から発見された日本最古の鋳造銭「富本銭」や、金属・ガラス製品などの出土品を、特別展示室で紹介している。展示棟の中庭や万葉庭園では、鋳造遺跡、建物の柱跡、石組池、井戸などの主要な出土遺構を実寸で復元した野外展示を行なっている。	明日香村飛鳥10 0744・54・1850	開館時間／10時～17時30分（入館は17時まで）、休館日／毎週月曜日（祝日の場合は翌平日）年末年始　展示替日、入館料／一般・特別展示室は無料（特別展覧会は有料）　団体等割引制度あり
南都明日香ふれあいセンター　犬養万葉記念館	平成12年開館。飛鳥をこよなく愛した万葉学者の犬養孝氏の業績をたたえ、直筆原稿や著書などを展示する記念館。『万葉集』を独特の抑揚で詠唱する犬養節はビデオ映像で視聴することが可能。また書斎も再現されており、図書室には氏の蔵書など約8000冊を収蔵。	明日香村岡1150 0744・54・9300	開館時間／10時～17時（入館は16時30分まで）、休館日／毎週水曜日、入館料／無料

名称	解説	住所	開館時間・休館日・入館料
明日香村埋蔵文化財展示室	明日香村文化財課が発掘調査を行なってきた遺跡の出土品を中心に展示。出土遺物のほかには、キトラ古墳石室模型、高松塚古墳壁画を元に復元した飛鳥時代衣装、村内出土の石造物模型、『日本書紀』写本などを展示している。旧飛鳥小学校の校舎を利用している。	明日香村飛鳥225-2 0744-54-5600 （明日香村教育委員会文化財課）	開館時間／9時～17時（入館は16時30分まで）、休館日／年末年始、入館料／無料
歴史に憩う橿原市博物館	平成26年開館。新沢千塚古墳群のサイトミュージアムであった橿原市千塚資料館を前身としている。橿原市内の遺跡から出土した、縄文時代の終わり頃から江戸時代までの、二千数百年にわたる出土資料を展示している。またパーソナルガイドの設置としては全国初となる。	橿原市川西町858-1 0744-27-9681	開館時間／9時～17時（入館は16時30分まで）、休館日／毎週月曜日（祝日の場合は翌平日）年末年始（12月27日～1月4日）入館料／300円　団体・学生・子供料金あり　ほか割引制度あり
橿原市藤原京資料室	平成18年開室。「特別史跡藤原宮跡」の理解を深めてもらうことを目的に開設。約6メートル×7メートルの藤原京の1000分の1模型や、柱や瓦などの出土品、藤原宮の解説パネルなどを展示。また藤原宮跡で咲く花々の写真や、当時の藤原京の様子を再現したCG、人々の生活を描いたアニメーションなども紹介している。	橿原市縄手町178-1 0744-21-1114 （橿原市世界遺産推進課）	開館時間／9時～17時（入館は16時30分まで）、休館日／毎週月曜日（祝日の場合は翌平日）年末年始（12月25日～1月5日）、入館料／無料
桜井市埋蔵文化財センター	平成元年開館。桜井市が行なった埋蔵文化財の発掘調査や研究の成果を広く社会に普及し、地域文化の振興に役立てる場を提供する施設。施設内併設の展示室では、昭和46年から桜井市が行なってきた発掘成果を中心に、桜井の通史をテーマとした常設展をはじめ、特別展、企画展、前年度の発掘調査の速報展を行なっている。	桜井市芝58-2 0744-42-6005	開館時間／9時～16時30分（入館は16時まで）、休館日／毎週月・火曜日（祝日の場合は翌平日）年末年始（12月28日～1月4日）、入館料／200円　団体料金あり　市内在住の方、中学生以下無料

3 文化財

「飛鳥・藤原の宮都とその関連資産群」に関係した国内および海外の世界文化遺産一一件を、その場所と概要についてまとめました。

また、明日香村およびその周辺の橿原市・桜井市・高取町に存在する国宝・重要文化財および特別史跡・史跡・名勝と、重要伝統的建造物群保存地区と重要文化的景観を紹介します。

◆「飛鳥・藤原の宮都とその関連資産群」に関連する世界文化遺産（国内・国外）

	世界遺産	記載年	所在地	概要
国内	法隆寺地域の仏教建造物	１９９３（平成５）	奈良県	法隆寺および法起寺で構成。世界最古の木造建築が多く残る。法隆寺は西院および東院と子院群で構成され、大垣と呼ばれる築地塀に囲まれる。7世紀初期に造営がはじまり、中心の西院伽藍は天智天皇9年（670）の火災による焼失後、7世紀後半～8世紀初頭に再建されたと考えられる。西院を構成する金堂・五重塔・中門・回廊は、他に例のない初期の仏教建築様式である。また東院は8世紀前半に建設された。法起寺の創建も7世紀だが、当時のものは慶雲3年（706）完成の三重塔のみが残る。
	古都京都の文化財（京都市・宇治市・大津市）	１９９４（平成６）	京都府・滋賀県	千年にわたり日本の首都がおかれた京都の文化は、日本の建築・造園・都市計画などの発展に大きな影響を与えてきた。本遺産は、京都・滋賀の2府県3市に点在する16の寺社および二条城で構成される。京都の現存文化財における建築と庭園設計の集積は、前近代における日本の物質文化を代表するもので、自然環境と融合した景観は日本独自の精神性や文化を表している。ことに庭園は、19世紀以降世界の他の地域にも意義深い影響を与えている。

世界遺産	記載年	所在地	概要
国内			
古都奈良の文化財	１９９８（平成10）	奈良県	古都奈良の寺院および神社の境内・宗教建造物群、春日大社および春日山原始林の神道思想に関連する文化的景観、平城宮跡の考古学遺跡で構成。平城京内や周辺に造営された多くの寺院・神社などの建造物群と周囲の自然が一体となった文化的景観も大きな特徴。宮殿の遺跡と計画的に建設された木造建築群により古代の姿を伝える事例は、初期アジアの他の首都にみられない。中国や朝鮮半島との交流を通して形成した日本文化の原型が日本建築・日本美術へと進化するさまを優れて示す遺産である。
紀伊山地の霊場と参詣道	２００４（平成16）	三重県・奈良県・和歌山県	「吉野・大峯」「熊野三山」「高野山」という三つの霊場とそれをつなぐ「参詣道」、さらにそれらを取り巻く「文化的景観」から成り立つ。紀伊山地は神々がこもり、仏が宿る聖域とされてきたが、それは山や森、滝などの自然の景物に恵まれること、また深い山々が南の海に迫るという独特な地形とその対照的景観などによるものと考えられる。その「文化的景観」は「山や森などの自然を神仏の宿る所とする信仰が形づくった景観」の代表例として高く評価されている。本資産には、国宝・重文の建造物のほか、史跡・名勝・天然記念物など計41件の文化財が含まれている。
「神宿る島」宗像・沖ノ島と関連資産群	２０１７（平成29）	福岡県	日本列島と朝鮮半島との間に位置する沖ノ島では、東アジア諸国間の活発な交流に伴い、４世紀後半から９世紀末までの５００年間にわたる、航海安全や対外交流の成就を願う多くの古代祭祀の変遷を示す遺跡がほぼ手つかずの状態で残っている。「神宿る」島の沖ノ島とその関連資産群には国家間の境界を越えた価値があり、今日まで信仰が継承されてきたことを物語る世界でも例のない遺産群となっている。日本固有の信仰における祭祀の基盤であり、その形成過程を考えるうえで沖ノ島祭祀遺跡は欠かせない存在である。
百舌鳥・古市古墳群―古代日本の墳墓群―	２０１９（令和元）	大阪府	ヤマトと大陸とを往還する航路の発着点であった大阪湾に接する大阪平野は、４世紀後半から５世紀後半にかけてヤマト政権の政治・文化の中心地のひとつであり、当地には最大級の前方後円墳から中小規模のものまで多様な墳墓が多く造営された。本古墳群は、土製建造物の類まれな技術的到達点を示すと同時に、墳墓により政治権力や社会秩序を表現した、日本列島の人々の歴史を物語る顕著な証左である。構成資産としては49基の古墳が指定されている。

国外			
慶州歴史地区	2000	大韓民国	朝鮮半島を統一した新羅の首都であった慶州には、新羅の歴史や文化を伝える塔や王陵、山城などの遺跡が集中的に分布している。慶州歴史地区は性格の異なる5つの区域に大きくわかれ、仏教文化の中心である南山地区、王宮跡である月城地区、新羅の王の陵が集中する大陵苑地区、新羅仏教の核心地である皇龍寺地区、防御施設がある山城地区となっている。それぞれ代表的な遺跡として、七仏庵磨崖石仏・瞻星台・皇南大塚・皇龍寺址・明活山城などがある。
古代高句麗王国の首都と古墳群	2004	中華人民共和国	中国東北部から朝鮮半島北半部にかけて、紀元前1世紀後半から668年まで栄えた高句麗の遺跡群。3都市に40の古墳群があり、五女山城・国内城・丸都山城のほか、14の王陵と26の貴族墓から構成。高句麗の首都の一つだった丸都山城の内外には、広大な宮殿や多くの墳墓などさまざまな遺跡が残る。遼寧省にある五女山城はまだ一部しか発掘が行なわれていない。
高句麗古墳群	2004	朝鮮民主主義人民共和国	平壌市・平安南道・黄海南道に所在する、4~7世紀にかけてつくられた高句麗後期の古墳群。東明王陵や湖南里四神塚など計63基の古墳で構成。そのうち16基には当時の高句麗の生活風俗や家屋、狩猟、戦争の様子などを描いた壁画が確認されている。後期には道教の影響による四神図が多くみられ、高松塚古墳壁画との関連が指摘されるものもある。朝鮮民主主義人民共和国としては初の世界遺産登録で、「古代高句麗王国の首都とその古墳群」と同時登録。
シルクロード：長安―天山回廊の交易路網	2014	中華人民共和国・キルギス共和国・カザフスタン共和国	ローマとアジア各地を相互に結ぶ「シルクロード」の一部で、中国・キルギス・カザフスタンの3ヵ国の共同申請による世界文化遺産。長安（現在の西安）や洛陽から天山回廊を経て中央アジアのタラス渓谷へと至る、総延長距離約8700キロメートルにおよぶ交易路網。紀元前2世紀から16世紀にかけてさまざまな文明をつなぎ、交易のほか宗教や文化、芸術などの交流を促したとして評価された。宮殿跡、交易拠点、仏教の石窟寺院、要塞など計33の遺跡が構成資産として含まれる。
百済歴史地区	2015	大韓民国	忠清南道公州市から扶余郡、全羅北道益山市にかけて分布している百済の王宮・寺院址などの遺跡群。中国や日本などとの相互文化交流を示す点が高く評価された。公州公山城、公州武寧王陵と王陵園、官北里遺跡と扶蘇山城、定林寺址・定林寺址五層石塔、扶余王陵園、扶余羅城、益山王宮里遺跡、弥勒寺址の8遺跡で構成。百済の第二十五代王である武寧王陵からは、日本特産のコウヤマキでつくられた武寧王と王妃の木棺が発見されている。古代の墓の中では珍しく被葬者が明らかになっている。

◆国指定・国選定による飛鳥・藤原地域の文化財

【i　国宝および特別史跡】

◉有形文化財(国宝)

分類	名称	所在
絵画	高松塚古墳壁画	明日香村　平田　高松塚古墳
絵画	キトラ古墳壁画	明日香村　阿部山　キトラ古墳（キトラ古墳壁画体験館 四神の館）
彫刻	木心乾漆義淵僧正坐像	明日香村　岡　岡寺
考古資料	奈良県藤ノ木古墳出土品	橿原市　畝傍町　橿原考古学研究所附属博物館
彫刻	木心乾漆十一面観音立像	桜井市　下　聖林寺
彫刻	木造騎獅文殊菩薩及脇侍像	桜井市　阿部　安倍文殊院
考古資料	大和国粟原寺三重塔伏鉢	桜井市　多武峰　談山神社
絵画	紺綾地金銀泥絵両界曼荼羅図	高取町　観覚寺　子嶋寺

◉特別史跡

分類	名称	所在
	石舞台古墳	明日香村　島庄
	高松塚古墳	明日香村　平田
	キトラ古墳	明日香村　阿部山
	藤原宮跡	橿原市　高殿町・醍醐町・縄手町・木之本町・法花寺町・別所町・飛騨町・四分町
	本薬師寺跡	橿原市　城殿町

山田寺跡	桜井市 山田
文殊院西古墳	桜井市 阿部

【ii 重要文化財および史跡・名勝・天然記念物】

◉有形文化財(重要文化財)

分類	名称	所在
建造物	岡寺仁王門	明日香村 岡 岡寺
建造物	於美阿志神社石塔婆	明日香村 檜前 於美阿志神社
絵画	絹本著色太子絵伝	明日香村 橘 橘寺
彫刻	塑像如意輪観音菩薩坐像	明日香村 岡 岡寺
彫刻	木造聖徳太子坐像	明日香村 橘 橘寺
彫刻	銅造釈迦如来坐像	明日香村 飛鳥 安居院(飛鳥寺)
彫刻	石造男女像・石造須弥山石	明日香村 奥山 奈良文化財研究所飛鳥資料館
考古資料	高松塚古墳出土品	明日香村 奥山 奈良文化財研究所飛鳥資料館
考古資料	キトラ古墳出土品	明日香村 阿部山 キトラ古墳壁画体験館 四神の館
建造物	橿原神宮本殿	橿原市 久米町 橿原神宮
建造物	人麿神社	橿原市 地黄町
建造物	正蓮寺大日堂	橿原市 小綱町 入鹿神社と同じ敷地
建造物	橿原神宮文華殿	橿原市 久米町 橿原神宮
建造物	久米寺多宝塔	橿原市 久米町 久米寺

分類	名称	所在
建造物	称念寺本堂	橿原市　今井町　称念寺
建造物	今西家住宅	橿原市　今井町
建造物	豊田家住宅	橿原市　今井町
建造物	旧米谷家住宅	橿原市　今井町
建造物	高木家住宅	橿原市　今井町
建造物	中橋家住宅	橿原市　今井町
建造物	音村家住宅	橿原市　今井町
建造物	上田家住宅	橿原市　今井町
建造物	河合家住宅	橿原市　今井町
建造物	森村家住宅	橿原市　新賀町
彫刻	木造大日如来坐像	橿原市　小綱町　正蓮寺大日堂
彫刻	木造十一面観音立像	橿原市　八木町　国分寺
考古資料	大和新沢千塚一二六号墳出土品	橿原市　川西町
考古資料	奈良県橿原遺跡出土品	橿原市　畝傍町　橿原考古学研究所附属博物館
考古資料	大和国高市郡牽牛子塚古墳出土品	橿原市　畝傍町　橿原考古学研究所附属博物館
考古資料	大和御坊山第三号墳出土品	橿原市　畝傍町　橿原考古学研究所附属博物館
考古資料	太安萬侶墓誌	橿原市　畝傍町　橿原考古学研究所附属博物館
建造物	談山神社十三重塔	桜井市　多武峰　談山神社
建造物	談山神社権殿	桜井市　多武峰　談山神社

建造物	談山神社摩尼輪塔	桜井市　多武峰　談山神社
建造物	談山神社本殿他	桜井市　多武峰　談山神社
建造物	白山神社本殿	桜井市　阿部　安倍文殊院
絵画	絹本著色大威徳明王像	桜井市　多武峰　談山神社
絵画	紺紙金銀泥法華経宝塔曼荼羅図（開結共）	桜井市　多武峰　談山神社
彫刻	石造浮彫伝薬師三尊像	桜井市　忍阪　石位寺
彫刻	木造地蔵菩薩立像	桜井市　桜井　来迎寺
彫刻	石板浮彫　伝弥勒如来像／伝釈迦如来像	桜井市　金屋
彫刻	木造不動明王坐像	桜井市　外山　不動院
工芸	石燈籠	桜井市　山田　東大谷日女命神社
工芸	石燈籠	桜井市　多武峰　談山神社の参道
歴史資料	談山神社本殿造営図並所用具図（永禄二年七月）	桜井市　多武峰　談山神社
建造物	南法華寺三重塔・礼堂	高取町　壺阪　南法華寺（壷阪寺）
絵画	絹本著色一字金輪曼荼羅	高取町　壺阪　南法華寺（壷阪寺）
彫刻	木造十一面観音立像	高取町　観覚寺　子嶋寺
工芸	鳳凰文甎	高取町　壺阪　南法華寺（壷阪寺）

◉史跡

分類	名称	所在
	川原寺跡	明日香村　川原
	大官大寺跡	明日香村　小山／橿原市　南浦町

分類	名称	所在
	牽牛子塚古墳・越塚御門古墳	明日香村　越
	中尾山古墳	明日香村　平田
	酒船石遺跡	明日香村　岡
	定林寺跡	明日香村　立部
	飛鳥寺跡	明日香村　飛鳥
	橘寺境内	明日香村　橘
	岩屋山古墳	明日香村　越
	飛鳥宮跡	明日香村　岡・飛鳥
	飛鳥水落遺跡	明日香村　飛鳥
	飛鳥稲淵宮殿跡	明日香村　稲渕・祝戸
	マルコ山古墳	明日香村　真弓
	飛鳥池工房遺跡	明日香村　飛鳥
	檜隈寺跡	明日香村　檜前
（名勝）	飛鳥京跡苑池	明日香村　岡
	岡寺跡	明日香村　岡
	都塚古墳	明日香村　阪田・祝戸
	菖蒲池古墳	橿原市　菖蒲町
	五条野丸山古墳	橿原市　五条野町・大軽町・見瀬町

分類	名称	所在
	藤原京跡　朱雀大路跡　左京七条一・二坊跡　右京七条一坊跡	橿原市　別所町・上飛騨町・高殿町・木之本町
	植山古墳	橿原市　五条野町
	新沢千塚古墳群	橿原市　川西町・北越智町
	粟原寺跡	桜井市　粟原
	花山塚古墳	桜井市　粟原
	天王山古墳	桜井市　倉橋
	安倍寺跡	桜井市　安倍木材団地
	艸墓古墳	桜井市　谷
	吉備池廃寺跡	桜井市　吉備
	与楽古墳群（与楽カンジョ古墳・与楽鑵子塚古墳・寺崎白壁塚古墳）	高取町　与楽・寺崎
	高取城跡	高取町　高取

◉名勝

分類	名称	所在
（史跡）	飛鳥京跡苑池	明日香村　岡
	大和三山（香具山・耳成山・畝傍山）	橿原市　南浦町・木原町・慈明寺町・大谷町・山本町・大久保町・吉田町・畝傍町

【iii重要伝統的建造物群保存地区及び重要文化的景観】

◉重要伝統的建造物群保存地区

分　類	名　称	所　在
	橿原市今井町（寺内町・在郷町）	橿原市　今井町

◉重要文化的景観

分　類	名　称	所　在
	奥飛鳥の文化的景観	明日香村　稲渕・栢森・入谷と祝戸・阪田の一部

4 陵墓・陵墓参考地

歴代の天皇・皇后・太皇太后・皇太后を葬るところを陵、その他の皇族を葬るところを墓といいます。あわせて皇室関係の墓所を陵墓と呼んでおり、宮内庁がその管理を行なっています。また、被葬者が特定されていなくても、皇族が葬られた可能性があると考えられている候補地は陵墓参考地とされています。飛鳥時代以前の古い陵墓についても、治定が行なわれています。

これらの陵墓、または陵墓参考地の多くは、幕末から明治年間（一八六八〜一九一二）に現在の宮内庁が治定し、修復整備したものです（→186頁）。その際、神武天皇陵には特に多大な費用が投入されたことが記録されています。「陵墓の治定を覆すに足る陵誌銘などの確実な資料が発見されない限り、現在のものを維持していく」というのが現在の治定の考え方のようです。

（＊印のついた被葬者は、470頁の「本書に関連する主な皇室関係図」にその名があります）

◆飛鳥・藤原地域の陵墓・陵墓参考地

【ⅰ　陵墓】

◉明日香村内

治定された被葬者	陵墓の名称	所在地及び古墳等の名称
欽明天皇＊	檜隈坂合陵（ひのくまのさかあいのみささぎ）	明日香村平田　平田梅山古墳
天武天皇＊・持統天皇＊	檜隈大内陵（ひのくまのおおうちのみささぎ）	明日香村野口　野口王墓古墳
文武天皇＊	檜隈安古岡上陵（ひのくまのあこのおかのえのみささぎ）	明日香村栗原　栗原塚穴古墳

治定された被葬者	陵墓の名称	所在地及び古墳等の名称
吉備姫王＊（敏達天皇皇孫茅渟王＊妃）	檜隈墓（ひのくまのはか）	明日香村平田
良助法親王	冬野墓（ふゆののはか）	明日香村冬野
欽明天皇陵の陪塚	陪塚ろ号	明日香村平田　カナヅカ（金塚）古墳
〃	陪塚は号	明日香村平田・野口　鬼の俎古墳
〃	陪塚に号	明日香村平田・野口　鬼の雪隠古墳

◉橿原市内

治定された被葬者	陵墓の名称	所在地及び古墳等の名称
神武天皇	畝傍山東北陵（うねびやまのうしとらのすみのみささぎ）	橿原市大久保町　四条ミサンザイ古墳
綏靖天皇	桃花鳥田丘上陵（つきだのおかのえのみささぎ）	橿原市四条町
安寧天皇	畝傍山西南御陰井上陵（うねびやまのひつじさるのみほどのいのえのみささぎ）	橿原市吉田町
懿徳天皇	畝傍山南纖沙溪上陵（うねびやまのみなみのまなごのたにのえのみささぎ）	橿原市西池尻町
孝元天皇	劒池嶋上陵（つるぎのいけのしまのえのみささぎ）	橿原市石川町
宣化天皇＊	身狭桃花鳥坂上陵（むさのつきさかのえのみささぎ）	橿原市鳥屋町　鳥屋ミサンザイ古墳
宣化天皇皇后橘仲皇女＊	〃	〃
崇神天皇皇子倭彦命	身狭桃花鳥坂墓（むさのつきさかのはか）	橿原市北越智町・鳥屋町　桝山古墳
欽明天皇陵の陪塚	陪塚い号	橿原市五条野町　経塚古墳

◉桜井市内

治定された被葬者	陵墓の名称	所在地及び古墳等の名称
崇峻天皇＊	倉梯岡陵（くらはしのおかのみささぎ）	桜井市倉橋

崇峻天皇＊（付属地）	倉梯岡陵付属地雀塚（すずめづか、旧倉梯岡上陵〈くらはしのおかのえのみささぎ〉）	桜井市倉橋（かつて倉梯岡上陵として治定）
舒明天皇＊	押坂内陵（おさかうちのみささぎ）	桜井市忍阪　段ノ塚古墳
糠手姫皇女＊（舒明天皇の母）	〃	〃
大伴皇女（欽明天皇皇女）	押坂内墓（おさかのうちのはか）	桜井市忍阪

◉高取町内

斉明天皇＊	越智崗上陵（おちのおかのえのみささぎ）	高取町車木　車木ケンノウ古墳
岡宮天皇＊	真弓丘陵（まゆみのおかのみささぎ）	高取町森　※
孝徳天皇皇后間人皇女＊	越智崗上陵（おちのおかのえのみささぎ）	高取町車木　車木ケンノウ古墳
天智天皇皇子建王＊	建王墓（たけるのみこのはか）	高取町車木　車木ケンノウ古墳
天武天皇前妃大田皇女＊	越智崗上墓（おちのおかのえのはか）	高取町車木
※岡宮天皇真弓丘陵について	『続日本紀』には、天平宝字二年（七五八）、草壁皇子＊に対して「岡宮御宇天皇」が追尊（没後に贈られる称号）されたことが書かれています。『延喜諸陵寮式陵墓歴名』に真弓丘陵の名が掲載されており、高取町佐田の束明神古墳がその有力候補とされています。岡宮天皇陵は、束明神古墳から約三〇〇メートル南にあり、文久二年（一八六二）に宇都宮藩が中心になって修陵が行なわれました。素戔嗚命神社の本殿が鎮座していた所で、本殿を立ち退きして陵としたものと地元では言い伝えられています。	

【ii　陵墓参考地】

◉橿原市内

治定された被葬者	陵墓の名称	所在地及び古墳等の名称
	畝傍陵墓参考地（うねびりょうぼさんこうち）	橿原市五条野町　五条野丸山古墳の後円部墳頂

5 歌碑

明日香村およびその周辺の橿原市・桜井市・高取町に存在する『万葉集』『古事記』『日本書紀』『懐風藻』の歌碑について、和歌と詠み人および揮毫した人を、各市町村の資料などから一覧表にまとめました。

歌碑の中には、同じ和歌の碑が各市村界を超えて設置されているケースがあります。

実際に歌碑に刻まれている文言と次の歌碑一覧の歌詞は表記が異なる場合があります。

（＊印のついた詠み人は、470頁の「本書に関連の主な皇室関係図」にその名があります）

◆飛鳥・藤原の歌碑一覧（明日香村・橿原市・桜井市など）

◉明日香村内の歌碑

詠み人	歌詞	設置場所	揮毫者
志貴皇子＊	采女の 袖吹きかへす 明日香風 都をとおみ いたづらに吹く（巻一－五一）	明日香村豊浦　甘樫丘中腹	犬養孝
志貴皇子＊	采女の 袖吹きかへす 明日香風 都を遠み いたづらに吹く（巻一－五一）	明日香村岡　飛鳥宮跡	平山郁夫
作者未詳（元明天皇）	飛ぶ鳥の 明日香の里を 置きて去なば 君があたりは 見えずかもあらむ（巻一－七八）	明日香村雷　甘樫丘向かいの飛鳥川の河原	不明
天武天皇＊	わが里に 大雪降れり 大原の 古りにし里に 降らまくは後（巻二－一〇三）	明日香村小原　大原神社	犬養孝
藤原夫人	わが岡の おかみにいひて 降らしめし 雪の摧けし そこに散りけむ（巻二－一〇四）	明日香村小原　大原神社	犬養孝
額田王＊	古に 恋ふらむ鳥は 霍公鳥 けだしや鳴きし わが念へる如（巻二－一一二）	明日香村野口　大字野口内の丘陵頂上	上野凌弘

高市皇子＊	山吹の 立ち儀ひたる 山清水 汲みに行かめど 道の知らなく（巻二－一五八）	明日香村岡 犬養万葉記念館	犬養孝
草壁皇子の宮の舎人	嶋の宮 上の池なる 放ち鳥 荒びな行きそ 君いまさずとも（巻二－一七二）	明日香村島庄 石舞台古墳と道をへだてた北の丘	犬養孝
柿本人麻呂	明日香川 しがらみ渡し 塞かませば 流るる水も のどにかあらまし（巻二－一九七）	明日香村飛鳥 飛鳥橋北東のポケットパーク	尾崎邑鵬
柿本人麻呂	うつせみと 思ひし時に 取り持ちて 我が二人見し 走り出の 堤に立てる 槻の木の こちごちの枝の 春の葉の……〈略〉（巻二－二一〇）	明日香村橘 橘寺西側参道	坂本信幸
柿本人麻呂	大君は 神にしませば 天雲の 雷の上に 廬りせるかも（巻三－二三五）	明日香村雷 雷交差点の北西側道路沿い	犬養孝
山部赤人	三諸の 神南備山に 五百枝指し 繁に生ひたる つがの木の いや継ぎ継ぎに 玉葛 絶ゆることなく ありつつも……〈略〉（巻三－三二四・三二五）	明日香村飛鳥 飛鳥寺境内	佐佐木信綱
上古麻呂	今日もかも 明日香の川の 夕さらず 河蝦鳴く瀬の 清けくあるらむ（巻三－三五六）	明日香村飛鳥 甘樫橋東の道路沿い	犬養孝
志貴皇子＊	大原の この市柴の いつしかと 我が思ふ妹に 今夜逢へるかも（巻四－五一三）	明日香村小原 奈良県立万葉文化館前交差点	尾崎邑鵬
吉田連宜	君を待つ 松浦の浦の 娘子らは 常世の国の 天娘子かも（巻五－八六五）	明日香村飛鳥 奈良県立万葉文化館庭園	松塚玲糸
笠金村	皆人の 命もわれも み吉野の 滝の常磐の 常ならぬかも（巻六－九二二）	明日香村飛鳥 奈良県立万葉文化館庭園	近藤摂南
作者未詳	いにしへの 事は知らぬを われ見ても 久しくなりぬ 天の香具山（巻七－一〇九六）	明日香村小山 紀寺跡（明日香庭球場駐車場横）	清水公照
作者未詳	片岡の この向かつ峰に 椎蒔かば 今年の夏の 蔭に比疑へむ（巻七－一〇九九）	明日香村飛鳥 奈良県立万葉文化館庭園	今井凌雪

詠み人	歌詞	設置場所	揮毫者
作者未詳	さ檜隈 檜隈川の 瀬を速み 君が手取らば 言寄せむかも（巻七－一一〇九）	明日香村下平田　飛鳥周遊歩道下平田休憩園地	犬養孝
作者未詳	春日なる 三笠の山に 月の船出づ 遊士の 飲む酒坏に 影に見えつつ（巻七－一二九五）	明日香村飛鳥　奈良県立万葉文化館庭園	甫田鵄川
作者未詳	明日香川 七瀬の淀に 住む鳥も 心あれこそ 波立てざらめ（巻七－一三六六）	明日香村稲渕　飛鳥稲淵宮殿跡	犬養孝
作者未詳	明日香川 瀬瀬に玉藻は 生ひたれど しがらみあれば 靡きあはなくに（巻七－一三八〇）	明日香村祝戸　玉藻橋の橋詰	清水武彦
大伴家持	わがやどに 蒔きしなでしこ いつしかも 花に咲きなむ なそへつつ見む（巻八－一四四八）	明日香村雷　雷橋から上流の遊歩道沿い	不明
舎人娘子	大口の 真神の原に 降る雪は いたくな降りそ 家もあらなくに（巻八－一六三六）	明日香村岡　奈良県立万葉文化館あすかむ南西の広場	犬養孝
柿本人麻呂	御食向かふ 南淵山の 巌には 降りしはだれか 消え残りたる（巻九－一七〇九）	明日香村島庄　石舞台古墳前休憩所横	辰巳利文
柿本人麻呂	御食向かふ 南淵山の 巌には 降りしはだれか 消え残りたる（巻九－一七〇九）	明日香村阪田　坂田寺跡	犬養孝
作者未詳	今往きて 聞くものにもが 明日香川 春雨零りて 激つ瀬の音を（巻十－一八七八）	明日香村栢森　栢森入口の県道沿い	西岡善信
作者未詳	立ちて思ひ 居てもそ念ふ くれなゐの 赤裳裾引き 去にし姿を（巻十一－二五五〇）	明日香村上平田　高松塚古墳前の小丘	犬養孝
作者未詳	明日香川 明日も渡らむ 石橋の 遠き心は 思ほえぬかも（巻十一－二七〇一）	明日香村稲渕　飛び石（万葉の石橋）	犬養孝
作者未詳	明日香川 明日も渡らむ 石橋の 遠き心は 思ほえぬかも（巻十一－二七〇一）	明日香村雷　甘樫丘公園前の飛鳥川河原に降りる階段下流側	不明

作者未詳	天橋も 長くもがも 高山も 高くもがも 月読の 持てる変若水 い取り来て 君に奉りて 変若しめむはも（巻十三－三二四五）	明日香村飛鳥 奈良県立万葉文化館庭園	杉岡華邨
作者未詳	明日香川 瀬々の玉藻の うちなびき 情は妹に 寄りにけるかも（巻十三－三二六七）	明日香村岡 南都銀行から飛鳥川沿い遊歩道を西へ入る	犬養孝
作者未詳	みもろは 人の守る山 もとへは あしび花さき すゑべは 椿花さく うらぐはし 山そ泣く子守る山（巻十三－三二二二）	明日香村飛鳥 飛鳥坐神社	会津八一
作者未詳	斎串立て 神酒すえ奉る 神主部が うずの玉蔭 見ればともしも（巻十三－三二二九）	明日香村飛鳥 飛鳥坐神社	鈴木葩光
作者未詳	斎串立て 神酒すえ奉る 神主部が うずの玉蔭 見ればともしも（巻十三－三二二九）	明日香村栢森 加夜奈留美命神社	鈴木葩光
作者未詳	橘の 寺の長屋に 吾率宿し 童女放髪は 髪あげつらむか（巻十六－三八二二）	明日香村橘 橘寺	鈴木葩光
作者未詳	世間の 繁き仮廬に 住み住みて 至らむ国の たづき知らずも（巻十六－三八五〇）	明日香村川原 川原寺前の道路南側	犬養孝
大伴御行	大君は 神にしませば 赤駒の はらばふ田居を 都となしつ（巻十九－四二六〇）	明日香村飛鳥 飛鳥坐神社	犬養孝
柿本人麻呂	ふさたをり 多武の山霧 しげみかも 細川の瀬に なみの騒ける（巻九－一七〇四）	明日香村飛鳥 奈良県立万葉文化館庭園	西川美恵子
作者未詳	八釣川 水底絶えず 行く水の 継ぎてそ 恋ふる この年頃を（巻十二－二八六〇）	明日香村飛鳥 奈良県立万葉文化館駐車場	里中満智子
山上憶良	銀も 金も玉も なにせむに まされる宝 子にしかめやも（巻五－八〇三）	明日香村橘 明日香小学校	境山正甫

◉橿原市内の歌碑

詠み人	歌詞	設置場所	揮毫者
持統天皇＊	春過ぎて 夏来るらし 白栲の 衣干したり 天の香具山（巻一－二八）	橿原市醍醐町 醍醐池東堤	犬養孝
作者未詳	真菅よし 宗我の河原に 鳴く千鳥 間無しわが背子 わが恋ふらくは（巻十二－三〇八七）	橿原市中曽司町 磐余神社	岡橋邦領

詠み人	歌詞	設置場所	揮毫者
大伴坂上郎女	うち渡す 竹田の原に 鳴く鶴の 間無く時無し わが恋ふらくは（巻四－七六〇）	橿原市東竹田町　竹田神社	久我高照
大伴家持	玉鉾の 道は遠けど はしきやし 妹をあひ見に 出でてそ わが来し（巻八－一六一九）	橿原市常盤町　春日神社	平田華邑
柿本人麻呂	秋山の 黄葉を茂み 迷ひぬる 妹を求めむ 山道知らずも（巻二－二〇八）	橿原市地黄町　人麿神社	前川佐美雄
作者未詳	春さらば 挿頭にせむと わが思ひし 櫻の花は 散りにけるかも（巻十六－三七八六）	橿原市大久保町　大久保町公民館	池田源太
作者未詳	天飛ぶや 軽の社の 斎槻 幾代まであらむ 隠妻ぞも（巻十一－二六五六）	橿原市大軽町　春日神社	小清水卓二
紀皇女	軽の池の 浦み行き廻る 鴨すらに 玉藻の上に ひとり宿なくに（巻三－三九〇）	橿原市石川町　剣池の北堤	辰巳利文
作者未詳	思ひあまり 甚もすべ無み 玉たすき 畝傍の山に 我れは標結ふ（巻七－一三三五）	橿原市大谷町　畝火山口神社鳥居前	樋口清之
柿本人麻呂	ひさかたの 天知らしぬる 君故に 日月も知らず 恋ひわたるかも（巻二－二〇〇）	橿原市四分町　鷺栖神社	山本雨宝
作者未詳	藤原の 古りにし里の 秋萩は 咲きて散りにき 君待ちかねて（巻十－二二八九）	橿原市別所町　別所池の西南堤	司馬遼太郎
檜隈王女	哭澤の 神社に神酒据ゑ 禱祈れども 我が大君は 高日知らしぬ（巻二－二〇二）	橿原市木之本町　畝尾都多本神社	猪熊兼繁
柿本人麻呂	ひさかたの 天の香具山 この夕 霞たなびく 春立つらしも（巻十－一八一二）	橿原市南浦町　天香山神社	末永雅雄
舒明天皇＊	大和には 群山あれど とりよろふ 天の香具山 登り立ち国見をすれば 国原は煙立ち立つ 海原は鷗立ち立つ うまし国そ 蜻蛉島 大和の国は（巻一－二）	橿原市南浦町　香具山西麓	樋口清之
柿本人麻呂	草枕 旅の宿りに 誰が夫か 国忘れたる 家待たまくに（巻三－四二六）	橿原市南浦町　古池	杉岡正美
大伴旅人	忘れ草 わが紐に付く 香具山の 故りにし里を 忘れむがため（巻三－三三四）	橿原市城殿町　本薬師寺跡	黒岩重吾
作者未詳	思はぬを 思ふと言はば 真鳥住む 卯名手の杜の 神し知らさむ（巻十二－三一〇〇）	橿原市雲梯町　河俣神社	松田英治
柿本人麻呂	明日香川 しがらみ渡し 塞かませば 流るる水も のどにかあらまし（巻二－一九七）	橿原市今井町　今井まちなみ交流センター華甍	柿本善也

詠み人	歌詞	設置場所	揮毫者
中大兄皇子＊	香具山は 畝火雄々しと 耳成と 相争ひき 神代より……（巻一―一三） 香具山と 耳成山と 闘ひし時 立ちて見に来し 印南国原（巻一―一四）	橿原市白橿町 白橿町近隣公園	久松潜一
柿本人麻呂	……我妹子が やまず出で見し 軽の市に 我が立ち聞けば 玉たすき 畝傍の山に（巻二―二〇七）	橿原市見瀬町 牟佐坐神社石段下左	昆布富明
作者未詳	耳成の 池し恨めし 我妹子が 来つつ潜かば 水は涸れなむ（巻十六―三七八八）	橿原市木原町 耳成山公園木原古池	石井庄司
大津皇子＊	ももづたふ 磐余の池に 鳴く鴨を 今日のみ見てや 雲隠りなむ（巻三―四一六）	橿原市東池尻町 妙法寺参道	入江泰吉
草壁皇子の宮の舎人	水伝ふ 礒の浦廻の 石つつじ 茂く咲く道を またも見むかも（巻二―一八五）	橿原市南浦町 万葉の森	山田正
笠金村	高円の 野辺の秋萩 いたづらに 咲きか散るらむ 見る人無しに（巻二―二三一）	橿原市南浦町 万葉の森	今井凌雪
大伴家持	紅は うつろふものぞ 橡の なれにし衣に なほしかめやも（巻十八―四一〇九）	橿原市南浦町 万葉の森	飛鳥弘文
大伴旅人	わが園に 梅の花散る ひさかたの 天より雪の 流れ来るかも（巻五―八二二）	橿原市南浦町 万葉の森	今西宗一
山部赤人	ぬばたまの 夜の更けゆけば 久木生ふる 清き川原に 千鳥しば鳴く（巻六―九二五）	橿原市南浦町 万葉の森	扇谷弘尚
作者未詳	ほととぎす 鳴く声聞くや 卯の花の 咲き散る岳に 田葛引く娘子（巻十―一九四二）	橿原市南浦町 万葉の森	上村松篁
山上憶良	妹が見し 楝の花は 散りぬべし わが泣く涙 いまだ干なくに（巻五―七九八）	橿原市南浦町 万葉の森	杉岡華邨
柿本人麻呂歌集	いにしへに ありけむ人も わが如か 三輪の桧原に かざし折りけむ（巻七―一一一八）	橿原市南浦町 万葉の森	木山照道
大伴家持	わが園の 李の花か 庭に降る はだれのいまだ 残りたるかも（巻十九―四一四〇）	橿原市南浦町 万葉の森	吉田文之

◉桜井市内の歌碑

詠み人	歌詞	設置場所	揮毫者
野中川原史満	山川に 鴛鴦二ついて 偶ひよく 偶へる妹を 誰か率にけむ（日本書紀） 本毎に 花は咲けども 何とかも 愛し妹が また咲き出来ぬ（日本書紀）	桜井市山田 山田寺講堂跡の小さな門をくぐった右手	前川佐美雄

詠み人	歌詞	設置場所	揮毫者
大津皇子＊	金鳥臨西舎 鼓聲催短命 泉路無賓主 此夕離家向（懐風藻）	桜井市吉備　吉備池北側にある春日神社の境内	福田恆存
大伯（大来）皇女＊	神風（かむかぜ）の 伊勢の国にも あらましを なにしか来（き）けむ 君もあらなくに（巻二－一六三）	桜井市吉備　吉備池北側にある春日神社の境内（同じ歌碑の裏側）	福田恆存
大津皇子＊	ももつたふ 磐余の池に 鳴く鴨を 今日のみみてや 雲がくりなむ（巻三－四一六）	桜井市吉備　春日神社のすぐ南の吉備池の堤	中河幹子
大伯（大来）皇女＊	現身（うつそみ）の 人にある吾れや 明日よりは 二上山を 弟背（いろせ）と吾が見む（巻二－一六五）	桜井市吉備　春日神社のすぐ南の吉備池の堤	小倉遊亀
春日蔵首老	つぬさはふ 磐余も過ぎず 泊瀬山 いつかも越えむ 夜は更けつつ（巻三－二八二）	桜井市阿部　文殊院西古墳の墳丘裾	朝永振一郎
鏡王女＊	秋山の 樹の下隠り 逝く水の 吾れこそ益さめ 御思いよりは（巻二－九二）	桜井市忍阪　舒明天皇陵前の小径を登った右手のせせらぎ沿い	犬養孝
作者未詳	夕さらば かはず鳴くなる 三輪川の 清き瀬の音を 聞かくし良しも（巻十－二二二二）	桜井市金屋　初瀬川（大和川）に架かる馬井手橋の袂	樋口清之
作者未詳	こもりくの泊瀬の山 青幡の 忍坂の山は走り出の よろしき山の出立の くわしき山ぞあたらしき山の 荒れまく惜しも（巻十三－三三三一）	桜井市金屋　初瀬川（大和川）に架かる大向寺橋の袂	有島生馬
作者未詳	紫は灰さすものぞ 海石榴市（つばいち）の 八十のちまたに 逢へる子や誰（巻十二－三一〇一）	桜井市金屋　海石榴市観音に通ずる道の三差路	今東光
高市皇子＊	山吹の 立ちしげみたる 山清水 酌みに行かめど 道の知らなく（巻二－一五八）	桜井市茅原　玄賓庵北側の山清水のせせらぎの森かげ	安田靫彦
作者未詳	三諸は 人の守（も）る山 本辺（もとべ）は あしび花咲き 末辺（うらべ）は椿花咲く うらぐはし山ぞ 泣く児守る山（巻十三－三二二二）	桜井市箸中　井寺池の北側の堤	久松潜一

額田王＊	うま酒 三輪の山 あおによし 奈良の山の 山の間に いかくるまでに 道のくま いさかるまで つばらにも 見つつ行かむを しばしばも 見さけむ山を 心なく 雲の かくさふべしや（巻一－一七）	桜井市穴師　景行天皇陵南西の三差路の角	中河与一
額田王＊	三輪山を しかもかくすか 雲だにも 心あらなむ かくさふべし也（巻一－一八）	桜井市穴師　景行天皇陵南西の三差路の角	中河与一
額田王＊	三輪山を しかもかくすか 雲だにも 心あらなむ かくさふべし也（巻一－一八）	桜井市芝　芝運動公園の広場	川端康成
額田王＊	三輪山を しかもかくすか 雲だにも 心あらなむ かくさふべし也（巻一－一八）	桜井市東新堂　桜井西中学校	保田與重郎
舎人皇子＊	ぬば玉の 夜霧ぞ立てる 衣手の 高屋の上に たなびくまでに（巻九－一七〇六）	桜井市高家　集落の坂道を登りきった上の民家の門構えの横	熊谷守一
倭建命	大和は 国のまほろば たたなづく 青がき 山ごもれる 大和し 美し(うるわ)し（古事記）	桜井市箸中　井寺池の堤のほぼ中央西斜面	川端康成
中大兄皇子＊	香具山は 畝火ををしと 耳成と 相あらそひき 神代より かくにあるらし 古へも 然(しか)に あれこそ うつせみも 妻を あらそふらしき（巻一－一三）	桜井市箸中　井寺池の北西に柿畑をバックに据えられている	東山魁夷
雄略天皇	こもよ みこもち ふくしもよ みふくしもち このおかに なつますこ いえのらせ なのらさね……（巻一－一）	桜井市黒崎　白山神社	保田與重郎
作者未詳	泊瀬川 速み早瀬を むすびあげて あかずや妹と とひし公はも（巻十一－二七〇六）	桜井市慈恩寺　磯城嶋公園の中	辰巳利文
但馬皇女	人言(ひとごえ)を しげみ言痛(こちた)み おのが世に いまだ渡らぬ 朝川わたる（巻二－一一六）	桜井市出雲　国道１６５号沿いに初瀬川を背に立つ	阿波野青畝
長屋王＊	うま酒 三輪の祝(はふり)の 山てらす 秋のもみじの 散らまく惜しも（巻八－一五一七）	桜井市三輪　大神神社の宝物館に向かって左側木立の中	堂本印象
高市皇子＊	神山(みわやま)の 山邊真蘇木綿(やまべまそゆふ) みじか木綿(ゆふ) かくのみ故に 長しと思ひき（巻二－一五七）	桜井市箸中車谷　桧原神社から山の辺の道を北へたどった杉の大木の下	入江泰吉

詠み人	歌詞	設置場所	揮毫者
柿本人麻呂	久方の　天ゆく月を　網にさし　わが大君は　きぬがさにせり（巻三－二四〇）	桜井市多武峰　談山神社参道の古い山門に向かって右手の杉の木の下	山岡荘八
藤原鎌足＊	吾れはもや　安見児えたり　皆人の　得がてにすといふ　安見児えたり（巻二－九五）	桜井市多武峰　談山神社境内惣社の向かい側（蹴鞠が行なわれる広場の南隅）	遠藤周作
速総別王	梯立の　倉橋山を　嶮しみと　岩かきかねて　吾が手とらすも（古事記） 梯立の　倉橋山は　嶮しけど　妹とのぼれば　嶮しくもあらず（古事記）	桜井市八井内　不動延命の滝のそば	湯川秀樹
柿本人麻呂	ふさ手折り　多武の山霧　しげみかも　細川の瀬に　波の騒ける（巻九－一七〇四）	桜井市多武峰　談山神社の駐車場	犬養孝
柿本人麻呂	痛足川　川波立ちぬ　巻目の　由槻が嶽に　雲居立てるらし（巻七－一〇八七）	桜井市箸中車谷　巻向川の川べりの小さな竹やぶの下	棟方志功
弓削皇子	古に　恋ふる鳥かも　ゆづるはの　み井の上より　鳴き渡り行く（巻二－一一一）	桜井市粟原　天満宮裏手にある粟原寺跡のそば	金本朝一

◉その他の地の歌碑で本書に関連するもの

詠み人	歌詞	設置場所	揮毫者
大津皇子＊	あしひきの　山のしづくに　妹待つと　我立ち濡れぬ　やまのしづくに（巻二－一〇七）	葛城市當麻　健民運動場の東	犬養孝
大伯（大来）皇女＊	うつそみの　人なる我や　明日よりは　二上山を　弟世と我が見む（巻二－一六五）	葛城市當麻　健民運動場の北西	堀江彦三郎
大伯（大来）皇女＊	うつそみの　人なる我や　明日よりは　二上山を　弟世と我が見む（巻二－一六五）	香芝市下田西中央公民館前	石田清成

年表・地図・索引

飛鳥・藤原地域関連年表

和暦	西暦	事項
縄文時代（草創期・早期）		有舌尖頭器の使用
（中期～晩期）		飛鳥川流域に縄文時代の集落が出現（稲渕ムカンダ遺跡、島庄遺跡など） 飛鳥川流域を中心に集落が営まれる（大官大寺下層、飛鳥寺下層遺跡など）
弥生時代		高取川流域の檜前盆地において集落が出現（御園アリイ遺跡など）
古墳時代（前期～中期）		飛鳥盆地一帯で開発がはじまる（飛鳥京下層遺跡など）
（後期）		各地で群集墳が形成される（八釣・東山古墳群、細川谷古墳群など）
継体天皇　二十	五二六	継体天皇、宮を磐余の玉穂に遷す
安閑天皇　一	五三四	安閑天皇、宮を勾金橋に遷す
宣化天皇　一	五三六	宣化天皇、宮を檜隈廬入野に遷す
三	五三八	百済の聖明王によりわが国に仏教が伝わる（『上宮聖徳法王帝説』『元興寺縁起』など）
四	五三九	欽明天皇が即位
欽明天皇　一	五四〇	欽明天皇、宮を磯城嶋金刺に遷す
十三	五五二	百済の聖明王が仏像・経典などを天皇に献上。仏教を伝える（『日本書紀』） 崇仏・排仏の争いがおこる 蘇我稲目が百済伝来の仏像を私邸（小墾田の家）に安置し、向原家を寺とする
三十一	五七〇	蘇我稲目没
三十二	五七一	欽明天皇没。檜隈坂合陵に葬る
敏達天皇　一	五七二	敏達天皇が即位。百済大井宮へ宮を遷す
五	五七六	額田部皇女（後の推古天皇）を皇后とする
十三	五八四	司馬達等らを遣わして高句麗僧恵便を見出し、達等の娘（善信尼）ら三人を尼とする

		蘇我馬子が石川の宅に仏殿をつくる
十四	五八五	蘇我馬子が大野丘の北で塔を建て、塔の柱頭に舎利をおさめる
		敏達天皇が訳語田幸玉宮で没
		用明天皇が磐余池辺双槻宮で即位
用明天皇 一	五八六	穴穂部皇子が物部守屋と結び、皇位をうかがう
二	五八七	用明天皇没
		蘇我馬子が物部守屋を滅ぼす（丁未の変）
崇峻天皇 一	五八八	崇峻天皇が倉梯柴垣宮で即位
		百済から僧・寺工などが献上される。飛鳥衣縫造、祖樹葉の家を壊して飛鳥寺の造営がはじまる
二	五八九	隋が陳を滅ぼし、中国を統一
三	五九〇	百済に遣わされた善信尼らが帰国する
五	五九二	蘇我馬子が崇峻天皇を暗殺
		推古天皇が豊浦宮で即位
推古天皇 一	五九三	飛鳥寺（法興寺）の塔の心柱の礎に仏舎利をおさめる
		厩戸皇子（聖徳太子）が摂政となる
		四天王寺の創建に着手する
二	五九四	三宝（仏・法・僧）興隆の詔
三	五九五	高句麗僧恵慈、百済僧恵聡が来朝
四	五九六	飛鳥寺（法興寺）が完成
八	六〇〇	遣隋使派遣（『隋書』）
九	六〇一	厩戸皇子が斑鳩宮を建立
十	六〇二	百済僧観勒が暦・天文書などをもたらす
十一	六〇三	推古天皇、小墾田宮に遷る
		冠位十二階を定める

和暦	西暦	事項
推古天皇 十二	六〇四	十七条憲法を制定
十三	六〇五	高句麗が造仏用の黄金を献上 厩戸皇子が斑鳩宮に住む
十四	六〇六	厩戸皇子が「勝鬘経」「法華経」を講義する
十五	六〇七	小野妹子を隋に派遣する
十六	六〇八	小野妹子が裴世清を伴って帰国。裴世清の帰国にあわせて再び小野妹子を隋に派遣 また高向玄理・南淵請安・僧旻らを隋に派遣
十七	六〇九	飛鳥寺の丈六釈迦像（飛鳥大仏）が完成
十八	六一〇	高句麗僧曇徴が紙・墨・碾磑の製法を伝える
二十	六一二	百済の路子工に宮中の庭に須弥山と呉橋をつくらせる 欽明天皇を葬った檜隈坂合陵に堅塩媛を改葬
二十一	六一三	難波から大和に至る大道をつくる
二十二	六一四	犬上御田鍬を隋に派遣する
二十六	六一八	煬帝が殺害され、隋が滅亡。李淵が唐を建国し、初代皇帝高祖に
二十八	六二〇	厩戸皇子・蘇我馬子が『天皇記』『国記』を記す
三十	六二二	厩戸皇子が斑鳩宮で没。天寿国繡帳がつくられる
三十二	六二四	蘇我馬子が葛城県を要求するが推古天皇は許さず
三十四	六二六	蘇我馬子没。その後、桃原墓に葬る
三十六	六二八	推古天皇が薄葬を遺詔して小墾田宮で崩御。推古天皇陵は当初は大野岡にあり、後に科長大陵に遷す
舒明天皇 一	六二九	舒明天皇が即位
二	六三〇	舒明天皇、宝皇女（後の皇極天皇・斉明天皇）を皇后とする 犬上御田鍬を唐に派遣する（第一次遣唐使） 飛鳥岡本宮に宮を遷す

年号	西暦	事項
四	六三二	犬上御田鍬が僧旻らと帰国、唐使の高表仁が来る
八	六三六	飛鳥岡本宮が火災、田中宮に遷る
十一	六三九	百済大宮・百済大寺の造営を開始
十二	六四〇	南淵請安、高向玄理が帰国 百済大宮に宮を遷す
十三	六四一	舒明天皇が百済大宮で崩御
皇極天皇 一	六四二	皇極天皇が即位。南淵の河上に行幸して、雨乞いを行なう 舒明天皇を滑谷岡に葬る。小墾田宮に宮を遷す 蘇我蝦夷が葛城の高宮に祖廟を建て、八佾の舞を舞う。また双墓を今来につくる
二	六四三	山田寺金堂を建てる 飛鳥板蓋宮に宮を遷す。舒明天皇を押坂陵に葬る 蘇我入鹿が山背大兄王を襲う、山背大兄王が自害 百済が王子豊璋らを倭に送る
三	六四四	蘇我蝦夷・入鹿が家を甘樫丘に並べ建て、上の宮門・谷の宮門と呼ぶ。また、大丹穂山に桙削寺をつくらせる
四	六四五	蘇我入鹿を暗殺（乙巳の変）。蝦夷は邸宅で自害 孝徳天皇が即位。中大兄皇子を皇太子に、左大臣に阿倍内麻呂、右大臣に蘇我倉山田石川麻呂、内臣に中臣鎌足を任命
大化 一		はじめて元号を建てて大化とする
二	六四六	改新の詔。薄葬令発布
五	六四九	蘇我倉山田石川麻呂が自害
白雉 二	六五一	難波長柄豊碕宮に正式に遷宮（宮の完成は翌年）
四	六五三	中大兄皇子が前皇極天皇、間人皇后・王族・貴族・官人らとともに、飛鳥河辺行宮へ遷居（新政権は分裂）
五	六五四	孝徳天皇が難波長柄豊碕宮で崩御
斉明天皇 一	六五五	斉明天皇が飛鳥板蓋宮で重祚。その冬に宮が全焼し、飛鳥川原宮へ遷る

和暦	西暦	事項
斉明天皇 二	六五六	後飛鳥岡本宮に宮を遷す。多武峰に両槻宮を造営
四	六五八	阿部比羅夫が飽田・渟代の蝦夷を服従させる。蝦夷二〇〇余人が後飛鳥岡本宮に赴く 有間皇子が藤白坂で処刑される
六	六六〇	中大兄皇子、はじめて漏刻をつくり、民に時を報せる 唐・新羅が百済を滅ぼす
七	六六一	道昭帰国 斉明天皇が百済救援のため筑紫へ赴くも朝倉宮で没する。中大兄皇子が称制
天智天皇 一	六六二	道昭、飛鳥寺の東南に禅院を建てる 豊璋に兵五〇〇〇人と軍船一七〇艘を添えて百済へ遣わす
二	六六三	日本・百済軍が白村江で唐・新羅軍に大敗
三	六六四	対馬嶋、壱岐嶋、筑紫などに防人と烽とをおく
六	六六七	斉明天皇と間人皇女を小市岡上陵に合葬し、皇孫の大田皇女を陵前の墓に葬る 近江大津宮に遷る
七	六六八	天智天皇即位。近江の蒲生野に縦猟する 高句麗が滅亡する
八	六六九	中臣鎌足に大織冠を授け、藤原の氏を賜う。藤原鎌足没
九	六七〇	全国の戸籍をつくる（庚午年籍） 法隆寺が全焼する
十	六七一	大友皇子を太政大臣とし、左大臣に蘇我赤兄臣、右大臣に中臣金連、御史大夫に蘇我果安臣ら三名を任命 漏刻に新台をおき、鐘鼓を打って時を知らせる 大海人皇子（後の天武天皇）出家、吉野へ。天智天皇、近江大津宮で没
天武天皇 一 （弘文天皇 一）	六七二	壬申の乱。大友皇子自害。大海人皇子、倭京に戻る 飛鳥浄御原宮を造営
二	六七三	天武天皇即位、鸕野讃良皇女立后（後の持統天皇）

年号	西暦	事項
		百済大寺を高市に移す
三	六七四	大伯（大来）皇女、泊瀬の斎宮より伊勢神宮に向かう
四	六七五	はじめて占星台を建てる
五	六七六	山田寺の塔完成、露盤を設置する 飛鳥川上流（南淵山・細川山）の草木採取を禁じる 新羅が朝鮮半島を統一 多禰嶋の人々を飛鳥寺の西の槻の下で饗応する
六	六七七	高市大寺を大官大寺と改称する
八	六七九	天武天皇と皇后・六皇子、吉野宮で忠誠と融和を誓う
九	六八〇	皇后の病気平癒を祈願し薬師寺造立を発願する
十	六八一	飛鳥浄御原令の編纂をはじめる 草壁皇子が立太子 川島皇子・忍壁皇子らに命じて「帝紀」「上古諸事」の記定事業をはじめる
十一	六八二	隼人を飛鳥寺の西の槻の下で饗応する
十二	六八三	大津皇子、朝政に参画する 複都制を実施、難波宮をあてる 銅銭を用い、銀銭を禁じる
十三	六八四	天武天皇、京師を巡行し宮室の地を定める 八色の姓を定める
十四	六八五	諸王十二階、諸臣四十八階の位階を定める 山田寺金銅丈六像の開眼 天武天皇、山田寺・川原寺に行幸。天武天皇、白錦後苑に行幸
朱鳥 一	六八六	朱鳥と改元する 天武天皇没。皇后（持統天皇）が称制。南庭に殯宮を建てる 大津皇子、謀反の罪により自害

和暦	西暦	事項
朱鳥 一	六八六	大伯（大来）皇女、斎宮の任を解かれて都に帰る
持統天皇 一	六八七	都の諸寺で天武天皇の斎を行なう 皇太子、檜隈大内陵を築造する
二	六八八	天武天皇の殯が終わり、檜隈大内陵に葬る
三	六八九	持統天皇、吉野宮に行幸、以後頻繁に行幸し、在位中に三一回 草壁皇子没 飛鳥浄御原令を施行
四	六九〇	持統天皇が即位 高市皇子を太政大臣とする 戸令により戸籍をつくらせる（庚寅年籍） 元嘉暦と儀鳳暦、両暦の併用が開始
五	六九一	新益京（藤原京）を鎮祭する
六	六九二	持統天皇、大神高市麻呂の諫言を押し切り、伊勢に行幸
八	六九四	藤原宮に都を遷す
十	六九六	高市皇子没
文武天皇 一	六九七	珂瑠（軽）皇子（後の文武天皇）立太子 持統天皇が譲位し、文武天皇が即位
二	六九八	薬師寺の建立がほぼ終わり、僧侶を住まわせる この年の墓誌のある西安の独孤思貞墓出土の海獣葡萄鏡は、高松塚古墳の副葬品と同范
三	六九九	大官大寺に九重塔を建てる
四	七〇〇	道昭没す。粟原にて、わが国ではじめて火葬される 忍壁皇子・藤原不比等らに命じて大宝律令の撰修を命じる
大宝 一	七〇一	藤原宮の大極殿で元日朝賀の儀

		粟田真人らを遣唐使に任命。派遣（出航）は翌年 大宝律令施行（令のみ、律は翌年）
二	七〇二	持統太上天皇没
三	七〇三	持統太上天皇を飛鳥岡に火葬。檜隈大内陵に合葬する
慶雲 一	七〇四	粟田真人帰国。藤原不比等に入唐を報告（帰国の前年、則天武后の招宴を受ける）
四	七〇七	文武天皇没。元明天皇即位 文武天皇を飛鳥岡に火葬。文武天皇を檜隈安古岡上陵に葬る
和銅 一	七〇八	和銅と改元。和同開珎発行 平城京遷都の詔
三	七一〇	平城京に遷都
五	七一二	『古事記』成る
養老 一	七一七	大官大寺を平城京に移す（七三五年、大安寺と改称）
二	七一八	法興寺（飛鳥寺）を平城京に移す（新元興寺）
四	七二〇	『日本書紀』成る
天平勝宝 三	七五一	『懐風藻』成る
四	七五二	東大寺大仏開眼法要
天平宝字 三	七五九	『万葉集』最後の歌（大伴家持）
四	七六〇 七六〇頃	淳仁天皇、小治田宮に行幸し、数ヵ月間滞在 『藤氏家伝』成る
天平神護 一	七六五	称徳天皇、紀伊国に行幸。小治田宮に立ち寄る。檀山陵を過ぎ、陪従の百官を下馬させる
延暦 十三	七九四	平安京に遷都
十六	七九七	『続日本紀』成る
弘仁 十三	八二二	『日本霊異記』成る（推定）。原型本は延暦六年（七八七）頃の成立
天長 六	八二九	高市郡賀美郷甘南備山の飛鳥社を鳥形山に遷す（『日本紀略』）

和暦	西暦	事項
承和　五	八三八	最後の遣唐使（八九四年の遣唐使は停止）
昌泰　一	八九八	御破裂山が最初に鳴動。以後慶長十二年（一六〇七）まで三五回も鳴動
延喜　五	九〇五	『延喜式』編纂開始。この頃『古今和歌集』成る（一説に九一四年）
延長　五	九二七	『延喜式』完成
天暦　一	九四七	この頃、多武峯、延暦寺の末寺となる（一説に九五六年）。天台宗系となった多武峰と法相宗の興福寺とは宗派が別になり、以後争いが絶えなくなる
寛弘　四	一〇〇七	藤原道長、金峯山に詣で、飛鳥に立ち寄る
治安　三	一〇二三	藤原道長、高野山参詣の途中、山田寺に立ち寄り、金堂内を見学
文治　三	一一八七	興福寺の僧兵、山田寺講堂の薬師三尊を持ち去る（『玉葉』）
建久　七	一一九六	本元興寺（飛鳥寺）落雷で焼失（『上宮太子拾遺記』）
承元　二	一二〇八	吉野金峯山と多武峰方の争いで、多武峰方が立て籠った冬野城が陥落
承久　一	一二一九	摂関家から九条道家の子の頼経が第四代将軍として鎌倉に迎えられる（藤原一族が武家の棟梁である征夷大将軍に）。鎌足の入鹿誅滅がその正当性の根拠とされる
文暦　二	一二三五	天武・持統天皇陵の盗掘事件（『阿不幾乃山陵記』『名月記』）
寛元　四	一二四六	仙覚が将軍藤原頼経の命で『万葉集』を校訂
文永　六	一二六九	仙覚『万葉集注釈』十巻を完成
文保　二	一三一八	良助法親王没、冬野に埋葬
元弘　二	一三三二	高市郡一帯をおさめていた越智氏が高取城を築城
永享　一	一四二九	大和永享の乱が発生（〜一四三九年）、多武峰が陥落（三八年）。聖霊院の藤原鎌足像は焼失を免れ、橘寺へ遷座
宝徳　一	一四四九	藤原鎌足像が橘寺から多武峰に帰山
三	一四五一	多武峯・長谷寺が勘合貿易船を仕立てて明国と交易
寛正　六	一四六五	大和猿楽四座の寄合により多武峰猿楽を演じる
応仁　一	一四六七	応仁の乱勃発（〜七七年）。南大和の越智氏は西軍、北大和の筒井氏は東軍で戦う
文明　十九	一四八七	多武峰が朝敵征伐の命令（治罰の綸旨）を許され一山勅免となる

付録

和暦	西暦	事項
永正 三	一五〇六	赤沢朝経が大和に侵入（多武峰を焼く）。赤沢軍に与した橘寺が多武峰方の襲撃で全焼
享禄 五	一五三二	現在の談山神社十三重塔建造
天文 十五	一五四六	筒井順昭により貝吹山城が落城（その後越智氏が奪還）
永禄 二	一五五九	松永久秀が信貴山城に入る
六	一五六三	松永久秀が多武峰などの領域を侵攻（～六七年）。飛鳥川を挟んで東は多武峰方、西は久秀方の占領下となった可能性あり
十一	一五六八	織田信長が上洛。松永久秀が越智氏の貝吹山城を攻めるも敗退
十二	一五六九	松永久秀、越智氏から貝吹山城を奪取（久秀没後に越智氏に戻される）
天正 四	一五七六	筒井順慶が大和守護となる
八	一五八〇	織田信長、筒井順慶に命じ越智城・高取城・貝吹山城・岡城など、郡山城以外の大和の諸城を破却
十二	一五八四	高取城を筒井順慶が復興。順慶が没し、筒井氏は翌年、伊賀に国替えとなる
十三	一五八五	豊臣秀長、大和国主となり郡山城に入城。藤原姓を称した秀吉が始祖鎌足を祀る多武峰の支配に着手
十六	一五八八	豊臣秀長が多武峰聖霊院の藤原鎌足像を郡山の新多武峰へ遷座
十八	一五九〇	新多武峰から多武峰へ藤原鎌足像の帰山が命じられる（凶事が相次いだため）
文禄 四	一五九五	増田長盛、郡山城主となる。太閤検地を実施する
寛永 十三	一六三六	西本願寺十三世良如から本山同様の法事の執行を称念寺二代目住持の今井兵部が認められ、称念寺への御印書が下付される
十七	一六四〇	植村家政、高取藩主となる
延宝 七	一六七九	今井兵部が武士を返上して釈門に帰す
九	一六八一	林宗甫『大和名所記（和州旧跡幽考）』を著す
元禄 三	一六九〇	契沖『万葉代匠記』（精選本）完成（着手は一六八三年頃）
五	一六九二	貝原益軒『和州巡覧記』を著す
十～十一	一六九七～九八	奈良奉行、山陵調査と周垣普請を行なう
十五	一七〇二	平田梅山古墳の南、字「池田」の水田から四体の猿石がみつかる

和暦	西暦	事項
宝暦 十	一七六〇	賀茂真淵『万葉考』を著す（一七六九～一八三五年刊）
明和 九	一七七二	本居宣長、吉野から飛鳥を踏査し『菅笠日記』を著す（一七九五年刊）
寛政 三	一七九一	秋里籬島『大和名所図会』を著す
寛政八～文化九	一七九六～一八一二	橘千蔭『万葉集略解』刊行
十	一七九八	本居宣長『古事記伝』を著す
文化 五	一八〇八	蒲生君平『山陵志』を刊行
文政 九	一八二六	飛鳥寺、現在の安居院として再建
嘉永 一	一八四八	暁鐘成『西国三十三所名所図会』を著す
七	一八五四	平塚瓢斎『聖蹟図志』を著す
文久 二	一八六二	文久の修陵（翌年完了）
元治 一	一八六四	橘寺、本堂として太子堂を再建
明治 一 （慶応四）	一八六八	大和鎮台がおかれ、大和鎮撫総督府、奈良府を経て、奈良県を設置 神仏分離令布告、以降奈良県内社寺において廃仏毀釈が行なわれる
二	一八六九	妙楽寺が廃され、談山神社となる。数多くの子院が廃絶
六	一八七三	明日香村の三つの小学校の前身となる小学校が開設
九	一八七六	奈良県が堺県に合併される
十	一八七七	明治天皇、神武天皇陵に参拝、称念寺を行在所とする
十一	一八七八	古宮土壇周辺から金銅製四環壺出土
十四	一八八一	堺県が大阪府に編入される
二十	一八八七	奈良県の再設置
二十二	一八八九	市制・町村制の実施。奈良県内一五四町村の設置（阪合村・高市村・飛鳥村その他）
二十三	一八九〇	橿原神宮が造営され（京都御所神嘉殿と内侍所を前年に賜り移築）、官幣大社となる

	二十六	一八九三	大阪鉄道の王寺~桜井間が開通。畝傍駅開設
	三十五	一九〇二	飛鳥村の字「石神」より須弥山石出土、翌年に石人像出土
大正	二	一九一三	奈良県庁内に史跡勝地調査会を設置
	三	一九一四	牽牛子塚古墳から七宝亀甲形飾金具など出土
	五	一九一六	飛鳥川の東岸から出水の酒船石出土
	十二	一九二三	六田から橿原神宮前駅まで吉野鉄道がつながる
昭和	三	一九二八	吉野まで吉野鉄道が延伸
	四	一九二九	現飛鳥駅の前身の橘寺駅が開設 大阪鉄道の大阪阿部野橋~久米寺間が開通
	八	一九三三	石舞台古墳の調査
	九~十八	一九三四~四三	橿原市高殿町の大宮土壇周辺の発掘調査によって藤原宮跡であることが確認
	十三	一九三八	橿原考古学研究所開設 斎藤茂吉『万葉秀歌（上・下）』を出版
	十三~十四	一九三八~三九	橿原神宮の神域拡張・整備事業。建国奉仕隊が結成され事業に協力
	十四	一九三九	折口信夫『死者の書』連載開始（一九四三年刊）
	十五	一九四〇	昭和天皇が橿原神宮・畝傍御陵へ行幸。紀元二千六百年記念奉祝行事が各地で開催
	二十二	一九四七	義務制の新制中学校設置。旧高市郡阪合村、高市村および飛鳥村では各小学校の一部を間借りして、各中学校が誕生
	二十五	一九五〇	文化財保護法の施行 奈良・和歌山県の間で吉野川分水関連協定（通称「プルニエ協定」）が正式調印
	二十七	一九五二	奈良国立文化財研究所（現奈良文化財研究所）開設 飛鳥・高市・阪合の三村による組合立聖徳中学校が誕生
	三十一	一九五六	旧高市郡阪合村、高市村および飛鳥村が合併して「明日香村」が誕生。この年に橿原市や桜井市も誕生

和暦	西暦	事項
昭和 三十一	一九五六	大淀町下渕からの導水トンネルが完成し、吉野川の水がはじめて大和平野に試験分水 吉野川分水の工事に先立ち、飛鳥寺跡の発掘調査を実施
三十四	一九五九	飛鳥宮跡の発掘調査開始
四十一	一九六六	古都における歴史的風土の保存に関する特別措置法（古都保存法）の制定。明日香村が「古都」に指定
四十二	一九六七	明日香村などの歴史的風土保存区域の指定
四十四	一九六九	明日香村歴史的風土特別保存地区の決定（飛鳥宮跡・石舞台）
四十五	一九七〇	御井敬三が、飛鳥保存の願いを松下幸之助を通じて佐藤栄作総理大臣に届ける 飛鳥古京を守る会設立、飛鳥古京を守る議員連盟設立 佐藤栄作内閣総理大臣が甘樫丘など、明日香村を視察 「飛鳥地方における歴史的風土及び文化財の保存等に関する方策について」閣議決定
		吉野川分水の一部給水開始。吉野川分水にかかわるすべての工事の完成は一九八七年
四十六	一九七一	飛鳥保存財団が設立（理事長松下幸之助）
四十七	一九七二	高松塚古墳調査、極彩色壁画の発見 飛鳥水落遺跡の調査 明日香村と百済の首都であった韓国の扶余郡が姉妹都市提携
四十八	一九七三	飛鳥藤原宮跡発掘調査部設置 高松塚古墳壁画の寄付金付き記念切手を発行
		松本清張『火の路』、新聞連載開始（一九七五年刊）
四十九	一九七四	国営飛鳥歴史公園祝戸地区、開園
五十	一九七五	国立飛鳥資料館（現奈良文化財研究所飛鳥資料館）開設
五十一	一九七六	国営飛鳥歴史公園石舞台地区、開園 高松塚壁画館竣工（翌年正式開館）
五十五	一九八〇	国営飛鳥歴史公園甘樫丘地区、開園

和暦	西暦	事項
五十六	一九八一	「明日香村における歴史的風土の保存及び生活環境の整備等に関する特別措置法（明日香特別措置法・明日香法）」制定、明日香村整備基金条例公布 第一種・第二種歴史的風土保存地区の決定 明日香小学校が誕生（飛鳥・高市・阪合の三つの小学校が統合） 飛鳥水落遺跡で、斉明六年につくられた漏刻と漏刻台の遺跡を発見
五十七～五十九	一九八二～八四	山田寺東回廊が倒壊した状態で発見される
五十八	一九八三	キトラ古墳の調査、壁画（玄武像）の発見 里中満智子『天上の虹』、雑誌連載開始（完結は二〇一五年）
六十	一九八五	国営飛鳥歴史公園高松塚周辺地区、一部開園（全面開園は一九九〇年）
平成 十	一九九八	飛鳥池工房遺跡の調査、富本銭の発見（一九九九年）
十一	一九九九	飛鳥京跡苑池遺構の調査 国土交通省が明日香村歴史的風土創造的活用事業交付金を創設
十二	二〇〇〇	酒船石遺跡の調査で、亀形石造物等の湧水施設を発見 犬養万葉記念館開設
十三	二〇〇一	キトラ古墳の石室内で朱雀を確認 高松塚古墳石槨内にカビを確認 奈良県立万葉文化館開設
十五	二〇〇三	「中和地区二市四町」（橿原市・桜井市・田原本町・三宅町・川西町・高取町）と明日香村の合併が検討されるが、翌年明日香村は単独の村としての存続を決定
十六	二〇〇四	国宝高松塚古墳壁画恒久保存対策検討会発足 キトラ古墳壁画はぎ取り開始（二〇一〇年完了）
十八	二〇〇六	高松塚古墳石室を解体し、壁画の保存修理がはじまる
二十一	二〇〇九	奈良県道一五五号多武峯見瀬線が開通。橿原市見瀬町から明日香村を通って桜井市八井内まで、さらに奈良県道三七号桜井吉野線を経て吉野町、ふるさと農道を経て宇陀市と結ばれる

和暦	西暦	事項
平成 二十二	二〇一〇	牽牛子塚古墳の調査、隣接する古墳（越塚御門古墳）の発見
二十三	二〇一一	明日香村景観条例施行（景観法の制定は二〇〇四年） 「奥飛鳥の文化的景観」が重要文化的景観に選定
二十五	二〇一三	古都飛鳥保存財団が発足（飛鳥保存財団と古都保存財団が二〇一一年に合併）
二十六	二〇一四	東京国立博物館で特別展「キトラ古墳壁画」を開催
二十七	二〇一五	日本遺産「日本国創成のとき～飛鳥を翔た女性たち～」の認定 韓国の「百済歴史遺跡地区」が世界文化遺産登録
二十八	二〇一六	国営飛鳥歴史公園キトラ古墳周辺地区・四神の館、開園
令和 二	二〇二〇	高松塚古墳壁画の修復が終了 奈良県の「いかす・なら地域計画」認定（文化観光推進法） 明日香村の「明日香まるごと博物館地域計画」認定（文化観光推進法）
四	二〇二二	牽牛子塚古墳の復元工事が完成
五	二〇二三	文化庁が京都での業務を開始（明治以来の初の中央省庁の移転） 明日香村の新庁舎が大字橘に竣工し、大字岡の旧庁舎から移転

飛鳥宮跡と周辺遺跡

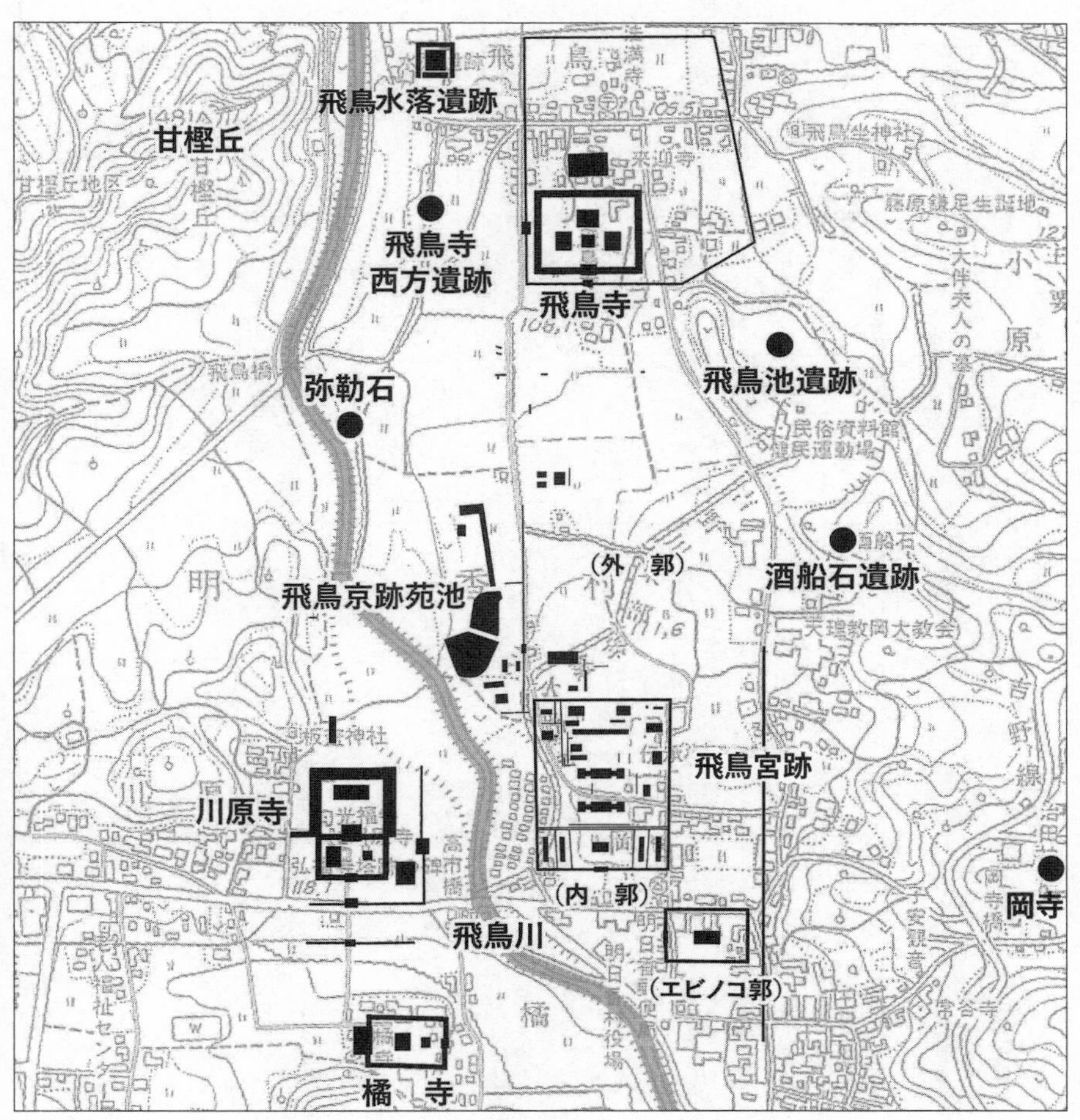

飛鳥水落遺跡
甘樫丘
飛鳥寺
西方遺跡
飛鳥寺
飛鳥池遺跡
弥勒石
酒船石遺跡
（外 郭）
飛鳥京跡苑池
飛鳥宮跡
川原寺
（内 郭）
岡寺
飛鳥川
（エビノコ郭）
橘 寺

本書に関連の主な皇室関係図

【古墳時代〜飛鳥時代】

蘇我稲目
馬子
小姉君
堅塩媛
欽明天皇 29 ※1
石姫皇女（皇后）
宣化天皇 28
息長真手王
崇峻天皇 32
穴穂部間人皇女（皇后）
用明天皇 31
桜井皇子
推古天皇 33
敏達天皇 30
広姫皇女（皇后）
押坂彦人大兄皇子
蝦夷
入鹿
刀自古郎女
倉麻呂
法提郎媛
山背大兄王
聖徳太子（厩戸皇子）
大俣王
茅渟王
吉備姫王
糠手姫皇女
倉山田石川麻呂
赤兄
連子—安麻呂
日向
高向王
漢皇子
皇極・斉明天皇 37 35
舒明天皇 34 ※2,※3
遠智娘
姪娘
天智天皇 38
天武天皇 40
間人皇女（皇后）
孝徳天皇 36
大田皇女
持統天皇 41
建王

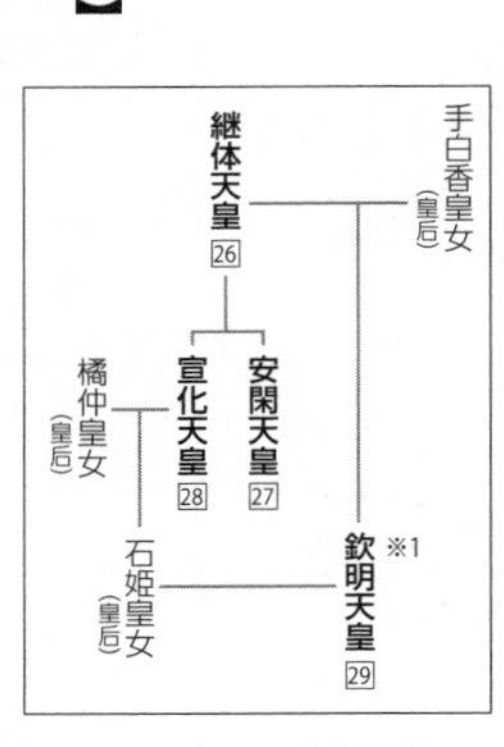

【飛鳥時代〜奈良時代】

舒明天皇 34 ※2
蘇我倉山田石川麻呂
間人皇女（皇后）
越道君伊羅都売
倭姫王（皇后）
天智天皇（中大兄皇子）38
鏡王女
藤原鎌足
宅子娘
遠智娘
姪娘
※4
新田部皇女 ※4
天武天皇（大海人皇子）40
尼子娘
持統天皇 41
大田皇女
額田王
大伯皇女
大津皇子
草壁皇子
元明天皇 43
御名部皇女
高市皇子
舎人親王
志貴皇子
十市皇女（皇后）
大友皇子（弘文天皇）39
葛野王
淳仁天皇 47
光仁天皇 49
長屋王
吉備内親王
元正天皇 44
文武天皇 42
宮子
賀茂媛
不比等
県犬養橘三千代
光明皇后
聖武天皇 45 ※5

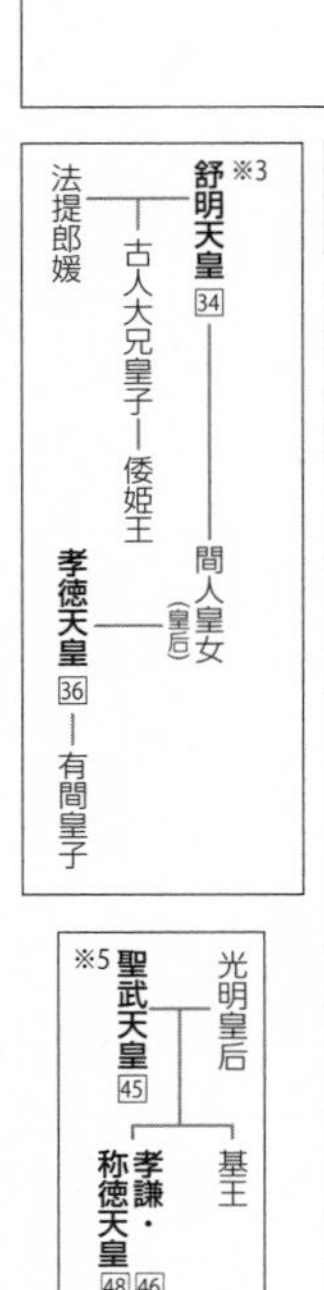

索引

凡例

●本索引は本文の中から、小項目として立項されているものを中心に、一部概説と項目解説から選択した。

付録

【か】

【た】

【な】

【や】

◆飛鳥・藤原に関する主要参考書籍

※本書執筆のための参考書籍のなかで、各項目をより深く知るために役立つ書籍を紹介します。

『明日香村史』上巻　明日香村史刊行会　一九七四年
村田修三編『図説中世城郭事典』第二巻　新人物往来社　一九八七年
岸俊男『日本古代宮都の研究』岩波書店　一九八八年
大脇潔『日本の古美術14 飛鳥の寺』保育社　一九八九年
直木孝次郎『飛鳥 その光と影』吉川弘文館　一九九〇年
林部均『古代宮都形成過程の研究』青木書店　二〇〇一年
岡本東三『古代寺院の成立と展開』（日本史リブレット17）山川出版社　二〇〇二年
小澤毅『日本古代宮都構造の研究』青木書店　二〇〇三年
和田萃『飛鳥』岩波書店　二〇〇三年
和田萃・安田次郎・幡鎌一弘・谷山正道・山上豊『奈良県の歴史』山川出版社　二〇〇三年
『続明日香村史』上巻・中巻　明日香村　二〇〇六年
關信子・山崎隆之編・監修『山渓カラー名鑑　仏像』山と渓谷社　二〇〇六年
黒崎直『飛鳥の宮と寺』（日本史リブレット71）山川出版社　二〇〇七年
林部均『飛鳥の宮と藤原京』吉川弘文館　二〇〇八年
木下正史・佐藤信編『古代の都1 飛鳥から藤原京へ』吉川弘文館　二〇一〇年
吉川真司『飛鳥の都』岩波書店　二〇一一年
木下正史編『飛鳥史跡事典』吉川弘文館　二〇一六年
豊島直博・木下正史編『ここまでわかった　飛鳥・藤原京』吉川弘文館　二〇一六年
生駒あさみ『天皇になった皇女たち』淡交社　二〇一七年
西村幸夫監修　五十嵐敬喜・岩槻邦男・松浦晃一郎著『日本の古代国家誕生　飛鳥・藤原の宮跡を世界遺産に』ブックエンド　二〇一九年
『繋　明日香村の大字に伝わるはなし』明日香村文化協会　二〇一九年
飛鳥学冠位叙任試験問題作成委員会編『飛鳥への招待』中央公論新社　二〇二一年
清水昭博『飛鳥の古代寺院』萌書房　二〇二三年

あとがき

「飛鳥・藤原の宮都とその関連資産群」の世界遺産への登録準備が大詰めを迎えようとしている頃、公益財団法人古都飛鳥保存財団より、飛鳥・藤原地域の歴史や遺跡・風土、有形・無形の多様な文化・文化財などを記述した『飛鳥・藤原まるごと博物館検定公式テキストブック』出版の監修を依頼された。「飛鳥・藤原」世界遺産登録推進協議会専門委員会の委員長、財団評議員会の議長、そして検定試験委員会の委員長を務めていることもあり、この難題を引き受けることにした。

飛鳥・藤原地域の最大の価値と魅力は、考古学や文献史料が明らかにしてきた古代の宮都の姿と、往時、この地で文化を育み、彩った人々の想いや暮らしの有り様にあることはいうまでもない。とはいえ、その価値と魅力は飛鳥・藤原京の時代にとどまるものではない。平城京・平安京遷都後も、多くの社寺は飛鳥・藤原の地に残って宗教・祭祀活動を維持し続けてきたし、大宮人たちは飛鳥古京を父祖の地として、その歴史・文化が染み込んだ風土をいつくしんだ。宮都の歴史文化は、その後もこの地で暮らす人々の営みと折り重なりながら、人々の生活のそこここに生き続け、今日に至っている。他の地域にはない長い歴史・文化の重なりにあふれた地が「飛鳥・藤原」なのである。

このように飛鳥・藤原の地の価値と魅力は奥深い。知られずにいることも少なくない。本書の章立てと記述は、そうした飛鳥・藤原の秘められた価値や魅力を含めて、さまざまの面を掘り起こし、とりあげるよう努めた。

様々な事柄を余すところなく一冊の書物に編集する作業は、簡単なものではない。時間的な制約もあったが、専門の先生方にご協力をいただき、他書にはない内容、構成の書としてまとめることができた。より深く知りたいと思われる方もあろう。次々ともたらされる新しい発掘成果を追加する必要もあろう。公式テキストとして、また飛鳥・藤原の価値と魅力を味わう書として、将来さらに拡充されることを期待して、あとがきとしたい。

二〇二三年八月吉日

木下正史

◆監修者
木下　正史　東京学芸大学名誉教授

◆執筆・協力者
相原　嘉之　奈良大学准教授
石橋　茂登　奈良文化財研究所飛鳥資料館学芸室長
井上　さやか　奈良県立万葉文化館指導研究員
上田　直紀　公益財団法人古都飛鳥保存財団　外部協力者
大森　亮尚　古代民俗研究所代表
岡林　孝作　奈良県立橿原考古学研究所副所長
風人　両槻会事務局長
来村　多加史　阪南大学教授
西光　慎治　明日香村教育委員会文化財課課長補佐
小川　陽一　公益財団法人古都飛鳥保存財団常務理事
清水　昭博　帝塚山大学教授
鈴木　喬　奈良大学准教授
鶴見　泰寿　奈良県立橿原考古学研究所資料課資料係長
戸花　亜利州　帝塚山大学考古学研究所特別研究員
西本　昌弘　関西大学教授
橋本　輝彦　桜井市教育委員会文化財課課長
濱口　和弘　橿原市魅力創造部世界遺産登録推進課課長
本中　真　奈良文化財研究所所長
森川　実　奈良文化財研究所都城発掘調査部考古第二研究室長

◆写真協力
飛鳥寺
飛鳥ナンバー協議会
飛鳥坐神社
明日香村
明日香村伝承芸能保存会
安倍文殊院
岡寺
小澤　毅
橿原市
橿原神宮
加藤　秀行
元興寺
宮内庁正倉院事務所
宮内庁書陵部
久米寺
向原寺
興福寺
国営飛鳥歴史公園飛鳥管理センター
桜井市
重見　泰
高取町
橘寺
談山神社
十市県主今西家保存会
奈良県文化財保存課
奈良県立橿原考古学研究所
奈良文化財研究所
長谷工コーポレーション
早川　和子
林部　均
両槻会
文化庁
本田　和博
みるく工房飛鳥
柳　敏明
山本　直彦
吉野町
ColBase (https://colbase.nich.go.jp)

◆装幀
上野　かおる
◆組版
東　浩美

※五十音順・敬称略
※肩書は執筆当時

飛鳥・藤原まるごと博物館検定
公式テキストブック

2023 年 10 月 23 日　初版発行

監　修　木下正史
編　集　公益財団法人 古都飛鳥保存財団
発行者　伊住公一朗
発行所　株式会社 淡交社
本社　〒603-8588　京都市北区堀川通鞍馬口上ル
営業　075-432-5156　編集　075-432-5161
支社　〒162-0061　東京都新宿区市谷柳町 39-1
営業　03-5269-7941　編集　03-5269-1691
www.tankosha.co.jp
印刷・製本　図書印刷株式会社
ISBN978-4-473-04555-3